“十四五”高等职业教育系列教材

智慧交通

张　杰　何　芸　孙宏贤◎主　编
方春晖　熊兴芳　赵丽娜
蔡沅原　邹艳华　赵晓霞◎副主编
赵一瑾◎主　审

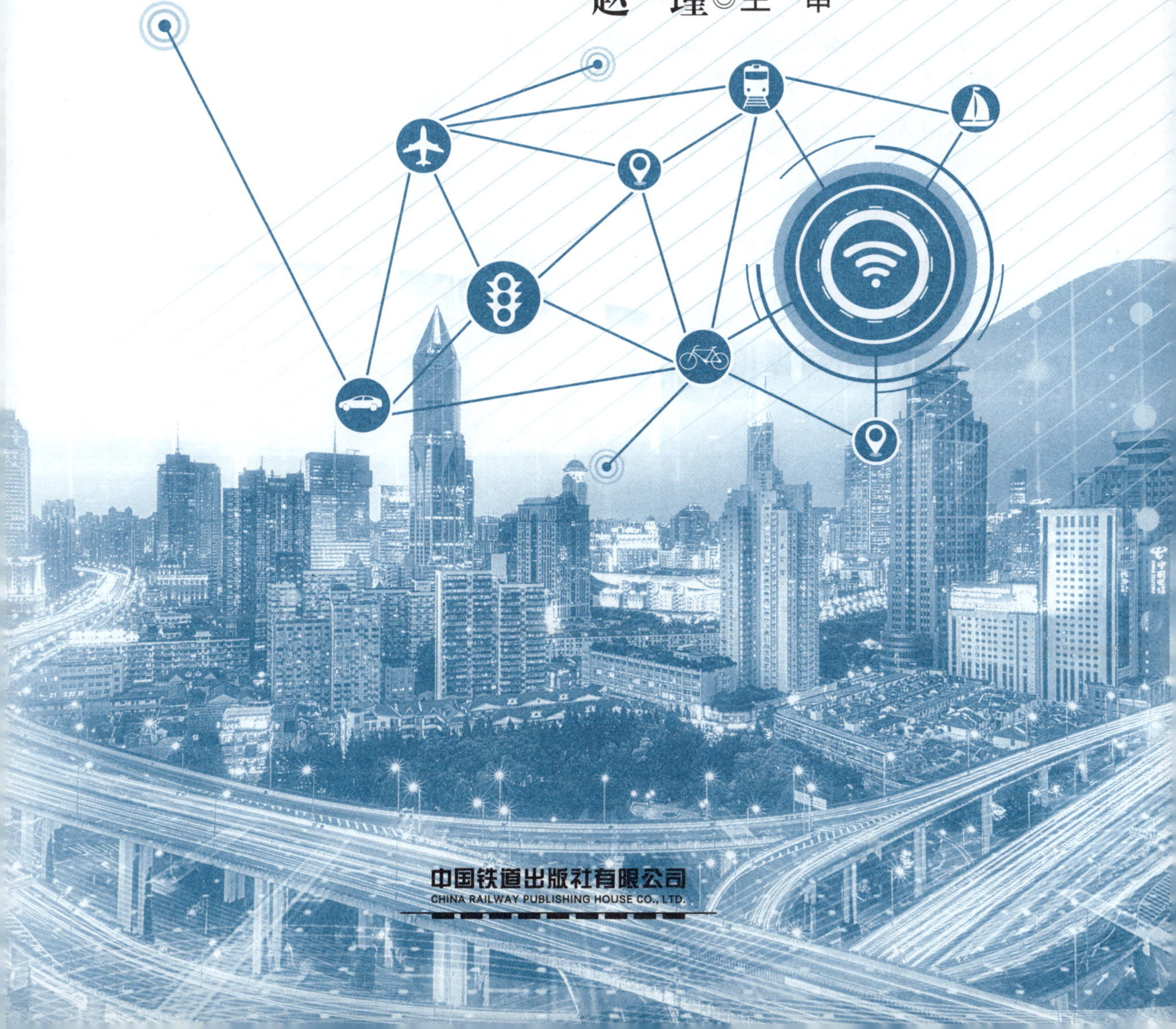

中国铁道出版社有限公司
CHINA RAILWAY PUBLISHING HOUSE CO., LTD.

内 容 简 介

本书为“十四五”高等职业教育系列教材之一，共五个学习情境：智慧交通系统要素、交叉口“解堵”高手、智慧高速公路管理能手、智慧汽车营销巧手、智慧城市交通运营强手，采用“岗位知识对应图”统领每个学习情境，通过“学习内容及情境设计”规划学习方向，通过“历史沿革及知识铺垫”进行技术发展历程梳理及基础知识准备，通过“工作任务”导入工厂场景，完成对学习内容的技能训练，通过“案例库”给予学生充分的知识技能延展。其中，通过对工作任务（工单）分阶、分方向，让学生各取所需，找到适合自己的学习难度及方向；采用梯度教学，体现学习规律；最终通过“实践操练”强化学生的综合学习能力。全书通过大量的案例和实践练习，加强对学生实际应用能力的培养，并将职业场景引入课堂教学，让学生提前进入工作角色。

本书适合作为高等职业院校智能交通技术及相关专业的教材，也可作为相关企业的员工培训教材，同时还可供从事智能交通技术工作的职场新人学习。

图书在版编目（CIP）数据

智慧交通 / 张杰，何芸，孙宏贤主编. —北京：中国铁道出版社有限公司，2025.4

“十四五”高等职业教育系列教材

ISBN 978-7-113-29502-8

Ⅰ. ①智… Ⅱ. ①张… ②何… ③孙… Ⅲ. ①智能技术－应用－交通运输管理－高等职业教育－教材 Ⅳ. ①U491

中国版本图书馆CIP数据核字（2022）第140106号

书　　名：**智慧交通**
作　　者：张　杰　何　芸　孙宏贤

策　　划：徐海英　　　　**编辑部电话**：（010）63560043
责任编辑：何红艳
封面设计：崔丽芳
责任校对：苗　丹
责任印制：赵星辰

出版发行：中国铁道出版社有限公司（100054，北京市西城区右安门西街 8 号）
网　　址：https://www.tdpress.com/51eds
印　　刷：天津嘉恒印务有限公司
版　　次：2025 年 4 月第 1 版　2025 年 4 月第 1 次印刷
开　　本：787 mm×1 092 mm　1/16　**印张**：13.25　**字数**：346 千
书　　号：ISBN 978-7-113-29502-8
定　　价：59.80 元

前 言

随着“互联网 +”国家战略的纵深推进，各行各业都在“互联网 +”的赋能下，快速实现升级换代，交通行业也不例外。智能交通侧重于交通信息采集、传递及数据化、可视化展示。智慧交通则是在智能交通原有功能的基础上，融入了“人的智慧”，将人、车、路、环境等有机结合起来，更加强调协同运作、个性化运作和智能化运作。智能交通向智慧交通过渡升级的道路越走越清晰。

《交通强国建设纲要》明确指出：“大力发展智慧交通，推动大数据、互联网、人工智能、区块链、超级计算等新技术与交通行业深度融合，推进数据资源赋能交通发展，加速交通基础设施网、运输服务网、能源网与信息网络融合发展。”智慧交通是在智能交通的基础上，融入了物联网、云计算、大数据、移动互联网、人工智能等新一代信息技术，通过新一代信息技术汇集交通信息，对交通管理、交通运输、公众出行等交通领域全方面以及交通建设管理全过程进行管控支撑，使交通系统在区域、城市甚至更大的范围具备感知、互联、分析、预测、控制等能力，以充分保障交通安全，发挥交通基础设施效能，提升交通系统运行效率和管理水平，为通畅的公众出行和可持续的经济发展服务。

通过市场调研发现，因为智能交通技术运用行业发展的蓬勃生机与活力，高职高专层次智慧交通行业岗位需求旺盛，具体如表 1 所示。

国务院印发的《国家职业教育改革实施方案》（以下简称“职教二十条”）中明确要求，职业院校应坚持知行合一、工学结合，并明确提出，建设一大批校企“双元”合作开发的国家规划教材，倡导使用新型活页式、工作手册式教材并配套开发信息化资源。

表 1　高职高专层次智慧交通行业岗位需求

工作场景	岗位群	主要岗位职责	对应教学模块
智慧高速	高速公路机电系统集成维修工程师	负责高速公路智能机电分项工程的项目设计	智慧高速公路管理能手
		负责指导设备安装、接线、调试、维护等技术实施	
		负责对施工队伍进行项目技术交底、项目监督	
	（智慧高速）营销经理	进行前期需求对接、沟通及汇报，挖掘潜在的项目机会，引导客户需求	
		高速公路智能机电分项工程的项目设计	
		编制招 / 投标文件商务和技术部分文档，参与投标现场的讲解和答疑工作	
		负责向工程实施、采购、销售进行设计交底	
	高速公路监控员	使用监控系统设备	
		检查排除常见监控系统设备故障	
		撰写监控日志并及时反馈监控结果	
		维护保养监控设备	
智慧路口	交通信号优化工程师	熟练使用办公软件，能使用 Visio、AutoCAD 绘图软件	交叉口“解堵”高手
		负责路口、道路、区域的信号配时优化	
		利用仿真软件对复杂路口进行仿真和数据分析	
		会使用 TransCAD、TransModel、VISSIM 等交通仿真软件	
	（智慧路口）营销经理	开发客户资源，寻找潜在客户	
		执行项目投标、谈判、合同签订等工作	
		精通主流 2 ~ 3 个子系统设计（电子警察卡口、流量采集、交通诱导、信号灯控制、交通集成指挥平台等）	
		熟悉智能交通、公安业务领域的专业知识，熟悉业内主流厂家产品	
		具有较强的产品需求分析能力、问题分析与解决能力、产品解决方案设计制作能力	
智慧汽车	智慧汽车营销经理	熟悉智慧汽车、新能源汽车、无人驾驶技术的内涵与发展情况	智慧汽车营销巧手
		开发客户资源，寻找潜在客户	
		具有较强的产品需求分析能力、问题分析与解决能力、产品解决方案设计制作能力	
智慧城市	智慧城市交通运营师	熟悉智慧城市交通（TOCC、MaaS、P+R 停车场）架构及组成部分的功能	智慧城市交通运营强手
		熟悉智能交通、公安业务领域的专业知识，熟悉业内主流厂家产品	
		维护保养 TOCC、MaaS 主要硬件设备	
	智慧城市（公共交通）管理员	深入理解智慧城市交通（TOCC、MaaS、P+R 停车场）架构、使用场景及构建原则	
		智慧城市交通系统维护	
		撰写规划管理日志并及时反馈总结	

为了配合智慧交通课程“三教改革”的实施，实现智能交通技术专业人才培养目标，匹配行业发展处于智能交通向智慧交通过渡升级的人才需求，使学生能对理论和实践进行整体化理解，并通过工作过程训练获得职业能力和方法，本书基于工作岗位需求和工作过程进行了内容选择。本书编写团队从以下六个方面进行规划与设计。

（1）“三活”特点的新型活页式教材。在内容的选取上，以职业实践为组织原则，将显性知识有机地融入隐性知识。在显性知识的选取上，把重点放在概念、方法和结论的实际应用上，中间推导过程则力求简洁，编写具有“三活”特点（职业方向活、课程难度活、工作环节活）的新型活页式教材。

（2）主题引领，迭代递进。以“工作岗位”对接“学习情境”，用“学习情境”来描述学习性工作任务，并以“任务工单”发布任务。工作任务选择基于每个情境的知识技能目标，同时考虑各个情境之间、各个工作任务之间的迭代递进关系。要求学生不仅能够运用已有知识技能，而且能学习新的知识技能，解决过去从未遇到过的实际问题，最终实现校内知识迁移到校外使用的教学目标。

（3）构建“学思悟”课程思政体系。结合技术发展历程，力求融入工匠精神教育，带领学生学习《交通强国建设纲要》《数字交通“十四五”发展规划》等交通领域重要发展纲要，以各项工作任务的实施为载体，引导学生完成“学思悟”有梯度的学习活动，对标对表教学评价体系，顺利达到育人的目标。

（4）问题引导，多面评价。工作任务实施过程中利用“引导问题”指引学生抽丝剥茧，一步步获取实操技能。采取“学生自评”+“学生互评”+“教师综合评价”的评价手段，评价得分点对接知识技能目标及素质目标，全方位、全过程、多角度进行评价。

（5）校企联手，共编双元教材。本书借助广东振业优控科技股份有限公司的技术力量，吸取该公司在信号优化方面的优势技术，工作任务及案例部分来自该公司实战案例。通过校企合作，围绕“提质培优、增值赋能”这条主线，遵循职业岗位工作过程，打破传统学科知识体系的编写体例，深度对接行业、企业标准，设计校企双元教材。

（6）融入新技术，配套数字化资源。编写团队中加入了企业工程师，结合行业发展趋势，引入新技术、新方法。教材配套立体化教学资源，包括微课、任务样本、案例库、线上习题、动态仿真等，内容丰富、形式多样，为教师授课方式方法更新提供了坚实的基础。本书涉及的所有素材、任务样本、微课视频等资源可通过扫描书中二维码查看，方便学生运用碎片时间，最大限度实现学习目标。

本书由云南交通职业技术学院张杰、何芸和云南省交通科学研究院有限公司孙宏贤担任主编，云南交通职业技术学院方春晖、熊兴芳、赵丽娜、蔡沅原、邹艳华、赵晓霞担任副主编，云南交通职业技术学院赵一瑾担任主审。各部分编写分工为：学习情境一由熊兴芳执笔，学习情境二由蔡沅原、赵晓霞执笔，学习情境三由何芸、邹艳华执笔，学习情境四由方春晖执笔，学习情境五由张杰、孙宏贤执笔。

虽然编者在编写本书的过程中倾注了大量心血，但因编者水平有限、时间仓促，书中难免存在疏漏及不妥之处，恳请广大读者批评指正。

编　者

2024 年 12 月于昆明

目　录

学习情境一

智慧交通系统要素

岗位知识对应图

岗位知识对应图如图 1-1 所示。

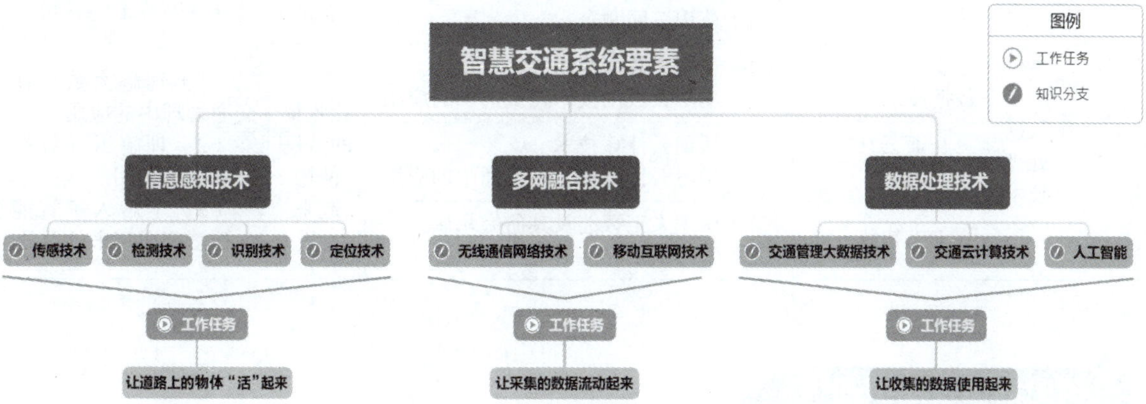

图 1-1　岗位知识对应图

学习内容及情境设计

学习内容及情境设计如表 1-1 所示。

表 1-1 学习内容及情境设计

序号	学习主线	学习分支	学习要求	工作任务	学习目标
1	信息感知技术	传感技术	（1）认识传感器 （2）学习几种现代的传感技术	让道路上的物体“活”起来	（1）理解每种感知技术的原理 （2）能够分析不同信息所需的感知技术 （3）会将多感知技术融合应用
		检测技术	学习智能检测系统		
		识别技术	（1）了解自动识别技术 （2）学习常用的几种识别技术		
		定位技术	（1）认识无线定位技术 （2）学习常用的定位技术		
2	多网融合技术	无线通信网络技术	（1）认识无线通信网络技术 （2）学习短距离无线通信技术	让采集的数据流动起来	（1）能掌握现代无线通信网络技术的应用 （2）能理解各种移动互联网技术的异同
		移动互联网技术	（1）了解 3G、4G、5G 通信技术 （2）认识三网融合		
3	数据处理技术	交通管理大数据技术	（1）认识大数据技术 （2）学习大数据技术在交通中的应用	让收集的数据使用起来	（1）理解大数据在交通管理中的应用 （2）理解云计算在交通中的应用 （3）了解人工智能为智慧交通带来的益处
		交通云计算技术	（1）认识云计算技术 （2）学习云计算技术在交通中的应用		
		人工智能	（1）认识人工智能及其研究领域 （2）学习人工智能的应用		

历史沿革及知识铺垫

1.1 信息感知技术

1.1.1 信息感知技术发展沿革

信息感知技术是伴随着物联网而来的，信息的感知隶属于物联网的感知层。物联网层次结构分为三层，自下向上依次是：感知层、网络层、应用层。感知层是物联网的核心，是信息采集的关键部分。感知层位于物联网三层结构中的最底层，其功能为“感知”，即通过传感网络获取环境信息。

感知层是物联网的皮肤和五官——用于识别物体，采集信息。感知层包括二维码标签和识读器、RFID 标签和读写器、摄像头、GPS、传感器、M2M 终端、传感器网关等，主要功能是识别物体、采集信息。

人类使用五官和皮肤，通过视觉、味觉、嗅觉、听觉和触觉感知外部世界。而感知层就是物联网的五官和皮肤，用于识别外界物体和采集信息。感知层解决的是人类世界和物理世界的数据获取问题。它首先通过传感器、数码相机等设备，采集外部物理世界的数据，然后通过 RFID、条码、工业现场总线、蓝牙、红外等短距离传输技术传递数据。感知层所需要的关键技术包括检测技术、短距离无线通信技术等。

感知层由基本的感应器件（例如 RFID 标签和读写器、各类传感器、摄像头、GPS、二维码标签和识读器等基本标识和传感器件组成）以及感应器组成的网络（例如 RFID 网络、传感器网络等）两大部分组成。该层的核心技术包括射频技术、新兴传感技术、无线网络组网技术、现场总线控制技术（FCS）等，涉及的核心产品包括传感器、电子标签、传感器节点、无线路由器、无线网关等。

一些感知层常见的关键技术包括：

1. 传感器

传感器是物联网中获得信息的主要设备，它利用各种机制把被测量转换为电信号，然后由相应信号处理装置进行处理，并产生响应动作。常见的传感器包括温度、湿度、压力、光电传感器等。

2. RFID

RFID 的全称为 radio frequency identification，即射频识别，又称电子标签。RFID 是一种非接触式的自动识别技术，可以通过无线电信号识别特定目标并读写相关数据。它主要用来为物联网中的各种物品建立唯一的身份标示。

3. 传感器网络

传感器网络是一种由传感器节点组成的网络，其中每个传感器节点都具有传感器、微处理器和通信单元。节点间通过通信网络组成传感器网络，共同协作来感知和采集环境或物体的准确信息。而无线传感器网络（wireless sensor network，WSN），则是目前发展迅速、应用最广的传感器网络。

对于目前关注和应用较多的 RFID 网络来说，附着在设备上的 RFID 标签和用来识别 RFID 信息的扫描仪、感应器都属于物联网的感知层。在这一类物联网中被检测的信息就是 RFID 标签的内容，现在的电子收费系统（electronic toll collection，ETC）、超市仓储管理系统、飞机场的行李自动分类系统等都属于这一类的物联网应用。

1.1.2　传感技术

传感器（sensor）是获取各类信息的主要途径和手段，主要指能感受被测量，并且按一定的规律转换成可使用输出信号的器件或装置。其组成为敏感元件、转换元件和变换电路，如图 1-2 所示。

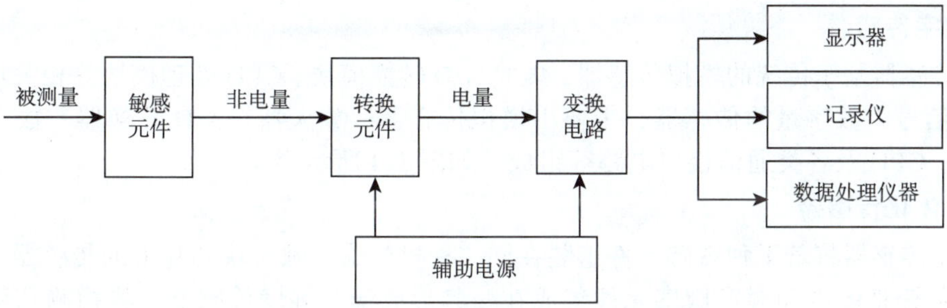

图 1-2　传感器的组成

敏感元件（sensitive element）是直接感受被测量（通常为非电量，如压力、温度、湿度、位置及光强等），并输出与被测量性质相同、有确定关系的某一物理量的元件。

转换元件（transduction element）是传感器的核心元件，它把敏感元件感知的非电量转换为电信号。

变换电路（translation circuit）是将转换元件输出的电量，变换成适用于传输或测量的标准电信号。

常见传感器类型有微型传感器、智能传感器、数字传感器、一体化传感器、网络化传感器等。

1. 微型传感器

使用标准半导体工艺兼容的材料，通过微电子机械系统加工技术产生的新一代传感器件，能极大地提高传感器性能。微型传感器有信噪比高、灵敏度高、微型化成本低的特点。目前常用的有力和压力传感器、速度与加速度微传感器、热微传感器、磁微传感器、化学微传感器、生物微传感器、光电微传感器及声表面波微传感器。

2. 智能传感器

智能传感器是传感器集成化与微处理器相结合的产物，将传感器的敏感元件、信号调理电路、A/D 转换、MPU 及数据信号接口集成在一块芯片上，使其具有信息采集、处理及交换的能力。如图 1-3 所示。

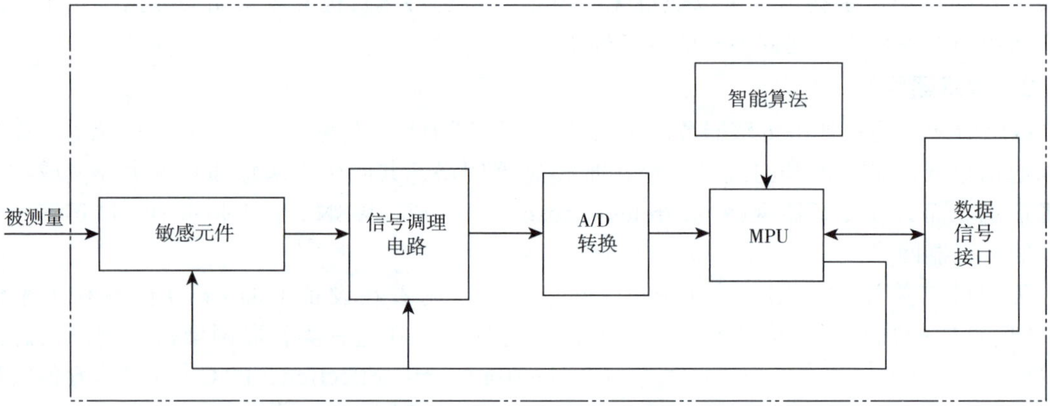

图 1-3　智能传感器的组成

敏感元件将被测到的物理量转换成相应的电信号，送到信号调理电路中进行滤波、放大，再经 A/D 转换后，变成数字量送到微处理器中，由微处理器处理后的测量结果经数字信号接口输出。常见的智能传感器有工业用智能传感器、智能风速传感器、校园智能气象站、智能超声波流量传感器、智能温湿度传感器及智能转速传感器等。

3. 数字传感器

数字传感器基于传统的模拟传感器，集成 A/D 转换模块、CPU 处理模块等相关功能模块，使其输出信号为数字量的传感器，主要由模拟传感器、放大器、A/D 转换器、数字滤波及线性化处理、CPU 及各类通信接口电路等组成，如图 1-4 所示。

4. 一体化传感器

一体化传感器将若干种敏感元件组装在同一种材料或单独一块芯片上的传感器。例如，使用特殊的陶瓷把温度和湿度敏感元件集成在一起形成温、湿度传感器；将检测几种不同气体的敏感元件用厚膜制造工艺制作在同一基片上，制成测氧、氨、乙醇、乙烯 4 种气体的多功能传感器；将力敏元件、温度补偿元件、感温元件、信号调理电路集成在传感器内，就可制成测量脉搏、心电、血氧饱和度等人体不同生理信号的健康传感器等。

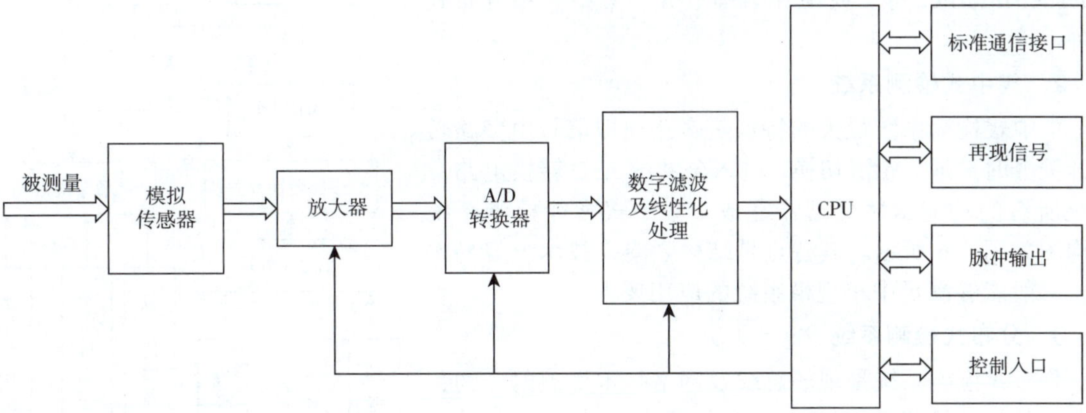

图 1-4　数字传感器结构图

5. 网络化传感器

网络化传感器利用 TCP/IP 使现场测控数据就近接入网络，并与网络上有通信能力的节点直接进行通信，实现数据的实时发布与共享。传感器网络化的目的是采用标准的网络和通信协议，同时采用模块化结构将传感器和网络技术有机地结合起来，形成传感器网络，简称传感网，其典型代表就是无线传感网 WSN。

1.1.3　检测技术

检测技术是信息及自动化技术的重要基础，是多学科知识的综合应用，主要作用是监测系统中信息的提取、转换和处理等技术问题。一个完整的检测系统通常由传感器、信号处理电路、数据处理仪器、数据显示装置等几部分组成，如图 1-5 所示，分别完成信息获取、转换、显示和处理等功能。

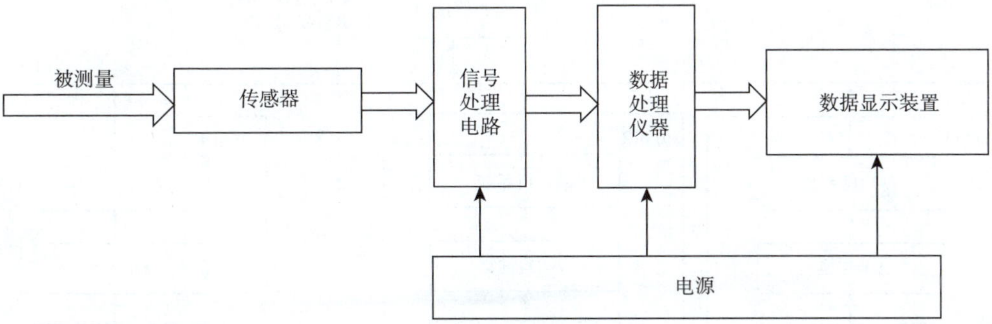

图 1-5　自动检测系统的组成

1. 智能检测系统

智能检测系统是以微处理器为核心的信号检测系统。它和其他计算机系统一样，由硬件和软件两大部分组成。其组成按照信号流程分为：①信号的提取——传感器；②信号的预处理——调理电路，进行信号的整形、放大及滤波等；③信号的转换——A/D、D/A 及其他转换元件；④信号的处理——微处理器，单片机、微控制器（micro controller unit， MCU)、数字信号处理器（digital signal processor，DSP）等；⑤信号的传输——串行或并行标准通信接口、现场总线或Ethernet/Internet 等。在硬件结构上分为集中式和分布式两种。

2. 集中式检测系统

集中式检测系统最大的特点是多路模拟信号由多路转换开关分时选通，轮流切换，进入公共的 A/D 转换电路。系统所有的功能由微处理器完成。集中式智能检测系统结构图如图 1-6 所示。其特点是结构紧凑，技术上容易实现，一般能够满足中小规模系统的应用要求。

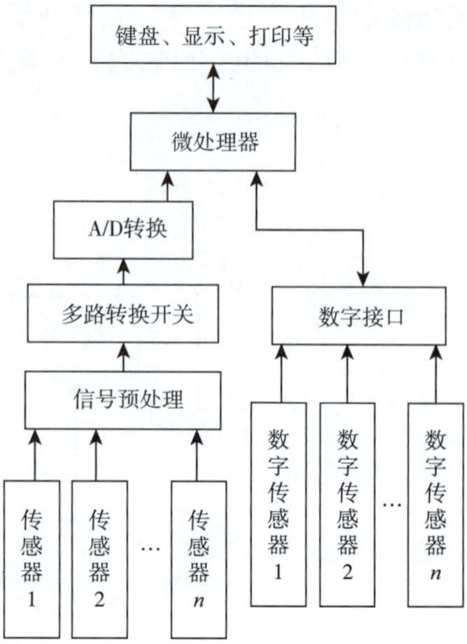

图 1-6　集中式智能检测系统

3. 分布式检测系统

分布式检测系统是现场总线及网络技术发展的产物，是典型的智能检测系统。它由若干个分机及相应的软件，通过标准的通信接口，与主计算机相连组成。分机根据主机命令，实现传感器测量采样、初级数据预处理以及数据传送，从而更加方便、直观地对整个系统进行检测。主机负责系统的工作协调，输出对分机的控制命令，对分机传输的测量数据进行分析处理，输出智能检测系统的测量、控制和故障检测结果，供显示、打印、绘图和通信；同时根据需要将检测结果上传给上一级监控与数据采集系统用于生产调度和管理。典型的分布式智能检测系统如图 1-7 所示。

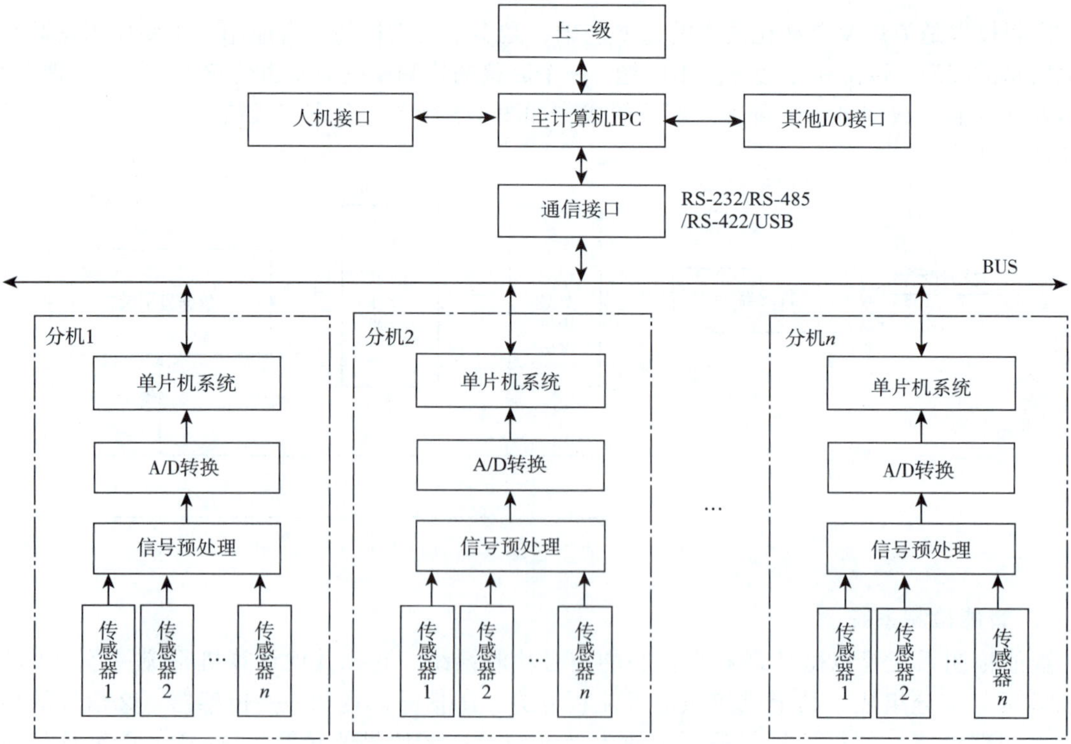

图 1-7　典型的分布式智能检测系统

1.1.4　识别技术

自动识别技术是应用一定的识别装置，通过识别装置与物品的接近，自动获取被识别物品的相关信息，并提供给后台计算机处理系统，来完成相关后续处理的一种技术。完整的自动识别管理系统包括：自动识别系统、应用程序接口、中间件和应用系统软件，如图 1-8 所示。

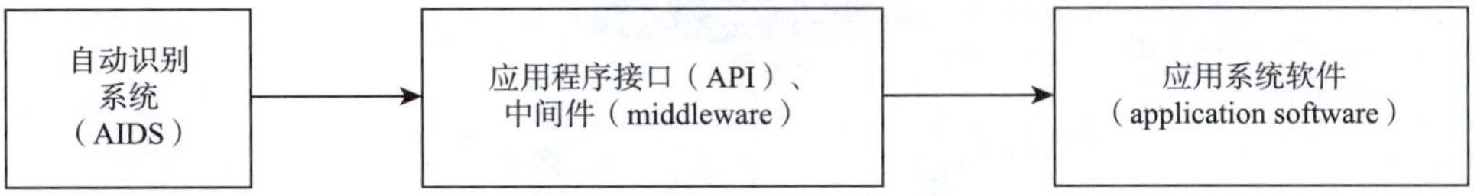

图 1-8　自动识别管理系统简单模型

1. 磁卡识别技术

磁卡识别技术是以具有信息存储功能的特殊材料为信息记录载体与各种打卡器配合使用进行识别。根据使用基片材料的不同，磁卡可分为 PET 卡、PVP 卡和卡纸三种。由于磁卡可以方便地写入、存储、改写信息内容，具有可靠性强，记录数据密度大，误读率低，信息输入、读出速度快，信息读写相对简单容易，使用方便，成本低等优点，使用比较广泛。

2. IC 卡技术

IC 卡技术即集成电路卡，将集成电路芯片镶嵌于塑料基片的指定位置上，利用集成电路的可存储性，保存、读取和修改芯片上的信息。按照卡内集成电路的不同，IC 卡可分为存储器卡、逻辑加密卡和 CPU 卡；按照与外界数据传送的形式又可分为接触式 IC 卡和非接触式 IC 卡（即射频卡）。

IC 卡的外形与磁条卡相似，区别在于数据存储的媒体不同。磁条卡是通过卡上磁条的磁场变化来存储信息，IC 卡是通过嵌入卡中的电擦除式可编程制度存储器集成电路芯片来存储数据信息。IC 卡存储容量大、安全保密性好、可脱机使用、CPU 卡具有数据处理能力、使用寿命长，较为安全。

3. 光学字符识别技术（OCR）

光学字符识别技术指通过电子设备对文资料进行扫描，然后对图像文件进行分析处理，获取文字及版面信息的过程。OCR 系统的目的比较简单，只是把文本做一个转换，使其中的图形继续保存，表格及图像内的文字一律变成计算机能够识别的字符信息文字。从图文识别到结果输出需要经过的流程如图 1-9 所示。

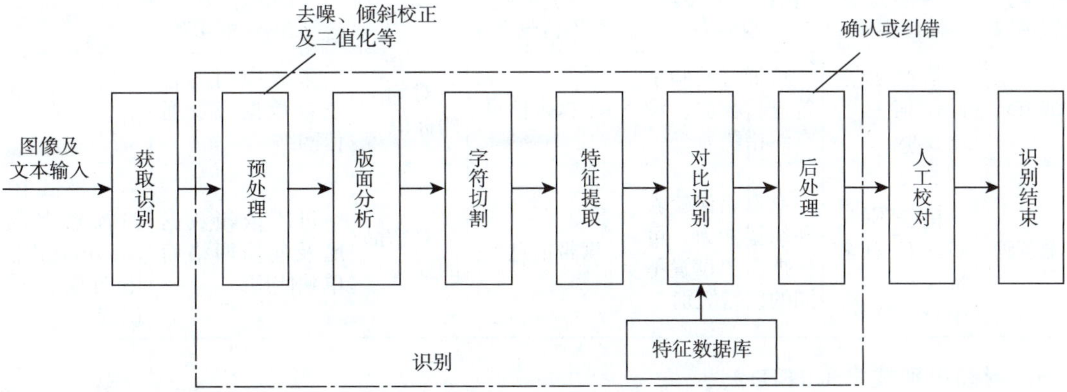

图 1-9　OCR 系统流程图

4. 生物识别技术

生物识别技术指依靠人的身体特征来进行身份验证的一种解决方案。这些身体特征包括指纹、声音、面部、骨架、视网膜、虹膜和DNA等人体的生物特征，以及签名的动作、行走的步态、击打键盘的力度等个人的行为特征。常见的生物识别技术比较如图1-10所示。

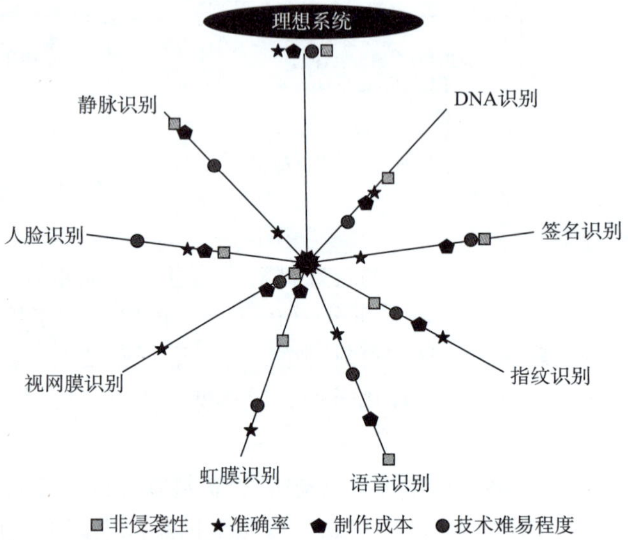

图 1-10　几种常见的生物识别技术比较

5. 条码识别技术

条码识别技术是将多个黑色条和空白条，按照一定的编码规则排列，用以表达一组信息的图形标识符。根据条码结构和存储的信息量可分为一维条码、二维条码和三维条码。一维条码是指一组高低相同、宽度不等、规则排列的黑白矩形条纹及其对应字符组成的表示，只是在一个方向表达信息；二维条码是通过黑白相间、粗细不同的点阵图形来存储信息，在水平和垂直方向均能存储信息；一维条码和二维条码的比较如表1-2所示。三维条码有两种，一种是加入色彩或者灰度作为第三维，得到具有不同灰度或者不同色彩的平面三维条码，另一种是增加直轴（Z轴）得到立体条码。

表 1-2　一维条形码和二维条形码的比较

条码类别 比较项目	信息密度与信息容量	错误检验及纠错能力	垂直方向是否携带信息	用途	对数据库和通信网络的依赖	识读设备
一维条码	信息密度低，信息容量较小	可通过校验字符进行校验，没有纠错能力	不携带信息	对物品的标识	多数应用场合依赖数据库及通信网络	可用扫描器识读
二维条码	信息密度高，信息容量大	具有错误校验和纠错能力，可根据需要设置不同的纠错级别	携带信息	对物品的描述	可不依赖数据库及通信网络而单独使用	行排式用线扫描器多次识读；矩阵式仅能用图像扫描器识读

6. 射频识别技术（RFID）

射频识别技术（RFID）俗称电子标签，利用无线射频信号通过空间耦合实现无接触信息的采集和传递，并通过所传递的信息达到识别特定目标并读写相关数据的目的。RFID 是一种非接触、双向通信、简单方便的自动识别技术。RFID 系统的组成及工作原理如图 1-11 所示。

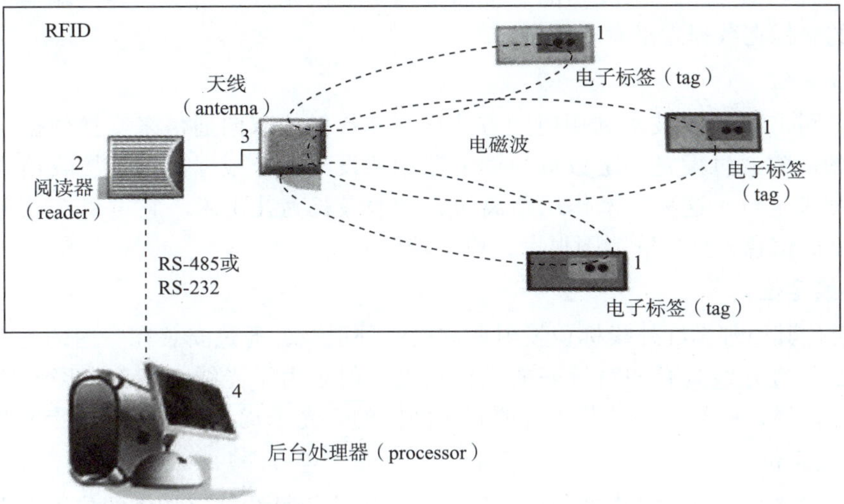

图 1-11　RFID 系统的组成及工作原理

（1）电子标签装设在被识别的物体对象上，具有智能读写和加密通信的功能，它是通过无线电波与读写设备进行数据交换。

（2）阅写器又称读写器，主要负责将主机的读写命令加密后传送到电子标签，将电子标签返回的数据初始化、解密后送到主机。

（3）天线是以电磁波的形式把前端射频功率信号接收进来或者辐射出去的装置，是电路与空间的界面器件，用来实现行波与自由空间波能量的转化。

（4）后台处理器即主计算机系统。RFID 通过阅读器的 RS-232 或 RS-485 标准接口与后台处理器连接，进行数据交换，主要完成数据信息的存储及管理，对电子标签进行读写、控制和管理等功能。

1.1.5　定位技术

定位即查询和确定目标的位置信息，无线定位技术指用来判定移动用户位置的测量和计算方法。

1. 全球定位系统（GPS）

全球定位系统（GPS）由 24 颗工作卫星组成，在全球任何地方、任何时间都可观测到 4 颗以上的卫星，测量出已知位置的卫星到用户接收机之间的距离，然后综合多颗卫星的数据就可以知道接收机的具体位置。

2. 中国北斗卫星导航系统（BDS）

中国北斗卫星导航系统（BDS）是中国自行研制的全球卫星导航系统，由空间段、地面段和用户段三部分组成，可在全球范围内全天候、全天时为各类用户提供高精度、高可靠的定位、导航、授时服务，并具短报文通信能力。

3. Wi-Fi 定位

Wi-Fi 定位无线局域网（WLAN）是一种全新的信息获取平台，可在广泛的应用领域内实现复杂的大范围定位、监测和追踪任务，而网络节点自身定位是大多数应用的基础和前提。

设备侦听附近都有哪些热点，检测每个热点的信号强弱，然后把这些信息发送给网络上的服务端，服务器根据这些信息，查询每个热点在数据库里记录的坐标，然后进行运算，就能知道客户端的具体位置了。一次成功的定位需要两个先决条件：第一，客户端能上网；第二，侦听的热点的坐标在数据库里有相关记录。

4. RFID 定位

射频频识别（RFID）技术利用射频方式进行非接触式双向通信来交换数据，以达到识别和定位的目的。它通过设置一定数量的读卡器和架设天线，根据读卡器接收信号的强弱、到达时间、角度来定位。这种技术作用距离短，一般最长为几十米。它可以在几毫秒内得到厘米级定位精度的信息，且传输范围很大，成本较低。

5. 红外线定位

红外线定位其原理是红外线标识发射调制的红外射线，通过安装在室内的光学传感器接收进行定位。虽然红外线具有相对较高的定位精度，但是由于光线不能穿过障碍物，使得红外射线仅能视距传播，而且容易被荧光灯或者房间内的灯光干扰，在精确定位上有局限性。

6. 超声波定位

超声波定位主要采用反射式测距法，通过三角定位等算法确定物体的位置，即发射超声波并接收由被测物产生的回波，根据回波与发射波的时间差计算出待测距离，有的则采用单向测距法。超声波定位整体定位精度较高，结构简单，但超声波受多径效应和非视距传播影响很大，同时需要大量的底层硬件设施投资，成本很高。

7. 蓝牙定位

蓝牙技术通过测量信号强度进行定位。这是一种短距离、低功耗的无线传输技术，在室内安装适当的蓝牙局域网接入点，把网络配置成基于多用户的基础网络连接模式，并保证蓝牙局域网接入点始终是这个主设备，就可以获得用户的位置信息。蓝牙室内定位技术最大的优点是设备体积小、易于功能移动终端设备的用户使用，只要设备的蓝牙功能开启，蓝牙室内定位系统就能够对其进行位置判断。

8. ZigBee 定位

ZigBee 定位是一种新兴的短距离、低速率无线网络技术，它介于射频识别和蓝牙之间，也可以用于室内定位。它有自己的无线电标准，在数千个微小的传感器之间相互协调通信以实现定位。这些传感器只需要很少的能量，以接力的方式通过无线电波将数据从一个传感器传到另一个传感器，所以它们的通信效率非常高。ZigBee 最显著的技术特点是它的低功耗和低成本。

1.2 多网融合技术

1.2.1 多网融合技术发展沿革

多网融合是指电信网络、广播电视网络、有线电视、移动网络、物联网等统一在同一物理媒体上进行传输。

多网融合技术是一种新型的技术手段，其传输的物理载体为光纤，采用 TCP/IP 协议，通过兼容的方式，将不同制式的网络直接或者间接地融入骨干网络中。统一的 TCP/IP 协议使各种基于 IP 的业务都能互通，如数据网络、电话网络、视频网络都可融合在一起。这种融合技术有很多优势，如企业在现有设施基础上，通过融合技术将数据、语音及多媒体信息建立在统一网络平台上，既降低了管理和企业运营的成本，又提高了企业工作效率。融合技术的迅猛发展又将使网络本身增加很多新的延展特性。

以前人们试图在 ATM 和帧中继网络上实现多业务复用系统，把话音、传真、留言放在同一终端设备上。近年来，新的话音压缩技术、IP 网络上的 H.323 和 SIP 呼叫信令技术、媒体流传输技术的商业应用突破，都为企业更有效地利用单一通信平台完成商业通信开辟了新的道路。这通常就需要几个独立的网络来组成，如企业的话音通信系统，由企业的内部程控电话交换系统，连接公共电话系统的 PSTN 组成。任何跨区域 / 机构的通话业务都需要支付额外费用。同时企业通常还拥有内部数据通信网（intranet）系统，由数据局域网和租用公共通信专线或采用虚拟专线（VPN）连接各个分支机构和远程移动用户。

实施融合网络则能改变传统企业的业务通信系统，这就需要摒弃那些只能提供部分通信服务的、多个分离的专用系统，转而融合这些分离的企业话音、数据网络和业务，创新和提升资源利用，使之能够在统一的平台上支持话音、数据、兼视频业务，降低成本，开拓企业新应用和服务。

随着越来越多的语音应用相继被开发出来，IP 协议的服务质量也得到了不断的改善，在数据网上打电话已经成为现实。这一现实使得原本非常昂贵的长途电话变得非常便宜。随着技术的发展，电话网络和数据网络逐渐合二为一，即话音信号通过数据网络传输已经成为现实和普及的趋势。电话网络和数据网络的合并将大大降低通信网络的运营成本，简化网络的管理，对于用户来说，最大的好处就是节省了费用。

融合网络不仅仅带来了成本的节省和网络管理的简化，最大的益处在于 IP 技术满足了移动和便捷性的需求。移动的便捷性则在于，通过 IP 网络，可以实现 PC 和 PC、PC 和电话、电话和电话的对接。很多企业愿意采用新的技术来提高生产效率、节约成本。全球性企业和经济全球化的趋势，需要企业融入一个全球化的架构，融合网络的架构是全球化的，在有互联网的地方，就可以和合作伙伴进行语音和数据通信。

基于融合网络的 IP 电话代表的是一种工作方式、一种沟通的途径，现代化企业的通信应该是基于 IP 融合网络的通信，其中包括语音、视频、即时短信、传真、呼叫中心、CRM 系统等。由于采用了基于 IP 的语音和数据融合网络，办公效率将会大大提高。

1.2.2 无线通信网络技术

无线通信网络技术涵盖的范围很广，既包括允许用户建立远距离无线连接的全球语音和数据网络，也包括为近距离无线连接进行优化的红外线技术及射频技术等。根据不同用途，无线通信技术可分为无线个域网（如 ZigBee）、无线局域网（如 Wi-Fi）、无线城域网（如 WMAN）和无线广域网（如 GPRS）等。

1. Wi-Fi 技术

Wi-Fi 即无线保真，又称 802.11b 标准，是 EEE 定义的一个无线网络通信工业标准。802.11b 定义了使用直接序列扩频调制技术在 2.4 GHz 频带实现 11 Mbit/s 速率的无线传输，在信号较弱或有干扰的情况下，宽带可调整为 5.5 Mbit/s、2 Mbit/s 和 1 Mbit/s。

2. ZigBee 技术

ZigBee 技术是一种近距离、低复杂度、低功耗、低速率、低成本的双向无线通信技术，是 IEEE802.15.4 技术的商业名称，适合无线控制和自动化应用的较低速率的传输。

3. 蓝牙技术

蓝牙技术一个开放性的短距离无线通信技术标准，是 IEEE802.15.1 的标准，通过无线连接的方式，安全、低成本、低功耗地实现网络互连，使得近距离内各种通信设备能够实现无缝资源共享，也可实现在各种数字设备之间的语音和数据通信。

4. NFC 技术

NFC 技术即近距离无线通信技术，是一种非接触式识别和互联技术，可以在移动设备、消费类电子产品、PC 和其他小型智能设备进行近距离无线通信，还集成了许多安全功能，可实现付款或其他金融应用。

5. UWB 技术

UWB 技术是一种新型的无线通信技术，采用时间间隔极短的脉冲进行通信。

1.2.3 移动互联网技术

1. 3G、4G

3G 是指支持高速数据传输的蜂窝移动通信技术，3G 服务能够高速传送语音及数据信息等，速率一般在几百 kbit/s 以上；4G 技术即为宽带接入和分布网络，集 3G 与 WLAN 于一体，能够传输高质量视频图像，并具有非对称和超过 2 bit/s 数据传输能的通信系统。4G 网络能融合现有无线接入技术，已经成为一个无缝连接的统一系统。移动通信网的代际及特点如表 1-3 所示。

表 1-3 移动通信网的代际及特点

代际	1G	2G	2.5G	3G	4G
信号	模拟	数字	数字	数字	数字
制式	FDMA	GSM、CDMA	GPRS	WCNMA、CDMA2000、TD-SCDMA	TD-LTE
主要功能	语音	数据	窄带	宽带	广带
典型应用	通话	短信—彩信	蓝牙	多媒体	高清

2. 5G

5G 着力于提升频谱效率、扩展可工作的频段、增大网络密度，相较于 4G 在网络延迟、峰值数据速率、移动连接数、用户设备发射功率等方面具有更强的优势。移动通信 4G 与 5G 对比如图 1-12 所示。

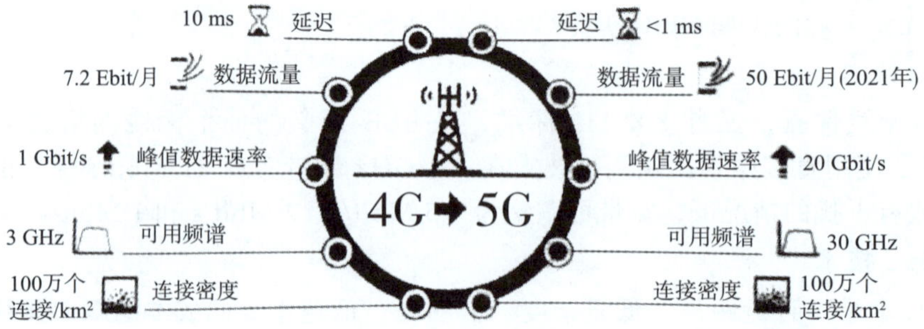

图 1-12 移动通信 4G 与 5G 对比

3. 三网融合的概念

所谓三网融合，是指电信网、有线电视网和计算机通信网的相互渗透，互相兼容，并逐步整合成为全世界统一的信息通信网络。具体是指电信网、广播电视网、互联网在向宽带通信网、数字电视网、下一代互联网演进过程中，三大网络通过技术改造，其技术功能趋于一致，业务范围趋于相同，网络互联互通、资源共享，能为用户提供语音、数据和广播电视等多种服务。三网融合并不意味着三大网络的物理合一，而主要是指高层业务应用的融合，使声音、图像、视频影像等变为数字信号在计算机中加工、存储，并在统一的网络上传输。

三网融合的目标是实现网络资源的共享，避免低水平重复建设，形成适应性广、容易维护、费用低廉的高速带宽多媒体基础平台，提高信息产业的整体水平，为社会经济网络化、数字化创造条件，形成具有多种业务融合能力的智能终端。三网融合会给人们带来不少益处：一是方便，三项服务一次完成，用户不必向三家公司分别申请；二是价格低廉，三项费用合而为一；三是方便快捷。三网融合以后，手机可以看电视、上网，电视可以打电话、上网，电脑也可以打电话、看电视。三者之间相互交叉，形成你中有我、我中有你的格局，会给人们的工作、生活带来不一样的新感觉。

1.3 数据处理技术

1.3.1 数据处理技术发展沿革

数据处理技术就是对各种数据进行分类、组织、编码、查询和维护，从低级到高级数据处理发展经历了的四个阶段，分别是人工管理、文件系统管理、数据库系统管理和分布式数据库系统阶段。

1. 人工管理阶段

在计算机出现之前，人们主要利用纸张和计算工具（如算盘和计算尺）来进行数据的记录和计算，依靠大脑来管理和利用数据。到了 20 世纪 50 年代中期，这时计算机刚刚开始萌芽，还没有类似于磁盘等专门管理数据的存储设备，只有纸带、卡片、磁带等外存。所以计算机只能局限于科学技术方面，主要用于科学计算。也就是说，在人工管理阶段，数据主要存储在纸带、磁带等介质上，或者直接通过手工来记录。人工管理的缺点是：数据不能长期保存、不便于查询、不能共享，数据冗余度大、不具有独立性。

2. 文件系统管理阶段

20 世纪 50 年代后期到 20 世纪 60 年代中期，计算机中的磁盘和磁鼓等直接存取设备开始普及。这时可以将数据存储在计算机的磁盘上。这些数据都以文件的形式存储，然后通过文件系统来管理。相对于人工管理阶段而言，文件系统使数据管理变得简单，不用再为了一个文件而翻箱倒柜地查找。但是，这些文件中的数据没有进行结构化管理，查询起来还是不方便。文件系统管理阶段的特点有：数据可以长期保存、数据由文件系统来管理、数据冗余大、共享性差、数据独立性差、无法应对突发事故（文件误删、磁盘故障等）。

3. 数据库系统管理阶段

20 世纪 60 年代后期，随着网络技术的发展，计算机软 / 硬件的进步，出现了数据库技术，该阶段就是所谓的数据库系统阶段。数据库系统管理阶段使用专门的数据库来管理数据，用户可以在数据库系统中建立数据库，然后在数据库中建立表，最后将数据存储在这些表中。用户可以直接通过数据库管理系统来查询表中的数据。相对于文件系统来说，数据库系统实现了数据结构化。在文件系统中，独立文件内部的数据一般是有结构的，但文件之间不存在联系，因此整体来说是没有结构的。数据库系统虽然也常常分成许多单独的数据文件，但是它更注意同一数据库中各数据文件之间的相互联系。数据库系统阶段的特点有：数据由数据库管理系统统一管理和控制、数据共享性高、冗余度低、数据独立性强、数据粒度小。

4. 分布式数据库系统管理阶段

20 世纪 70 年代后期，随着计算机硬件系统与通信系统的发展，分布式数据库应运而生。它是数据库技术和计算机网络技术结合的产物。所谓分布式数据库就是由一组数据组成的，这些数据物理上分布在计算机网络的不同节点上，逻辑上则同属于一个系统。分布式数据库实质上是指一个数据在多个不同地理位置存储的数据库，数据库的某一部分在同一个位置存储和处理，数据库的其他部分在另外一个或者多个位置存储和处理。分布至数据库本身是分开的，能很好地适应一个单位的具体需求，用户可以根据自己的实际需要与能力来构建自己的分布式系统。由于数据是分布的，所以处理也是分布的，能够降低对网络服务器的处理要求，提高整个系统的处理能力。虽然数据相关，要为各个用户所共享，但异地访问的数据往往比本地访问的数据要多得多，能够减少通信开销，提高系统的性能。由于数据分布在不同位置的计算机上，若某些计算机出了故障，其他节点仍然可以工作，不会影响整个数据，若再增加数据冗余技术，则系统还具有容错能力。

现在常用大数据处理技术来完成数据的综合处理和应用，面对海量的数据，在有限的硬件条件下，以低成本满足大数据处理的各种实际需求，大数据处理最主要的支撑技术就是分布式和并行计算、大数据云以及大数据内存计算。

1.3.2 交通管理大数据技术

大数据是指无法在一定时间范围内，用常规软件工具进行捕捉、管理和处理的数据集合，是需要通过新处理模式才能使之具有更强的支持决策力、洞察发现力和流程优化力的海量、高增长率和多样化的信息资产。大数据是集理论、技术和实践为一体的专业领域，如图 1-13 所示。大数据产业是建立在通过互联网、物联网、云计算等渠道广泛、大量数据资源收集基础上的数据存储、价值提取、智能处理和信息服务业务。

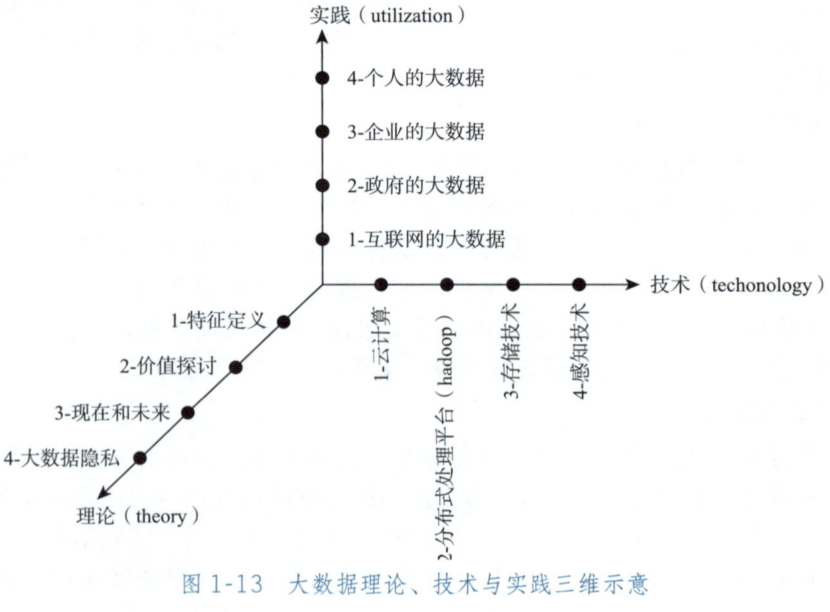

图 1-13　大数据理论、技术与实践三维示意

智慧交通与大数据契合成交通大数据，可以从三个角度来看：首先是应用成熟度，无论卡口、电子警察还是视频监控，都是对图像和视频数据进行语音化和结构化处理最成熟、最完整、应用程度最深的领域。其次是技术角度，大数据、云计算的技术框架已经日趋成熟，在交通大数据提供海量数据的情况下应用大数据技术是可以实现的，而且智慧交通作为智慧城市的一个子模块，率先应用大数据技术也可以起到带头作用。最后是使用者和关联者角度，交通智能化最终会影响到每一个人骑车、驾车、乘坐公交出行的感受，而交通大数据的挖掘也是在寻找人们的出行习惯以及出行感受，使出行者有更好的出行体验是交通大数据应用的最终目的。在智慧交通的建设过程中，交通大数据可被分成交通流数据（固定检测器、移动检测器）、位置数据（移动检测）、非结构化视频数据、多源互联网及政务网数据。交通大数据处理框架如图 1-14 所示。

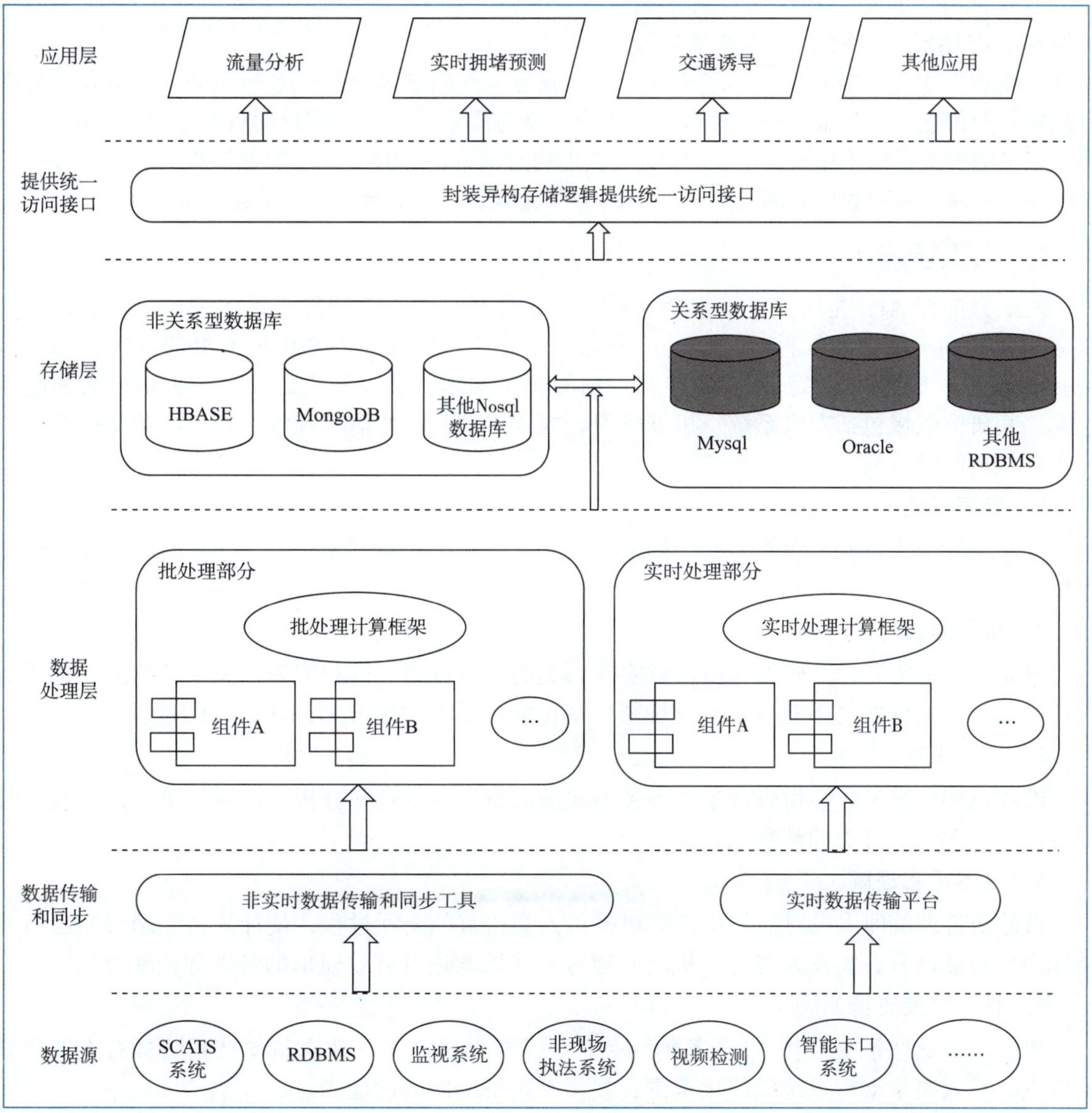

图 1-14　交通大数据处理框架

1.3.3 交通云计算技术

云计算是一种动态的、易扩展的且通常通过互联网提供虚拟化的资源计算方式，将大量用网络连接起来的计算资源进行统一管理和调度，构成一个像云一样的计算资源池，向用户按需服务，提供资源的网络。云网络的工作模式如图 1-15 所示。

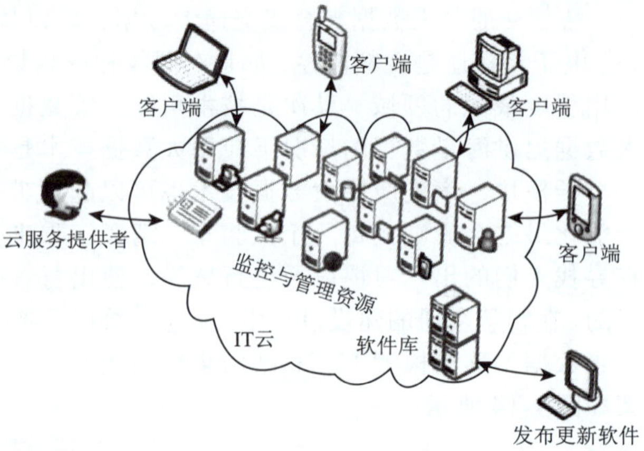

图 1-15 云网络工作模式

交通云计算系统的建设架构以共建共享为目的，整合交通运输行业信息、业务资源、现有业务系统，搭建交通运输云服务平台集成开发环境，提供云计算平台计算资源、存储资源、网络资源等基础设施整合，将数据中心、中间件、集成架构、公共服务、交通基础业务服务等能力进行整合，为交通运输行业信息、业务服务的快速接入、组合、交付提供基础。该整合的目的是将 IT 相关的能力以服务的方式提供给用户，用户可按需方便地通过网络访问共享的可配置计算资源池（如网络、服务器、存储、应用程序和服务）。典型的交通运输云计算平台总体系统架构如图 1-16 所示。

1.3.4 人工智能

人工智能即 AI，是研究、开发用于模拟、延伸和扩展人类智能行为的理论、方法、技术及应用系统的一门新技术科学，也是研究如何用计算机的软硬件来模拟人类的某些智能行为的基本理论、方法和技术。人工智能是一门知识工程学，研究知识的获取、表示方法和使用技术，其研究领域包括专家系统、机器学习、模式识别、自然语言理解、智能决策支持系统、人工神经网络等方面。

1. 专家系统

专家系统是依靠人类专家已有的知识建立起来的模拟人类专家解决领域问题的计算机程序系统。

2. 机器学习

机器学习是研究计算机怎样模拟或实现人类的学习行为，以获取新知识或新技能，重新组织已有的知识结构使之不断改善自身性能，尽可能接近人类学习和认知行为的过程。

3. 模式识别

模式识别是对表征事物或现象的各种形式的信息进行处理和分析，以对事物、过程或现象进行描述、辨认、分类和解释的过程。

4. 自然语言理解

自然语言理解即人机对话，用计算机模拟人类语言的交际过程，使计算机能理解和运用人类社会的自然语言，实现人与计算机之间通过自然语言进行有效通信的各种理论和方法。

5. 智能决策支持系统

智能决策支持系统是将 AI 与其他相关科学成果结合起来，使决策支持系统具有人工智能的特点，扩大决策支持系统的应用范围，提高系统解决问题的能力。

6. 人工神经网络

人工神经网络是模拟人类大脑神经网络行为特征，进行分布式并行信息处理的数学运算模型。

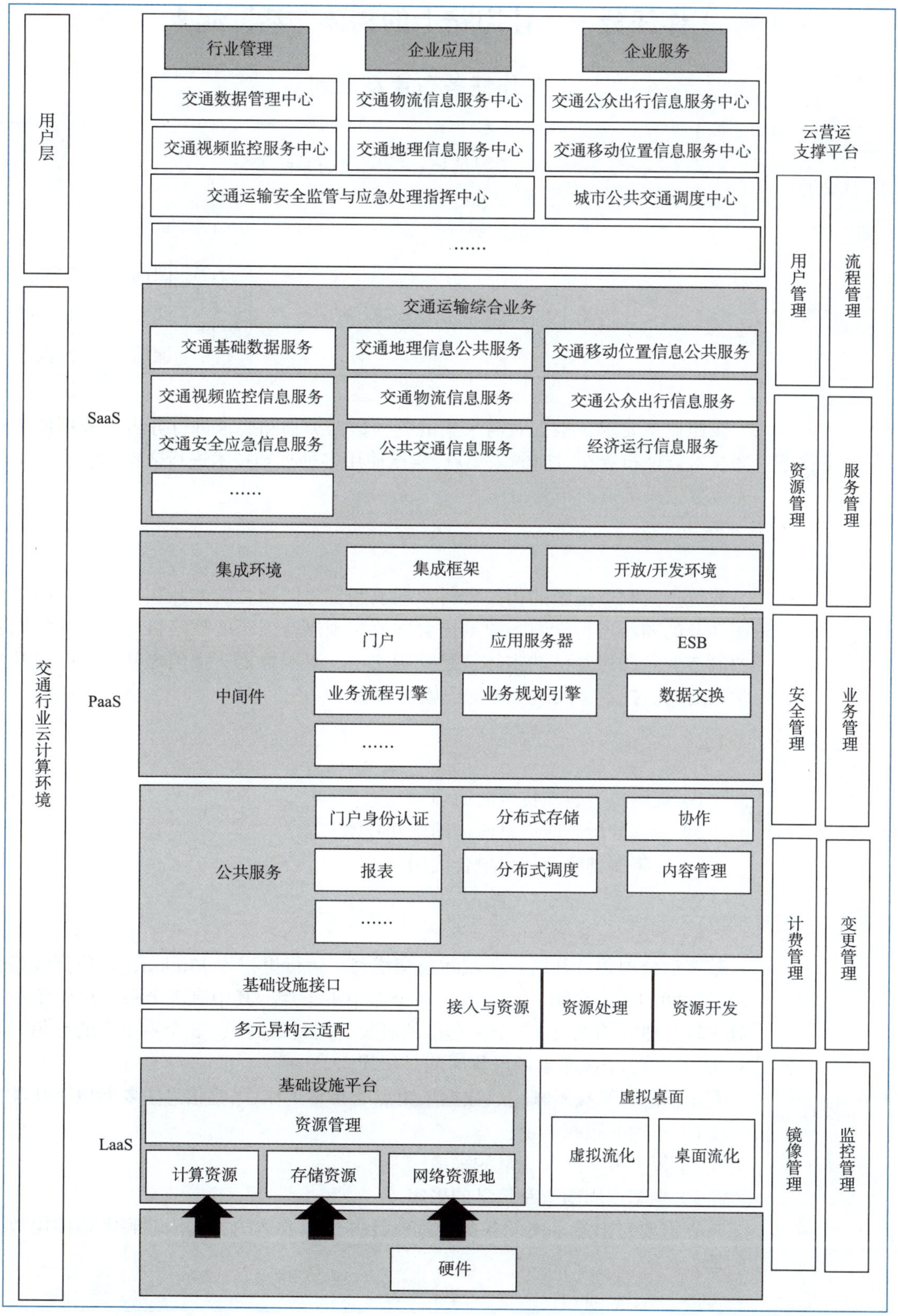

图 1-16　交通运输云计算系统架构

工作任务一　让道路上的物体“活”起来

工作任务布置及规划

<table>
<tr><td>学习领域
智慧交通</td><td colspan="5">学习情境：智慧交通系统要素</td></tr>
<tr><td>姓　名</td><td></td><td>班　级</td><td></td><td>日　期</td><td></td></tr>
<tr><td rowspan="3">工作任务</td><td colspan="3" rowspan="3">让道路上的物体“活”起来</td><td rowspan="3">学时安排</td><td>课前　2 学时</td></tr>
<tr><td>课中　4 学时</td></tr>
<tr><td>课后　2 学时</td></tr>
<tr><td>工作任务描述</td><td colspan="5">按照业主要求，根据对需采集的各种数据类别和要求进行分析，采用各类感知技术合理布置在对应的采集点,尝试使用多种感知技术进行数据的融合采集，完成数据采集点的布置工作</td></tr>
<tr><td>素质目标</td><td colspan="5">通过查找制造强国的相关资料，理解制造强国相关的方针和目标，对制造强国涉及的领域进行学习，深刻体会国家实现制造强国的战略目标，让同学们明白制造业是国民经济的主体，是立国之本、兴国之器、强国之基，由此提升同学们对精湛技术、大国工匠的民族自豪感</td></tr>
<tr><td>知识技能目标</td><td colspan="5">（1）理解每种感知技术的原理
（2）能够分析不同信息所需的感知技术
（3）会将多种感知技术融合应用</td></tr>
<tr><td>任务书</td><td colspan="5">某客运公司预计开通一条城际公交线路，运行里程为 176 km，该公交线路途经城际间的 8 个乡镇，预计设立 8 个途中乘车点，其中有 3 个乘车点位于乡镇赶集较为热闹的地段，2 个乘车点的赶集时间是每周二，5 个乘车点的赶集时间是每周三，7 个乘车点的赶集时间是每周六。
利用信息感知技术来完成数据采集点的布置工作,采集信息主要有以下几类。
（1）车辆的跟踪、定位
（2）每个乘车点人流量的采集
（3）乘车点周围道路信息的采集
陈嘉需要对前端采集的各类数据设计并选用合适的方式传输到需要使用数据的地方</td></tr>
</table>

准备开始

学习领域 智慧交通	学习情境：智慧交通系统要素			页　码		
姓　名		班　级		日　期		
工作任务	让道路上的物体“活”起来			学时 安排	课前	2 学时
					课中	4 学时
					课后	2 学时

任务分组

学生任务分配表

班　级		组　号		指导老师	
组　长		学　号			
组　员	姓　名	学　号	姓　名	学　号	备　注

任务分工

准备工作	（1）完成 1.1 中关于信息采集技术所有内容的学习，并能了解各种技术的适用场合 （2）自行完成每种技术所需求的设备构成 （3）组团队完成该任务的核心工作划分，并撰写该任务的实施计划

工作任务单

<table>
<tr><td rowspan="2">工作任务</td><td rowspan="2">让道路上的物体“活”起来</td><td>专业引用技能</td><td>《C 语言与单片机应用》《PLC 与系统组态》《交通工程》《物联网》</td></tr>
<tr><td>情境引用技能</td><td>学习情境一</td></tr>
<tr><td>学思悟</td><td colspan="3">请讨论什么样的交通能被称为智慧交通。</td></tr>
<tr><td>引导问题一</td><td colspan="3">分析该路线的道路状况并根据道路状况规划采集点，根据每个采集点的具体情况选用合适的信息感知技术并说明选择原因。</td></tr>
<tr><td>引导问题二</td><td colspan="3">请选定具体的感知技术完成对信息的采集工作，包括对每个乘车点人流量的采集、对乘车点周围道路信息的采集，说明实施步骤。</td></tr>
</table>

实施总结

引导问题三	绘制采集点的规划图，并撰写附带详细说明的规划方案。
阶段性 提交成果	□ 1. 提交采集点的规划图 □ 2. 提交规划方案 □ 3. 提交实施报告
教学资源	学习情境一　微课视频 1　　引导问题样本　　案例库

工作任务提交报告

<table>
<tr><td>工作任务</td><td colspan="3">让道路上的物体“活”起来</td></tr>
<tr><td>姓　名</td><td></td><td>班　级</td><td></td></tr>
<tr><td>任务提交清单</td><td colspan="3">1.
2.
3.</td></tr>
<tr><td colspan="4">工作任务完成后收获总结</td></tr>
<tr><td colspan="4"></td></tr>
</table>

工作任务评价反馈（学生自评）

学习领域	学习情境：智慧交通系统要素		页 码		
智慧交通					
姓 名		班 级		日 期	
工作任务	让道路上的物体“活”起来				
评价项目	评 价 标 准			分 值	得 分
道路状况分析调研	能使用正确的方法调查道路的交通状况等相关数据			10	
道路状况图绘制	能使用 CAD 或者 Visio 绘制道路状况图			10	
道路状况采集点规划	能根据具体道路状况，正确设置合适数量的道路状况采集点			10	
信息感知技术选择	能掌握各种信息感知技术的特点及优缺点，有针对性地选择合适的感知技术进行信息采集，并根据调研结果设计方案			15	
设计后实施	能按设计方案实施道路信息采集工作，收集数据信息			8	
总结分析	总结分析设计实施结果			7	
工作态度	态度端正，无缺席、迟到、早退现象			7	
工作质量	能按计划完成工作任务			8	
协调能力	与小组成员、同学之间能合作交流，协调能力强			10	
职业素养	能做到安全出行，文明工作，保护环境，爱护公共设施			5	
创新意识	通过调研道路的实际情况，能设计多种信息采集方案并分析利弊			5	
知识拓展与迁移	通过工作任务全过程参与实施，能举一反三，类似信息采集工作，能找到共性解决办法			5	
合 计				100	

工作任务评价反馈（学生互评）

学习领域	学习情境：智慧交通系统要素									页码					
智慧交通															
姓名				班级						日期					
工作任务	让道路上的物体“活”起来														
评价项目	分值	等级								评价对象（组号）					
										1	2	3	4	5	6
计划合理	8	优	8	良	7	中	6	差	4						
方案准确	8	优	8	良	7	中	6	差	4						
团队合作	8	优	8	良	7	中	6	差	4						
组织有序	8	优	8	良	7	中	6	差	4						
工作质量	8	优	8	良	7	中	6	差	4						
工作效率	8	优	8	良	7	中	6	差	4						
工作完整	10	优	10	良	8	中	5	差	3						
工作规范	16	优	16	良	12	中	7	差	3						
识读报告	16	优	16	良	12	中	7	差	3						
成果展示	10	优	10	良	8	中	5	差	3						
合计	100														

工作任务评价反馈（教师综合评价）

学习领域		学习情境：智慧交通系统要素		页　码	
智慧交通					
姓　名			班　级		日　期	
工作任务		让道路上的物体“活”起来			
评价项目		评 价 标 准		分　值	得　分
考勤（10%）		无迟到、早退、旷课现象		10	
工作过程（75%）	识图	能正确识图及理解道路设计图		5	
	调查	能使用正确的方法调查路段交通信息的相关数据		5	
	道路状况图绘制	能使用 CAD 或者 Visio 绘制道路状况图		8	
	道路状况采集点规划	能根据具体道路状况，正确设置合适数量的道路状况采集点		8	
	信息感知技术选择	能掌握各种信息感知技术的特点及优缺点，有针对性地选择合适的感知技术进行信息采集，并根据调研结果设计方案		9	
	设计后实施	能按设计方案实施道路信息采集工作，收集数据信息		8	
	工作态度	态度端正，工作认真、主动		8	
	工作完整	能按计划完成工作任务		8	
	协调沟通	与小组成员、同学之间能合作交流，协调能力强		8	
	职业素养	能做到安全出行，文明工作，保护环境，爱护公共设施		8	
项目总结（15%）	技能提升	通过调研道路的实际情况，能设计多种信息采集方案并分析利弊		8	
	拓展外延	通过工作任务全过程参与实施，能举一反三，类似信息采集工作，能找到共性解决办法		7	
合　计				100	
综合评价	学生自评（20%）	学生互评（30%）	教师综合评价（50%）	综合得分	

工作任务二 让采集的数据流动起来

工作任务布置及规划

<table>
<tr><td>学习领域</td><td colspan="2" rowspan="2">学习情境：智慧交通系统要素</td><td colspan="2" rowspan="2">页 码</td><td colspan="2" rowspan="2"></td></tr>
<tr><td>智慧交通</td></tr>
<tr><td>姓 名</td><td></td><td>班 级</td><td></td><td>日 期</td><td colspan="2"></td></tr>
<tr><td rowspan="3">工作任务</td><td colspan="3" rowspan="3">让采集的数据流动起来</td><td rowspan="3">学时
安排</td><td>课前</td><td>2 学时</td></tr>
<tr><td>课中</td><td>4 学时</td></tr>
<tr><td>课后</td><td>2 学时</td></tr>
<tr><td>工作任务描述</td><td colspan="6">工作任务一采集的数据怎么进行传输呢？这些数据传输的工作就必须交给公司的网络管理专员陈嘉来完成，她的工作任务就是利用各种各样的数据传输手段，把前端采集的各类数据传输到需要使用数据的地方去</td></tr>
<tr><td>素质目标</td><td colspan="6">通过对 5G 技术相关资料查找学习，深入了解我国移动通信技术在各行各业的应用，同时也了解我国移动通信技术在世界的地位，从而让同学们产生国家荣誉感</td></tr>
<tr><td>知识技能目标</td><td colspan="6">（1）能掌握现代无线通信网络技术的应用
（2）能理解各种移动互联网技术的异同</td></tr>
<tr><td>任务书</td><td colspan="6">某客运公司预计开通一条城际公交线路，运行里程为 176 km，该公交线路途经城际间的 8 个乡镇，预计设立 8 个途中乘车点，其中有 3 个乘车点位于乡镇赶集较为热闹的地段，2 个乘车点的赶集时间是每周二，5 个乘车点的赶集时间是每周三，7 个乘车点的赶集时间是每周六。
李泽负责利用信息感知技术来完成数据采集点的布置工作，主要采集信息包括以下内容。
（1）车辆的跟踪、定位
（2）每个乘车点人流量的采集
（3）乘车点周围道路信息的采集</td></tr>
</table>

准备开始

<table>
<tr><td>学习领域
智慧交通</td><td colspan="3">学习情境：智慧交通系统要素</td><td colspan="2">页　码</td><td></td></tr>
<tr><td>姓　名</td><td></td><td>班　级</td><td></td><td colspan="2">日　期</td><td></td></tr>
<tr><td rowspan="3">工作任务</td><td rowspan="3" colspan="3">让采集的数据流动起来</td><td rowspan="3">学时
安排</td><td>课前</td><td>2 学时</td></tr>
<tr><td>课中</td><td>4 学时</td></tr>
<tr><td>课后</td><td>2 学时</td></tr>
<tr><td>任务分组</td><td colspan="6">
学生任务分配表
<table>
<tr><td>班　级</td><td></td><td>组　号</td><td></td><td>指导老师</td><td></td></tr>
<tr><td>组　长</td><td></td><td>学　号</td><td colspan="3"></td></tr>
<tr><td rowspan="5">组　员</td><td>姓　名</td><td>学　号</td><td>姓　名</td><td>学　号</td><td>备　注</td></tr>
<tr><td></td><td></td><td></td><td></td><td rowspan="4"></td></tr>
<tr><td></td><td></td><td></td><td></td></tr>
<tr><td></td><td></td><td></td><td></td></tr>
<tr><td></td><td></td><td></td><td></td></tr>
<tr><td colspan="6">任务分工</td></tr>
<tr><td colspan="6"></td></tr>
</table>
</td></tr>
<tr><td>准备工作</td><td colspan="6">（1）完成 1.2 中关于多网融合技术中所有内容的学习，并能了解各种技术的适用场合
（2）自行完成网络传输过程中所需求的设备构成
（3）组团队完成该任务的核心工作划分，并撰写该任务的实施计划</td></tr>
</table>

工作任务单

<table>
<tr><td rowspan="2">工作任务</td><td rowspan="2">让采集的数据流动起来</td><td>专业引用技能</td><td>《计算机网络基础》《通信技术》《物联网技术》</td></tr>
<tr><td>情境引用技能</td><td>学习情境一</td></tr>
<tr><td>学思悟</td><td colspan="3">讨论 5G 技术的应用场景及体现的优势。</td></tr>
<tr><td>引导问题一</td><td colspan="3">分析工作任务一得到的数据类型，进行数据分类汇总，根据数据的去向的远近和使用情况确定传输技术的选用，并分别说明原因。</td></tr>
<tr><td>引导问题二</td><td colspan="3">根据选定的技术规划网络的构成，并确定网络硬件设备，分析各种设备的使用场景。</td></tr>
</table>

实施总结

引导问题三	绘制数据传输硬件连接图，连接硬件设备完成数据信息传输并撰写实施报告。
阶段性提交成果	□ 1. 提交数据传输硬件连接图 □ 2. 提交规划方案 □ 3. 提交实施报告
教学资源	学习情境一　微课视频 2　　引导问题样本　　案例库

工作任务提交报告

工作任务	让采集的数据流动起来		
姓　名		班　级	
任务提交清单	1. 2. 3.		
工作任务完成后收获总结			

工作任务评价反馈（学生自评）

<table>
<tr><td>学习领域</td><td colspan="3" rowspan="2">学习情境：智慧交通系统要素</td><td rowspan="2">页 码</td><td colspan="2" rowspan="2"></td></tr>
<tr><td>智慧交通</td></tr>
<tr><td>姓 名</td><td></td><td>班 级</td><td></td><td>日 期</td><td colspan="2"></td></tr>
<tr><td>工作任务</td><td colspan="6">让采集的数据流动起来</td></tr>
<tr><td>评价项目</td><td colspan="4">评 价 标 准</td><td>分 值</td><td>得 分</td></tr>
<tr><td>采集数据类型分析调研</td><td colspan="4">能正确对采集数据进行分类</td><td>10</td><td></td></tr>
<tr><td>数据传输技术选择</td><td colspan="4">能根据数据类型、距离等基础信息选择合适的传输技术</td><td>10</td><td></td></tr>
<tr><td>数据传输硬件规划设计</td><td colspan="4">能根据具体道路状况，利用正确的传输技术组建硬件传输设备网络</td><td>15</td><td></td></tr>
<tr><td>硬件传输图绘制</td><td colspan="4">能使用 CAD 或 Visio 绘制硬件传输图</td><td>10</td><td></td></tr>
<tr><td>设计后实施</td><td colspan="4">能按设计方案完成硬件连接工作，收集数据信息</td><td>8</td><td></td></tr>
<tr><td>总结分析</td><td colspan="4">总结分析设计实施结果</td><td>7</td><td></td></tr>
<tr><td>工作态度</td><td colspan="4">态度端正，无缺席、迟到、早退现象</td><td>7</td><td></td></tr>
<tr><td>工作质量</td><td colspan="4">能按计划完成工作任务</td><td>8</td><td></td></tr>
<tr><td>协调能力</td><td colspan="4">与小组成员、同学之间能合作交流，协调能力强</td><td>10</td><td></td></tr>
<tr><td>职业素养</td><td colspan="4">能做到安全出行，文明工作，保护环境，爱护公共设施</td><td>5</td><td></td></tr>
<tr><td>创新意识</td><td colspan="4">通过数据类型分析，能设计多种信息采集方案并分析利弊</td><td>5</td><td></td></tr>
<tr><td>知识拓展与迁移</td><td colspan="4">通过工作任务全过程参与实施，能举一反三，类似信息采集工作，能找到共性解决办法</td><td>5</td><td></td></tr>
<tr><td colspan="5">合 计</td><td>100</td><td></td></tr>
</table>

工作任务评价反馈（学生互评）

<table>
<tr><td>学习领域</td><td colspan="8" rowspan="2">学习情境：智慧交通系统要素</td><td colspan="3" rowspan="2">页　码</td><td colspan="3" rowspan="2"></td></tr>
<tr><td>智慧交通</td></tr>
<tr><td>姓　名</td><td colspan="4"></td><td colspan="2">班　级</td><td colspan="2"></td><td colspan="3">日　期</td><td colspan="3"></td></tr>
<tr><td>工作任务</td><td colspan="14">让采集的数据流动起来</td></tr>
<tr><td rowspan="2">评价项目</td><td rowspan="2">分　值</td><td colspan="8" rowspan="2">等　级</td><td colspan="6">评价对象（组号）</td></tr>
<tr><td>1</td><td>2</td><td>3</td><td>4</td><td>5</td><td>6</td></tr>
<tr><td>计划合理</td><td>8</td><td>优</td><td>8</td><td>良</td><td>7</td><td>中</td><td>6</td><td>差</td><td>4</td><td></td><td></td><td></td><td></td><td></td><td></td></tr>
<tr><td>方案准确</td><td>8</td><td>优</td><td>8</td><td>良</td><td>7</td><td>中</td><td>6</td><td>差</td><td>4</td><td></td><td></td><td></td><td></td><td></td><td></td></tr>
<tr><td>团队合作</td><td>8</td><td>优</td><td>8</td><td>良</td><td>7</td><td>中</td><td>6</td><td>差</td><td>4</td><td></td><td></td><td></td><td></td><td></td><td></td></tr>
<tr><td>组织有序</td><td>8</td><td>优</td><td>8</td><td>良</td><td>7</td><td>中</td><td>6</td><td>差</td><td>4</td><td></td><td></td><td></td><td></td><td></td><td></td></tr>
<tr><td>工作质量</td><td>8</td><td>优</td><td>8</td><td>良</td><td>7</td><td>中</td><td>6</td><td>差</td><td>4</td><td></td><td></td><td></td><td></td><td></td><td></td></tr>
<tr><td>工作效率</td><td>8</td><td>优</td><td>8</td><td>良</td><td>7</td><td>中</td><td>6</td><td>差</td><td>4</td><td></td><td></td><td></td><td></td><td></td><td></td></tr>
<tr><td>工作完整</td><td>10</td><td>优</td><td>10</td><td>良</td><td>8</td><td>中</td><td>5</td><td>差</td><td>3</td><td></td><td></td><td></td><td></td><td></td><td></td></tr>
<tr><td>工作规范</td><td>16</td><td>优</td><td>16</td><td>良</td><td>12</td><td>中</td><td>7</td><td>差</td><td>3</td><td></td><td></td><td></td><td></td><td></td><td></td></tr>
<tr><td>识读报告</td><td>16</td><td>优</td><td>16</td><td>良</td><td>12</td><td>中</td><td>7</td><td>差</td><td>3</td><td></td><td></td><td></td><td></td><td></td><td></td></tr>
<tr><td>成果展示</td><td>10</td><td>优</td><td>10</td><td>良</td><td>8</td><td>中</td><td>5</td><td>差</td><td>3</td><td></td><td></td><td></td><td></td><td></td><td></td></tr>
<tr><td>合　计</td><td>100</td><td colspan="8"></td><td></td><td></td><td></td><td></td><td></td><td></td></tr>
</table>

工作任务评价反馈（教师综合评价）

<table>
<tr><td colspan="2">学习领域
智慧交通</td><td colspan="2">学习情境：智慧交通系统要素</td><td>页　码</td><td colspan="2"></td></tr>
<tr><td colspan="2">姓　名</td><td></td><td>班　级</td><td></td><td>日　期</td><td colspan="2"></td></tr>
<tr><td colspan="2">工作任务</td><td colspan="6">让采集的数据流动起来</td></tr>
<tr><td colspan="2">评价项目</td><td colspan="4">评 价 标 准</td><td>分　值</td><td>得　分</td></tr>
<tr><td colspan="2">考勤（10%）</td><td colspan="4">无迟到、早退、旷课现象</td><td>10</td><td></td></tr>
<tr><td rowspan="10">工作过程（75%）</td><td>识图</td><td colspan="4">能正确识图及理解道路设计图</td><td>5</td><td></td></tr>
<tr><td>归类</td><td colspan="4">能正确对采集数据进行分类</td><td>5</td><td></td></tr>
<tr><td>硬件传输图绘制</td><td colspan="4">能使用 CAD 或者 Visio 绘制硬件传输图</td><td>8</td><td></td></tr>
<tr><td>数据传输技术选择</td><td colspan="4">能掌握各种数据传输技术的特点及优缺点，有针对性地选择合适的传输技术进行信息采集，并根据调研结果设计方案</td><td>8</td><td></td></tr>
<tr><td>数据传输硬件规划设计</td><td colspan="4">能根据具体道路状况，利用正确的传输技术组建硬件传输设备网络</td><td>9</td><td></td></tr>
<tr><td>设计后实施</td><td colspan="4">能按设计方案实施道路信息采集工作，收集数据信息</td><td>8</td><td></td></tr>
<tr><td>工作态度</td><td colspan="4">态度端正，工作认真、主动</td><td>8</td><td></td></tr>
<tr><td>工作完整</td><td colspan="4">能按计划完成工作任务</td><td>8</td><td></td></tr>
<tr><td>协调沟通</td><td colspan="4">与小组成员、同学之间能合作交流，协调能力强</td><td>8</td><td></td></tr>
<tr><td>职业素养</td><td colspan="4">能做到安全出行，文明工作，保护环境，爱护公共设施</td><td>8</td><td></td></tr>
<tr><td rowspan="2">项目总结（15%）</td><td>技能提升</td><td colspan="4">通过数据类型分析，能设计多种信息采集方案并分析利弊</td><td>8</td><td></td></tr>
<tr><td>拓展外延</td><td colspan="4">通过工作任务全过程参与实施，能举一反三，类似信息采集工作，能找到共性解决办法</td><td>7</td><td></td></tr>
<tr><td colspan="6">合　计</td><td>100</td><td></td></tr>
<tr><td colspan="2" rowspan="2">综合评价</td><td>学生自评（20%）</td><td>学生互评（30%）</td><td colspan="2">教师综合评价（50%）</td><td colspan="2">综合得分</td></tr>
<tr><td></td><td></td><td colspan="2"></td><td colspan="2"></td></tr>
</table>

工作任务三　让收集的数据使用起来

工作任务布置及规划

<table>
<tr><td>学习领域</td><td colspan="2" rowspan="2">学习情境：智慧交通系统要素</td><td colspan="2" rowspan="2">页　码</td><td colspan="2" rowspan="2"></td></tr>
<tr><td>智慧交通</td></tr>
<tr><td>姓　名</td><td></td><td>班　级</td><td></td><td>日　期</td><td colspan="2"></td></tr>
<tr><td rowspan="3">工作任务</td><td colspan="3" rowspan="3">让收集的数据使用起来</td><td rowspan="3">学时
安排</td><td>课前</td><td>2 学时</td></tr>
<tr><td>课中</td><td>4 学时</td></tr>
<tr><td>课后</td><td>2 学时</td></tr>
<tr><td>工作任务描述</td><td colspan="6">对这趟新的城际公交，如何完成合理调度其实取决于前端采集的数据，调度室里获取了车辆的数据、乘客的数据、道路的数据，需要把这些大量的数据通过分类、汇总、计算后，利用得到的数据规律来合理规划调度车辆，甚至可以将这些数据提供给出行者使用</td></tr>
<tr><td>素质目标</td><td colspan="6">通过对数据处理技术的学习，深刻理解数据处理在现代科技网络中的重要性，能通过生活中的案例充分认识大数据、云计算给各行各业带来的便利，让同学们体会到国家强大带来的幸福感</td></tr>
<tr><td>知识技能目标</td><td colspan="6">（1）理解大数据在交通管理中的应用
（2）理解云计算在交通中的应用
（3）了解人工智能为智慧交通带来的益处</td></tr>
<tr><td>任务书</td><td colspan="6">某客运公司预计开通一条城际公交线路，运行里程为 176 km，该公交线路途经城际间的 8 个乡镇，预计设立 8 个途中乘车点，其中有 3 个乘车点位于乡镇赶集较为热闹的地段，2 个乘车点的赶集时间是每周二，5 个乘车点的赶集时间是每周三，7 个乘车点的赶集时间是每周六。
利用信息感知技术来完成数据采集点的布置工作，主要采集信息有以下几类。
（1）车辆的跟踪、定位
（2）每个乘车点人流量的采集
（3）乘车点周围道路信息的采集
完成了工作任务一数据采集，工作任务二数据传输之后，利用各种各样数据传输手段，把前端采集的各类数据传输到需要使用数据的地方。
如何完成合理调度取决于前端采集来的数据，调度室里获取了车辆的数据、乘客的数据、道路的数据，需要把这些大量的数据通过分类、汇总、计算后，利用得到的数据规律合理规划调度车辆</td></tr>
</table>

准备开始

<table>
<tr><td>学习领域</td><td colspan="3" rowspan="2">学习情境：智慧交通系统要素</td><td rowspan="2">页　码</td><td colspan="2" rowspan="2"></td></tr>
<tr><td>智慧交通</td></tr>
<tr><td>姓　名</td><td></td><td>班　级</td><td></td><td>日　期</td><td colspan="2"></td></tr>
<tr><td rowspan="3">工作任务</td><td colspan="3" rowspan="3">让收集的数据使用起来</td><td rowspan="3">学时安排</td><td>课前</td><td>2 学时</td></tr>
<tr><td>课中</td><td>4 学时</td></tr>
<tr><td>课后</td><td>2 学时</td></tr>
<tr><td>任务分组</td><td colspan="6">
学生任务分配表
<table>
<tr><td>班　级</td><td></td><td>组　号</td><td></td><td>指导老师</td><td></td></tr>
<tr><td>组　长</td><td></td><td>学　号</td><td colspan="3"></td></tr>
<tr><td rowspan="5">组　员</td><td>姓　名</td><td>学　号</td><td>姓　名</td><td>学　号</td><td>备　注</td></tr>
<tr><td></td><td></td><td></td><td></td><td rowspan="4"></td></tr>
<tr><td></td><td></td><td></td><td></td></tr>
<tr><td></td><td></td><td></td><td></td></tr>
<tr><td></td><td></td><td></td><td></td></tr>
<tr><td colspan="6">任务分工</td></tr>
<tr><td colspan="6"></td></tr>
</table>
</td></tr>
<tr><td>准备工作</td><td colspan="6">1. 完成 1.3 中关于数据处理技术中所有内容的学习，并能了解数据处理的功能；
2. 组团完成该任务的核心工作划分，并撰写该任务的实施计划</td></tr>
</table>

工作任务单

<table>
<tr><td rowspan="2">工作任务</td><td rowspan="2">让收集的数据使用起来</td><td>专业引用技能</td><td>《物联网技术》</td></tr>
<tr><td>情境引用技能</td><td>学习情境一</td></tr>
<tr><td>学思悟</td><td colspan="3">分析数据的使用情况，反推数据归类，并描述分析结果。</td></tr>
<tr><td>引导问题一</td><td colspan="3">利用数据汇总完成车辆调度计划，并说明设计思路。</td></tr>
<tr><td>引导问题二</td><td colspan="3">利用数据汇总完成车辆管理规划设计，并说明设计原因。</td></tr>
</table>

实施总结

引导问题三	绘制数据分类使用思维导图，说明数据怎样提供给道路使用者，并撰写实施报告。
阶段性提交成果	□ 1. 提交数据分类使用思维导图 □ 2. 提交车辆调度与管理规划方案 □ 3. 提交实施报告
教学资源	学习情境一　微课视频 3　　引导问题样本　　案例库

工作任务提交报告

<table>
<tr><td>工作任务</td><td colspan="3">让收集的数据使用起来</td></tr>
<tr><td>姓　名</td><td></td><td>班　级</td><td></td></tr>
<tr><td>任务提交清单</td><td colspan="3">1.
2.
3.</td></tr>
<tr><td colspan="4">工作任务完成后收获总结</td></tr>
<tr><td colspan="4"></td></tr>
</table>

工作任务评价反馈（学生自评）

<table>
<tr><td>学习领域</td><td colspan="3" rowspan="2">学习情境：智慧交通系统要素</td><td rowspan="2">页　码</td><td colspan="2" rowspan="2"></td></tr>
<tr><td>智慧交通</td></tr>
<tr><td>姓　名</td><td></td><td>班　级</td><td></td><td>日　期</td><td colspan="2"></td></tr>
<tr><td>工作任务</td><td colspan="6">让收集的数据使用起来</td></tr>
<tr><td>评价项目</td><td colspan="4">评 价 标 准</td><td>分　值</td><td>得　分</td></tr>
<tr><td>数据类型分析调研</td><td colspan="4">能正确对已收集到的数据进行分类</td><td>10</td><td></td></tr>
<tr><td>数据使用选择</td><td colspan="4">能根据数据类型，选择合适的用途</td><td>10</td><td></td></tr>
<tr><td>车辆调度管理数据使用规划设计</td><td colspan="4">能根据具体道路状况、车辆情况，设计车辆调度与管理数据使用</td><td>10</td><td></td></tr>
<tr><td>数据分享规划设计</td><td colspan="4">能设计采集数据道路使用者分享方案</td><td>7</td><td></td></tr>
<tr><td>数据分类使用思维导图</td><td colspan="4">能使用各种绘图软件绘制数据分类使用思维导图</td><td>8</td><td></td></tr>
<tr><td>设计后实施</td><td colspan="4">能按设计方案完成数据分类使用</td><td>8</td><td></td></tr>
<tr><td>总结分析</td><td colspan="4">总结分析设计实施结果</td><td>7</td><td></td></tr>
<tr><td>工作态度</td><td colspan="4">态度端正，无缺席、迟到、早退现象</td><td>7</td><td></td></tr>
<tr><td>工作质量</td><td colspan="4">能按计划完成工作任务</td><td>8</td><td></td></tr>
<tr><td>协调能力</td><td colspan="4">与小组成员、同学之间能合作交流，协调能力强</td><td>10</td><td></td></tr>
<tr><td>职业素养</td><td colspan="4">能做到安全出行，文明工作，保护环境，爱护公共设施</td><td>5</td><td></td></tr>
<tr><td>创新意识</td><td colspan="4">通过数据类型分析，能设计多种数据分享方案并分析利弊</td><td>5</td><td></td></tr>
<tr><td>知识拓展与迁移</td><td colspan="4">通过工作任务全过程参与实施，能举一反三，对类似数据进行分享，能找到共性设计方案</td><td>5</td><td></td></tr>
<tr><td colspan="5">合　计</td><td>100</td><td></td></tr>
</table>

工作任务评价反馈（学生互评）

学习领域	学习情境：智慧交通系统要素									页　码					
智慧交通															
姓　名				班　级						日　期					
工作任务	让收集的数据使用起来														
评价项目	分　值	等　级								评价对象（组号）					
										1	2	3	4	5	6
计划合理	8	优	8	良	7	中	6	差	4						
方案准确	8	优	8	良	7	中	6	差	4						
团队合作	8	优	8	良	7	中	6	差	4						
组织有序	8	优	8	良	7	中	6	差	4						
工作质量	8	优	8	良	7	中	6	差	4						
工作效率	8	优	8	良	7	中	6	差	4						
工作完整	10	优	10	良	8	中	5	差	3						
工作规范	16	优	16	良	12	中	7	差	3						
识读报告	16	优	16	良	12	中	7	差	3						
成果展示	10	优	10	良	8	中	5	差	3						
合　计	100														

工作任务评价反馈（教师综合评价）

<table>
<tr><td colspan="2">学习领域</td><td colspan="2" rowspan="2">学习情境：智慧交通系统要素</td><td colspan="2" rowspan="2">页　码</td><td rowspan="2"></td></tr>
<tr><td colspan="2">智慧交通</td></tr>
<tr><td colspan="2">姓　名</td><td></td><td>班　级</td><td></td><td>日　期</td><td></td></tr>
<tr><td colspan="2">工作任务</td><td colspan="5">让收集的数据使用起来</td></tr>
<tr><td colspan="2">评价项目</td><td colspan="3">评 价 标 准</td><td>分　值</td><td>得　分</td></tr>
<tr><td colspan="2">考勤（10%）</td><td colspan="3">无迟到、早退、旷课现象</td><td>10</td><td></td></tr>
<tr><td rowspan="10">工作过程（75%）</td><td>识图</td><td colspan="3">能正确识图及理解道路设计图</td><td>5</td><td></td></tr>
<tr><td>归类</td><td colspan="3">能正确对采集数据进行分类</td><td>5</td><td></td></tr>
<tr><td>车辆调度管理数据使用规划设计</td><td colspan="3">能根据具体道路状况、车辆情况，设计车辆调度与管理数据使用</td><td>8</td><td></td></tr>
<tr><td>数据分享规划设计</td><td colspan="3">能设计采集数据道路使用者分享方案</td><td>8</td><td></td></tr>
<tr><td>数据分类使用思维导图</td><td colspan="3">能使用各种绘图软件绘制数据分类使用思维导图</td><td>9</td><td></td></tr>
<tr><td>设计后实施</td><td colspan="3">能按设计方案完成数据分类使用</td><td>8</td><td></td></tr>
<tr><td>工作态度</td><td colspan="3">态度端正，工作认真、主动</td><td>8</td><td></td></tr>
<tr><td>工作完整</td><td colspan="3">能按计划完成工作任务</td><td>8</td><td></td></tr>
<tr><td>协调沟通</td><td colspan="3">与小组成员、同学之间能合作交流，协调能力强</td><td>8</td><td></td></tr>
<tr><td>职业素养</td><td colspan="3">能做到安全出行，文明工作，保护环境，爱护公共设施</td><td>8</td><td></td></tr>
<tr><td rowspan="2">项目总结（15%）</td><td>技能提升</td><td colspan="3">通过数据类型分析，能设计多种数据分享方案并分析利弊</td><td>8</td><td></td></tr>
<tr><td>拓展外延</td><td colspan="3">通过工作任务全过程参与实施，能举一反三，类似数据使用分享工作，能找到共性设计方案</td><td>7</td><td></td></tr>
<tr><td colspan="5">合　计</td><td>100</td><td></td></tr>
<tr><td colspan="2" rowspan="2">综合评价</td><td>学生自评（20%）</td><td>学生互评（30%）</td><td colspan="2">教师综合评价（50%）</td><td>综合得分</td></tr>
<tr><td></td><td></td><td colspan="2"></td><td></td></tr>
</table>

实践操练

1. 利用所学信息感知技术，为某蔬菜种植基地设计一套感知系统。
2. 利用所学融合网络技术，为某蔬菜种植基地的感知系统设计一套数据传输网络。
3. 利用所学数据处理技术，为某蔬菜基地设计终端数据处理框架。

学习笔记

学习情境二

交叉口“解堵”高手

岗位知识对应图

岗位知识对应图如图 2-1 所示。

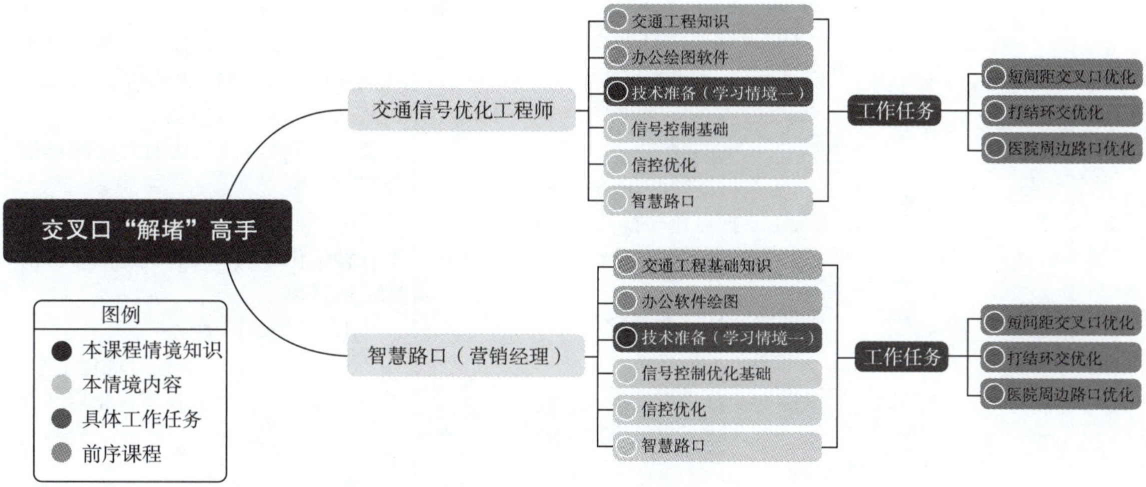

图 2-1　岗位知识对应图

学习内容及学习情境设计

学习内容及学习情境设计如表 2-1 所示。

表 2-1　学习内容及学习情境设计

序号	学习主线	学习分支	学习要求	工作任务	技能训练
1	信号控制	基础名词回顾与学习	（1）复习“相位、配时、渠化、绿波带”等基础信控名词 （2）学习台账图绘制 （3）学习信控相关法律法规	短间距交叉口优化	（1）通过不同途径，收集、调研问题路口的交通流、排队长度、信号配时情况 （2）绘制路口优化前台账图及信控图 （3）制定各种解堵信号优化方案 （4）选择最佳优化方案 （5）完成问题路口信号优化工作，撰写实施报告，仿真模拟优化后情况
		信号相位设计及配时	学习信号相位设计及配时方法，独立进行单点路口信号配时设计		
		信控系统中的软、硬件	（1）学习信控系统中的常用软件 （2）学习信控系统中的常用硬件		
2	信号优化	交通信号控制路口路段调查	（1）掌握信号控制路口调查方法 （2）掌握信号控制路段调查方法	打结环交优化	（1）通过不同途径，收集、调研问题路口及流入环交路口的交通流、排队长度、信号配时情况 （2）绘制路口优化前台账图及信控图 （3）制定解堵信号优化方案，根据各种优化方案，计算优化后排队情况及通过率 （4）选择最佳优化方案 （5）完成打结环交信号优化工作，撰写实施报告，仿真模拟优化后情况
		信控路口优化	（1）掌握搭接相位的使用 （2）掌握灯色转换技巧 （3）掌握信号相位优化技巧		
		绿波控制	掌握绿波控制的手段及技巧		
		行人控制	掌握交叉口行人过街控制技巧		
3	智慧路口	智慧路口基本框架	掌握智慧路口基本概念、功能及技术要求	医院周边路口优化	（1）通过不同途径，收集、调研医院周边路口的交通流、排队长度、信号配时情况 （2）在教师的指导下学习支撑知识微课，绘制路口优化前台账图及信控图 （3）根据各种优化方案，计算优化后排队情况及通过率 （4）在教师及企业导师的指导下，选择最佳优化方案 （5）完成问题路口信号优化工作，撰写实施报告，仿真模拟优化后情况

历史沿革及知识铺垫

交通信号控制系统是城市道路交通管理指挥的延续。

我国的交通控制系统研发始于 20 世纪 80 年代，国家“七五”科技攻关研发的“城市交通实时自适应控制系统”项目在南京实施，国家“八五”科技攻关研发的“城市交通控制系统应用技术”项目在广州市天河区体育中心区域和高速公路结合部实施，国家“九五”科技攻关“缓解城市道路交通堵塞关键技术的研究及示范工程”项目，研发了交通信号控制指挥系统和交通动态信息系统。之后随着科技进步，多所大学、多个企业或基于国家和省部级的各类研究计划，或自发地研发了交通信号控制系统等，在一些城市得到局部实施。

实践证明，任何城市交通信号控制系统只有与当地、当时的实际交通状况结合起来，不断优化信号配时，并运用新技术，不断创新信号控制模式，才能发挥系统的控制效率，达到预估的控制目标。

从当前我国来看，城市交通信号控制系统在协调和控制城市区域应用中，发挥了均衡路网内交通流的分布，减少停车次数、延误时间及环境污染等作用。

2.1　信号控制

道路交叉口是两条或两条以上道路的相交处。车辆、行人汇集、转向和疏散的必经之地，是交通的咽喉。城市交通出行中，机动车出行时间有 1/3 花在交叉口，高效安全的交叉口运营环境对城市道路高效运行十分重要。因此，正确设计道路交叉口，合理组织、管理交叉口交通，是提高道路通行能力和保障交通安全的重要途径。

我们通常采用信号机来实现对交叉口交通流进行控制，合理分配各进口车道的通行权，维持路口良好的交通秩序，减少甚至完全消除可能引起事故的交通冲突点。

2.1.1　信号控制基础

1. 基础名词回顾

信号控制基础名词回顾如表 2-2 所示。

表 2-2　信号控制基础名词回顾

序号	基础名词	正确理解	特　征
1	相位	在一个信号周期内，同时获得通行权的一个或多个交通流的信号显示状态	“交通流”指车流或行人 相位图中，实线箭头指车流，虚线箭头指行人流
2	配时	信号灯的间隔和时间分配	优化信号配时，可合理利用资源，提高通行效率

续表

序号	基础名词	正确理解	特　征
3	渠化	通过导流岛与路面标线相结合的方式，以分隔或控制冲突的车流，使之进入一定的路线，从而满足平面交叉的基本要求，提高道路交叉口的通行能力，确保行人安全	应避免交通流的分流、合流集中于一点 导流车道的宽度应适当，过宽会引起车辆并行，容易发生碰撞事故 驾驶者驶近导流设施前能醒目觉察到导流设施的存在
4	周期	信号灯按设定的相位顺序显示一周所需的时间（单位：s）	一般取 5 的整数倍
5	绿信比	一个信号相位的有效绿灯时长与周期总时长之比	“有效绿灯时间” = “绿灯时间” + “黄灯时间” - “前损失时间” - “后损失时间”
6	绿波信号控制	各交叉口的信号灯按此协调方案运行，使车辆通过这些交叉口时，连续不停车通过若干个交叉口	信号协调控制方式的一种 干道通行不遇红灯是信号配时目标（绿波信号控制）
7	点控	每个交叉口的交通信号控制只按照该交叉口的交通情况独立运行，不与相邻交叉口信控有任何联系	控制方式一种 最常用（早期不联网）
8	线控	把干道上若干交叉口的交通信号通过一定的方式连接起来，同时对各交叉口设计一种相互协调的配时方案	控制方式的一种
9	面控	以某个区域中所有信号控制交叉口作为协调控制对象	小范围，整区集中控制；大范围，分区分级控制
10	定时控制	交叉口信号机按事先设定的配时方案运行，称为周期控制；其中分为单段式定时控制、多段式定时控制	单段式定时控制：一天只用一个配时方案（已淘汰） 多段式定时控制：一天按不同时段的交通量采用几个配时方案（较常用）
11	感应控制	在交叉口进口道设置车辆检测器，信号灯配时方案由计算机或智能化信号机控制计算，可随检测器测到的车流信息而随时改变的一种控制方式	单点感应控制：感应控制是单个交叉口的感应控制 半感应控制：只在交叉口部分进口道上设置车检器 全感应控制：在交叉口全部进口道上都设置车检器
12	交通信号自动控制系统	用感应控制方式的线控、面控	

2. 交叉口台账图

交叉口台账图是信号控制管理部门对所管辖交叉口进口道情况、车道转向情况等实际交通状况进行图示的一种常用手段，一般采用专门的绘图软件进行绘制，如图 2-2 所示。

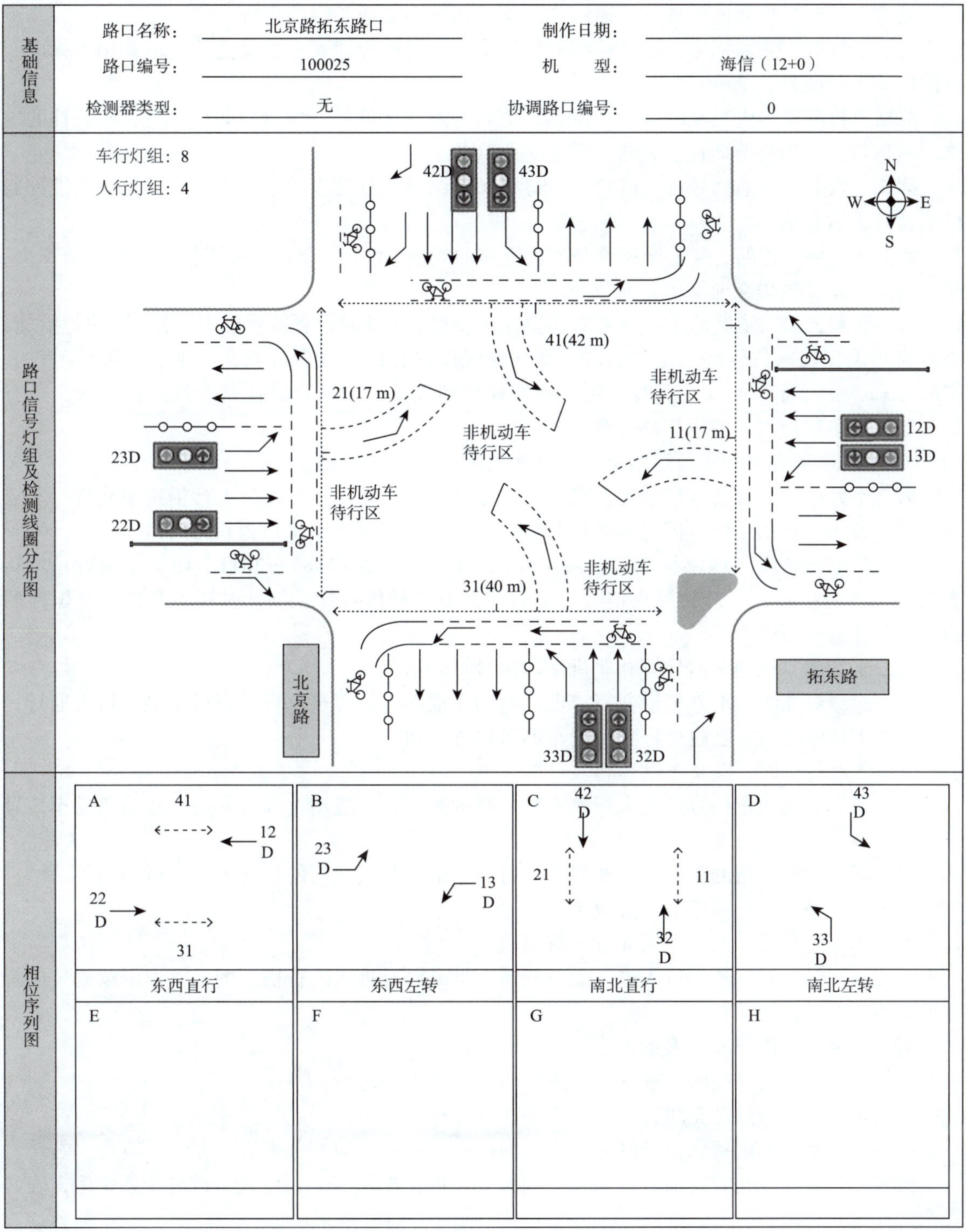

图 2-2　某路口交叉口台账图

3. 与信号控制相关的法律法规

（1）《中华人民共和国道路交通安全法》

第二十五条　全国实现统一的道路交通信号。

交通信号包括交通信号灯、交通标志、交通标线和交通警察的指挥。

交通信号灯、交通标志、交通标线的设置应符合道路交通安全、畅通的要求和国家标准，并保持清晰、醒目、准确、完好。

根据通行需要，应当及时增设、调换、更新道路交通信号。增设、调换、更新限制性的道路交通信号，应当提前向社会公告，广泛进行宣传。

第二十六条 交通信号灯由红灯、绿灯、黄灯组成。红灯表示禁止通行，绿灯表示准许通行，黄灯表示警示。

第二十九条 道路、停车场和道路配套设施的规划、设计、建设，应当符合道路交通安全、畅通的要求，并根据交通需求及时调整。

第一百零五条 道路施工作业或者道路出现损毁，未及时设置警示标志、未采取防护措施，或者应当设置交通信号灯、交通标志、交通标线而没有设置或者应当及时变更交通信号灯、交通标志、交通标线而没有及时变更，致使通行的人员、车辆及其他财产遭受损失的，负有相关职责的单位应当依法承担赔偿责任。

（2）《中华人民共和国道路交通安全法实施条例》

第二十九条 交通信号灯分为：机动车信号灯、非机动车信号灯、人行横道信号灯、车道信号灯、方向指示信号灯、闪光警告信号灯、道路与铁路平面交叉口道口信号灯。

（根据实际需要，国家标准《道路交通信号灯》（GB 14887—2011）增加了两种：左转非机动车方向指示信号灯和掉头信号灯。目前共有 9 种信号灯，倒计时器不是法规、国标明确定义的交通信号灯）

第三十八条 机动车信号灯和非机动车信号灯表示：

（一）绿灯亮时，准许车辆通行，但转弯的车辆不得妨碍被放行的直行车辆、行人通行；

（二）黄灯亮时，已越过停止线的车辆可以继续通行；

（三）红灯亮时，禁止车辆通行。

在未设置非机动车信号灯和人行横道信号灯的路口，非机动车和行人应当按照机动车信号灯的标识通行。

红灯亮时，右转弯的车辆在不妨碍被放行的车辆、行人通行的情况下，可以通行。

第三十九条 人行横道信号灯表示：

（一）绿灯亮时，准许行人通过人行横道；

（二）红灯亮时，禁止行人进入人行横道，但是已经进入人行横道的，可以继续通过或者在道路中心线处停留等候。

第四十条 车道信号灯表示：

（一）绿色箭头灯亮时，准许本车道车辆按指示方向通行；

（二）红色叉形灯灯亮时，禁止本车道车辆通行。

第四十一条 方向指示信号灯的箭头方向向左、向上、向右分别表示左转、直行、右转。

第四十二条 闪光警告信号灯为持续闪烁的黄灯，提示车辆、行人通行时注意瞭望，确认安全后通过。

第四十三条 道路与铁路平面交叉道口的两个红灯交替闪烁或者一个红灯亮时，表示禁止车辆、行人通行；红灯熄灭时，表示允许车辆、行人通行。

第五十一条 机动车通过有交通信号灯控制的交叉路口，应当按照下列规定通行：

（一）在划有导向车道的路口，按所需行进方向驶入导向车道；

（二）准备进入环形路口的让已在路口内的机动车先行；

（三）向左转弯时，靠路口中心点左侧转弯。转弯时开启转向灯，夜间行驶开启近光灯；

（四）遇放行信号时，依次通过；

（五）遇停止信号时，依次停在停止线以外。没有停止线的，停在路口以外；

（六）向右转弯遇有同车道前车正在等候放行信号时，依次停车等候；

（七）在没有方向指示信号灯的交叉路口，转弯的机动车让直行的车辆、行人先行。相对方向行驶的右转弯机动车让左转弯车辆先行。

2.1.2　信号相位设计及配时

1. 单点信号控制

每个交叉口交通情况独立运行，不与其他相邻交叉口的控制信号有任何联系的，称为“单点交叉口信号控制”，也称为“点控”，是交叉口信号控制的最基本形式。现阶段各城市交通信号控制系统中，单点交通信号控制依然占据较大比例，如何优化单点交叉口信号配时，对于提高交叉口的通行效率具有重要意义。

首先我们要进行交通调研，对问题路口收集交通流量、停车次数、排队长度、放空时间、相序安排等数据。数据收集后，需要对各种数据进行分析处理，为后续信号配时优化做参考。根据单点路口运行状态指标体系，对路口现状方案运行状态进行评价，作为后续优化方案效果评价的对比材料。

接下来根据路口全天流量变化图，可以把全天划分为多个具有相同或相近交通流特性的控制时段。

2. 相位设计

交叉口相位设计应满足以下原则。

- 安全性：相位内部交通流冲突尽可能少，非冲突的交通流可以在同一相位中放行。
- 效率性：过多相位切换次数增多，损失时间增加；相位过少切换次数减少，交叉口混乱降低效率。
- 均衡性：兼顾各流向车流的饱和度均衡，保证相位内部各流向的流量比相差不大。
- 连续性：一个流向在一个周期中尽量只能获得一次连续的绿灯时间；如果几股车流共用车道，它们应同步放行。
- 习惯性：符合驾驶习惯。

（1）相位设计基本流程（见图 2-3）

（2）特殊相位设计类型汇总（见表 2-3）

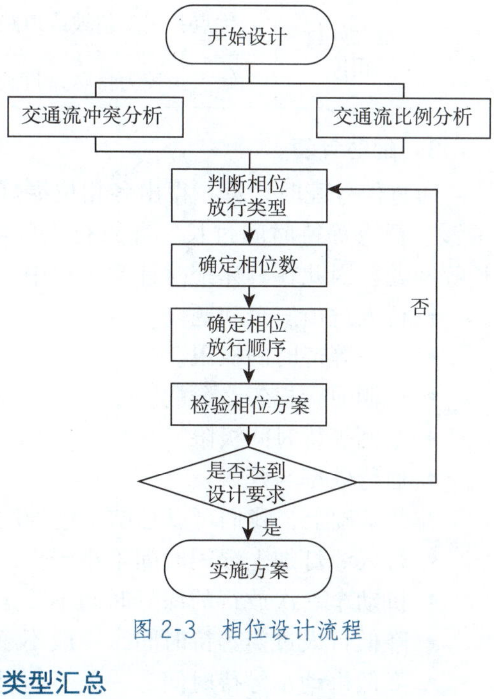

图 2-3　相位设计流程

表 2-3　特殊相位设计类型汇总

序号	相位设计类型	优　缺　点
1	搭接相位	优点：可解决主要道路交通流不均衡问题； 可单独控制直行与左转车流； 有利于进行绿路协调
		缺点：各相位与各进口行人放行都存在冲突，需要设置行人专用相位

续表

序号	相位设计类型	优缺点
2	单向轮放（放行相序重要）	优点：信号灯易操作，全屏灯即可； 便于混合车道控制； 与对向交通流完全分离，安全性好
		缺点：单向轮放车流与各进口行人放行都存在冲突； 无法单独控制左转、直行、右转车流； 进口道不均衡容易导致周期过大
3	对向全放相位设计	优点：放行方式简单； 信号灯易操作，全屏灯即可； 便于混合车道控制
		缺点：冲突点较多； 无法单独控制左转、直行、右转车流； 不能适应潮汐流交通
4	T 型交叉口相位设计	优点：避免左转车辆与对向直行车的冲突； 降低交通事故发生率
		缺点：如果左转车流不大时采用三相位，反而会增大车辆在交叉口的延误
5	重复放行相位	优点：用于斜坡或道路存在瓶颈而出现车流断流的情况
		缺点：较为特殊，打破连续性原则

3. 配时计算

通过信号配时计算，得出各相位绿灯时间，但是在实际运行中往往会出现行人过马路时间不够、行人等待时间过长（导致行人闯红灯）、机动车配时太短、某方向机动车等待时间过长等问题。因此在具体配时计算过程中，就应重点考虑以下几个问题。

- 行人过街安全问题。
- 行人等待时间极限。
- 车辆通行权怎么分配。
- 车辆等待时间极限。
- 通行效率与延误。

在此基础上，我们可以总结出信号配时需要满足的基本原则。

- 行人绿灯加上绿闪时间不小于 1 m/s 步行过街速度。（1 个斑马线 +1 间隔距离 =1 m）。
- 机动车一次放行的绿灯时间不小于 20 s。
- 降低行人过街等待时间，一般不超过 90 s，最长不超过 120 s。
- 降低机动车等待时间，一般不超过 120 s，最长不超过 150 s。
- 路口信号最大周期一般不超过 180 s。

信号配时评价指标有以下几条。

- 排队长度：指所有车辆在行驶过程中由于控制信号而停车的排队长度。
- 停车次数：指所有车辆在行驶过程中由于控制信号或前方车辆影响而停车的次数。

《道路交通拥堵度评价方法》（GA/T 115—2020）中将停车次数作为评价信号控制交叉口阻塞程度的评定指标：车辆行至信号灯控制交叉口，3 次绿灯显示未通过路口为阻塞；5 次绿灯显示未通过路口为严重阻塞。因此平均停车次数可反映出交叉口通行效率、拥堵程度等运行情况。

2.1.3 信控系统中的软硬件

1. 信控系统中的常用软件

信控系统中的常用软件有：（1）振业优控交通控制系统；（2）海信交通控制系统；（3）莱斯交通控制系统；（4）SCATS 交通控制系统；（5）SMOOTH 交通控制系统；（6）京安交通控制系统；（7）泰尔文特交通控制系统；（8）华通交通控制系统；（9）易博交通控制系统；（10）易华录交通控制系统。

2. 信控系统中常见的硬件

目前较先进的交通信号控制系统基本上由三大部分组成：中心控制部分(上位机)、通信部分以及路口信号控制部分(下位机)。信号灯类型与选用表如表 2-4 所示。

表 2-4 信号灯类型与选用表

种类	颜色	图案	作用
机动车信号灯	红、黄、绿	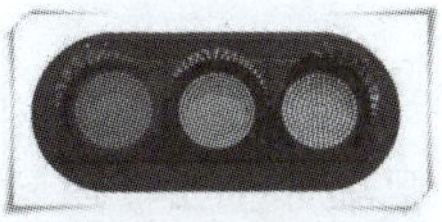	指导机动车通行
非机动车信号灯	红、黄、绿		指导非机动车通行
人行横道信号灯	红、绿	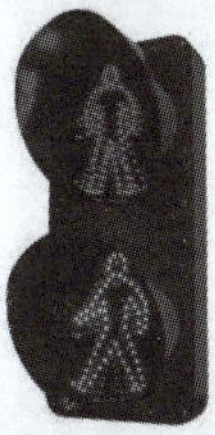	指导行人通行
车道信号灯	红、绿		红色表示本车道不准车辆通行，绿色表示本车道准许车辆通行
方向指示灯	红、黄、绿		指示所指方向上的机动车通行
闪光警告信号灯	黄		表示车辆和行人在确保安全原则下通行

续表

种　类	颜　色	图　案	作　用
掉头信号灯	红、黄、绿		红、黄色表示对箭头所指方向起红灯、黄灯作用，绿色表示允许机动车掉头
道口信号灯	红		两个红灯交替闪烁或者一个红灯亮起时，表示禁止车辆、行人通行；红灯熄灭时，表示允许车辆、行人通行

注意：信号灯类型选用以《道路交通信号灯》（GB 14887—2011）和《道路交通信号灯设置与安装规范》（GB 14886—2016）两个规范来指导。

2.2 信号优化

2.2.1 交通信号控制路口路段调查

交通信号控制路口路段调查项目明细如图 2-4 所示。

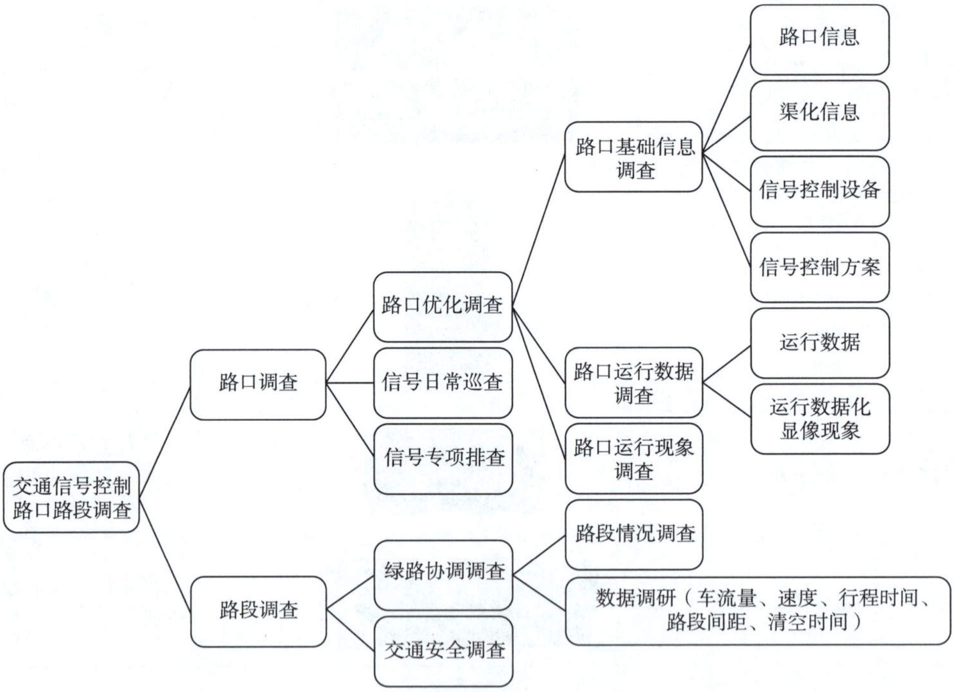

图 2-4　交通信号控制路口路段调查项目明细

1. 交通信号控制路口调查方法

1）路口优化调查内容

路口优化调查内容如表 2-5 所示。

表 2-5　路口优化调查内容

基础信息调查	交通运行数据调查		交通运行现象调查
摸底	交通运行数据	交通运行数据化显像现象	交通运行显像特征
（1）路口信息：名称、编号 （2）渠化信息：形状、标志标线、土建及硬件设施 （3）信号控制设备：信号机、信号灯、检测器、倒计时器、导盲器、行人按钮等 （4）信号控制方案	（1）交通量：机动车、非机动车、行人 （2）通行能力 （3）延误 （4）车头时距	（1）排队长度 （2）二次排队长度 （3）最大停车次数 （4）空放时间	（1）交通秩序：机动车、非机动车、行人 （2）交通运行问题：排队溢出、交通冲突、路边停车 （3）其他交通情况：围蔽施工、公交车站等

2）路口基础信息调查

进行路口基础信息调查，首先需要设计调查记录表格，如表 2-6、表 2-7 所示，然后选择是现场观察还是视频监控观察等方式进行数据采集。

表 2-6　XX 路口基础信息调查表

基础信息	路口名称		调查日期	
	路口编号		机型	
	检测器类型		协调路口编号	
调查路口信号灯组及检测线圈分布图				
调查路口信号相位图	A	B	C	D
	E	F	G	H
备注				

表 2-7　XX 路口配时资料调查表

路口名称					机型					制作日期					
路口编号					协调路口编号					方案时段					
序号	开始时间	结束时间	方案号	方案备注	相序	周期	相位差	A	B	C	D	E	F	G	H
1															
2															
3															
4															
5															
6															
7															
8															
9															
10															
11															
12															
13															

（1）路口信息

- 为相交两条道路的名称，如白云路—龙泉路。
- 人行横道往往由地标名称定位，如东风西路—西花园人行过街路口。
- 对于地标比较明显的路口，往往会在路口名称后加入地标名称。

（2）路口标号

- 有的城市为了管理方便，已进行路口编号并标识到信号灯杆上，直接采用。
- 对于未进行编号的路口，可提前编号，便于后期项目管理。
- 若信号控制机已经对路口进行编号，可根据信号机的编号进行管理。

（3）渠化信息

- 路口形状及方位：十字、T 型、人行横道、畸形路口。
- 交通标志：与路口交通运行相关的交通标志。
- 交通标线：含标线类型、数量、方位，对于路口具备展宽的，需记录二级车道标线。
- 交通土建及硬件设施：右转渠化岛、护栏、导流带、绿化带、中央渠化岛等。

（4）信号控制设备（见图 2-5、图 2-6、图 2-7、图 2-8、图 2-9）

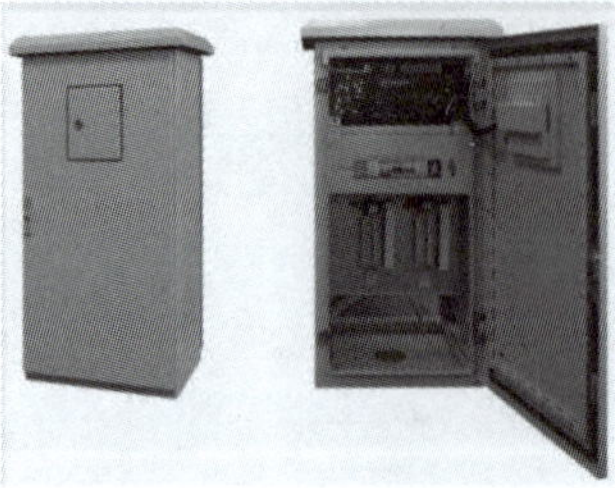

图 2-5　信号机

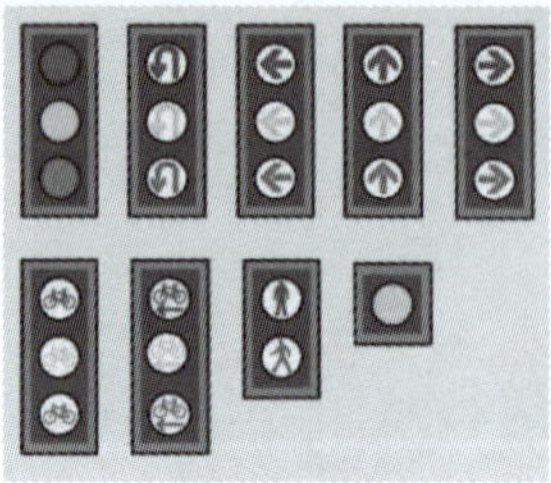

图 2-6　信号灯

图 2-7　检测器

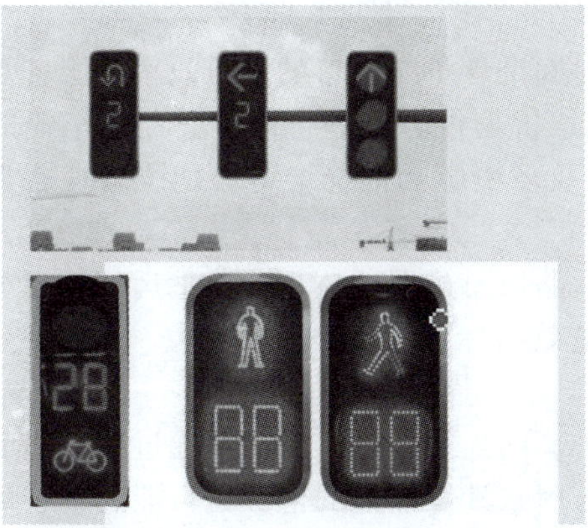

图 2-8　倒计时器

图 2-9　行人按钮

- 信号机：品牌、型号、通信情况。
- 信号灯：位置、类型（机动车、非机动车、行人）、数量。
- 检测器：位置、类型（线圈、雷达、摄像等）、数量。
- 倒计时器：位置、类型、数量。
- 导盲器：耳朵辨识。
- 行人按钮。

3）路口交通量调查

进行路口优化前，为了了解交通量在时间、空间上的变化、分布规律，进行信号控制时段划分、相位及配时设计、进行信号优化效果评价，我们需要进行路口交通量调查。进行交通量调查时，需要进行机动车、非机动车、行人交通量调查，分掉头、左转、直行、右转流向调查。交通量调查常用的方法有人工计数法、仪器自动计数法和录像观测法。为了匹配路口优化这个目的，我们常常以“周期”为单位进行调查。完成交通量调查后，需要对调查数据进行处理，制作流量表、流量变化图、流量流向图、流量分布图（见图 2-10）。

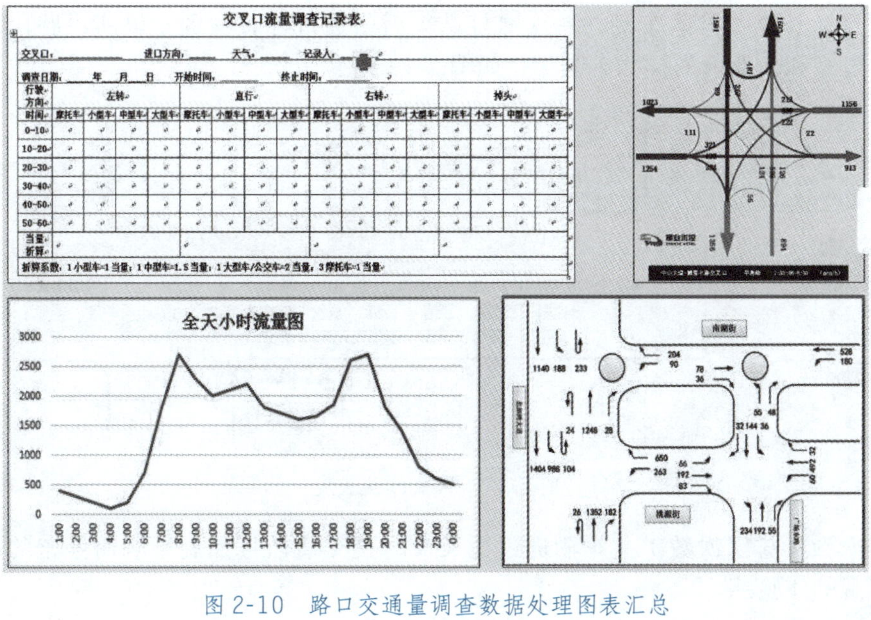

交叉口流量调查记录表

交叉口：______ 进口方向：____ 天气：____ 记录人：____

调查日期：____年__月__日 开始时间：______ 终止时间：______

行驶方向	左转				直行				右转				掉头			
时间	摩托车	小型车	中型车	大型车	摩托车	小型车	中型车	大型车	摩托车	小型车	中型车	大型车	摩托车	小型车	中型车	大型车
0-10																
10-20																
20-30																
30-40																
40-50																
50-60																
当量折算																

折算系数：1 小型车=1 当量；1 中型车=1.5 当量；1 大型车/公交车=2 当量；3 摩托车=1 当量

图 2-10　路口交通量调查数据处理图表汇总

4）路口延误调查

车辆通过交叉口时因交通信号控制产生的延误时间是评价交叉口的运行效率和服务水平的重要指标。通过优化前后路口延误情况调查，可以评价信控方案的合理性、评估车辆的受阻程度和乘客感受到的服务质量、评价能源消耗情况及环境影响情况。路口延误调查通常采用点样本法、HCM2000 法。

通过延误调查，得到停车率（体现拥堵程度）、路口总延误（体现路口总运行效率）、各方向流向的平均延误差（体现配时的均衡性）三个有效指标值。

5）车头时距调查

车头时距指的是在同一车道上行驶的车辆队列中，两连续车辆车头端部通过某一断面的时间间隔，一般用 ht 表示，单位为 s/Veh。车头时距可用来计算车道的饱和通行能力，它可作为信号配时设计的基础。路口车头时距调查，我们一般选择交通量大、易发生拥堵的地方在可能发生拥堵的时间段进行调查。

6）交通运行情况调查

通常用以下四个参数来评价交通信号控制的水平。

- 最大排队长度：交叉口停止线后排队车辆所占路段长度，如图 2-11 所示。

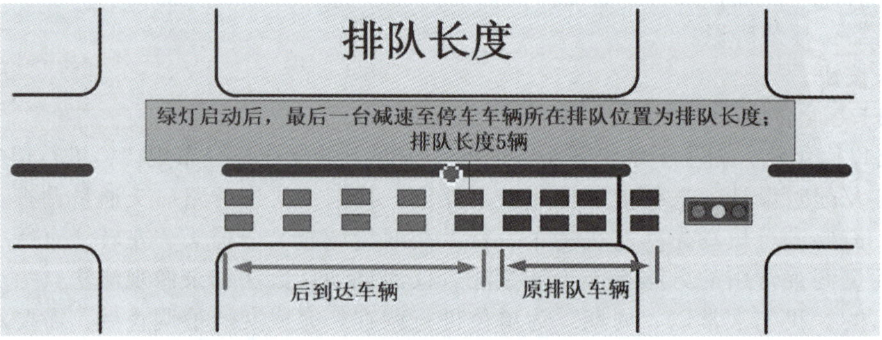

图 2-11　最大排队长度

- 二次排队长度：排队车辆在一次绿灯结束后未通过停止线的车辆所占路段长度（滞留车队：由于过饱和而滞留的排队车辆），如图 2-12 所示。

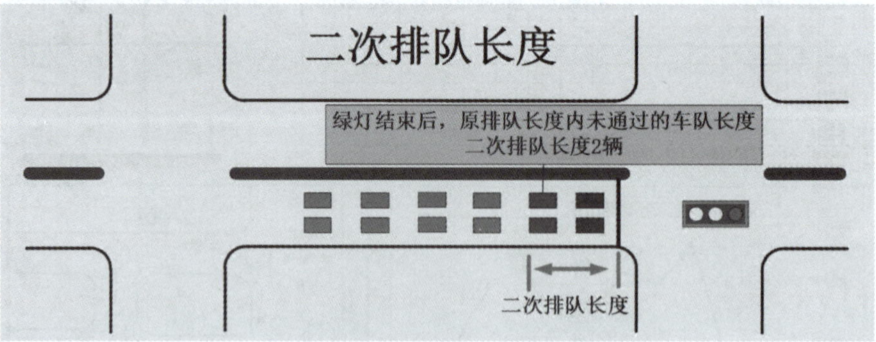

图 2-12　二次排队长度

- 停车次数（排队次数）：车辆通过交叉口时受交通信号控制影响而停车的次数，这是驾驶员最直观的体验感。

- 空放时间：未被利用的绿灯时间。

7）交通运行显像特征调查

（1）调查内容

现场存在的无法数据化的交通问题，如秩序、冲突、溢出、清空时间不足等。

（2）调查目标

为方案设计和优化提供支持，记录优化前后的实际情况，为优化后做对比做准备，交通运行显像特征调查表如表 2-8 所示。

表 2-8　交通运行显像特征调查表

行人	行人设施	闯红灯	二次过街信号遮挡、行人红绿灯故障、行人红绿灯缺失
		越过安全线等待	等待范围不明、等待区受绿化设施阻挡、等待区空间不足
		横穿马路	斑马线位置过远、路段未隔离
		横穿路口	斑马线缺失、等待区范围不明、等待区空间不足、等待区受绿化设施阻挡
		渠化岛等待不安全	渠化岛过窄、渠化岛范围不明、渠化岛无安全防护设施、渠化岛位置在行车轨迹上
	行人相位	闯红灯	安全时间未亮绿灯、二次过街不连续诱发闯红灯
		越过安全线等待	左转需求行人过街不连续在路口内等待二次过街、左转过街连续相位时间不足、行人斜穿至路口内等待
		横穿路口	左转需求行人连续过街相位时间不足
		渠化岛等待不安全	二次过街不连续、中央渠化岛滞留行人等待
		冲突	与右转车冲突、与左转车冲突、与直行车冲突、与掉头车冲突
	行人配时	闯红灯	等待时间过长
		越过安全线等待	等待时间长、等待区空间已满、左转连续过街时间不足、行人不走人行道、等待时间长、行人越过安全线欲闯红灯
		横穿马路	等待时间过长
		横穿路口	左转连续过街时间不足
		渠化岛不安全	等待时间长、渠化岛已满
		冲突	行人清空时间不足与机动车头车冲突
机动车	设施标志标线	排队长	车道不足、进口道划分不合理、出口车道不足、路面不整、行车轨迹不佳
		空放	车道过多、各种原因导致跟车距离过长
		冲突	支路无灯控冲突、汇流冲突、出口车道不足引起汇流冲突
		安全	行车轨迹不佳、冲突、变道等
		回溢	出口车道不足

续表

机动车	机动车相位设计	排队长	相位内车流不匹配、相序不正确、汇流冲突、交叉冲突
		空放	相位内车流不匹配、相序不正确变道、车流断流
		冲突	相位不合理、相序不合理
		回溢	相位不合理出口消化不足、相位不合理出口秩序差冲突回溢
	机动车配时方案	排队长	等待时间长、时间不足
		空放	时间太长
		冲突	清空时间不足尾车冲突
		回溢	清空时间不足回溢、无协调回溢、绿灯时间不长出口消化能力不足回溢
非机动车	通行规则不明带来一系列问题		

8）路口优化调查数据使用

路口优化基础数据调查用途介绍如表 2-9 所示。

表 2-9　路口优化基础数据调查用途介绍

基础信息调查	数据适用环节	数据用途
摸底		
路口信息：名称、编号	基础信息	掌握路口的基础情况
渠化信息：形状、标志标线、土建及硬件设施	基础信息、问题分析、方案设计	（1）掌握路口的基础情况 （2）判断标志标线、硬件土建设施的问题 （3）方案设计的条件参考
信号控制设备：信号机、信号灯、检测器、倒计时器、导盲器、行人按钮等	基础信息、问题分析、方案设计	（1）掌握路口的基础情况 （2）判断信号控制设备的问题 （3）方案设计的条件参考
信号控制方案	基础信息、问题分析、方案设计	（1）判断信号控制方案的问题 （2）方案设计的原始数据参考

路口优化交通运行数据调查用途介绍如表 2-10 所示。

表 2-10　路口优化交通运行数据调查用途介绍

交通运行数据调查	数据适用环节	数据用途
交通运行数据		
交通量：机动车、非机动车、行人	方案设计	交通流规律为方案设计提供数据支撑
通行能力	问题分析、方案设计、效果评价	（1）判断现状方案存在问题 （2）支撑信号配时方案设计 （3）优化前后效果评价参数
延误	问题分析、方案设计、效果评价	（1）判断现状方案存在问题 （2）支撑信号配时方案设计 （3）优化前后效果评价参数
车头时距	方案设计	方案设计的支撑数据

路口优化交通运行数据化显像现象用途介绍如表 2-11 所示。

表 2-11　路口优化交通运行数据化显像现象用途介绍

<table>
<tr><th>交通运行数据调查</th><th rowspan="2">数据适用环节</th><th rowspan="2">数据用途</th></tr>
<tr><th>交通运行数据化显像现象</th></tr>
<tr><td>最大排队长度</td><td rowspan="5">问题分析、方案设计、效果评价</td><td rowspan="5">（1）判断现状方案存在问题
（2）方案设计的支撑数据
（3）优化前后效果评价参数</td></tr>
<tr><td>二次排队长度</td></tr>
<tr><td>停车次数</td></tr>
<tr><td>空放时间</td></tr>
<tr><td>高峰拥堵持续时间</td></tr>
</table>

路口优化交通运行现象调查用途介绍如表 2-12 所示。

表 2-12　路口优化交通运行现象调查用途介绍

<table>
<tr><th>交通运行现象调查</th><th rowspan="2">数据适用环节</th><th rowspan="2">数据用途</th></tr>
<tr><th>交通运行现象特征</th></tr>
<tr><td>交通秩序：机动车、非机动车、行人</td><td rowspan="3">问题分析、方案设计、效果评价</td><td rowspan="3">（1）判断现状方案存在问题
（2）方案设计的支撑依据
（3）优化前后效果评价</td></tr>
<tr><td>交通运行问题：排队溢出、交通冲突、路边停车</td></tr>
<tr><td>其他交通情况：围蔽施工、公交车站等</td></tr>
</table>

9）交通信号控制日常巡查

交通信号巡查时一项常规的工作，受车流变化、道路施工、交通管理措施等的影响，路口信号控制方案需要定期优化，路口巡查则是主动发现问题的过程，记录并及时跟踪优化巡查发现问题，保障路口运行正常。进行完路口优化工作后，需要对已优化路口进行日常巡查，评价优化效果，如表 2-13 所示。

表 2-13　交通信号控制日常巡查任务表

<table>
<tr><th>巡查人员</th><th colspan="2">巡查工作</th></tr>
<tr><td rowspan="2">项目负责人</td><td colspan="2">制订巡查计划</td></tr>
<tr><td colspan="2">指导巡查过程</td></tr>
<tr><td rowspan="3">项目实施人员</td><td colspan="2">获取工作计划</td></tr>
<tr><td>路口巡查</td><td>（1）路口运行情况（机动车时间不足、进口道空放、行人过街时间不足、秩序混乱、违停等）
（2）冲突情况（人车冲突、车流冲突、全屏灯交叉冲突、汇流冲突）
（3）配套设施情况（绿化遮挡、信号灯、标志标线缺损）
（4）信号机、控制系统情况（信号机时钟故障、信号控制方案错误）
（5）五项规则情况（行人过街时间满足 1.0 ~ 1.3 m/s 的过街速度、机动车绿灯时间不低于 15 s、路口周期不大于 180 s、行人等待时间不超过 150 s、机动车等待时间不超过 120 s）
（6）路口台账核实（核实路口台账图信息是否与现场一致）</td></tr>
<tr><td>巡查资料整理</td><td>（1）路口巡查记录表
（2）巡查问题登记表
（3）巡查问题照片或视频</td></tr>
</table>

按表 2-12 的内容进行巡查，通常采用以下几种巡查方式。

- 信号控制系统：查看方案、设备、数据。
- 视频监控：远程视频、录像查看交通运行情况。
- 现场巡查：核对方案、查看现场交通运行情况、现场设备、标志标线。
- 互联网平台：查看交通运行情况。

在信号控制路口巡查的过程中跟进发现问题，继续优化改进。

2. 交通信号控制路段调查方法（绿路协调调查）

1）绿路协调调查内容

绿路协调调查内容如表 2-14 所示。

表 2-14 绿路协调调查内容

前期：路段基础信息调查	前期：路段车流信息调查	设计后：路段运行效果调查
基础情况 （是否满足绿路设计条件）	车流运行数据 （方案设计数据）	运行情况数据 （效果评价分析）
（1）路段信息：名称、编号、路口间距、路口数量、道路功能等 （2）信号控制设备：信号机、信号灯等 （3）信号控制方案 （4）行车环境：车辆类型比例、行车秩序、公交站、限速拥堵情况、周边功能区分布等	（1）车流量时间空间分布 （2）红灯消散时间 （3）行程时间 （4）速度：限速、平均车速 （5）路口间距 （6）其他路况情况：通行秩序、无灯控斑马线、停车场出入口等	（1）速度 （2）停车次数 （3）行程时间

以上数据通常采用试验车法（推荐）、视频法、现场调研法、互联网数据等获取。

2）绿路协调基础信息调查

（1）路段信息

- 道路名称：地图查看、现场路标。
- 道路长度、路口间距：地图测距、现场测距。
- 车道数：现场查看。
- 路口数量：现场查看（灯控、无灯控路况、人行横道）。

（2）信号控制设备

- 信号机：是否联网、是否含协调控制功能、是否能准确校时、信号机品牌分布情况。

（3）信号控制方案

路口间信号周期差异。

（4）行车环境

- 车辆类型比例：获取货车、小汽车、公交车的比例，如非机动车与机动车共道，需统计非机动车的比例（抽样调查）。
- 行车秩序：观察获取行车秩序的主观描述。
- 公交站：是否有公交站停靠影响车道的正常通行。
- 拥堵情况：通过排队长度、停车次数，了解红绿灯路况是否过于饱和。
- 道路功能：市区通勤主干道、市区通勤次干道、过境公路等。
- 周边功能区分布：周边商业区、行政办公区、住宅区的分布情况。

3）绿路协调路段车流信息调查

（1）车流量

- 空间上分布：流向流量图（协调流向、方向的判断）。
- 时间上分布：全天车流变化图（不同时段不同的协调方案）。

（2）红灯消散时间

- 概念：路口协调方向清空来源于支路的排队车流所需时间，如图 2-13 所示。
- 采集方法：站在路口视线较好位置或者通过视频监控，使用秒表，测得清空协调方向原排队车流所需的绿灯时间。

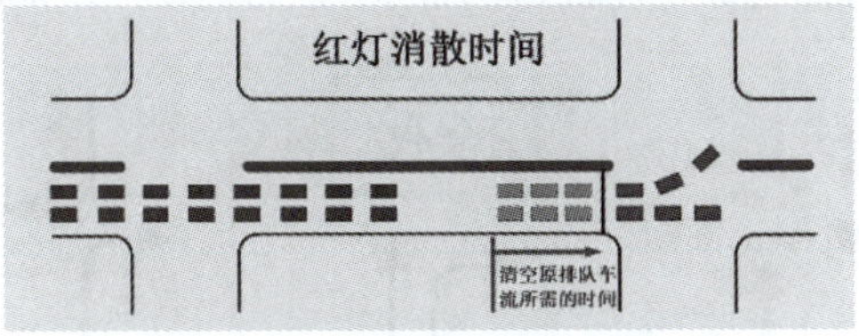

图 2-13 红灯消散时间示意

（3）行程时间

- 概念：车辆从上游路口停止线出发，正常速度下，行驶至下游路口停止线所需时间（下游路口清空状态且未遇红灯），分为路口间行程时间、路段总行程时间。
- 采集方法：从上游路口停止线启动开始，正常速度到下游路口通过停止线所需的时间，如果行车至下游路口遇到红灯排队，可预估畅通情况下通过路口所需的行程时间，用这种方法获得两路口间行程时间。从起始路口至终点路口测量获得路段行程时间。
- 情况说明：当存在路段上车辆故障、路侧停车等特殊情况，这种情况下数据无效，需重新采集数据；可采用跟出法测量时，需以正常速度行驶，建议试验车与车队保持速度一致。

（4）速度

- 路口间平均速度：上游路口行驶至下游路口的平均速度。
- 总路段平均速度：车辆从起始路口出发，通过终点路口，所需的总时长情况下的平均速度。
- 限速：该路段的规定限定速度。
- 调查方法：通过获得路口间距，路口间平均行程时间，计算获得。
- 情况说明：平均速度根据不同路段、不同时段影响，可各不相同；当平均速度作为绿路协调设计速度时不可大于限速。

4）绿路协调路段运行效果调查

（1）协调方向评价指标

- 行程时间：路段总的行程时间。
- 速度。
- 停车次数。

（2）非协调方向评价指标

- 最大排队长度。
- 平均停车次数。
- 延误时间。

（3）绿路巡检

- 巡检周期：推荐每月 1 次。
- 巡检时段：抽样选择。
- 巡检关注点：查看实际情况与预测情况是否一致。

2.2.2 信控路口优化

1. 搭接相位

搭接相位是采用对称放行且直行左转分属不同相位的路口，在该相位放行期间，某进口左转和直行同时放行，而对向进口左转和直行均停车等待的情形，如图 2-14 所示。

图 2-14 搭接相位示意

搭接相位主要适用于进口道交通流不对称的情形；另外，在协调控制中，搭接相位的合理设置在一定程度上对双向绿波的设置能够起到积极作用。

2. 信号灯色转换技巧

（1）灯色转换法规（见图 2-15、图 2-16）

信号基本转换序列《道路交通信号控制机》（GB 25280—2016）：

- 机动车信号：红—绿—黄—红。
- 非机动车信号：红—绿—黄—红。
- 行人过街信号：红—绿—红。

信号持续时间《道路交通信号控制机》（GB 25280—2016）：

- 绿灯信号、红灯信号持续时间应根据路口实际情况设置。
- 黄灯信号持续时间可调，至少持续 3 s。

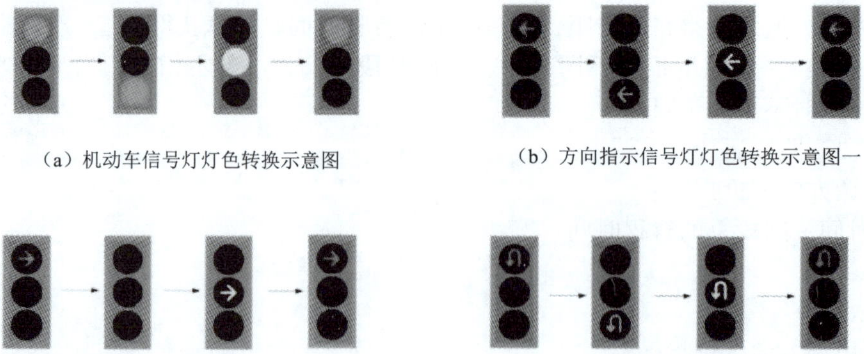

（a）机动车信号灯灯色转换示意图

（b）方向指示信号灯灯色转换示意图一

（c）方向指示信号灯灯色转换示意图二

（d）掉头信号灯灯色转换示意图

图 2-15 灯色转换示意

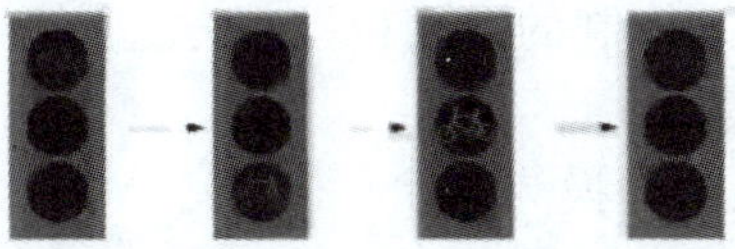

（a）非机动车信号灯灯色转换示意图

（b）车道信号灯灯色转换示意图

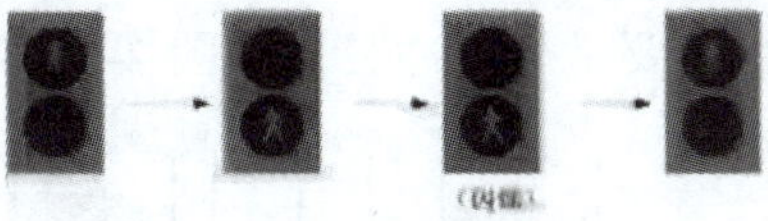

（c）人行信号灯灯色转换示意图

图 2-16　灯色转换示意 2

信号灯灯色转换过程中，“过渡时红黄同亮”“过渡时红灯闪烁”“过渡时黄灯闪烁”都是错误的。

（2）灯色组合

信号灯组合应用如图 2-17 所示。

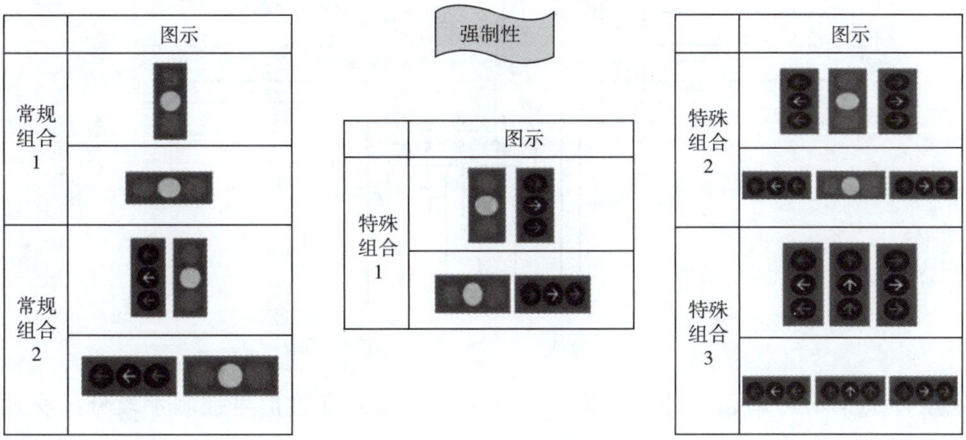

图 2-17　信号灯组合应用

• 在左转车较少、不需要设置左转相位的路口，或直行和左转车道共用的路口，使用全屏灯。

• 在设有左转专用导向车道且左转车流较大需设置左转相位单独放行的路口，采用全屏灯 + 左转方向指示灯的灯色组合形式。

• 主干道在设有左转专用导向车道且左转车流较大需设置左转相位单独放行的路口，采用全屏灯 + 左转方向指示灯的灯色组合形式；支路左转车较少、不需要设置左转相位的路口，或直行和左转车道共用的路口，使用全屏灯。

• 在设有右转专用导向车道的路口，需通过控制右转车辆来减少对被放行的车辆、行人的影响时，采用全屏灯 + 右转方向指示灯的灯色组合形式。

• 在设有左转和右转专用导向车道且需要单独放行左转和控制右转车辆的路口，采用全屏灯 + 左转方向指示灯 + 右转方向指示灯的灯色组合形式。

• 在全天 24 小时均采用对左转、直行、右转分别控制的多相位控制方式的路口，采用左转方向灯 + 直行方向灯 + 左转方向灯的灯色组合形式。

• 在不需要单独控制转向时，方向指示灯可熄灭或切换为机动车信号灯。

3. 信号相位优化技巧

（1）信号控制需要解决的问题

• 信号控制需要解决的问题主要是分离冲突，如图 2-18 所示。

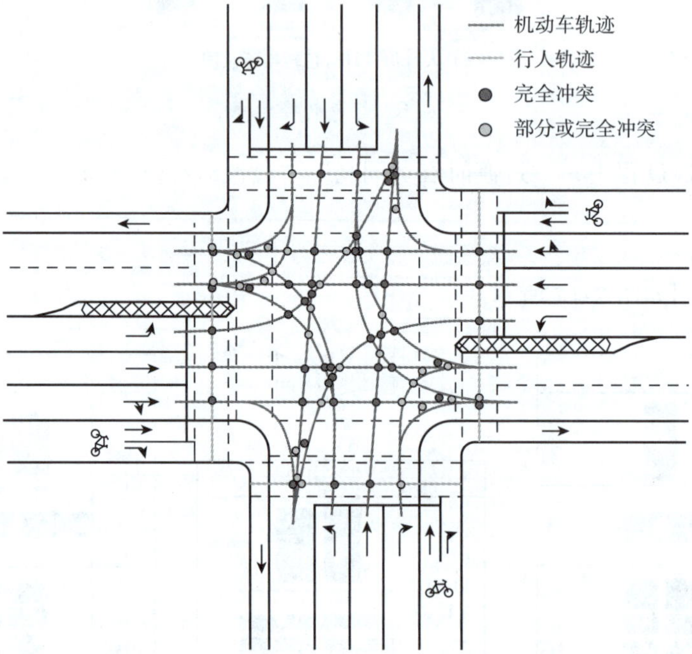

图 2-18　交叉口冲突点示意

• 完全冲突（不可调和的冲突，第一类冲突），必须通过信号控制手段分配交通流通行权和通行时间。

• 部分冲突（可调和冲突，第二类冲突），可同时放行，通过“让行规则”保证安全，但流量较大时部分冲突变为完全冲突。

• 分离冲突点：将冲突点在空间上进行分离（立交桥、人行天桥、地下通道），对交叉口进行渠化；将冲突点在时间上进行分离（停车让行、减速让行、安装交通信号灯、优化信号配时）；施划导流线，规范行驶轨迹（预防“可调和冲突”转化为“不可调和冲突”）；控制好右转车辆（右转允许相位、右转保护相位、禁止 / 允许相位）。

（2）信控路口的渠化要求

渠化路口是指依据《城市道路设计指南》，根据路口流量和基本特征，对车辆、行人进行合理分离、导流等设计，并以标线和其他物理设施等形式实施管理的路口，当车行道宽度在 6 m 以上的路口应进行合理渠化。在路口渠化过程中，应按以下标准进行。

• 路口渠化时左转、直行、右转进口道数量是否与相应方向交通量匹配。

• 路口是否有导流标线。

• 两相位控制时左转车道是否有等待位置指示线。

• 根据视距三角形原理，是否保证了足够视距。

- 路口通行能力是否与路段通行能力相接近。
- 路口渠化与信号控制参数设置是否协调。
- 渠化标志标线是否符合规范。
- 交叉口出口车道数大于等于入口车道数。
- 路口太大或畸形，考虑设置行人二次过街安全岛。

（3）信号优化

信号优化的内容和三个服务层次如图 2-19、图 2-20 所示。

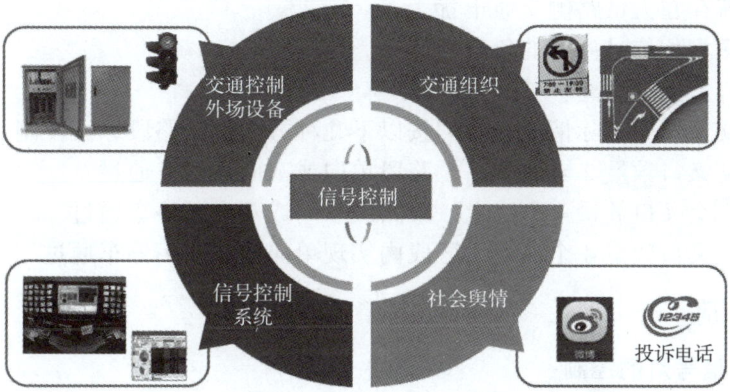

图 2-19　信号优化的内容

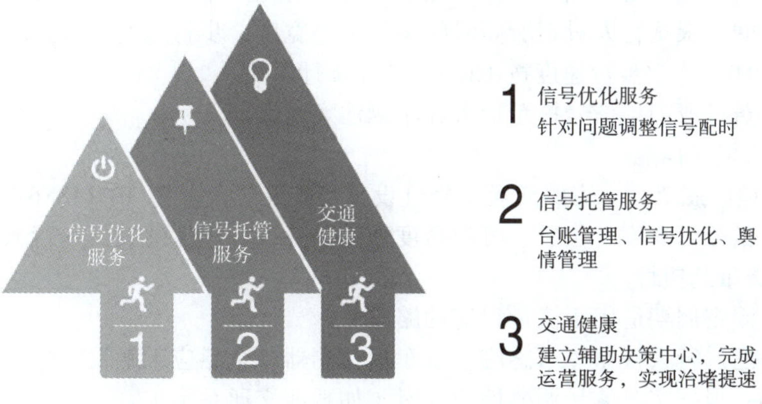

图 2-20　信号优化三个服务层次

在进行路口信号优化的过程中，往往完成以下具体工作：标准化流程、个性化的解决方案、自主研发辅助软件、交通仿真验证，并采用“四有”模式进行具体实施与管理。

- 有大脑（信号控制平台）：统筹调度、协调资源、制订计划、派发任务。
- 有规矩（团队合作、流程化）：交通信号基础管理工作、日常巡查及路口优化、交通仿真评价与分析、社会舆情管理、统一台账、统一工作流程。
- 有武器（自动化、信息化）：路口调研系统、路口台账系统、单点优化计算、绿波计算、工单管理系统、治堵智库。
- 有奖惩（质量控制）：评价标准、分项验收、定期汇报。

2.2.3 绿波控制

当路口的相位设计方案、配时都进行了优化以后，路口通行依然不顺畅，那该怎么办呢？这时可以采取绿波控制。绿波控制是指通过协调相邻交叉口之间的交通信号，使路段上按照一定车速行驶的大部分车辆能够连续通过多个交叉口，实现"一路绿灯"。

进行绿波控制过程中，往往会受到以下几个因素的影响。

- 主线交通流出现大量转出交通流。
- 主线交通流中存在大量转入交通流。
- 主线交通流存在大量路侧交通干扰。
- 需要进行多相位信号控制的负责交叉口。
- 信号交叉口之间的距离。
- 根据路段交叉口的实际情况，我们按以下几种方式进行路段绿波控制。
- 简单式：交叉口数量 2 ~ 3 个、全路段单向或双向不停车通过。
- 全路段式：交叉口数量 4 个以上、全路段单向或双向不停车通过。
- 分段式：交叉口数量 4 个以上、区段内实现单向或双向不停车通过。

2.2.4 行人控制

1. 人行横道信号灯的控制

人行横道信号灯的控制需要满足多方面的条件,以确保行人安全、交通效率以及符合相关法规。

（1）安全性条件

冲突分离：行人绿灯与车辆绿灯必须完全错开，避免人车冲突。

充足通行时间：根据行人过街所需时间（如道路宽度、步行速度）设置绿灯时长，需考虑老人、儿童等群体（通常步行速度按 1.0 ~ 1.2 m/s 计算）。

警示功能：黄灯或闪烁信号提示行人和车辆注意过渡期。

（2）法律法规与标准

符合国家 / 地区规范：《道路交通信号灯设置与安装规范》（GB 14886）。

安装规范：信号灯高度、位置、可视角度须满足标准，确保驾驶员和行人清晰可见。

（3）交通流量适应性

定时控制：固定周期适用于流量稳定的路段。

感应控制：通过行人按钮（半感应）或车辆检测器（全感应）触发信号，减少无效等待。

自适应控制：根据实时流量调整信号配时（如智能交通系统）。

高峰时段优化：延长行人绿灯时间或增加过街频率。

（4）无障碍设计

辅助设施：为视障者提供声音提示（如蜂鸣器）或触觉信号（如振动按钮）。

物理便利性：按钮高度适宜轮椅使用者，盲道与信号灯位置对齐。

（5）特殊场景应对

学校 / 医院区域：设置专用时段（如上放学时间）延长绿灯，或使用手动按钮。

夜间模式：低流量时切换为黄闪灯或缩短周期，降低能耗。

应急处理：紧急车辆通过时快速切换信号，或行人疏散模式。

通过综合以上条件，人行横道信号灯可在保障安全的前提下提升通行效率，并兼顾特殊群体需求，实现人性化交通管理。实际设计中需结合具体道路参数（如宽度、车速、人流量）

进行仿真或实地测试优化。

2. 行人二次过街

对于较大或畸形交叉口，行人存在二次过街的情况。在安全岛上应设置行人信号灯，根据机动车相位设置、行人流量、安全岛大小选择合理的二次过街控制方式，尽可能实现“行人绿波”。行人二次过街有同步二次过街（适用于安全岛面积较小的交叉口）和独立二次过街（适用于有左转专用相位且安全岛较大的交叉口）两种形式。

2.3 智慧路口

有交通大脑，相对应就有智慧路口。路口对整个交通管控系统而言，是最重要的节点，也是体现交通信号控制系统能力、交通管理水平的重要场景。传统路口的交管设备无非就几种，信号、监控及执法、诱导、检测设备，但这几年的变化是，需要检测的行为越来越多，需要采集的流量和特征数据越来越多，需要处理的数据也越来越多，简而言之就是路口智能化需求越来越高。智慧路口示意如图 2-21 所示。

图 2-21　智慧路口示意

智能交通这些年来的发展趋势是前端操作傻瓜化，后端架构层级化、协同化。智慧路口就是通过路侧赋能，让数据、算法和算力这三大要素靠近外场道路和终端用户，实现路口本地数据的实时处理和及时反馈，最终实现外场道路的全息感知、万物互联和路口自我智能管控。

从功能上来讲，一个智慧路口应该需要实现以下功能：远距离实时跟踪车辆轨迹，动态测算车辆到达路口时间，并结合上下游路口交通态势动态调整信号控制放行；给予特殊车辆信号优先放行策略；根据实时采集到的人、车、路、环境数据信息进行专家系统融合分析，结合深度学习给出推荐策略等。

一个智慧路口需具备以视频资源为核心的全息 AI 感知技术、基于边缘计算的数据可靠性治理技术、自组织网络通信和应用信息交互技术、基于场景的智能管控和联动干预技术。

智慧路口概念能够实现的先决技术条件是什么？感知技术、算力、通信技术一定是前提，对应的是视频检测、V2X、芯片、5G，至于管控和联动干预，对应的则是业务协同，应该是以大数据处理为基础，其他技术为配合，是一个协同的系统。

工作任务一　短间距交叉口优化

工作任务布置及规划

<table>
<tr><td>学习领域</td><td colspan="6" rowspan="2">学习情境：交叉口“解堵”高手</td></tr>
<tr><td>智慧交通</td></tr>
<tr><td>姓　名</td><td></td><td>班　级</td><td></td><td colspan="2">日　期</td><td></td></tr>
<tr><td rowspan="3">工作任务</td><td colspan="3" rowspan="3">短间距交叉口优化</td><td rowspan="3">学时安排</td><td>课前</td><td>2 学时</td></tr>
<tr><td>课中</td><td>4 学时</td></tr>
<tr><td>课后</td><td>2 学时</td></tr>
<tr><td>工作任务描述</td><td colspan="6">按照业主要求，调研拥堵路况实际情况，完成信号优化解堵工作，完成优化前后数据对比</td></tr>
<tr><td>素质目标</td><td colspan="6">通过观看纪录片《大国工匠》，与小组同学探讨在具体工作任务实施过程中哪些行为是工匠精神的体现，让同学们深入体会、感悟什么是工匠精神，引导同学们树立精益求精的工作态度以及持之以恒、讲合作、守契约、重诚信的精神品质</td></tr>
<tr><td>知识技能目标</td><td colspan="6">（1）通过不同途径，收集、调研问题路口的交通流、排队长度、信号配时情况
（2）在教师的指导下学习支撑知识微课，绘制路口优化前台账
（3）制定各种解堵信号优化方案，计算优化后排队情况及通过率
（4）在教师及企业导师的指导下，选择最佳优化方案
（5）完成问题路口信号优化工作，撰写实施报告，仿真模拟优化后的情况</td></tr>
<tr><td>任务书</td><td colspan="6">杨洋是一名交通信号优化工程师，主要负责参与城市交通信号控制的需求调研、分析，产品规划及方案设计；信号配时优化及交通组织设计工作，交通仿真优化工作，负责数据库、软硬件的维护升级工作。公司让他带领同事一起完成“短间距路口非对称全周期协调”交叉口车流回溢调节任务，该两连续路口位于广西南宁市衡阳白苍岭路口与衡阳秀灵路口，相距 175 m，附近有学校、菜市场和地铁出入口，周边为比较成熟的居民生活区，日常通行车流量大，衡阳白苍岭路口经常会出现交叉口车流回溢现象。他需要按调研、分析、设计优化方案、方案实施、实施总结流程开展工作……
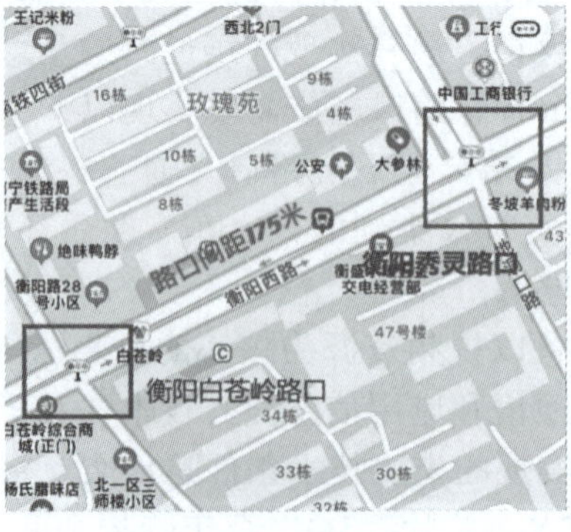

交叉口具体位置图</td></tr>
</table>

准备开始

<table>
<tr><td>学习领域</td><td colspan="5" rowspan="2">学习情境：交叉口“解堵”高手</td></tr>
<tr><td>智慧交通</td></tr>
<tr><td>姓　名</td><td></td><td>班　级</td><td></td><td>日　期</td><td></td></tr>
<tr><td rowspan="3">工作任务</td><td colspan="3" rowspan="3">短间距交叉口优化</td><td rowspan="3">学时安排</td><td>课前　2学时</td></tr>
<tr><td>课中　4学时</td></tr>
<tr><td>课后　2学时</td></tr>
<tr><td>任务分组</td><td colspan="5">
学生任务分配表
<table>
<tr><td>班　级</td><td></td><td>组　号</td><td></td><td>指导老师</td><td></td></tr>
<tr><td>组　长</td><td></td><td>学　号</td><td colspan="3"></td></tr>
<tr><td rowspan="5">组　员</td><td>姓　名</td><td>学　号</td><td>姓　名</td><td>学　号</td><td>备　注</td></tr>
<tr><td></td><td></td><td></td><td></td><td rowspan="4"></td></tr>
<tr><td></td><td></td><td></td><td></td></tr>
<tr><td></td><td></td><td></td><td></td></tr>
<tr><td></td><td></td><td></td><td></td></tr>
<tr><td colspan="6">任务分工</td></tr>
<tr><td colspan="6"></td></tr>
</table>
</td></tr>
<tr><td>准备工作</td><td colspan="5">（1）完成“历史沿革及知识铺垫”部分2.1（信号控制）和2.2（信号优化）课前学习，对于“相位”“信号配时”“绿波控制”“交通信号控制路口路段调查方法”“信号控制优化技巧”等内容重点学习掌握
（2）调查这两个交叉口周边吸引点信息
（3）组建团队，撰写交叉口优化计划并进行具体分工</td></tr>
</table>

工作任务单（工作任务一）

一阶任务：短间距路口调研、绘制台账及信控图

<table>
<tr><td rowspan="2">一阶任务
（难度：易）</td><td rowspan="2">短间距路口信控基础调查</td><td>专业引用技能</td><td>《交通工程》《Auto CAD》
《Office 高级应用》</td></tr>
<tr><td>情境引用技能</td><td>学习情境一、学习情境三</td></tr>
<tr><td>学思悟</td><td colspan="3">请选择性观看《大国工匠》《遇见工匠》《了不起的匠人》等一系列纪录片，你看后哪些内容触动了你？
______
______
______</td></tr>
<tr><td>引导问题一</td><td colspan="3">调研衡阳路白苍岭路口现有交通量、配时方案，并绘制台账。
<table><tr><td rowspan="3">台账图：</td><td colspan="3"></td></tr><tr><td>A</td><td>B</td><td>C</td></tr><tr><td>D</td><td>E</td><td>F</td></tr></table></td></tr>
<tr><td>引导问题二</td><td colspan="3">调研衡阳路秀灵路口现有交通量、配时方案，并绘制台账。
<table><tr><td rowspan="3">台账图：</td><td colspan="3"></td></tr><tr><td>A</td><td>B</td><td>C</td></tr><tr><td>D</td><td>E</td><td>F</td></tr></table></td></tr>
<tr><td>引导问题三</td><td colspan="3">通过调研，阐述这两个相邻短间距路口拥堵原因。
______
______
______</td></tr>
</table>

工作计划

<table>
<tr><td>引导问题四</td><td>通过分析存在问题原因，小组成员讨论各种优化实施方案，并绘制各种方案台账图。

方案一：
<table><tr><td rowspan="3">台账图：</td><td colspan="3"></td></tr><tr><td>A</td><td>B</td><td>C</td></tr><tr><td>D</td><td>E</td><td>F</td></tr></table>
方案二：
<table><tr><td rowspan="3">台账图：</td><td colspan="3"></td></tr><tr><td>A</td><td>B</td><td>C</td></tr><tr><td>D</td><td>E</td><td>F</td></tr></table></td></tr>
<tr><td>阶段性
提交成果</td><td>□ 1. 提交衡阳路白苍岭路口现台账图
□ 2. 提交衡阳路秀灵路口现台账图
□ 3. 提交调查报告
□ 4. 提交各种优化方案</td></tr>
<tr><td>教学资源</td><td>一阶任务微课　引导问题样本　案例</td></tr>
</table>

工作任务单（工作任务一）

二阶任务：短间距路口信号优化

<table>
<tr><td rowspan="2">二阶任务
（难度：中等）</td><td rowspan="2">短间距路口信控优化</td><td>专业引用技能</td><td>《交通工程》《Auto CAD》
《Office 高级应用》</td></tr>
<tr><td>情境引用技能</td><td>学习情境一、学习情境三</td></tr>
<tr><td>引导问题一</td><td colspan="3">根据一阶任务的完成，已对路口实际信号控制情况有深入翔实的了解，发现两相邻路口由于间距短（175 m），在实际车辆通过时，存在衡阳白苍岭路口车流回溢到衡阳秀灵路口的情况，严重影响了此路段的通行。通过讨论分析，选择合适的优化方案，并说明原因。

两相邻路口现存问题
____
____________________</td></tr>
<tr><td>引导问题二</td><td colspan="3">根据现有交通量重新设计两路口信控方案，绘制台账。
衡阳白苍岭路口：
<table>
<tr><td rowspan="2">台账图：</td><td>A</td><td>B</td><td>C</td></tr>
<tr><td>D</td><td>E</td><td>F</td></tr>
</table>
衡阳秀灵路口：
<table>
<tr><td rowspan="2">台账图：</td><td>A</td><td>B</td><td>C</td></tr>
<tr><td>D</td><td>E</td><td>F</td></tr>
</table>
</td></tr>
</table>

进行决策

引导问题三	通过分析存在问题原因，小组成员选择了优化实施方案，并优化前后的数据进行了对比，请完成实施报告。
阶段性提交成果	□ 1. 提交两交叉口优化后台账图及信控图 □ 2. 提交实施报告
教学资源	二阶任务微课 引导问题样本 案例

工作任务单（工作任务一）

三阶任务：短间距路口优化实施后总结

<table>
<tr><td rowspan="2">三阶任务
（难度：难）</td><td rowspan="2">短间距路口优化实施后总结</td><td>专业引用技能</td><td>《交通工程》《Auto CAD》
《Office 高级应用》</td></tr>
<tr><td>情境引用技能</td><td>学习情境一、学习情境三</td></tr>
<tr><td>引导问题一</td><td colspan="3">完成衡阳白苍岭路口、衡阳秀灵路口优化前后数据对比，计算优化后“平均行程时间”“平均行驶速度”“平均停车次数”等关键指标。

优化后路口现状</td></tr>
<tr><td>引导问题二</td><td colspan="3">通过二阶任务的完成，杨洋带领的优化团队已经把衡阳白苍岭路口车流回溢到衡阳秀灵路口的问题解决了。路口原有协调方案问题在哪里？</td></tr>
<tr><td>引导问题三</td><td colspan="3">新的优化方案有什么优点？</td></tr>
</table>

总结分析

引导问题四	完成衡阳白苍岭路口、衡阳秀灵路口优化前后数据对比，小组成员分享讨论实施效果，总结分析收获，请详细记录。
阶段性提交成果	□ 1. 提交实施总结 □ 2. 提交小组分享讨论视频 □ 3. 利用仿真软件模拟优化后情况
教学资源	三阶任务微课　引导问题样本　案例

工作任务提交报告

<table>
<tr><td>工作任务</td><td colspan="3">短间距交叉口优化</td></tr>
<tr><td>姓　名</td><td></td><td>班　级</td><td></td></tr>
<tr><td>一阶任务提交清单</td><td colspan="3">1.
2.
3.</td></tr>
<tr><td>二阶任务提交清单</td><td colspan="3">1.
2.
3.</td></tr>
<tr><td>三阶任务提交清单</td><td colspan="3">1.
2.
3.</td></tr>
<tr><td colspan="4">工作任务完成后收获总结</td></tr>
<tr><td colspan="4"></td></tr>
</table>

工作任务评价反馈（学生自评）

学习领域	学习情境：交叉口“解堵”高手					
智慧交通						
姓　名		班　级		日　期		
工作任务	短间距交叉口优化					
评价项目	评 价 标 准				分　值	得　分
交通流基础数据调查	能使用正确的方法调查问题路口、问题路段的交通流、信号配时相关数据				10	
台账图、信控方案识读与理解	能正确识图及理解各交叉口台账图及信控方案				5	
台账图绘制	能使用 CAD 或者 Visio 绘制交叉口台账图				10	
信控方案图绘制	能使用正确的绘图工具绘制交叉口实时的信控方案图				10	
信控方案优化	能正确计算周期、绿信比、平均行程时间、平均行驶速度、平均停车次数等交叉口优化基础数据，并根据调研结果设计优化方案				10	
优化后巡查	能熟悉优化后交叉口日常巡查的流程及内容，认真完成日常巡查工作				5	
总结分析	能选择合适的优化方案实施于问题路口，根据实施结果，总结分析优化结果				10	
工作态度	态度端正，无缺席、迟到、早退现象				10	
工作质量	能按计划完成工作任务				5	
协调能力	与小组成员、同学之间能合作交流，协调能力强				10	
职业素养	能做到安全出行，文明工作，保护环境，爱护公共设施				5	
创新意识	通过调研问题路口的实际情况，能设计多种实施方案并分析利弊				5	
知识拓展与迁移	通过工作任务全过程参与实施，能举一反三，类似情况交叉口拥堵问题，能找到共性解决办法				5	
合　计					100	

工作任务评价反馈（学生互评）

学习领域	学习情境：交叉口“解堵”高手														
智慧交通															
姓　名		班　级				日　期									
工作任务	短间距交叉口优化														
评价项目	分　值	等　级								评价对象（组号）					
										1	2	3	4	5	6
计划合理	8	优	8	良	7	中	6	差	4						
方案准确	8	优	8	良	7	中	6	差	4						
团队合作	8	优	8	良	7	中	6	差	4						
组织有序	8	优	8	良	7	中	6	差	4						
工作质量	8	优	8	良	7	中	6	差	4						
工作效率	8	优	8	良	7	中	6	差	4						
工作完整	10	优	10	良	8	中	5	差	3						
工作规范	16	优	16	良	12	中	7	差	3						
识读报告	16	优	16	良	12	中	7	差	3						
成果展示	10	优	10	良	8	中	5	差	3						
合　计	100														

工作任务评价反馈（教师综合评价）

<table>
<tr><td colspan="2">学习领域</td><td colspan="4" rowspan="2">学习情境：交叉口“解堵”高手</td></tr>
<tr><td colspan="2">智慧交通</td></tr>
<tr><td colspan="2">姓 名</td><td></td><td>班 级</td><td></td><td>日 期</td><td></td></tr>
<tr><td colspan="2">工作任务</td><td colspan="4">短间距交叉口优化</td></tr>
<tr><td colspan="2">评价项目</td><td colspan="2">评 价 标 准</td><td>分 值</td><td>得 分</td></tr>
<tr><td colspan="2">考勤（10%）</td><td colspan="2">无迟到、早退、旷课现象</td><td>10</td><td></td></tr>
<tr><td rowspan="11">工作过程（75%）</td><td>识图</td><td colspan="2">能正确识图及理解各交叉口台账图及信控方案</td><td>5</td><td></td></tr>
<tr><td>调查</td><td colspan="2">能使用正确的方法调查问题路口、问题路段的交通流、信号配时相关数据</td><td>5</td><td></td></tr>
<tr><td>台账图绘制</td><td colspan="2">能使用 CAD 或者 Visio 绘制交叉口台账图</td><td>8</td><td></td></tr>
<tr><td>信控方案图绘制</td><td colspan="2">能使用正确的绘图工具绘制交叉口实时的信控方案图</td><td>8</td><td></td></tr>
<tr><td>数据处理</td><td colspan="2">能正确计算周期、绿信比、平均行程时间、平均行驶速度、平均停车次数等交叉口优化基础数据，并根据调研结果设计优化方案</td><td>8</td><td></td></tr>
<tr><td>优化后巡查</td><td colspan="2">能熟悉优化后交叉口日常巡查的流程及内容，认真完成日常巡查工作</td><td>5</td><td></td></tr>
<tr><td>方案择优</td><td colspan="2">能选择合适的优化方案实施于问题路口，根据实施结果，总结分析优化结果</td><td>5</td><td></td></tr>
<tr><td>工作态度</td><td colspan="2">态度端正，工作认真、主动</td><td>8</td><td></td></tr>
<tr><td>工作完整</td><td colspan="2">能按计划完成工作任务</td><td>7</td><td></td></tr>
<tr><td>协调沟通</td><td colspan="2">与小组成员、同学之间能合作交流，协调能力强</td><td>8</td><td></td></tr>
<tr><td>职业素养</td><td colspan="2">能做到安全出行，文明工作，保护环境，爱护公共设施</td><td>8</td><td></td></tr>
<tr><td rowspan="2">项目总结（15%）</td><td>技能提升</td><td colspan="2">通过调研问题路口的实际情况，能设计多种实施方案并分析利弊</td><td>8</td><td></td></tr>
<tr><td>拓展外延</td><td colspan="2">通过工作任务全过程参与实施，能举一反三，类似情况交叉口拥堵问题，能找到共性解决办法</td><td>7</td><td></td></tr>
<tr><td colspan="4">合 计</td><td>100</td><td></td></tr>
<tr><td colspan="2" rowspan="2">综合评价</td><td>学生自评（20%）</td><td>学生互评（30%）</td><td>教师综合评价（50%）</td><td>综合得分</td></tr>
<tr><td></td><td></td><td></td><td></td></tr>
</table>

工作任务二　打结环交优化

工作任务布置及规划

<table>
<tr><td>学习领域</td><td colspan="7" rowspan="2">学习情境：交叉口“解堵”高手</td></tr>
<tr><td>智慧交通</td></tr>
<tr><td>姓　名</td><td></td><td>班　级</td><td></td><td>日　期</td><td colspan="3"></td></tr>
<tr><td rowspan="3">工作任务</td><td colspan="3" rowspan="3">打结环交优化</td><td rowspan="3">学时安排</td><td colspan="2">课前</td><td>2 学时</td></tr>
<tr><td colspan="2">课中</td><td>4 学时</td></tr>
<tr><td colspan="2">课后</td><td>2 学时</td></tr>
<tr><td>工作任务描述</td><td colspan="7">按照业主要求，调研无信号控制打结环交实际情况，完成信号优化解堵工作，完成优化前后数据对比</td></tr>
<tr><td>素质目标</td><td colspan="7">通过与小组同学探讨在工作任务一实施过程中哪些行为是工匠精神的体现，让同学们深入体会、感悟什么是工匠精神，引导同学们树立精益求精的工作态度以及持之以恒、讲合作、守契约、重诚信的精神品质</td></tr>
<tr><td>知识技能目标</td><td colspan="7">（1）通过不同途径，收集、调研问题路口及流入环交路口的交通流、排队长度、信号配时情况
（2）在教师的指导下学习支撑知识微课，绘制路口优化前台账图
（3）制定解堵信号优化方案，根据各种优化方案，计算优化后排队情况及通过率
（4）完成打结环交信号优化工作，撰写实施报告，仿真模拟优化后情况</td></tr>
<tr><td>任务书</td><td colspan="7">李泽是一名交通信号优化工程师，主要负责参与城市交通信号控制的需求调研、分析，产品规划及方案设计，信号配时优化及交通组织设计工作，交通仿真优化工作，负责数据库、软硬件的维护升级工作。公司让他带领一些同事一起完成一个“非灯控环交口打结”的优化任务，该环交口二转盘位于重庆市永川区的一个无灯控环岛路口，是永川区重要的交通枢纽，周围有政府、医院、学校等交通流量吸引点，引聚了通威路口、地琴花园路口、民政局路口、妇幼保健院路口这四个路口的车流，高峰期易出现流量打结的现象。他需要按调研、分析、设计优化方案、方案实施、实施总结流程开展工作……
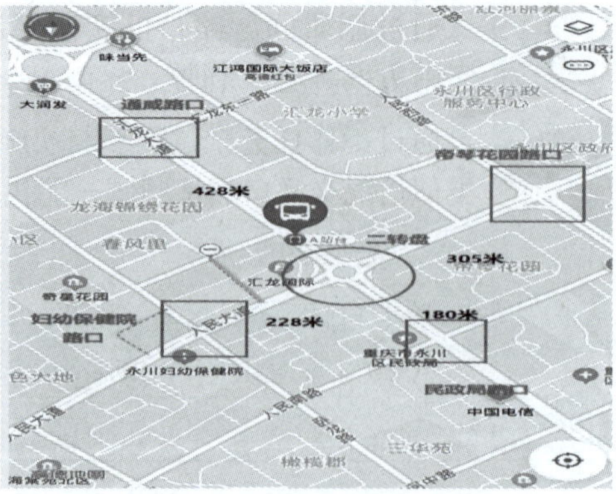

二转盘环交示意</td></tr>
</table>

准备开始

<table>
<tr><td>学习领域</td><td colspan="5" rowspan="2">学习情境：交叉口“解堵”高手</td></tr>
<tr><td>智慧交通</td></tr>
<tr><td>姓　名</td><td></td><td>班　级</td><td></td><td>日　期</td><td></td></tr>
<tr><td rowspan="3">工作任务</td><td colspan="3" rowspan="3">打结环交信号优化</td><td rowspan="3">学时安排</td><td>课前　2学时</td></tr>
<tr><td>课中　4学时</td></tr>
<tr><td>课后　2学时</td></tr>
<tr><td>任务分组</td><td colspan="5">
学生任务分配表
<table>
<tr><td>班　级</td><td></td><td>组　号</td><td></td><td>指导老师</td><td></td></tr>
<tr><td>组　长</td><td></td><td>学　号</td><td colspan="3"></td></tr>
<tr><td rowspan="5">组　员</td><td>姓　名</td><td>学　号</td><td>姓　名</td><td>学　号</td><td>备　注</td></tr>
<tr><td></td><td></td><td></td><td></td><td rowspan="4"></td></tr>
<tr><td></td><td></td><td></td><td></td></tr>
<tr><td></td><td></td><td></td><td></td></tr>
<tr><td></td><td></td><td></td><td></td></tr>
<tr><td colspan="6">任务分工</td></tr>
<tr><td colspan="6"></td></tr>
</table>
</td></tr>
<tr><td>准备工作</td><td colspan="5">（1）完成“历史沿革及知识铺垫”部分2.1（信号控制）和2.2（信号优化）微课课前学习，对于“相位”“信号配时”“交通信号控制路口路段调查方法”“信号控制优化技巧”等内容重点学习掌握
（2）调查这个环交周边吸引点信息
（3）组建团队，撰写环交口优化计划并进行具体分工
（4）安装车流量仿真软件，并熟练掌握操作</td></tr>
</table>

工作任务单（工作任务二）

一阶任务：二转盘环交周边调研

<table>
<tr><td rowspan="2">一阶任务
（难度：易）</td><td rowspan="2">二转盘环交周边调研</td><td>专业引用技能</td><td>《交通工程》《AutoCAD》
《Office 高级应用》</td></tr>
<tr><td>情境引用技能</td><td>学习情境一、学习情境三</td></tr>
<tr><td>学思悟</td><td colspan="3">在日常生活中，哪一种工匠让你印象最深刻？为什么？

</td></tr>
<tr><td>引导问题一</td><td colspan="3">调研通威路口、地琴花园路口现有交通量、配时方案，并绘制台账图。
<table><tr><td rowspan="3">台账图：</td><td colspan="3"></td></tr><tr><td>A</td><td>B</td><td>C</td></tr><tr><td>D</td><td>E</td><td>F</td></tr></table></td></tr>
<tr><td>引导问题二</td><td colspan="3">调研民政局路口、妇幼保健院路口现有交通量、配时方案，并绘制台账。
<table><tr><td rowspan="3">台账图：</td><td colspan="3"></td></tr><tr><td>A</td><td>B</td><td>C</td></tr><tr><td>D</td><td>E</td><td>F</td></tr></table></td></tr>
<tr><td>引导问题三</td><td colspan="3">通过调研，阐述二转盘环交打结拥堵原因。

</td></tr>
</table>

工作计划

引导问题四	通过分析存在问题原因，考虑与二转盘相连的各交叉口实际交通流量、信号配时情况，小组成员讨论二转盘环交各种优化实施方案。
阶段性提交成果	□ 1. 通威路口、地琴花园路口、民政局路口、妇幼保健院路口台账图及信控图 □ 2. 二转盘环交交通流量调研报告及存在问题分析
教学资源	一阶任务微课　引导问题样本　案例

工作任务单（工作任务二）

二阶任务：二转盘环交优化

二阶任务（难度：中等）	二转盘环交优化	专业引用技能	《交通工程》《AutoCAD》《Office 高级应用》
		情境引用技能	学习情境一、学习情境三

引导问题 1

通过一阶任务的完成，已对二转盘环交周边 4 个交叉口实际信号控制情况有了深入翔实的了解，发现虽然二转盘环交没有灯控，在高峰期可以通过调节与它相邻的交叉口放行流量及顺序来调节二转盘环交流量。在这一阶段，需通过团队成员们的通力合作，对周边交叉口的放行顺序、直行流量进行统一协调，切实解决高峰时期二转盘环交打结的情况。那相邻较近的三个交叉口该以怎样的顺序放行呢？

路口名称	时段	高峰小时交通量（pcu/h）		
		左转	直行	右转
地琴花园路口	早高峰	69.9	1 083.5	139.8
	晚高峰	87.4	1 013.6	87.4
民政局路口	早高峰	157.3	1 031.7	174.8
	晚高峰	174.8	1 180.6	167.5
妇幼保健院路口	早高峰	52.4	1 358.3	209.7
	晚高峰	65.1	1 243.6	262.1

二转盘相邻路口交通流量

引导问题 2

统一考虑地琴花园路口、民政局路口、妇幼保健院路口信控方案，协调放行顺序及周期，以保证各路口车流到达二转盘环交时有序不扎堆。那相邻的三个路口该以怎样的信控方案实施信号配时呢？

进行决策

引导问题 3	通过分析存在问题原因，小组成员选择了优化实施方案，并优化前后的数据进行了对比，请完成实施报告。
阶段性 提交成果	□ 1. 二转盘环交相邻路口放行顺序图 □ 2. 提交实施报告
教学资源	二阶任务微课　　引导问题样本　　案例

工作任务单（工作任务二）

三阶任务：二转盘环交优化总结

三阶任务 （难度：难）	二转盘环交优化总结	专业引用技能	《交通工程》《AutoCAD》 《Office 高级应用》
		情境引用技能	学习情境一、学习情境三

引导问题 1

完成衡阳白苍岭路口、衡阳秀灵路口优化前后数据对比，计算优化后“平均行程时间”“平均行驶速度”“平均停车次数”等关键指标。

优化前后二转盘环交通行情况对比

引导问题 2

通过二阶任务的完成，李泽带领的优化团队已经把二转盘环交打结的问题解决了。接下来，请思考以下几个问题。

（1）这种“虚拟信号灯”还可以应用在什么场景？

（2）“空窗期”的应用扩展？

（3）环岛“顺时针放行”是不是万能的，环岛灯控还有没有其他方法？

总结分析

引导问题 3	完成二转盘环交优化前后数据对比，小组成员分享讨论实施效果，总结分析收获，请详细记录。
阶段性提交成果	□ 1. 提交实施总结 □ 2. 提交小组分享讨论视频 □ 3. 利用仿真软件模拟优化后情况
教学资源	三阶任务微课　引导问题样本　案例

工作任务提交报告

工作任务	打结环交优化		
姓　名		班　级	
一阶任务提交清单	1. 2. 3.		
二阶任务提交清单	1. 2. 3.		
三阶任务提交清单	1. 2. 3.		
工作任务完成后收获总结			

工作任务评价反馈（学生自评）

<table>
<tr><td>学习领域</td><td colspan="6" rowspan="2">学习情境：交叉口“解堵”高手</td></tr>
<tr><td>智慧交通</td></tr>
<tr><td>姓　名</td><td></td><td>班　级</td><td></td><td>日　期</td><td colspan="2"></td></tr>
<tr><td>工作任务</td><td colspan="6">打结环交优化</td></tr>
<tr><td>评价项目</td><td colspan="4">评 价 标 准</td><td>分　值</td><td>得　分</td></tr>
<tr><td>交通流基础数据调查</td><td colspan="4">能使用正确的方法调查问题路口、问题路段的交通流、信号配时相关数据</td><td>10</td><td></td></tr>
<tr><td>台账图、信控方案图识读与理解</td><td colspan="4">能正确识图及理解各交叉口台账图及信控方案</td><td>5</td><td></td></tr>
<tr><td>台账图绘制</td><td colspan="4">能使用 CAD 或者 Visio 绘制交叉口台账图</td><td>10</td><td></td></tr>
<tr><td>信控方案图绘制</td><td colspan="4">能使用正确的绘图工具绘制交叉口实时的信控方案图</td><td>10</td><td></td></tr>
<tr><td>信控方案优化</td><td colspan="4">能正确计算周期、绿信比、平均行程时间、平均行驶速度、平均停车次数等交叉口优化基础数据，并根据调研结果设计优化方案</td><td>10</td><td></td></tr>
<tr><td>优化后巡查</td><td colspan="4">能熟悉优化后交叉口日常巡查的流程及内容，认真完成日常巡查工作</td><td>5</td><td></td></tr>
<tr><td>总结分析</td><td colspan="4">能选择合适的优化方案实施于问题路口，根据实施结果，总结分析优化结果</td><td>10</td><td></td></tr>
<tr><td>工作态度</td><td colspan="4">态度端正，无缺席、迟到、早退现象</td><td>10</td><td></td></tr>
<tr><td>工作质量</td><td colspan="4">能按计划完成工作任务</td><td>5</td><td></td></tr>
<tr><td>协调能力</td><td colspan="4">与小组成员、同学之间能合作交流，协调能力强</td><td>10</td><td></td></tr>
<tr><td>职业素养</td><td colspan="4">能做到安全出行，文明工作，保护环境，爱护公共设施</td><td>5</td><td></td></tr>
<tr><td>创新意识</td><td colspan="4">通过调研问题路口的实际情况，能设计多种实施方案并分析利弊</td><td>5</td><td></td></tr>
<tr><td>知识拓展与迁移</td><td colspan="4">通过工作任务全过程参与实施，能举一反三，类似情况交叉口拥堵问题，能找到共性解决办法</td><td>5</td><td></td></tr>
<tr><td colspan="5">合　计</td><td>100</td><td></td></tr>
</table>

工作任务评价反馈（学生互评）

学习领域	学习情境：交叉口“解堵”高手														
智慧交通															
姓　名				班　级				日　期							
工作任务	打结环交优化														
评价项目	分　值	等　　级								评价对象（组号）					
										1	2	3	4	5	6
计划合理	8	优	8	良	7	中	6	差	4						
方案准确	8	优	8	良	7	中	6	差	4						
团队合作	8	优	8	良	7	中	6	差	4						
组织有序	8	优	8	良	7	中	6	差	4						
工作质量	8	优	8	良	7	中	6	差	4						
工作效率	8	优	8	良	7	中	6	差	4						
工作完整	10	优	10	良	8	中	5	差	3						
工作规范	16	优	16	良	12	中	7	差	3						
识读报告	16	优	16	良	12	中	7	差	3						
成果展示	10	优	10	良	8	中	5	差	3						
合　计	100														

工作任务评价反馈（教师综合评价）

<table>
<tr><td colspan="2">学习领域</td><td colspan="6" rowspan="2">学习情境：交叉口“解堵”高手</td></tr>
<tr><td colspan="2">智慧交通</td></tr>
<tr><td colspan="2">姓　名</td><td></td><td>班　级</td><td></td><td>日　期</td><td colspan="2"></td></tr>
<tr><td colspan="2">工作任务</td><td colspan="6">打结环交优化</td></tr>
<tr><td colspan="2">评价项目</td><td colspan="4">评 价 标 准</td><td>分　值</td><td>得　分</td></tr>
<tr><td colspan="2">考勤（10%）</td><td colspan="4">无迟到、早退、旷课现象</td><td>10</td><td></td></tr>
<tr><td rowspan="11">工作过程（75%）</td><td>识图</td><td colspan="4">能正确识图及理解各交叉口台账图及信控方案图</td><td>5</td><td></td></tr>
<tr><td>调查</td><td colspan="4">能使用正确的方法调查问题路口、问题路段的交通流、信号配时相关数据</td><td>5</td><td></td></tr>
<tr><td>台账图绘制</td><td colspan="4">能使用 CAD 或者 Visio 绘制交叉口台账图</td><td>8</td><td></td></tr>
<tr><td>信控方案图绘制</td><td colspan="4">能使用正确的绘图工具绘制交叉口实时的信控方案图</td><td>8</td><td></td></tr>
<tr><td>数据处理</td><td colspan="4">能正确计算周期、绿信比、平均行程时间、平均行驶速度、平均停车次数等交叉口优化基础数据，并根据调研结果设计优化方案</td><td>8</td><td></td></tr>
<tr><td>优化后巡查</td><td colspan="4">能熟悉优化后交叉口日常巡查的流程及内容，认真完成日常巡查工作</td><td>5</td><td></td></tr>
<tr><td>方案择优</td><td colspan="4">能选择合适的优化方案实施于问题路口，根据实施结果，总结分析优化结果</td><td>5</td><td></td></tr>
<tr><td>工作态度</td><td colspan="4">态度端正，工作认真、主动</td><td>8</td><td></td></tr>
<tr><td>工作完整</td><td colspan="4">能按计划完成工作任务</td><td>7</td><td></td></tr>
<tr><td>协调沟通</td><td colspan="4">与小组成员、同学之间能合作交流，协调能力强</td><td>8</td><td></td></tr>
<tr><td>职业素养</td><td colspan="4">能做到安全出行，文明工作，保护环境，爱护公共设施</td><td>8</td><td></td></tr>
<tr><td rowspan="2">项目总结（15%）</td><td>技能提升</td><td colspan="4">通过调研问题路口的实际情况，能设计多种实施方案并分析利弊</td><td>8</td><td></td></tr>
<tr><td>拓展外延</td><td colspan="4">通过工作任务全过程参与实施，能举一反三，类似情况交叉口拥堵问题，能找到共性解决办法</td><td>7</td><td></td></tr>
<tr><td colspan="6">合　计</td><td>100</td><td></td></tr>
<tr><td colspan="2" rowspan="2">综合评价</td><td>学生自评（20%）</td><td>学生互评（30%）</td><td colspan="2">教师综合评价（50%）</td><td colspan="2">综合得分</td></tr>
<tr><td></td><td></td><td colspan="2"></td><td colspan="2"></td></tr>
</table>

工作任务三　医院周边路口优化

工作任务布置及规划

<table>
<tr><td>学习领域</td><td colspan="6" rowspan="2">学习情境：交叉口“解堵”高手</td></tr>
<tr><td>智慧交通</td></tr>
<tr><td>姓　名</td><td></td><td>班　级</td><td></td><td>日　期</td><td colspan="2"></td></tr>
<tr><td rowspan="3">工作任务</td><td colspan="3" rowspan="3">医院周边路口优化</td><td rowspan="3">学时
安排</td><td>课前</td><td>2 学时</td></tr>
<tr><td>课中</td><td>4 学时</td></tr>
<tr><td>课后</td><td>2 学时</td></tr>
<tr><td>工作任务描述</td><td colspan="6">按照业主要求，调研医院周边拥堵路况实际情况，完成信号优化解堵工作，完成优化前后数据对比</td></tr>
<tr><td>素质目标</td><td colspan="6">通过前两个工作任务中工匠精神的学习与理解，让同学们分享“我眼中的工匠精神”，让同学们深入体会、感悟什么是工匠精神，引导同学们树立精益求精的工作态度以及持之以恒、讲合作、守契约、重诚信的精神品质</td></tr>
<tr><td>知识技能目标</td><td colspan="6">（1）收集、调研医院周边路口的交通流、排队长度、信号配时情况
（2）在教师的指导下学习支撑知识微课，绘制路口优化前台账图
（3）根据各种优化方案，计算优化后排队情况及通过率
（4）在教师及企业导师的指导下，选择最佳优化方案
（5）完成问题路口信号优化工作，撰写实施报告，仿真模拟优化后情况</td></tr>
<tr><td>任务书</td><td colspan="6">陈嘉是一名交通信号优化工程师，主要负责参与城市交通信号控制的需求调研、分析，产品规划及方案设计，信号配时优化及交通组织设计工作，交通仿真优化工作，负责数据库、软硬件的维护升级工作。公司让他带领同事一起完成一个“医院周边路口优化”的任务，延安医院位于昆明市人民东路东西方向主干道上，周边由 4 组信号灯控制交通流（工人文化宫和延安医院为行人过街路口），分布商业区、医院、学校，交通流量较大。他需要按调研、分析、设计优化方案、方案实施、实施总结的流程开展工作……
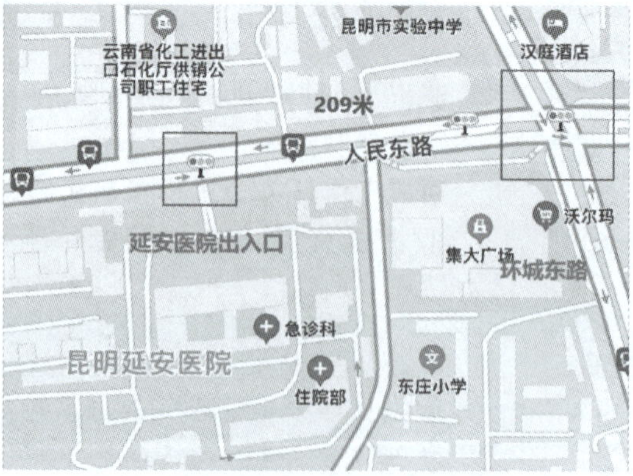

延安医院北门出入口示意</td></tr>
</table>

准备开始

<table>
<tr><td>学习领域</td><td colspan="5" rowspan="2">学习情境：交叉口“解堵”高手</td></tr>
<tr><td>智慧交通</td></tr>
<tr><td>姓　名</td><td></td><td>班　级</td><td></td><td>日　期</td><td></td></tr>
<tr><td rowspan="3">工作任务</td><td colspan="3" rowspan="3">医院周边路口优化</td><td rowspan="3">学时安排</td><td>课前　2 学时</td></tr>
<tr><td>课中　4 学时</td></tr>
<tr><td>课后　2 学时</td></tr>
<tr><td>任务分组</td><td colspan="5">

学生任务分配表

<table>
<tr><td>班　级</td><td></td><td>组　号</td><td></td><td>指导老师</td><td></td></tr>
<tr><td>组　长</td><td></td><td>学　号</td><td colspan="3"></td></tr>
<tr><td rowspan="5">组　员</td><td>姓　名</td><td>学　号</td><td>姓　名</td><td>学　号</td><td>备　注</td></tr>
<tr><td></td><td></td><td></td><td></td><td rowspan="4"></td></tr>
<tr><td></td><td></td><td></td><td></td></tr>
<tr><td></td><td></td><td></td><td></td></tr>
<tr><td></td><td></td><td></td><td></td></tr>
<tr><td colspan="6">任务分工</td></tr>
<tr><td colspan="6"></td></tr>
</table>

</td></tr>
<tr><td>准备工作</td><td colspan="5">（1）完成“历史沿革及知识铺垫”部分 2.1（信号控制）和 2.2（信号优化）课前学习，对于“相位”“信号配时”“交通信号控制路口路段调查方法”“信号控制优化技巧”等内容重点学习掌握
（2）调查延安医院周边吸引点信息及交叉口信息
（3）组建团队，撰写环交口优化计划并进行具体分工
（4）安装车流量仿真软件，并熟练掌握操作</td></tr>
</table>

工作任务单（工作任务三）

一阶任务：延安医院周边调研

<table>
<tr><td rowspan="2">一阶任务
（难度：易）</td><td rowspan="2">延安医院周边调研</td><td>专业引用技能</td><td>《交通工程》《AutoCAD》
《Office 高级应用》</td></tr>
<tr><td>情境引用技能</td><td>学习情境一、学习情境三</td></tr>
<tr><td>学思悟</td><td colspan="3">在你的小组成员中，有谁的行为有工匠精神的影子？说说你眼中的工匠精神？</td></tr>
<tr><td>引导问题一</td><td colspan="3">调研延安医院北门与人民东路路口现有交通量、配时方案，并绘制台账。
<table><tr><td rowspan="3">台账图：</td><td colspan="3"></td></tr><tr><td>A</td><td>B</td><td>C</td></tr><tr><td>D</td><td>E</td><td>F</td></tr></table></td></tr>
<tr><td>引导问题二</td><td colspan="3">调研环城东路与人民东路路口现有交通量、配时方案，并绘制台账。
<table><tr><td rowspan="3">台账图：</td><td colspan="3"></td></tr><tr><td>A</td><td>B</td><td>C</td></tr><tr><td>D</td><td>E</td><td>F</td></tr></table></td></tr>
<tr><td>引导问题三</td><td colspan="3">通过调研，阐述延安医院北门出入口右转路口拥堵原因。</td></tr>
</table>

工作计划

引导问题四

通过分析存在问题原因，小组成员讨论各种优化实施方案，并绘制优化方案台账图及信控图。

延安医院北门现拥堵情况

台账图：	信控图：		
	A	B	C
	D	E	F

阶段性提交成果

□ 1. 延安医院北门与人民东路路口、环城东路与人民东路路口台账图
□ 2. 延安医院北门交通阻塞调研报告及存在问题分析
□ 3. 小组现场讨论视频

教学资源

一阶任务微课　　引导问题样本　　案例

工作任务单（工作任务三）

二阶任务：延安医院北门出入口优化

<table>
<tr><td rowspan="2">二阶任务
（难度：中等）</td><td rowspan="2">延安医院北门出入口优化</td><td>专业引用技能</td><td>《交通工程》《Auto CAD》
《Office 高级应用》</td></tr>
<tr><td>情境引用技能</td><td>学习情境一、学习情境三</td></tr>
<tr><td>引导问题一</td><td colspan="3">通过一阶任务的完成，已对延安医院北门与人民东路路口、环城东路与人民东路路口有了深入翔实的了解，发现延安医院北门交通流量较大，存在以下问题：（1）路口间未协调，通行体验不佳；（2）由于进出医院车辆过多，右转排队过长；（3）高峰车流回溢，平峰绿灯空放；（4）车流汇聚较快，导致车流回溢。在这一阶段，团队成员需对周边交叉口的相位、信号配时进行统一协调，切实解决延安医院北门拥堵的实际问题。通过讨论分析，选择合适的优化方案，并说明原因。
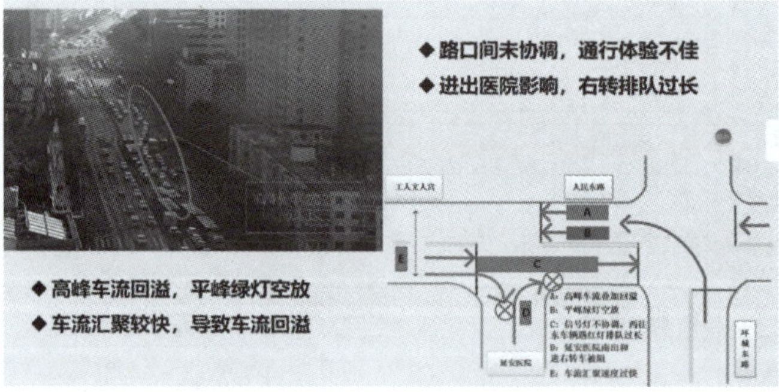

延安医院北门交通拥堵示意</td></tr>
<tr><td>引导问题二</td><td colspan="3">巧用多次“搭接相位”，实现“一机两岗”路口协调，绘制环城东路与人民东路路口优化后台账图及信控图。
<table><tr><td rowspan="3">台账图：</td><td colspan="3">信控图：</td></tr><tr><td>A</td><td>B</td><td>C</td></tr><tr><td>D</td><td>E</td><td>F</td></tr></table></td></tr>
</table>

进行决策

引导问题三	通过分析存在问题原因，小组成员选择了优化实施方案，并优化前后的数据进行了对比，请完成实施报告。
阶段性提交成果	□ 1. 提交两交叉口优化后台账图 □ 2. 提交实施报告
教学资源	二阶任务微课　　引导问题样本　　案例

工作任务单（工作任务三）

三阶任务：延安医院北门拥堵优化总结

<table>
<tr><td rowspan="2">三阶任务
（难度：难）</td><td rowspan="2">延安医院北门拥堵优化总结</td><td>专业引用技能</td><td>《交通工程》《Auto CAD》
《Office 高级应用》</td></tr>
<tr><td>情境引用技能</td><td>学习情境一、学习情境三</td></tr>
<tr><td>引导问题一</td><td colspan="3">完成延安医院北门路口优化前后数据对比，计算优化后“平均行程时间”“平均行驶速度”“平均停车次数”等关键指标。

延安医院北门拥堵优化对比</td></tr>
<tr><td>引导问题二</td><td colspan="3">通过二阶任务的完成，陈嘉带领的优化团队已经把延安医院北门拥堵的问题解决了。请思考这样的优化方式亮点在哪？成本高吗？</td></tr>
<tr><td>引导问题三</td><td colspan="3">优化效果能持续多久？怎样才能治标又治本？缓解医院周边拥堵还有哪些方法？</td></tr>
</table>

总结分析

引导问题四	团队成员模拟优化后延安医院北门车流情况，请撰写实施总结并考虑是否还有其他优化方案。
阶段性 提交成果	□ 1. 提交实施总结 □ 2. 提交小组分享讨论视频 □ 3. 利用仿真软件模拟优化后情况
教学资源	三阶任务微课　引导问题样本　案例

工作任务提交报告

工作任务	医院周边路口优化		
姓　名		班　级	
一阶任务提交清单	1. 2. 3.		
二阶任务提交清单	1. 2. 3.		
三阶任务提交清单	1. 2. 3.		
工作任务完成后收获总结			

工作任务评价反馈（学生自评）

学习领域	学习情境：交叉口“解堵”高手		
智慧交通			
姓　名	班　级	日　期	
工作任务	医院周边路口优化		
评价项目	评价标准	分　值	得　分
交通流基础数据调查	能使用正确的方法调查问题路口、问题路段的交通流、信号配时相关数据	10	
台账图、信控方案识读与理解	能正确识图及理解各交叉口台账图及信控方案	5	
台账图绘制	能使用 CAD 或者 Visio 绘制交叉口台账图	10	
信控方案图绘制	能使用正确的绘图工具绘制交叉口实时的信控方案图	10	
信控方案优化	能正确计算周期、绿信比、平均行程时间、平均行驶速度、平均停车次数等交叉口优化基础数据，并根据调研结果设计优化方案	10	
优化后巡查	能熟悉优化后交叉口日常巡查的流程及内容，认真完成日常巡查工作	5	
总结分析	能选择合适的优化方案实施于问题路口，根据实施结果，总结分析优化结果	10	
工作态度	态度端正，无缺席、迟到、早退现象	10	
工作质量	能按计划完成工作任务	5	
协调能力	与小组成员、同学之间能合作交流，协调能力强	10	
职业素养	能做到安全出行，文明工作，保护环境，爱护公共设施	5	
创新意识	通过调研问题路口的实际情况，能设计多种实施方案并分析利弊	5	
知识拓展与迁移	通过工作任务全过程参与实施，能举一反三，类似情况交叉口拥堵问题，能找到共性解决办法	5	
合　计		100	

工作任务评价反馈（学生互评）

学习领域	学习情境：交叉口“解堵”高手														
智慧交通															
姓　名		班　级						日　期							
工作任务	医院周边路口优化														
评价项目	分　值	等　级								评价对象（组号）					
										1	2	3	4	5	6
计划合理	8	优	8	良	7	中	6	差	4						
方案准确	8	优	8	良	7	中	6	差	4						
团队合作	8	优	8	良	7	中	6	差	4						
组织有序	8	优	8	良	7	中	6	差	4						
工作质量	8	优	8	良	7	中	6	差	4						
工作效率	8	优	8	良	7	中	6	差	4						
工作完整	10	优	10	良	8	中	5	差	3						
工作规范	16	优	16	良	12	中	7	差	3						
识读报告	16	优	16	良	12	中	7	差	3						
成果展示	10	优	10	良	8	中	5	差	3						
合　计	100														

工作任务评价反馈（教师综合评价）

<table>
<tr><td colspan="2">学习领域</td><td colspan="6" rowspan="2">学习情境：交叉口“解堵”高手</td></tr>
<tr><td colspan="2">智慧交通</td></tr>
<tr><td colspan="2">姓　名</td><td></td><td>班　级</td><td></td><td>日　期</td><td colspan="2"></td></tr>
<tr><td colspan="2">工作任务</td><td colspan="6">医院周边路口优化</td></tr>
<tr><td colspan="2">评价项目</td><td colspan="4">评价标准</td><td>分　值</td><td>得　分</td></tr>
<tr><td colspan="2">考勤（10%）</td><td colspan="4">无迟到、早退、旷课现象</td><td>10</td><td></td></tr>
<tr><td rowspan="11">工作过程（75%）</td><td>识图</td><td colspan="4">能正确识图及理解各交叉口台账图及信控方案图</td><td>5</td><td></td></tr>
<tr><td>调查</td><td colspan="4">能使用正确的方法调查问题路口、问题路段的交通流、信号配时相关数据</td><td>5</td><td></td></tr>
<tr><td>台账图绘制</td><td colspan="4">能使用 CAD 或者 Visio 绘制交叉口台账图</td><td>8</td><td></td></tr>
<tr><td>信控方案图绘制</td><td colspan="4">能使用正确的绘图工具绘制交叉口实时的信控方案图</td><td>8</td><td></td></tr>
<tr><td>数据处理</td><td colspan="4">能正确计算周期、绿信比、平均行程时间、平均行驶速度、平均停车次数等交叉口优化基础数据，并根据调研结果设计优化方案</td><td>8</td><td></td></tr>
<tr><td>优化后巡查</td><td colspan="4">能熟悉优化后交叉口日常巡查的流程及内容，认真完成日常巡查工作</td><td>5</td><td></td></tr>
<tr><td>方案择优</td><td colspan="4">能选择合适的优化方案实施于问题路口，根据实施结果，总结分析优化结果</td><td>5</td><td></td></tr>
<tr><td>工作态度</td><td colspan="4">态度端正，工作认真、主动</td><td>8</td><td></td></tr>
<tr><td>工作完整</td><td colspan="4">能按计划完成工作任务</td><td>7</td><td></td></tr>
<tr><td>协调沟通</td><td colspan="4">与小组成员、同学之间能合作交流，协调能力强</td><td>8</td><td></td></tr>
<tr><td>职业素养</td><td colspan="4">能做到安全出行，文明工作，保护环境，爱护公共设施</td><td>8</td><td></td></tr>
<tr><td rowspan="2">项目总结（15%）</td><td>技能提升</td><td colspan="4">通过调研问题路口的实际情况，能设计多种实施方案并分析利弊</td><td>8</td><td></td></tr>
<tr><td>拓展外延</td><td colspan="4">通过工作任务全过程参与实施，能举一反三，类似情况交叉口拥堵问题，能找到共性解决办法</td><td>7</td><td></td></tr>
<tr><td colspan="6">合　计</td><td>100</td><td></td></tr>
<tr><td colspan="2" rowspan="2">综合评价</td><td>学生自评（20%）</td><td>学生互评（30%）</td><td colspan="2">教师综合评价（50%）</td><td colspan="2">综合得分</td></tr>
<tr><td></td><td></td><td colspan="2"></td><td colspan="2"></td></tr>
</table>

实践操练

1. 请调研学校周边哪一个交叉口比较拥堵？针对这个交叉口，完成模拟优化，并写出优化报告。

2. 选择市区一个环交，调研配时方案，提出优化措施。

学习笔记

学习情境三

智慧高速公路管理能手

岗位知识对应图

岗位知识对应图如图 3-1 所示。

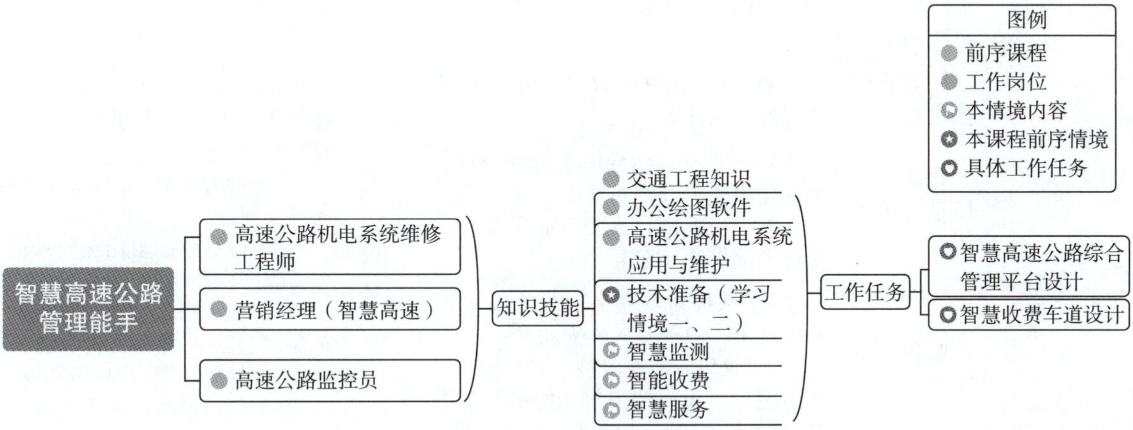

图 3-1　岗位知识对应图

学习内容及情境设计

学习内容及情境设计如表 3-1 所示。

表 3-1　学习内容及情境设计

<table>
<tr><th>序号</th><th>学习主线</th><th>学习分支</th><th>学习要求</th><th>工作任务</th><th>技能训练</th></tr>
<tr><td rowspan="3">1</td><td rowspan="3">智慧监测</td><td>交通态势感知</td><td>掌握道路气象、道路环境、路面状况、异常事件、交通状况等信息自动感知设备和采集设备的使用</td><td rowspan="4">智慧高速公路综合管理平台设计</td><td rowspan="4">（1）获取国内外智慧高速公路发展情况，掌握发展趋势
（2）完成综合管理平台需求分析，明确高速公路大数据管理需求
（3）学习平台总体框架设计
（4）理清管理平台资源涵盖的层面，明确每个层面的功能和技术需求
（5）掌握高速公路管理平台的框架设计
（6）掌握方案设计撰写能力</td></tr>
<tr><td>交通事件预警</td><td>了解现场控制设备、管控平台和系统关联对接技术，实现动态调整道路限速的预警、警示、告知、引导管理</td></tr>
<tr><td>路网预测</td><td>（1）短时交通预测
（2）行程时间预测
（3）节假日车流及拥堵情况预测</td></tr>
<tr><td rowspan="2">2</td><td rowspan="2">智能收费</td><td>ETC 车道与混合车道（ETC 与 MTC 混合）</td><td>掌握 ETC 车道、混合车道的系统构成（硬件、软件）</td></tr>
<tr><td>ETC 自由流收费</td><td>掌握 ETC 自由流收费的系统构成（硬件、软件）</td><td rowspan="3">智能收费车道设计</td><td rowspan="3">（1）掌握数据调研方法，通过线上 / 线下技术手段，强化对 ETC 系统的学习
（2）总结 ETC 系统的技术优点及问题
（3）设计趋向自由流收费的车道改进设计
（4）模拟搭建“区间测速和车流量监测系统”（含：方案设计，硬件搭建图、程序流程图）
（5）展示模拟系统搭建效果</td></tr>
<tr><td rowspan="2">3</td><td rowspan="2">智慧服务</td><td>公众出行信息需求分析</td><td>（1）掌握交通诱导信息实时、有效、个性化服务出行者的方法
（2）针对不同场景及不同位置的出行者提供诱导方案</td></tr>
<tr><td>服务区智能化</td><td>（1）掌握对各服务区停车位实时监控技术，识别服务区饱和度
（2）收集双模充电桩、智慧厕所、智慧餐厅、无人超市等功能的智慧服务区设计</td></tr>
</table>

历史沿革及知识铺垫

3.1　智慧高速公路历史沿革

高速公路，部分地区称为快速公路，一般是指双向 2 条车道以上、双向分隔行驶、完全控制出入口、全部采用两旁封闭和立体交叉桥梁与匝道，时速限制比普通公路较高的行驶道路。高速公路的特点是高速、交通量大和有较高的运输经济效益及社会效益。

中国高速公路的发展大致经历了两个阶段。

（1）第一个阶段：起步建设阶段（1988—1997 年）

- 1988 年，上海至嘉定高速公路建成通车，是我国内地首条建成通车的高速公路，结束了我国内地没有高速公路的历史。

- 1990 年，被誉为“神州第一路”的沈大高速公路全线建成通车，开创了我国内地建设长距离高速公路的先河。
- 1993 年，京津塘高速公路通车，这是我国第一条经国务院批准利用世界银行贷款建设的跨省、市的高速公路工程。
- 1992 年，交通部制定了“五纵七横”国道主干线规划并付诸实施。
- 1997 年底，我国高速公路通车里程达到 4 771 km，10 年间平均增长 477 km。

（2）第二个阶段：快速发展阶段（1998—至今）

- 2002 年底，我国高速公路通车里程一举突破 2.5 万 km，位居世界第二。
- 2003 年 8 月，建成通车的榆靖高速公路，填补了我国沙漠高速公路建设的空白。
- 2005 年 12 月，崇遵高速公路的开通，标志着“西南动脉”的打通。
- 2007 年 9 月，国内首条穿越秦岭高速公路——西汉高速公路全线胜利通车。
- 从起步到高速公路通车 1 万 km，我们用了 12 年时间，从 1 万公里到突破 2 万 km，只用了 4 年时间，从 2 万 km 到突破 3 万 km 只用了两年时间。中国的高速公路以超常的速度发展着。2012 年，全国高速公路通车里程达 9.6 万 km，跃居世界第一。
- 2016 年，世界第一高的高速公路桥北盘江大桥建成通车。
- 2017 年，世界最长的沙漠高速公路京新高速公路基本建成通车。
- 2018 年，世界最长跨海大桥港珠澳大桥建成通车。

截至 2023 年底，我国公路总里程达到了 543.68 万 km。其中，农村公路总里程为 459.86 万 km，占公路总里程的 84.6%；高速公路里程为 18.36 万 km，稳居世界第一。

3.2 智慧高速公路之智慧监测

在我国，“智慧高速公路”这个名词来源于智慧城市。2014 年初，交通运输部提出加快推进“四个交通”发展，即综合交通、智慧交通、绿色交通、平安交通。智慧高速公路的基础和本质是高速公路。我国现行《公路工程技术标准》(JTG B01—2014) 对高速公路进行了明确定义，高速公路是专供汽车分向行驶、分车道行驶，全部控制出入的多车道公路。智慧高速公路是突出了数字化、信息化和智能化特征的高速公路，但其基础和本质仍是高速公路。因此智慧高速公路是在高速公路沿线布设相应设施设备并建有交通运行控制中心，集成应用感知、通信、控制和绿色能源等先进技术，实现汽车更加安全、快速和绿色行驶的高速公路。

高速公路运营管理是对收费、养护、交通、安全、服务等系统进行计划、组织、指挥、控制和协调，为高速公路使用者提供快速、高效、便捷、安全的通行服务，使高速公路投资及运营企业获得经济收益。高速公路运营管理包括硬件和服务两个方面。硬件是指监控（路况、车速等）、照明、通信、收费、气象传感、服务区房屋建筑、道路桥梁、隧道及其附属设施等；服务是指结合硬件基础形成的管理观念与管理手段。高速公路运营管理主要包括路政管理、养护管理、交通安全管理、收费管理、监控和通信管理以及服务区管理。

智慧高速公路的特征就是以信息化、智能化引领高速公路管理和运营服务水平提升，积极推进云计算、大数据等现代信息技术与高速公路管理、运营服务的深度融合，全面深化高速公路信息数据的共享和开发利用，建立健全完善的监测感知体系、可靠的通信保障体系、实时的预报预警体系。其中关键性的指标是路网监测监控覆盖率达 100%，路网运行实时信息可查询率达 100%，ETC 车道流量占比达 90% 以上。全路网监测包含视频监控、交通流感知、传感器监测、事件检测、互联网数据接入、大数据分析。

3.2.1 交通态势感知

基于物联网、"互联网+"等新技术构建全面路网状态感知体系，能够准确、实时、透彻、全面掌握高速公路运行状态；掌握每段路、每辆车、每个结构物的状况。监测内容主要包含以下三个维度。

1. 实时监测

实时监测系统采用路侧设备采集信息，实时监测每辆车辆特征感知（车型、车种、称重信息、"两客一危"车辆、行驶轨迹），辅以移动终端/车载终端采集信息及一路四方、气象等部门共享信息等多源数据融合的技术路径，实现道路实时状况信息获取，为交通管控及信息服务等应用提供支撑。

2. 固定监测

固定监测是采用固定应变计、位移传感器、裂缝计、动态称重、加速度计、静力水准仪等传感器，实现桥梁、隧道、边坡、护栏的几何线性、应力应变、偏位、振动、荷载、倾斜、裂缝等全生命周期监测。

3. 移动监测

移动监测是采用移动检测车、机器人、无人机，搭载摄像头、雷达等传感设备，实现对路面、桥梁、隧道信息自动采集，提高监测的自动化、智能化程度。

3.2.2 交通事件预警

长期以来，交通安全一直存在隐患，无论是商用车，还是乘用车，发生事故的概率，都在呈上升趋势。尤其是危险品车辆一旦发生事故，造成的危害及损失是不可估量的。

基于物联网，结合大数据、云平台、设备终端构建交通事件预警系统，包括数据采集系统（气象信息数据采集、交通流量数据采集、路面状况数据采集、监控设备数据采集）、数据处理系统和预警发布系统，通过信息化、智能化科技手段对隐患风险点进行 24 h 在线监测、智能预警等功能，实现动态调整道路限速的预警、警示、告知、引导管理有效减少事故的发生，如图 3-2 所示。

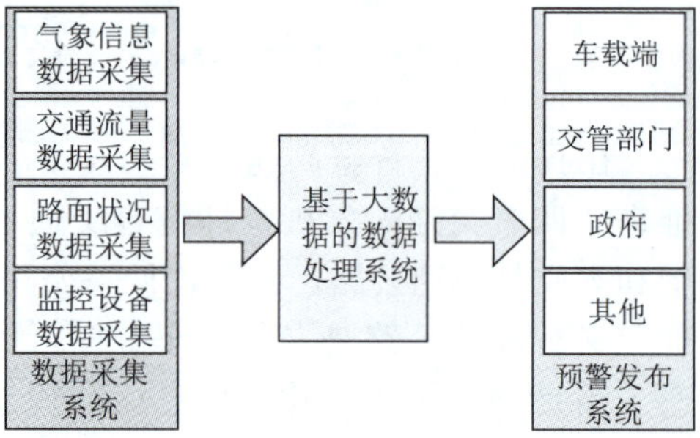

图 3-2　交通事件预警系统

3.2.3 路网预测

随着高速公路路网建设的迅猛发展以及汽车保有量的急剧增加，高速公路路况日趋复杂，迫切需要各级交通管理部门加强对路网规划的改善。路网运行信息的采集、分析和发布是解决或缓解上述问题的有效途径，它不仅能够保障日常交通畅通，缓解目前日益严重的交通拥堵，而且能够快速处理交通突发事故，实现有效的路网综合交通控制和管理，提高高速公路服务质量和管理水平。构建如图 3-3 所示的高速公路路网交通流模型，并对其实施恰当的控制方案，可以满足上述需求。

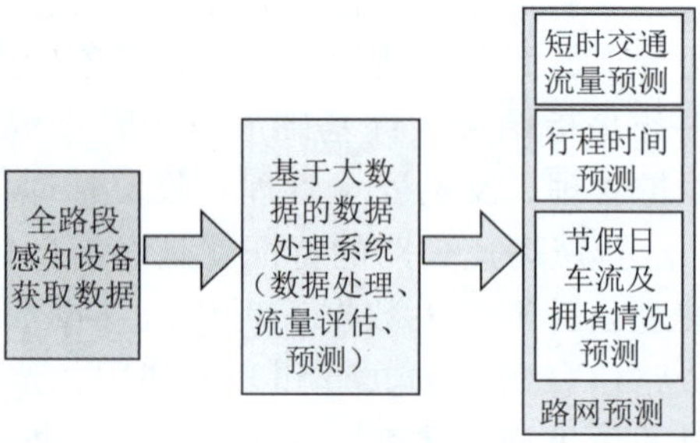

图 3-3　路网预测系统

3.3　智慧高速公路之智能收费

高速公路收费从收费方式上可分为人工收费系统 (manual toll collection, MTC) 和电子收费系统 (electronic toll collection, ETC) 两种。

3.3.1　ETC 车道与混合车道（ETC 与 MTC 混合）

ETC 技术适合在高速公路出入口环境下使用，实施不停车收费。车辆不停车通过，可大大提高高速公路出入口的通行能力；高速公路收费走向电子化，可降低收费管理的成本，有利于提高车辆的营运效益，同时也可以大大降低收费口的噪声和废气排放水平。

ETC 系统主要是利用无线射频识别技术，通过路侧单元 (road side unit, RSU) 与车载电子标签进行相互通信和信息交换，以达到对车辆的自动识别，并自动从该用户的专用账户中扣除通行费，从而实现高速公路出入口的不停车自动收费。

ETC 技术在 20 世纪 80 年代开始兴起，20 世纪 90 年代在世界各地使用，受到各国政府和企业的广泛重视，因此 ETC 技术发展很快。其主要经历了以下三个发展阶段。

1. 磁卡收费

磁卡收费主要在 ETC 发展初期使用，它改变了纸质票据收费的模式，但由于系统自身的缺点，如存储容量小，寿命短，保密性差，对环境要求苛刻，防潮、防污、防振、抗静电能力差等，而没有得到很好应用。

2. 接触式 IC 卡收费

IC 卡因其存储容量大、保密性好、抗电磁干扰强、投资和维护费用低，易实现智能功能而取代磁卡收费。但由于需要接触操作、易磨损、易受污、安全可靠性欠佳，其使用受到限制，主要应用于公共交通收费等半人工收费系统。

3. 非接触式 ID（identity document，身份标识号）卡收费

ID 卡是在 IC 卡基础上，利用现代射频识别技术而发展起来的新一代收费系统。其最大特点是免接触，使得保密、安全性进一步提高，而且没有接触磨损，寿命长，抗恶劣环境性能好，适合于 ETC 系统的野外、全天候工作。

ETC 系统的两个重要部分是 RSU 和 OBU (on board unit，车载单元)。RSU 为路侧单元，一般挂在 ETC 车道的正上方 5.5 m 处，持续向固定范围内的区域发送广播信度。当车辆通过进入固定范围内时，车载电子标签会对广播信号给出响应，从而两者建立起专用通信链路实现双向通信和数据交换，如图 3-4 所示。同时 RSU 与其他车道设备如：车道控制器、车辆检测器 (抓拍线圈以及落杆线圈)、抓拍摄像机、费额显示器 / 通行信号灯 / 声光报警器、自动栏杆、字符叠加器等辅助电子设施都与后台系统进行了互联。OBU 为车载单元，通常安装在车辆风窗玻璃内侧、后视镜背后位置。车载电子标签中存放着车辆的识别信息，如车牌号、汽车 ID 号，以及 IC 卡的访问接口，通过该接口可自动进行费用的支付，车辆与车载单元匹配后，不能随意更换。

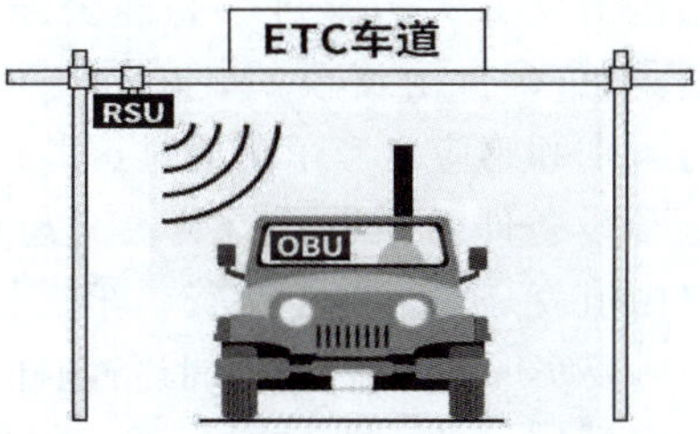

图 3-4　RSU 与 OBU 的关联性

ETC 技术的推广应用，极大地便利了人们的出行，收费站无须耗时等待是 ETC 技术应用所带来的便捷体验之一。国内运行的 ETC 系统主要是基于通信频率为 5.8G 的 RFID 设备，可

以读取车速达 200 km/h 车上的电子标签，它比较适合于自由流（无物理分隔的车道），或者在主线及所有匝道收费站单独开辟专用车道，但是这样对本来交通量非常大、易堵车的收费站来说又要减少现有收费车道，交通将会更加拥挤，而且使用电子标签的车辆也十分有限，它并没有分流太多的车辆，还会导致交通拥堵更加严重。因此，后来开发了将高速公路人工收费系统 (MTC) 和高速公路不停车电子收费系统 (ETC) 融合的高速公路混合车道自然流收费系统 (ETC/MTC)，如图 3-5 所示。

（a）ETC 车道　　（b）ETC+ 人工混合车道

图 3-5　ETC 车道与混合车道

3.3.2　ETC 自由流收费

2019 年 7 月，国务院办公厅颁布了《深化收费公路制度改革取消高速公路省界收费站实施方案》（以下简称《方案》）。该《方案》明确指出，为贯彻党中央、国务院的决策部署，进一步深化收费公路制度改革，加速取消全国高速公路省界收费站，实现不停车快捷收费。2019 年 12 月 31 日，取消高速公路省界收费站的工程成功并网切换，自 2020 年 1 月 1 日零时起，29 个联网省份的 487 个省界收费站已全部取消。

取消省界收费站后，高速公路全网自由流成为 ETC 发展的必然趋势，也是收费高速公路的终极目标，如图 3-6 所示。

图 3-6　自由流 ETC 门架

没有了收费站，省与省之间怎么计费结算？安装 ETC 门架，记录行径、实时计费，是我国选定的方法并大力推进了高速公路自由流收费。所谓的 ETC 自由流模式，就是 ETC 门架对车辆进行识别和感应，当车辆通过这些门架时，系统直接读取车辆信息进行预交易；到达出口门架，电子设备即时缴纳通行费，交易成功后，仅需在收费所进行校验后便可通行。简单说，ETC 自由流就是“不停车交费，车道超快放行”。

要实现自由流，必须具备两样东西。一是安装在车辆上的 ETC 电子设备，二是高速公路上的 ETC 感应设备，即 ETC 门架。门架上将装满摄像头、补光灯、天线。每个车道（包括硬路肩）对应两个摄像头、一个补光灯和一根天线，两个摄像头分别摄录车辆的头部和尾部，记录每一辆通过的车辆。要计费，每两个互通之间必须有一套门架系统，简言之，双向都得至少有一个 ETC 门架。

3.4　智慧高速公路之智慧服务

高速公路交通信息服务系统作为智能交通系统(ITS)的一部分，其本质是运用各种技术使出行者在出行的全过程中能够及时、准确、方便地掌握影响其出行行为的信息，为出行者提供多方位、高质量的出行服务，提高交通安全水平，缩短出行时间，使得交通出行更加顺畅、平稳；另一方面，高速公路交通信息服务系统为各级交通管理部门提供决策和管理所需的数据支持，提高了交通管理效率和服务水平。总之，高速公路交通信息服务系统通过进一步加强交通系统人、车、路、环境等各交通要素之间的联系，可以有效地改善现有路网的运行状况，提高道路有效利用率和交通流量，减少道路的交通拥挤程度、交通事故的发生率及因交通拥挤、事故等造成的出行时间延长，降低油耗、减少废气排放污染，有利于提高高速公路的整体服务水平，实现可持续发展。

3.4.1　公众出行信息需求分析

智慧高速公路具备数字化、网络化和智能化等特征，但其基础和本质仍是高速公路，应始终以服务公众为目的。无论从出行者还是高速管理者的角度出发，两者最为关注的要素均为出行效率和行车安全。因而，智慧高速公路建设应以“安全、高效”为主旨，基于先进技术实现信息的及时、准确传递，最终实现公路的安全畅行。下面就高速公路主要面向的不同用户对出行信息发布系统的具体需求内容进行讲解。

1. 政府部门对高速公路交通信息的需求内容

政府部门需要高速公路的基础信息、运输信息和辅助信息。主要有高速公路网络状态信息、车辆位置信息、服务区使用动态信息、交通管理设施动态信息、各类交通设施及紧急救援装备与部门的地理信息、突发事故信息（事故发生时间地点、类型、严重程度等）、运输信息、其他关联信息（气象、交通集散点、收费道路价格、环境污染信息等）。

2. 企事业单位对高速公路交通信息的需求内容

运营者需要与运营相关的天气、路面、路况信息，乘客或货物需求信息，相关城市的地理和人口信息以及相关的其他运输方式的状态和信息。服务者需要的信息大致有：天气、污染状况信息，路面性能的评价及预测信息，出行者信息，交通流的现状及预测信息，交通设施与车辆的使用情况信息以及交通事故信息和事故预报警信息等。

3. 社会公众对高速公路交通信息的需求

社会公众在出行的不同阶段对信息服务需求的差异性较大，不同地点、选择各种出行方式的出行者在各个出行阶段对交通状况、气象、路边服务、交通事件、道路施工、收费、公共服务设施、公共服务预定、旅游景点等方面的信息需求是不同的。

（1）出行前信息需求分析

出行前阶段是出行的规划阶段，高速公路使用者一般倾向于事先搜集包括道路的当前状况、备选路径和指定路径的行车速度、服务区情况，当前和即将开始各类交通事件的进展，以及当前及预测的未来天气情况等信息。

（2）出行中信息需求分析

在出行途中，出行者所关注和需求的重点是希望能够通过视频或音频的方式获取关于出行选择及车辆运行状态的精确信息以及道路情况信息和警告信息，对于不熟悉地形的驾驶员更希望获取具有导向功能的信息，出行中公众对路况信息是特别关注的。途中公众的信息服务需求如表 3-2 所示。

表 3-2　社会公众对高速公路交通信息的需求

信息类别	主要需求内容
交通实况信息	交通流量、拥挤度、交通事故以及各路段的交通管制情况
气象信息	行驶道路当前和未来一段时间内的天气情况信息
沿线服务信息	服务区（餐饮、食宿、加油站等）的服务饱和度信息
交通事件信息	当前交通路网中交通事件（交通拥挤、交通事故）发生的时间、地点及严重程度等信息
道路工程施工信息	道路施工、道路养护等信息
收费站信息	收费站位置、收费方式及收费标准等信息

（3）个性化信息内容需求分析

除了在出行前和行驶中需求的信息，有些出行者希望获取与出行有关的社会综合服务及设施的信息，比如车路一体化信息服务系统、品质化智慧服务区、新能源智能充电桩、智能救援服务等。高速公路服务区作为高速公路的重要组成部分，具有明显的行业特性，可为公众提供加油、如厕、餐饮等刚需服务，长期以来，一直被认为是高速公路的重要推广产业。而服务区的信息化建设在管理和公众服务中发挥着越来越重要的作用。经过多年的建设，服务区已逐步发展成为互联网和物联网信息化为主体的商业管理、休闲娱乐、增值营销、电子商贸等业态丰富、功能齐全的新型商业区。大数据时代的到来为智慧服务区的建设提供了难得的机遇，也是未来服务区发展形势与转型升级的必然趋势。

（4）具体要求

如上所述，根据用户的不同需求内容，智慧高速公路出行信息服务系统的功能需求可以从以下几个方面来考虑。

①便利性。系统提供的功能是否方便、可靠、有效对出行者来说是非常重要的。

②多样性。单一的功能已不能满足出行者对交通信息的需求。在不同的时间、地点，所需的交通信息不同，受到的条件限制也不同。同一种功能在不同的时间和地点下，不一定都能使用。同时，在不同交通状况下，既需要能提供静态交通信息的功能，也需要有提供动态交通信息的功能。例如，除了提供一般交通信息查询功能外，还可以为出行者提供出行路径规划、电子地图、智能交通诱导功能等。

③个性化。基于大数据分析可以为出行者提供一些个性化的功能，方便其出行。如可以提供出行信息定制、出行信息提示等。

3.4.2　服务区智能化

高速公路智慧服务区系统重点针对高速公路运营管理尤其是服务区经营决策和车辆信息管理、旅客管理面临的突出问题，利用信息技术手段整合现有信息资源，采用顶层设计的方法，采用最先进的图像精确拼接识别算法和技术，获取服务区内车辆信息和数据，实现服务区车辆信息采集、服务区车辆流量监测和统计、服务区内车辆交通违法行为和逃费行为取证、客流检测及管理等功能，为服务区的经营管理提供信息服务，为高速公路联网收费系统提供逃费车辆信息服务，杜绝车辆在服务区内的逃费行为，提升旅客舒适性，提高高速公路管理尤其是服务区的经营管理效益，打造现代化的智慧服务区，智慧服务区功能如图 3-7 所示。

智慧高速公路能够提供的创新服务主要包括：高精准信息服务、自由流收费服务、自动驾驶货车编队服务、车路协同安全预警服务、准全天候通行服务、电动车续航服务、应急处置服务、车道精准管控服务，以及智慧隧道和智慧服务区，如表 3-3 所示。

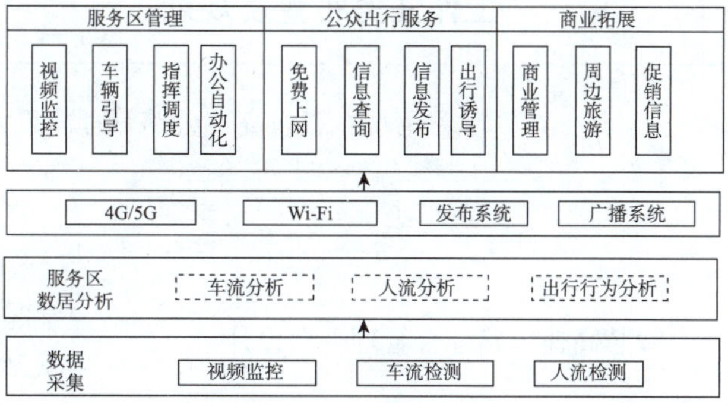

图 3-7　智慧服务区功能

表 3-3　智慧高速公路提供的创新服务及功能

服务名称	服务内容及功能
高精准信息服务	高效精准的路径诱导及导航服务
	个性化微观车辆信息服务
	高精准宏观交通流状态信息服务
自由流收费服务	基于 ETC 的自由流收费服务
	基于射频、视频等技术综合应用的自由流收费服务
	基于车路通信或高精度北斗移动定位技术的完全自由流收费服务
自动驾驶货车	自动驾驶专用车道服务
编队服务	营运车编队自动驾驶服务
车路协同式安全预警服务	在分合流区等事故多发地，提供车路协同式安全预警服务
	为自动驾驶车辆提供车路协同式安全控制
	实现车路协同式自动驾驶及货车编队行驶的示范应用
准全天候通行	部分路段或专用车道的“准全天候”通行
服务	高速公路全线的“全天候”快速通行
电动车续航服务	静态充电服务
	移动充电服务
应急处置服务	紧急交通事件快速发现、快速反应和快速处理
	紧急交通事件快速感知，结合数据处理、辅助决策、智能化调度
	区域路网协调联动应急指挥调度与处置
高速公路精准管控服务	“客货分离”“分车道限速”等管控措施
	基于云控平台精准计算和决策对交通流进行管控
	对全路网交通流及车辆精准管控
智慧隧道	隧道内、隧道间智慧照明
	隧道出入口、隧道内安全预警与控制
	隧道交通事件预警与紧急救援
智慧服务区	车辆管控服务、停车诱导服务
	服务能力动态信息发布
	高速公路动态信息服务

工作任务一　智慧高速公路综合管理平台设计

工作任务布置及规划

<table>
<tr><td>学习领域</td><td colspan="6" rowspan="2">学习情境：智慧高速公路管理能手</td></tr>
<tr><td>智慧交通</td></tr>
<tr><td>姓　名</td><td></td><td>班　级</td><td></td><td>日　期</td><td colspan="2"></td></tr>
<tr><td rowspan="3">工作任务</td><td colspan="3" rowspan="3">智慧高速公路综合管理平台设计</td><td rowspan="3">学时安排</td><td>课前</td><td>2 学时</td></tr>
<tr><td>课中</td><td>8 学时</td></tr>
<tr><td>课后</td><td>2 学时</td></tr>
<tr><td>工作任务描述</td><td colspan="6">信息时代对高速公路交通水平提出更高的需求。我国高速公路正在逐步升级，向智慧化发展，但高速公路智慧化仍然欠缺。高速公路的管理系统、自动化系统、高速通信系统和高速收费系统虽然已经导向性地与互联网结合，但实施并不彻底，应用并不广泛，运行不高效，未能达到真正的“智慧”。按照导师要求，对昆明至大理最美智慧高速公路建设规划进行充分的调研（线上），模拟设计出昆大智慧高速公路综合管理平台方案，含平台框架、功能部署</td></tr>
<tr><td>素质目标</td><td colspan="6">通过学习我国高速公路的发展沿革，回望过去，中国高速公路的发展创造了世界瞩目的速度，让学生由衷地产生民族自豪感；展望未来，根据交通运输部2020 年发布的《关于推动交通运输领域新型基础设施建设的指导意见》，我国将“推动交通基础设施数字转型、智能升级”，以及 2021 年交通运输部印发《交通运输领域新型基础设施建设行动方案（2021—2025 年）》，要求以数字化、网络化、智能化为主线，着力推进交通运输提效能、扩功能、增动能，提出建设智慧公路、智慧航道、智慧港口、智慧枢纽等七大建设行动。让学生充分意识到交通强国建设会把智慧交通作为主要发力点，而创新是推动发展的第一动力，从而增加职业认同感，坚定理想信念，崇尚科学，树立报效祖国和社会的远大志向</td></tr>
<tr><td>知识技能目标</td><td colspan="6">（1）获取国内外智慧高速公路发展情况，掌握发展趋势
（2）完成综合管理平台需求分析，明确高速公路大数据管理需求
（3）学习平台总体框架设计
（4）理清管理平台资源涵盖的层面，明确每个层面的功能和技术需求
（5）掌握高速公路管理平台的框架设计
（6）掌握方案设计撰写能力</td></tr>
<tr><td>任务书</td><td colspan="6">李泽今年毕业实习时，恰逢实习单位要做一个“智慧高速公路公路综合管理平台设计”的方案，他的导师让他去网上调研中国第一条智慧高速公路“杭绍甬”高速的相关资讯和技术方案，然后完成以下工作。
（1）做好数据调研，明确智慧高速公路公路综合管理平台应用需求
（2）针对昆明至大理最美智慧高速公路建设拟出昆大智慧高速公路综合管理平台设计方案</td></tr>
</table>

准备开始

<table>
<tr><td>学习领域</td><td colspan="6" rowspan="2">学习情境：智慧高速公路管理能手</td></tr>
<tr><td>智慧交通</td></tr>
<tr><td>姓　名</td><td></td><td>班　级</td><td></td><td colspan="2">日　期</td><td></td></tr>
<tr><td rowspan="3">工作任务</td><td colspan="3" rowspan="3">智慧高速公路综合管理平台设计</td><td rowspan="3">学时安排</td><td>课前</td><td>2 学时</td></tr>
<tr><td>课中</td><td>8 学时</td></tr>
<tr><td>课后</td><td>2 学时</td></tr>
<tr><td>任务分组</td><td colspan="6">
<table>
<tr><td colspan="6">学生任务分配表</td></tr>
<tr><td>班　级</td><td></td><td>组　号</td><td></td><td>指导老师</td><td></td></tr>
<tr><td>组　长</td><td></td><td>学　号</td><td colspan="3"></td></tr>
<tr><td rowspan="5">组　员</td><td>姓　名</td><td>学　号</td><td>姓　名</td><td>学　号</td><td>备　注</td></tr>
<tr><td></td><td></td><td></td><td></td><td rowspan="4"></td></tr>
<tr><td></td><td></td><td></td><td></td></tr>
<tr><td></td><td></td><td></td><td></td></tr>
<tr><td></td><td></td><td></td><td></td></tr>
<tr><td colspan="6">任务分工</td></tr>
<tr><td colspan="6"></td></tr>
</table>
</td></tr>
<tr><td>准备工作</td><td colspan="6">（1）分组完成，明确任务
（2）完成知识铺垫的学习
（3）常用画图软件（推荐 AutoCAD）或 Office 软件、思维导图软件的掌握
（4）具备网络信息检索、筛选能力</td></tr>
</table>

工作任务单（工作任务一）

一阶任务：对“杭绍甬”智慧高速公路综合管理平台调查

<table>
<tr><td rowspan="2">一阶任务
（难度：易）</td><td rowspan="2">对“杭绍甬”智慧高速公路综合管理平台调查</td><td>专业引用技能</td><td>《交通工程》《AutoCAD》
《Office 高级应用》
《高速公路机电系统应用与维护》</td></tr>
<tr><td>情境引用技能</td><td>学习情境一</td></tr>
<tr><td>学思悟</td><td colspan="3">中国高速公路建设过程中，不论是在技术难度上还公路建设环境保护上，创造了很多的“亚洲奇迹”和“世界奇迹”，通过查阅资料，请与大家分享一条你最为推荐的高速公路，分享时要阐述清楚三个关键点：①这条高速公路的基本属性；②它创造了什么之最？③推荐理由，比如因为技术上的难题，这些难题技术专家们是如何解决的？你从这些问题的解决中得到了什么启发。</td></tr>
<tr><td>引导问题一</td><td colspan="3">对“杭绍甬”智慧高速公路建设现状进行多渠道数据调研，集中在①智慧高速公路的“智慧”在哪些方面？②智慧高速公路管理的特点。</td></tr>
<tr><td>引导问题二</td><td colspan="3">上网查询现已建成或正在建的智慧高速公路建设典型的相关资料，重点关注“杭绍甬智慧高速公路”与人工智能、大数据技术、物联网技术、云计算等新一代信息技术的关联性。</td></tr>
<tr><td>引导问题三</td><td colspan="3">对比分析智慧高速公路与传统高速公路的综合管理平台应用需求差别。</td></tr>
</table>

工作计划

引导问题四	通过分析存在问题原因，小组成员讨论各种智慧高速公路设计方案，重点关注“杭绍甬智慧高速公路”，总结分析设计要点，规划设计流程。
阶段性提交成果	□ 1. 提交调研参考资料（论文、网址等） □ 2. 提交分析总结报告 □ 3. 提交平台设计流程规划
教学资源	一阶任务微课　引导问题样本　案例

工作任务单（工作任务一）

二阶任务：智慧高速公路综合管理平台需求应用分析

<table>
<tr><td rowspan="2">二阶任务
（难度：中等）</td><td rowspan="2">智慧高速公路综合管理平台需求应用分析</td><td>专业引用技能</td><td>《交通工程》《AutoCAD》
《Office 高级应用》
《高速公路机电系统应用与维护》</td></tr>
<tr><td>情境引用技能</td><td>学习情境一</td></tr>
<tr><td>学思悟</td><td colspan="3">杭绍甬智慧高速，总长 174 km，总投资金额 707 亿，平均每公里建设费用超过 4 亿，堪称中国最贵高速公路，2022 年通车后，汽车的时速可提升至 140 km，并实现不过收费站、自由扣费的顺畅通行。那么，从一个出行者的角度出发，若你驾车行驶在这条高速公路上，要满足“安全、便捷、舒适、快速”的驾乘体验，你需要哪些服务，请用一张 A4 纸记录下来。然后思考这些服务该由谁给你提供？如何提供？</td></tr>
<tr><td>引导问题一</td><td colspan="3">基于任务一的一阶任务的完成，厘清智慧高速公路综合管理平台需求要素，并罗列出来。</td></tr>
<tr><td>引导问题二</td><td colspan="3">请描述出需求要素所对应的功能。</td></tr>
<tr><td>引导问题三</td><td colspan="3">请利用绘图软件，绘制出智慧高速公路综合管理平台的构成框架或思维导图。</td></tr>
</table>

进行决策

<table>
<tr><td>引导问题四</td><td>描述出智慧高速公路业务体系结构中智慧监控、智能收费、智慧服务等模块的发展目标和评判指标，并形成设计报告。</td></tr>
<tr><td>阶段性
提交成果</td><td>□ 1. 提交智慧高速公路公路综合管理平台需求要素清单
□ 2. 设计报告（形式：论文、PPT 等）</td></tr>
<tr><td>教学资源</td><td>二阶任务微课　　引导问题样本　　案例</td></tr>
</table>

工作任务单（工作任务一）

三阶任务：最美高速智慧化设计方案规划

<table>
<tr><td rowspan="2">三阶任务
（难度：难）</td><td rowspan="2">最美高速智慧化设计方案规划</td><td>专业引用技能</td><td>《交通工程》
《高速公路机电系统应用与维护》
《AutoCAD》《Office 高级应用》</td></tr>
<tr><td>情境引用技能</td><td>学习情境一</td></tr>
<tr><td>学思悟</td><td colspan="3">“十四五”期间，云南省交通投资建设集团有限公司将围绕建成“公路数字化、服务智慧化、管理智能化”的智慧高速公路，让“人、车、路、环境”等高速公路交通系统的基本要素通过前沿信息技术融为相互协调、相互依赖、相互作用的有机整体，推动高速公路的建设、管理、出行等方面的数字化转型。
那么这样一条最美智慧高速公路的建设，你认为的它的“美”应该体现在哪些方面？“智慧”应当体现在哪些方面？</td></tr>
<tr><td>引导问题一</td><td colspan="3">以座谈交流方式分享各组任务一的二阶任务的完成结果，并记录各组设计要点。</td></tr>
<tr><td>引导问题二</td><td colspan="3">组内进行头脑风暴探讨，完成昆明至大理最美智慧高速公路综合管理平台设计方案，并绘制结构图。</td></tr>
</table>

总结分析

<table>
<tr><td>引导问题三</td><td>以座谈交流方式分享各组方案设计成果，并记录各组设计要点，反思总结设计方案的优化提升方案。</td></tr>
<tr><td>阶段性
提交成果</td><td>□ 1. 头脑风暴记录
□ 2. 优化后的设计方案（论文、PPT）</td></tr>
<tr><td>教学资源</td><td>三阶任务微课　　引导问题样本　　案例</td></tr>
</table>

工作任务提交报告

工作任务	智慧高速公路综合管理平台设计		
姓　名		班　级	
一阶任务提交清单	1. 2. 3.		
二阶任务提交清单	1. 2. 3.		
三阶任务提交清单	1. 2. 3.		
工作任务完成后收获总结			

工作任务评价反馈（学生自评）

学习领域	学习情境：智慧高速公路管理能手				
智慧交通					
姓　名		班　级		日　期	
工作任务	智慧高速公路综合管理平台设计				
评价项目	评 价 标 准			分　值	得　分
基础知识收集整理能力	能通过各种资料收集手段，收集提取调研主题相关知识			10	
智慧高速公路管理平台组成	能正确理解智慧高速公路管理平台组成架构			5	
对比分析	能客观分析传统高速公路和智慧高速公路系统功能、构成的异同，总结智慧高速公路的优势			10	
智慧高速公路管理平台结构图绘制	能使用正确的绘图工具绘制智慧高速公路平台结构组成或思维导图			10	
智慧高速公路管理平台方案设计	能根据调研资料，分析研判结果，设计智慧高速公路管理平台功能部署			10	
设计方案比对	能通过各组设计方案展示，客观评价，进行优化设计			5	
总结分析	根据实施结果，总结分析优化结果			10	
发展沿革的感悟与分享	能把高速公路发展沿革的感悟自动融入本次任务实施，对知识、技能、素养三个目标达成起到催化作用			5	
工作态度	态度端正，无缺席、迟到、早退现象			5	
工作质量	能按计划完成工作任务			5	
协调能力	与小组成员、同学之间能合作交流，协调能力强			10	
职业素养	能做到安全出行，文明工作，保护环境，爱护公共设施			5	
创新意识	通过调研的实际情况，能设计多种实施方案并分析利弊			5	
知识拓展与迁移	通过工作任务全过程参与实施，能举一反三，类似高速公路，能找到共性智慧高速公路设计方案			5	
合　计				100	

工作任务评价反馈（学生互评）

学习领域	学习情境：智慧高速公路管理能手														
智慧交通															
姓　名		班　级				日　期									
工作任务	智慧高速公路综合管理平台设计														
评价项目	分　值	等　级								评价对象（组号）					
										1	2	3	4	5	6
计划合理	8	优	8	良	7	中	6	差	4						
方案准确	8	优	8	良	7	中	6	差	4						
团队合作	8	优	8	良	7	中	6	差	4						
组织有序	8	优	8	良	7	中	6	差	4						
工作质量	8	优	8	良	7	中	6	差	4						
工作效率	8	优	8	良	7	中	6	差	4						
工作完整	10	优	10	良	8	中	5	差	3						
工作规范	16	优	16	良	12	中	7	差	3						
识读报告	16	优	16	良	12	中	7	差	3						
成果展示	10	优	10	良	8	中	5	差	3						
合　计	100														

工作任务评价反馈（教师综合评价）

<table>
<tr><td colspan="2">学习领域</td><td colspan="5" rowspan="2">学习情境：智慧高速公路管理能手</td></tr>
<tr><td colspan="2">智慧交通</td></tr>
<tr><td colspan="2">姓　名</td><td></td><td>班　级</td><td></td><td>日　期</td><td></td></tr>
<tr><td colspan="2">工作任务</td><td colspan="5">智慧高速公路综合管理平台设计</td></tr>
<tr><td colspan="2">评价项目</td><td colspan="3">评 价 标 准</td><td>分　值</td><td>得　分</td></tr>
<tr><td colspan="2">考勤（10%）</td><td colspan="3">无迟到、早退、旷课现象</td><td>10</td><td></td></tr>
<tr><td rowspan="11">工作过程（75%）</td><td>基础知识收集整理能力</td><td colspan="3">能通过各种资料收集手段，收集提取调研主题相关知识</td><td>5</td><td></td></tr>
<tr><td>智慧高速公路综合管理平台组成</td><td colspan="3">能正确理解智慧高速公路管理平台组成架构</td><td>5</td><td></td></tr>
<tr><td>对比分析</td><td colspan="3">能客观分析智能高速和智慧高速公路系统功能、构成的异同，总结智慧高速公路的优势</td><td>8</td><td></td></tr>
<tr><td>智慧高速公路管理平台结构图绘制</td><td colspan="3">能使用正确的绘图工具绘制智慧高速公路平台结构组成或思维导图</td><td>8</td><td></td></tr>
<tr><td>智慧高速公路管理平台方案设计</td><td colspan="3">能根据调研资料，分析研判结果，设计智慧高速公路管理平台</td><td>8</td><td></td></tr>
<tr><td>设计方案比对</td><td colspan="3">能通过各组设计方案展示，客观评价，进行优化设计</td><td>5</td><td></td></tr>
<tr><td>总结分析</td><td colspan="3">根据实施结果，总结分析优化结果</td><td>5</td><td></td></tr>
<tr><td>工作态度</td><td colspan="3">态度端正，工作认真、主动</td><td>8</td><td></td></tr>
<tr><td>工作效率</td><td colspan="3">能按计划完成工作任务</td><td>7</td><td></td></tr>
<tr><td>协调沟通</td><td colspan="3">与小组成员、同学之间能合作交流，协调能力强</td><td>8</td><td></td></tr>
<tr><td>职业素养</td><td colspan="3">能做到安全出行，文明工作，保护环境，爱护公共设施</td><td>8</td><td></td></tr>
<tr><td rowspan="2">项目总结（15%）</td><td>技能提升</td><td colspan="3">通过调研的实际情况，能设计多种实施方案并分析利弊</td><td>8</td><td></td></tr>
<tr><td>拓展外延</td><td colspan="3">通过工作任务全过程参与实施，能举一反三，类似高速公路，能找到共性智慧高速公路设计方案</td><td>7</td><td></td></tr>
<tr><td colspan="5">合　计</td><td>100</td><td></td></tr>
<tr><td colspan="2" rowspan="2">综合评价</td><td>学生自评（20%）</td><td>学生互评（30%）</td><td colspan="2">教师综合评价（50%）</td><td>综合得分</td></tr>
<tr><td></td><td></td><td colspan="2"></td><td></td></tr>
</table>

工作任务二　智能收费车道设计

工作任务布置及规划

<table>
<tr><td>学习领域</td><td colspan="6" rowspan="2">学习情境：智慧高速公路管理能手</td></tr>
<tr><td>智慧交通</td></tr>
<tr><td>姓　名</td><td></td><td>班　级</td><td></td><td colspan="2">日　期</td><td></td></tr>
<tr><td rowspan="3">工作任务</td><td colspan="3" rowspan="3">智能收费车道设计</td><td rowspan="3">学时安排</td><td>课前</td><td>2 学时</td></tr>
<tr><td>课中</td><td>8 学时</td></tr>
<tr><td>课后</td><td>2 学时</td></tr>
<tr><td>工作任务描述</td><td colspan="6">按照导师要求，完成智能收费车道设计</td></tr>
<tr><td>素质目标</td><td colspan="6">回顾高速公路收费系统的建设与发展历程，从收费制式、收费方式、通行券等方面都经历了发展和变革，联网电子不停车收费作为最先进的收费技术办法，从闪亮登场并不断升级到全线铺开，让学生深刻体验现代信息技术更迭迅速。
技术是为管理服务，因此在学习智能收费技术发展的过程中，也让学生深刻了解了我国高速公路收费制度的变迁，充分感受国家在不断发展的过程中时刻关注民生，树立胸怀祖国、服务人民的爱国精神</td></tr>
<tr><td>知识技能目标</td><td colspan="6">（1）掌握数据调研方法，通过线上 / 线下技术手段，搜集现有高速公路收费方式现状
（2）能够整理、总结调研数据
（3）基于调研，找准急需解决的重难点问题
（4）设计趋向自由流收费的车道改进设计
（5）拟定设计方案，初步绘制设备分布图
（6）优化设计方案</td></tr>
<tr><td>任务书</td><td colspan="6">杨洋今年毕业实习时，他选择做毕业设计，导师基于他的学习情况，建议他做一个“智能收费车道设计”为后续复杂模型的设计打好基础。主要完成以下几个任务：
（1）能阐述清楚 ETC 系统的工作原理
（2）能阐述清楚 ETC 系统的技术优点及问题
（3）能基于对 ETC 系统的学习，利用所学的单片机知识、技能搭建一个“区间测速及车流量监测系统”</td></tr>
</table>

准备开始

<table>
<tr><td>学习领域</td><td colspan="6" rowspan="2">学习情境：智慧高速公路管理能手</td></tr>
<tr><td>智慧交通</td></tr>
<tr><td>姓 名</td><td></td><td>班 级</td><td></td><td colspan="2">日 期</td><td></td></tr>
<tr><td rowspan="3">工作任务</td><td colspan="3" rowspan="3">智能收费车道设计</td><td rowspan="3">学时安排</td><td>课前</td><td>2 学时</td></tr>
<tr><td>课中</td><td>8 学时</td></tr>
<tr><td>课后</td><td>2 学时</td></tr>
<tr><td>任务分组</td><td colspan="6">
学生任务分配表
<table>
<tr><td>班 级</td><td></td><td>组 号</td><td></td><td>指导老师</td><td></td></tr>
<tr><td>组 长</td><td></td><td>学 号</td><td colspan="3"></td></tr>
<tr><td rowspan="5">组 员</td><td>姓 名</td><td>学 号</td><td>姓 名</td><td>学 号</td><td>备 注</td></tr>
<tr><td></td><td></td><td></td><td></td><td rowspan="4"></td></tr>
<tr><td></td><td></td><td></td><td></td></tr>
<tr><td></td><td></td><td></td><td></td></tr>
<tr><td></td><td></td><td></td><td></td></tr>
</table>
任务分工
</td></tr>
<tr><td>准备工作</td><td colspan="6">（1）分组完成，明确任务
（2）完成知识铺垫的学习
（3）常用画图软件、Office 软件、思维导图软件的掌握
（4）具备网络信息检索、筛选能力
（5）会查询相关的设计标准和规范</td></tr>
</table>

工作任务单（工作任务二）

一阶任务：强化对 ETC 系统的学习

<table>
<tr><td rowspan="2">一阶任务
（难度：易）</td><td rowspan="2">强化对 ETC 系统的学习</td><td>专业引用
技能</td><td>《交通工程》《Auto CAD》
《Office 高级应用》
《高速公路机电系统应用与维护》</td></tr>
<tr><td>情境引用
技能</td><td>学习情境一</td></tr>
<tr><td>学思悟</td><td colspan="3">2021 年《全面推广高速公路差异化收费实施方案》出台，强调全面推广高速公路差异化收费，持续提升高速公路网通行效率，降低高速公路出行成本，促进物流业降本增效，这些举措结合民生，你有哪些感悟，请记录下来。</td></tr>
<tr><td>引导问题一</td><td colspan="3">现在我们日常的交通场景中，随处可见办理 ETC 的宣传，你是否知道 ETC 系统的工作原理？请结合老师的讲解、资料的查阅、自己的理解，阐述清楚 ETC 的工作原理，最好能附上图或是动画。</td></tr>
<tr><td>引导问题二</td><td colspan="3">分析使用了 ETC 自由流收费的高速公路（要求不少于 2 条），列举典型案例，记录技术要点。</td></tr>
</table>

工作计划

☝ 引导问题三	请与大家分享一阶任务中，引导问题一和引导问题二的结果，写出你的分享方案。
阶段性 提交成果	□ 1. 提交调研参考资料（论文、网址等） □ 2. 提交分析总结 □ 3. 提交分享计划
教学资源	一阶任务微课　　引导问题样本　　案例

工作任务单（工作任务二）

二阶任务：趋向自由流收费的车道改进设计

<table>
<tr><td rowspan="2">二阶任务
（难度：中等）</td><td rowspan="2">趋向自由流收费的车道改进设计</td><td>专业引用技能</td><td>《交通工程》《AutoCAD》
《Office 高级应用》
《高速公路机电系统应用与维护》</td></tr>
<tr><td>情境引用技能</td><td>学习情境一</td></tr>
<tr><td>学思悟</td><td colspan="3">首先请思考高速公路省界收费站取消背后会带来哪些影响，然后请回答以下几个问题。
（1）高速公路取消省界收费站后，最大的优势是什么？
（2）高速公路取消省界收费站后，出现了一种称为 CPC 卡的通行卡，它与 ETC 卡有什么差异呢？
（3）ETC 卡与 CPC 卡在技术上是否能完全杜绝偷逃通行费的问题？对于偷逃高速公路通行费持有什么观点？如何杜绝此类问题的发生？</td></tr>
<tr><td>引导问题一</td><td colspan="3">基于一阶段任务的完成，请总结 ETC 系统的技术优点及技术难点。</td></tr>
<tr><td>引导问题二</td><td colspan="3">针对引导问题一的反馈，小组讨论设计趋向自由流收费的车道需要在收费管理方式上做哪些改变？</td></tr>
<tr><td>引导问题三</td><td colspan="3">请利用绘图软件，绘制出趋向自由流收费的车道改进构成框架或思维导图。</td></tr>
</table>

进行决策

引导问题四	以座谈交流方式分享各组方案设计成果，并记录各组设计要点，最终形成设计报告。
阶段性提交成果	□ 1. 论证报告 □ 2. 框架图（或思维导图） □ 3. 设计报告（形式：论文、PPT 等）
教学资源	二阶任务微课　引导问题样本　案例

工作任务单（工作任务二）

三阶任务：区间测速及车流量监测系统搭建

<table>
<tr><td rowspan="2">三阶任务
（难度：难）</td><td rowspan="2">区间测速及车流量监测系统搭建</td><td>专业引用技能</td><td>《交通工程》《高速公路机电系统应用与维护》《AutoCAD》《Office 高级应用》《C 语言与单片机应用》</td></tr>
<tr><td>情境引用技能</td><td>学习情境一</td></tr>
<tr><td>学思悟</td><td colspan="3">2019 年出台的《数字交通发展规划纲要》提到，要“加快北斗导航在自由流收费等领域的应用。”《交通强国规划纲要》中也提出，要大力发展智慧交通，推进北斗卫星导航系统应用。请思考，为何国家会有这样的举措？北斗系统在我国交通运输行业还应用于哪些领域？</td></tr>
<tr><td>引导问题一</td><td colspan="3">为了提高出行的安全性，在高速公路中的某个路段装有区间测试的装置，在本次任务中，借助单片机开发平台（平台类型不限，根据前序所学课程合理选择即可），模拟区间测速及车流量监测系统，从实践角度进一步巩固知识的学习。
首先请落实清楚，高速公路中区间测速原理。</td></tr>
<tr><td>引导问题二</td><td colspan="3">然后确定测速方案，列举设备清单。</td></tr>
</table>

总结分析

引导问题三	根据头脑风暴结果，针对技术难点提出多种改进方案，选择最优方案，绘制硬件连接图和程序流程图，形成最终改进实施方案。
阶段性 提交成果	□ 1. 头脑风暴记录 □ 2. 优化改进流程图 □ 3. 优化后的设计方案（流程图、PPT）
教学资源	三阶任务微课　　引导问题样本　　案例

工作任务提交报告

工作任务	智能收费车道设计		
姓　名		班　级	
一阶任务提交清单	1. 2. 3.		
二阶任务提交清单	1. 2. 3.		
三阶任务提交清单	1. 2. 3.		
工作任务完成后收获总结			

工作任务评价反馈（学生自评）

<table>
<tr><td>学习领域</td><td colspan="6" rowspan="2">学习情境：智慧高速公路管理能手</td></tr>
<tr><td>智慧交通</td></tr>
<tr><td>姓　名</td><td></td><td>班　级</td><td></td><td>日　期</td><td colspan="2"></td></tr>
<tr><td>工作任务</td><td colspan="6">智能收费车道设计</td></tr>
<tr><td>评价项目</td><td colspan="4">评 价 标 准</td><td>分　值</td><td>得　分</td></tr>
<tr><td>基础知识收集整理能力</td><td colspan="4">能通过各种资料收集手段，收集提取调研主题相关知识</td><td>10</td><td></td></tr>
<tr><td>自由流收费系统组成</td><td colspan="4">能正确理解自由流收费系统组成架构</td><td>5</td><td></td></tr>
<tr><td>对比分析</td><td colspan="4">能客观分析原收费系统和自由流收费系统功能、构成的异同，总结自由流收费系统的优势</td><td>10</td><td></td></tr>
<tr><td>自由流收费系统结构图绘制</td><td colspan="4">能使用正确的绘图工具绘制自由流收费系统结构组成或思维导图</td><td>10</td><td></td></tr>
<tr><td>区间测速及车流量监测系统搭建</td><td colspan="4">能完成系统搭建，并展示效果</td><td>10</td><td></td></tr>
<tr><td>技术难点攻克</td><td colspan="4">能通过各组设计方案展示，客观评价，分析技术难点，运用头脑风暴法解决技术难点</td><td>5</td><td></td></tr>
<tr><td>总结分析</td><td colspan="4">根据实施结果，总结分析优化结果</td><td>10</td><td></td></tr>
<tr><td>发展沿革的感悟与分享</td><td colspan="4">能把高速公路发展沿革感想自动融入本次任务实施，对知识、技能、素养三个目标达成起到催化作用</td><td>5</td><td></td></tr>
<tr><td>工作态度</td><td colspan="4">态度端正，无缺席、迟到、早退现象</td><td>5</td><td></td></tr>
<tr><td>工作质量</td><td colspan="4">能按计划完成工作任务</td><td>5</td><td></td></tr>
<tr><td>协调能力</td><td colspan="4">与小组成员、同学之间能合作交流，协调能力强</td><td>10</td><td></td></tr>
<tr><td>职业素养</td><td colspan="4">能做到安全出行，文明工作，保护环境，爱护公共设施</td><td>5</td><td></td></tr>
<tr><td>创新意识</td><td colspan="4">通过调研的实际情况，能设计多种实施方案并分析利弊</td><td>5</td><td></td></tr>
<tr><td>知识拓展与迁移</td><td colspan="4">通过工作任务全过程参与实施，能举一反三，类似高速公路，能找到共性自由流收费系统设计方案</td><td>5</td><td></td></tr>
<tr><td colspan="5">合　计</td><td>100</td><td></td></tr>
</table>

工作任务评价反馈（学生互评）

<table>
<tr><td>学习领域</td><td colspan="15" rowspan="2">学习情境：智慧高速公路管理能手</td></tr>
<tr><td>智慧交通</td></tr>
<tr><td>姓　名</td><td colspan="3"></td><td colspan="3">班　级</td><td colspan="3"></td><td colspan="3">日　期</td><td colspan="2"></td></tr>
<tr><td>工作任务</td><td colspan="15">智能收费车道设计</td></tr>
<tr><td rowspan="2">评价项目</td><td rowspan="2">分　值</td><td colspan="8" rowspan="2">等　　级</td><td colspan="6">评价对象（组号）</td></tr>
<tr><td>1</td><td>2</td><td>3</td><td>4</td><td>5</td><td>6</td></tr>
<tr><td>计划合理</td><td>8</td><td>优</td><td>8</td><td>良</td><td>7</td><td>中</td><td>6</td><td>差</td><td>4</td><td></td><td></td><td></td><td></td><td></td><td></td></tr>
<tr><td>方案准确</td><td>8</td><td>优</td><td>8</td><td>良</td><td>7</td><td>中</td><td>6</td><td>差</td><td>4</td><td></td><td></td><td></td><td></td><td></td><td></td></tr>
<tr><td>团队合作</td><td>8</td><td>优</td><td>8</td><td>良</td><td>7</td><td>中</td><td>6</td><td>差</td><td>4</td><td></td><td></td><td></td><td></td><td></td><td></td></tr>
<tr><td>组织有序</td><td>8</td><td>优</td><td>8</td><td>良</td><td>7</td><td>中</td><td>6</td><td>差</td><td>4</td><td></td><td></td><td></td><td></td><td></td><td></td></tr>
<tr><td>工作质量</td><td>8</td><td>优</td><td>8</td><td>良</td><td>7</td><td>中</td><td>6</td><td>差</td><td>4</td><td></td><td></td><td></td><td></td><td></td><td></td></tr>
<tr><td>工作效率</td><td>8</td><td>优</td><td>8</td><td>良</td><td>7</td><td>中</td><td>6</td><td>差</td><td>4</td><td></td><td></td><td></td><td></td><td></td><td></td></tr>
<tr><td>工作完整</td><td>10</td><td>优</td><td>10</td><td>良</td><td>8</td><td>中</td><td>5</td><td>差</td><td>3</td><td></td><td></td><td></td><td></td><td></td><td></td></tr>
<tr><td>工作规范</td><td>16</td><td>优</td><td>16</td><td>良</td><td>12</td><td>中</td><td>7</td><td>差</td><td>3</td><td></td><td></td><td></td><td></td><td></td><td></td></tr>
<tr><td>识读报告</td><td>16</td><td>优</td><td>16</td><td>良</td><td>12</td><td>中</td><td>7</td><td>差</td><td>3</td><td></td><td></td><td></td><td></td><td></td><td></td></tr>
<tr><td>成果展示</td><td>10</td><td>优</td><td>10</td><td>良</td><td>8</td><td>中</td><td>5</td><td>差</td><td>3</td><td></td><td></td><td></td><td></td><td></td><td></td></tr>
<tr><td>合　计</td><td>100</td><td colspan="8"></td><td></td><td></td><td></td><td></td><td></td><td></td></tr>
</table>

工作任务评价反馈（教师综合评价）

<table>
<tr><td colspan="2">学习领域</td><td colspan="5" rowspan="2">学习情境：智慧高速公路管理能手</td></tr>
<tr><td colspan="2">智慧交通</td></tr>
<tr><td colspan="2">姓　名</td><td></td><td>班　级</td><td></td><td>日　期</td><td></td></tr>
<tr><td colspan="2">工作任务</td><td colspan="5">智能收费车道设计</td></tr>
<tr><td colspan="2">评价项目</td><td colspan="3">评 价 标 准</td><td>分　值</td><td>得　分</td></tr>
<tr><td colspan="2">考勤（10%）</td><td colspan="3">无迟到、早退、旷课现象</td><td>10</td><td></td></tr>
<tr><td rowspan="11">工作过程（75%）</td><td>基础知识收集整理能力</td><td colspan="3">能通过各种资料收集手段，强化对 ETC 系统工作原理的掌握</td><td>5</td><td></td></tr>
<tr><td>自由流收费系统组成</td><td colspan="3">能正确理解自由流收费系统组成架构</td><td>5</td><td></td></tr>
<tr><td>对比分析</td><td colspan="3">能客观分析原收费系统和自由流收费系统功能、构成的异同，总结自由流收费系统的优势</td><td>8</td><td></td></tr>
<tr><td>自由流收费系统结构图绘制</td><td colspan="3">能使用正确的绘图工具绘制自由流收费系统结构组成或思维导图</td><td>8</td><td></td></tr>
<tr><td>区间测速及车流量监测系统搭建</td><td colspan="3">区间测速及车流量监测系统搭建、调试和效果展示</td><td>8</td><td></td></tr>
<tr><td>技术难点攻克</td><td colspan="3">能通过各组设计方案展示，客观评价，分析技术难点，头脑风暴解决技术难点</td><td>5</td><td></td></tr>
<tr><td>总结分析</td><td colspan="3">根据实施结果，总结分析优化结果</td><td>5</td><td></td></tr>
<tr><td>工作态度</td><td colspan="3">态度端正，工作认真、主动</td><td>8</td><td></td></tr>
<tr><td>工作完整</td><td colspan="3">能按计划完成工作任务</td><td>7</td><td></td></tr>
<tr><td>协调沟通</td><td colspan="3">与小组成员、同学之间能合作交流，协调能力强</td><td>8</td><td></td></tr>
<tr><td>职业素养</td><td colspan="3">能做到安全出行，文明工作，保护环境，爱护公共设施</td><td>8</td><td></td></tr>
<tr><td rowspan="2">项目总结（15%）</td><td>技能提升</td><td colspan="3">通过调研的实际情况，能设计多种实施方案并分析利弊</td><td>8</td><td></td></tr>
<tr><td>拓展外延</td><td colspan="3">通过工作任务全过程参与实施，能举一反三，类似高速公路，能找到共性自由流收费系统设计方案</td><td>7</td><td></td></tr>
<tr><td colspan="5">合　计</td><td>100</td><td></td></tr>
<tr><td colspan="2" rowspan="2">综合评价</td><td>学生自评（20%）</td><td>学生小组互评（30%）</td><td colspan="2">教师综合评价（50%）</td><td>综合得分</td></tr>
<tr><td></td><td></td><td colspan="2"></td><td></td></tr>
</table>

实践操练

1. 作为不同数据信息的展示平台，高速公路管理平台的核心作用需要通过接口系统来体现。接口系统应保证这一平台顺利连接其他业务系统，包括路政管理系统、收费系统、ETC系统、设备监测系统、视频监控系统等。请用思维导图软件绘制出高速公路管理平台具体的接口功能模块及内容。引导思路如表3-4所示。

表3-4　绘制接口功能模块及内容的引导思路

接口功能模块名称	主要功能
路政系统接口模块	可以通过地区高速公路路政综合管理平台，获取地区高速公路的事故信息、施工信息、安全隐患信息等
收费系统接口模块	
设备监测系统接口模块	
⋮	

2. 目前国内ETC系统在普及率、收费信息采集、服务方面，都存在一些问题，怎样在普及率相对偏低、采集手段较少的情况下，利用ETC收费数据打造高速公路交通运行状况数据入口，请发表你的研究思路和实践步骤。

学习笔记

学习情境四

智慧汽车营销巧手

岗位知识对应图

岗位知识对应图如图 4-1 所示。

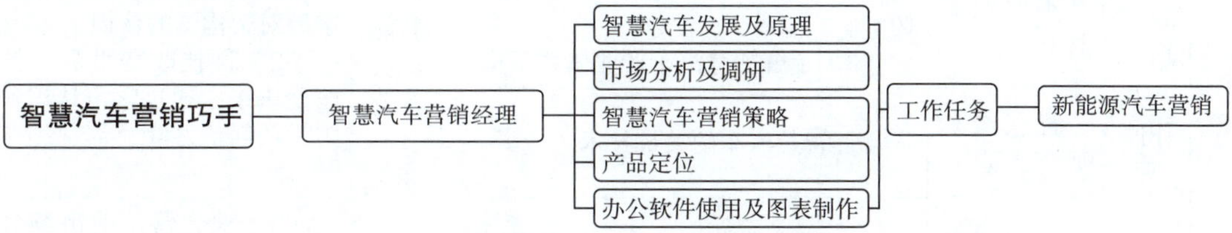

图 4-1　岗位知识对应图

学习内容及情境设计

学习内容及学习情境设计如表 4-1 所示。

表 4-1　学习内容及学习情境设计

序号	学习主线	学习分支	学习要求	工作任务	技能训练
1	智慧汽车发展历史沿革	智慧汽车等级划分	（1）了解 SAE 对智能汽车的划分标准 （2）了解 NHTHA 对智能汽车的划分标准 （3）认识我国对智能汽车的划分维度	新能源汽车营销	（1）对汽车技术发展的认识及跟进国家相关政策及未来规划 （2）提高归纳及总结分析能力，提高学生的爱国主义情怀及创新意识
		智慧汽车发展历史	（1）了解智能汽车国内外发展历史 （2）了解智能汽车国内外发展现状		
		智能汽车发展目标	理解我国智能汽车发展总体目标		
2	智慧汽车基本架构及工作原理	智慧汽车基本原理及其架构	（1）掌握智慧汽车基本原理 （2）理解智慧汽车基本组成及架构 （3）了解智慧汽车产业体系架构		（1）形成体系化学习能力，掌握对架构图的认识 （2）科技改变世界，技术改变未来，通过学习认识科技力量及创新力量
		智慧汽车工作原理	掌握智慧汽车的关键技术		
3	新能源汽车营销策略	市场行情分析	（1）掌握分析方法 （2）掌握新能源汽车参数认识		（1）学会营销前市场分析及提高数据总结分析能力，学会归纳及个性化针对性分析。通过调查分析找出产品核心竞争力并合理确立目标群体，学习销售策略制定销售方案，并进行优化，提高反思及相互学习能力 （2）通过合作制定销售方案及模拟销售场景，提高团队合作能力及专业素质锻炼，针对性方案提升学生创新能力
		营销策略设计方案	（1）掌握营销方法 （2）学习制作营销方案 （3）掌握产品市场竞争力 （4）正确掌握目标群体		
		方案总结	（1）学习对比及反思 （2）掌握体系化认识及归纳		

历史沿革及知识铺垫

4.1　智慧汽车发展历史沿革

2020 年 11 月 11 日，由北京市人民政府、工业和信息化部、公安部、交通运输部、中国科学技术协会共同主办的 2020 世界智能网联汽车大会举办，大会正式发布了《智能网联汽车技术路线图 2.0》，这份文件中详细规划了我国智能网联汽车发展的总体目标。其中，智能网联汽车（Intelligent and Connected Vehicle，ICV）是指搭载先进的车载传感器、控制器、执行器等装置，并融合现代通信与网络技术，实现车与X（车、路、人、云平台等）智能信息交换、共享，具备复杂环境感知、智能决策、协同控制等功能，可实现安全、高效、舒适、节能行驶，并最终实现替代人来操作的新一代汽车。

工业在不断转型升级，汽车产业是工业的主要部分之一，同样面临着从制造向智造、从速度向质量、从产品向品牌的转变，而新能源与智能汽车不仅能给汽车产业注入新活力，更是实现产业转型升级的新机遇。

4.1.1 智慧汽车等级划分

智能汽车等级是按照智能汽车的自动化程度进行划分的，不同国家与机构的划分定义略有差异，但整体核心还是一致的。目前，以下几个标准已经被行业广泛接受与认同。

1. 美国汽车工程师学会（SAE）对智能汽车的划分标准

SAE将智能汽车分为L1 ~ L5共五个等级。

（1）L1级辅助驾驶阶段

在这一阶段驾驶员起主要作用，辅助驾驶系统在汽车行驶过程中只能对转向或加减速操作中的某一项进行辅助操作，多数情况下是对驾驶员进行警告与提醒，主要运用车道偏离警告系统、倒车提示预警、正面防碰撞警告系统等对驾驶员进行预警。驾驶员接收到相应的提醒后，对汽车进行相关操作，从而避免了危险的发生。

（2）L2级部分自动驾驶阶段

在L1级警告提醒的基础上，系统可以进行部分操作的决策与控制，并且此时系统可以对车速与方向等多个方面进行控制，其他方面还是由驾驶员来操作，驾驶员仍起主导作用。在汽车配置了车道偏离预警系统的基础上，采用自适应巡航系统ACC、自动泊车与路径跟踪等系统，增加了保持车道方向稳定的能力，汽车实现了部分功能的自动化。该阶段也为大部分汽车所处阶段。

（3）L3级别半自动驾驶阶段

该汽车系统与驾驶员均能够对汽车起到驾驶的作用，但汽车自动驾驶是有条件的自动驾驶。汽车可以在高速公路上实现自动驾驶，必要时人工进行干预。该系统需要配备大量的高清摄像头、多种传感器、宽阔视镜等必要设备。

（4）L4级高度自动驾驶阶段

该系统可以脱离驾驶员进行自动驾驶操作，比如在高速公路或城郊道路，驾驶员疲劳时可适当放开对汽车的主要控制权，不必时刻关注汽车状态与车外的情况，能在休息片刻后再对汽车进行接管，该汽车需要更加精准先进的系统和部件，如高精度地图、360° 环视摄像头、多精度传感设备、高集成度的系统芯片、实时性与高效性更强的算法等。

（5）L5级完全自动驾驶阶段

此阶段是目前所要追求的目标，该汽车计算机能够进行多信息融合与处理，具有高效实时的决策控制，路径规划与重建等高级功能，驾驶员可以完全放开对汽车的控制，汽车实现自主行驶，而且具有高度的安全性与舒适性。

2. 美国国家道路交通安全管理局（NHTSA）对智能汽车的划分标准

NHTSA将智能汽车分级为以下四个等级。

① DA：具有特定功能的自动驾驶。

② PA：有复合功能的自动驾驶。

③ HA：高度自动驾驶。

④ FA：完全自动驾驶。

3. 我国对智能汽车的划分维度

我国提出汽车将来要走向智能化、信息化、低碳化的目标，并制定了相关法规与标准。把智能网联汽车发展划分以下五个智能化维度。

（1）DA：辅助驾驶阶段

系统根据环境信息执行转向和加减速中的一项操作，其他驾驶操作都由人完成，工况要求为车道内正常行驶，高速公路无车道干涉路段泊车。

（2）PA：部分自动驾驶阶段

系统根据环境信息执行转向和加减速操作，其他驾驶操作都由人完成，在高速公路及市区无车道干涉路段，换道、环岛绕行、拥堵跟车等工况适用。

（3）CA：有条件自动驾驶阶段

系统完成所有驾驶操作，根据系统请求，驾驶员需要提供适当的干预，适用于高速公路正常行驶工况及市区无车道干涉路段。

（4）HA：高度自动驾驶阶段

系统完成所有驾驶操作，特定环境下系统会向驾驶员提出响应请求，驾驶员可以对系统请求不进行响应，适用于高速公路全部工况及市区有车道干涉路段。

（5）FA：完全自动驾驶阶段

系统可以完成驾驶员能够完成的所有道路环境下的操作，不需要驾驶员介入，满足所有行驶工况。

就技术而言，目前L2自动驾驶已经基本实现，从2014年就已经有搭载L2级自动驾驶系统的车辆上市销售，目前已经有不少车辆搭载了L2级自动驾驶系统，例如特斯拉的Autopilot、凯迪拉克的Supercruise（超级巡航）、沃尔沃的Pilot Assist（自动驾驶辅助）和Marvel X的AI pilot等。

从L2到L3需要技术实现跨越式的提升。因为L3及以上的自动驾驶汽车，一旦出现问题，责任主体将是整个系统，但在L2阶段，驾驶员是责任主体。当责任主体从人转到系统的时候，需要踏上很大一个台阶。

4.1.2 智慧汽车发展历史

汽车工业的发展已有100多年的历史。随着科技的进步和社会的发展，对汽车在安全、耗能、驾驶、舒适和娱乐等方面的要求越来越高。由此提出了新一代现代汽车——智能汽车（Intelligent Vehicle，IV）的概念。智能汽车最早出现于20世纪80年代美国国防部高级研究计划署制订的《战略计算计划》任务书。智能汽车，简单地说就是在网络环境下，用信息技术和智能控制技术控制的汽车，使汽车具有自动识别行驶道路、自动驾驶、自动调速等先进功能。它在传统汽车基础上，集中运用信息通信、传感器信息识别与处理、芯片控制、人工智能、自动控制的高新技术综合体。

1. 智能汽车国外发展历史

智能汽车的研究始于20世纪50年代初，美国Barrett Electronics公司开发出世界上第一台自动引导车辆系统（automated guided vehicle system，AGVS），AGVS有两大技术分支，一个是叉车技术，一个是机器人技术，但两者目标一致，即实现货物自动搬运。

1974年，瑞典的Volvo Kalmar轿车装配工厂与Schiinder-Digitron公司合作，研制出一种可装载轿车车体的AGVS，并由多台该种AGVS组成了汽车装配线，替代传统应用的拖车及叉车等运输工具，在工业上开始实现自动化。

Kalmar 工厂采用可装载轿车的 AGVS 获得了巨大的经济效益，因此许多西欧国家都效仿 Volvo 公司，并逐步使 AGVS 成为在装配作业中必不可少的运输手段。

20 世纪 80 年代，伴随着与机器人技术密切相关的计算机、电子、通信技术的飞速发展，国外掀起了智能机器人研究热潮，其中各种移动式机器人因为具有广阔应用前景和军事价值受到了西方各国的主要关注，由此智能汽车逐渐发展起来。

2. 智能汽车国内发展历史

我国无人驾驶汽车的研究开发相较于国外起步较晚，于 20 世纪 80 年代开始，发展上虽与国外相比还有一些距离，但也取得了阶段性成果。

我国国内中国科学院合肥研究院、清华大学、国防科技大学、上海交通大学、西安交通大学等都有过无人驾驶汽车的研究项目。特别是北京理工大学和中国科学院合肥研究院，在无人车技术上已取得全国领先的水平，在国内的多个无人车比赛中经常受邀以表演队的身份参加。

1992 年，国防科技大学研制成功了我国第一辆真正意义上的无人驾驶汽车。由计算机及其配套的检测传感器和液压控制系统组成的汽车计算机自动驾驶系统被安装在一辆国产的中型面包车上，使该车既保持了原有的人工驾驶性能，又能够用计算机控制进行自动驾驶，这是智慧汽车发展史上的一次里程碑。

2000 年 6 月，国防科技大学研制的第 4 代无人驾驶汽车试验成功，最高时速达 76km，创下国内最高纪录。

2003 年 7 月，国防科技大学和中国一汽联合研发的红旗无人驾驶轿车在高速公路试验成功，自主驾驶最高稳定时速 130 km，其总体技术性能和指标已经达到世界先进水平。这也意味着无人驾驶汽车可以进行实际特定道路驾驶。

清华 V 型智能车是清华大学计算机系智能技术与系统国家重点实验室在中国科学院院士张钹主持下研制的新一代智能移动机器人，其不仅可面向高速公路驾驶，还支持一般道路。设计车速高速公路为 80 km/h，一般道路为 20 km/h。已能够在校园的非结构化道路环境下，进行道路跟踪和避障自主行驶。

西安交通大学搭建了 Spingrobot 智能车实验平台，于 2005 年 10 月成功完成在敦煌“新丝绸之路”活动中的演示；同济大学 2006 年研发了一辆无人驾驶清洁能源电动游览车，最高时速为 50 km，可应用于人们观光旅游。无人驾驶汽车逐步在生活中得以应用。

3. 智能汽车国外发展现状

对于国外发展形势，从以下几个层面来分析。

在政策法规层面，各国积极发布相关政策及规划，促进智能汽车发展。如美国交通运输部发布《为未来交通做准备：自动驾驶汽车 3.0》，加强自动驾驶汽车与整个交通出行体系的安全融合；欧盟 2018 年 5 月发布的《欧洲未来出行战略》，明确了自动驾驶及智慧出行发展战略规划；日本 2019 年修订《道路运输车辆法》，明确了对自动驾驶车辆进行信息监管的权利，确立了车辆电气化委托检验制度。

在智能汽车的测试示范与应用层面，美国加州是目前自动驾驶汽车测试应用发展最具代表性的地区，当地开放的政策使全球大部分的自动驾驶公司选择在此进行开放道路测试。截至 2018 年 12 月，已有 62 家企业获准在加州测试自动驾驶汽车。德国、日本等国家也相继出台规范，允许企业在开放道路，甚至高速公路上开展大规模测试。应用上，随着自动驾驶测试的不断突破，其应用场景日益拓宽，应用服务呈现多样化。如美国 Waymo 在亚利桑那州凤凰城推出了首个商业自动乘车服务 Waymo One；日本出租车巨头“日之丸交通”及初创企业 ZMP 在东京都中心区公共道路开展世界首例自动驾驶出租车载客运营。

从产业生态层面，国外车企发展速度相对领先。奔驰、宝马、沃尔沃、丰田等国外主要汽车企业已普遍实现 L2 级智能网联汽车量产，大部分车企都计划在 2019 年左右开始向市场投放 L3 级量产车，并在 2021 年实现 L4 级自动驾驶。在技术上，这些汽车巨头选择了更具实用性的民用智能车技术路线。宝马曾表示："我们比 IT 企业更了解汽车的参数，更能确保汽车行驶中的安全。你可以允许苹果手机死机，但决不能允许宝马车在半路死机。"这反映了汽车企业与 IT 企业的不同思路，IT 企业的路线在于凭借强大的后台数据、网络技术、智能软件的支持，更好地实现汽车与云端的互联，而汽车企业则更多地考虑到车辆的实用性和安全性，他们"固守"的是汽车本身的优势。

至此，全球自动驾驶汽车产业链已初步形成，各国企业在整个产业链上相互持股与并购的情况日益普遍，跨行业深度融合发展成为趋势。

4. 智能汽车国内发展现状

相较于国外，国内发展形势如下。

从政策层面上，中国积极鼓励智能汽车发展，发展定位从车联网概念的组成部分，向智能制造、智能网联等智能化集成行业转移。《汽车产业中长期发展规划》《智能汽车创新发展战略》及《车联网（智能网联汽车）产业发展行动计划》《智能网联汽车技术路线图 2.0》等指导性规划文件密集出台，进行顶层设计，促进产业发展。为了适应发展，加快制造强国、科技强国、网络强国、交通强国建设，推动汽车智能化、网联化技术应用和产业发展，规范智能网联汽车道路测试与示范应用，《智能网联汽车道路测试与示范应用管理规范（试行）》对原有文件进行修订，于 2021 年 9 月 1 日起施行。

在产业标准体系建设方面，中国智能网联汽车标准体系建设是迎接新机遇和新挑战的重点努力方向。随着智能网联汽车产业的快速发展，原有的产业标准体系已经开始阻碍产业发展进程，新的标准体系已经逐步建立。如 2018 年 6 月，工业和信息化部与国家标准化管理委员会曾印发《国家车联网产业标准体系建设指南（总体要求）》，旨在构建完整的车联网产业标准体系。2021 年 3 月，交通运输部会同工业和信息化部、国家标准化管理委员会联合印发最新版《国家车联网产业标准体系建设指南（智能交通相关）》，推进先进技术在智能交通领域的应用，促进自动驾驶和车路协同技术应用和产业健康发展。

在开放道路测试方面，当前我国自动驾驶开放道路测试正处于发展试行阶段。2018 年 4 月，《智能网联汽车道路测试管理规范（试行）》的发布对自动驾驶技术发挥了积极的引导作用。27 个省（市）出台管理细则，建设 16 个智能网联汽车测试示范区，开放 3 500 多公里测试道路，发放 700 余张测试牌照，道路测试总里程超过 700 万公里。

测试工作的开展，使我国智能网联汽车产业发展取得积极成效，整体技术水平和产业规模处于全球领先地位，截至 2025 年初，L2 级及以上智能驾驶系统在乘用车新车市场渗透率超过 50%，较 2021 年的 20% 实现跨越式增长；L4 级自动驾驶技术已在部分城市开展商业化试点。其中高精度摄像头、激光雷达等感知设备技术已达到国际领先水平，车规级 AI 芯片实现规模化应用，国产化程度显著提升。5G 通信、路侧联网设备等新型基础设施加速部署，重庆、北京、广东等地建成"车路云一体化"试点城市，推动智能交通系统与自动驾驶深度融合。

在示范应用推广方面，随着工信部构建的"基于宽带移动互联网的智能汽车与智慧交通应用示范"项目的推动，中国积极推进智能网联汽车测试示范区的建设，已经构建形成了包括北京、河北、上海、浙江、吉林（长春）、湖北（武汉）、江苏（无锡）、重庆、广东、湖南（长沙）等多家工信部授权的车联网示范区。研发包括车路协同、先进辅助驾驶、自动驾驶、交通大数据等新技术与新产品。同时开展实验验证、测试评估、封闭测试、应用示范等多方面功能性营运项目，为自动驾驶汽车的快速发展创造示范性条件。长沙、上海、北京等地开展了载人载物示范应用，无人物流、配送等新模式应用也在特殊时期发挥了重要作用。

以中国一汽为例，在 2015 年 4 月，中国一汽在上海车展上正式发布智能网 "挚途" 技术战略，这是立足未来十年、着眼长远发展的一汽互联智能汽车技术战略规划。"挚途" 战略的发布标志着中国一汽红旗智能汽车已驶出"实验室"，开始向产业化、商品化行进。"挚途"战略的目标为以下四个阶段。

① "挚途" 1.0 实现基于传感融合的先进辅助驾驶。

② "挚途" 2.0 实现基于"互联网 +"的短时自动驾驶。

③ "挚途" 3.0 实现智能汽车的长时自动驾驶。

④ "挚途" 4.0 实现基于智慧城市的全自动驾驶。

"挚途"战略技术路线如图 4-2 所示。

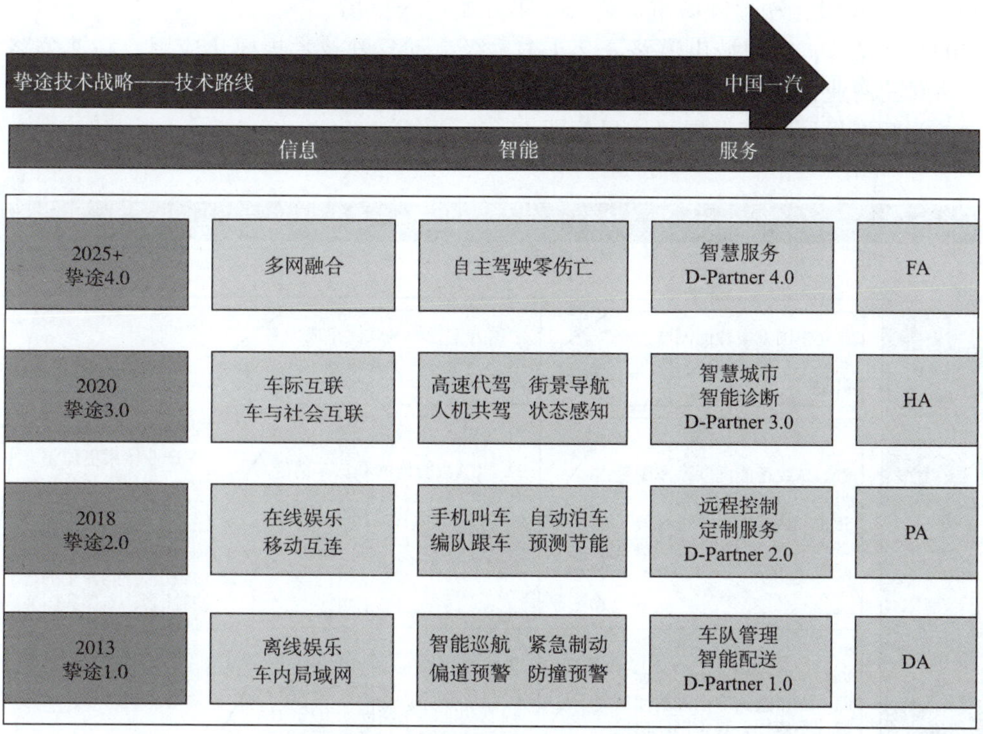

图 4-2　"挚途"战略技术路线图

再如在驾驶自动化技术方面，大多数新品牌都会上 L2 级以上的 ADAS(高级驾驶辅助系统) 技术，在硬件配置方面也丝毫不会比传统厂商品牌差，甚至会用上更贵的硬件系统。比如小鹏汽车使用上了昂贵的惯性导航 (IMU) 系统，把停车定位精度提升到了厘米级；蔚来、爱驰都使用了 Mobileye EyeQ4 的摄像。

4.1.3　智能汽车发展目标

电气与电子工程师协会（institute of electrical and electronics engineers，IEEE）预测，21 世纪中叶前，无人驾驶汽车将占据全球汽车保有量的 75%，汽车交通系统概念将迎来变革，交通规则、基础设施都将随着无人驾驶汽车的出现而发生剧变，智能汽车可能颠覆当前的汽车交通运输产业运作模式。

世界汽车巨头们正致力于第三个层次“高度自动驾驶技术”的实用化研发和产业化，即将实现量产上市。沃尔沃将率先量产全球第一个自动驾驶技术——堵车辅助系统。该系统是自适应巡航控制和车道保持辅助系统的集成与延伸，它可以使汽车在车流行驶速度低于 50 公里 / 小时的情况下，自动跟随前方车辆行进。此外，奥迪、凯迪拉克、日产、丰田等都计划推出诸如自动转向、加减速、车道引导、自动停车、自适应巡航控制等技术的汽车，它们大多属于第三层次的智能驾驶技术。

按照我国智能网联汽车发展划分的五个阶段及《智能网联汽车技术路线图 2.0》，我国智能网联汽车发展总体目标分为以下三个阶段。

① 2025 年左右，限定场景公交车（如 BRT）CA 级自动驾驶技术商业化应用、限定场景接驳车 HA 级自动驾驶技术商业化应用。

② 2030 年左右，HA 级自动驾驶接驳车规模化应用，限定场景 HA 级自动驾驶公交车（BRT）商业化应用，HA 级自动驾驶城市道路公交车开始进入市场。

③ 2035 年以后，实现城市道路公交车 HA 级自动驾驶技术规模化应用，高速公路客运车 HA 级自动驾驶商业化应用。随技术发展，逐步实现全路况条件下的自动驾驶。

图 4-3 为智能网联汽车发展总体目标图。

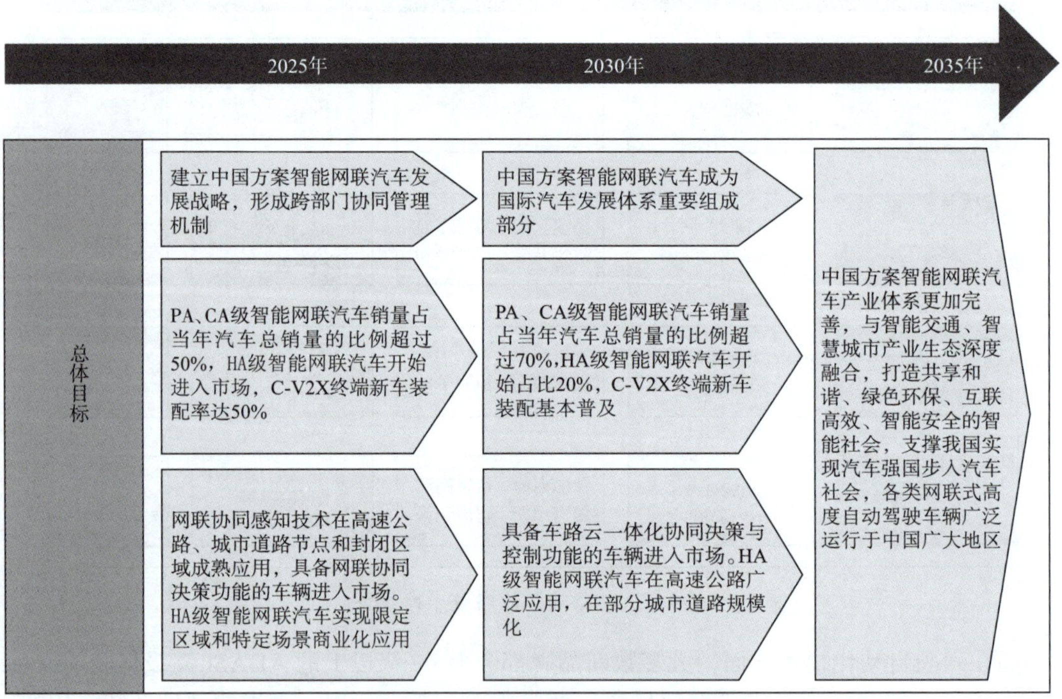

图 4-3　智能网联汽车发展总体目标图

4.2　智慧汽车基本架构及工作原理

4.2.1　智慧汽车基本原理及其架构

1. 基本原理

智能汽车的“智能”有以下两种模式：

（1）自主式智能汽车（autonomous vehicle）

依靠车身所搭载的各类传感器对车辆周围环境进行感知，依靠车载控制器进行决策和控制并交由底层执行，实现自动驾驶。

（2）网联式智能汽车（connected vehicle）

车辆通过 V2X 通信的方式获取外界的环境信息并帮助车辆进行决策与控制。

这两种智能的模式都在各自往前发展，同时也在融合，其融合的结果就是智能网联汽车（intelligent and connected vehicle）。此时汽车如拥有了“大脑”并加入车联网，由此称为智慧汽车。

智慧汽车是搭载先进的车载传感器、控制器、执行器的装置，并融合了现代的通信与网络技术，实现了车与 X（人、车、路、云等系统）之间进行智能化的信息交换、共享，具备复杂的环境感知、智能决策、协同控制等功能，可综合实现安全、高效、舒适、节能行驶，并最终实现替代人类操作的新一代汽车。

2. 基本组成及架构

从具体及现实发展方面来看，智慧汽车可以分为传感系统，决策系统、执行系统、通信系统等，各个汽车制造企业也主要是围绕上述这些功能系统进行发展的。其中，各个系统实际上又包括一些细分的系统和功能，如决策系统是一个大的概念，也是一个最复杂的系统，它包括了不同的决策单元，行为预测单元、姿势分析单元、任务决策单元、轨迹规划单元等；传感系统包括了雷达探测、摄像头、通信及精确定位等功能；而像执行系统，不仅包含完成车辆驱动、制动、转向悬架等的关键执行机构，还包含车间、车路系统控制、智能电子电气架构等。

智慧汽车有了这些系统的共同作用，相当于给汽车装上了“眼睛”“大脑”“脚”。智慧汽车组成如图 4-4 所示。

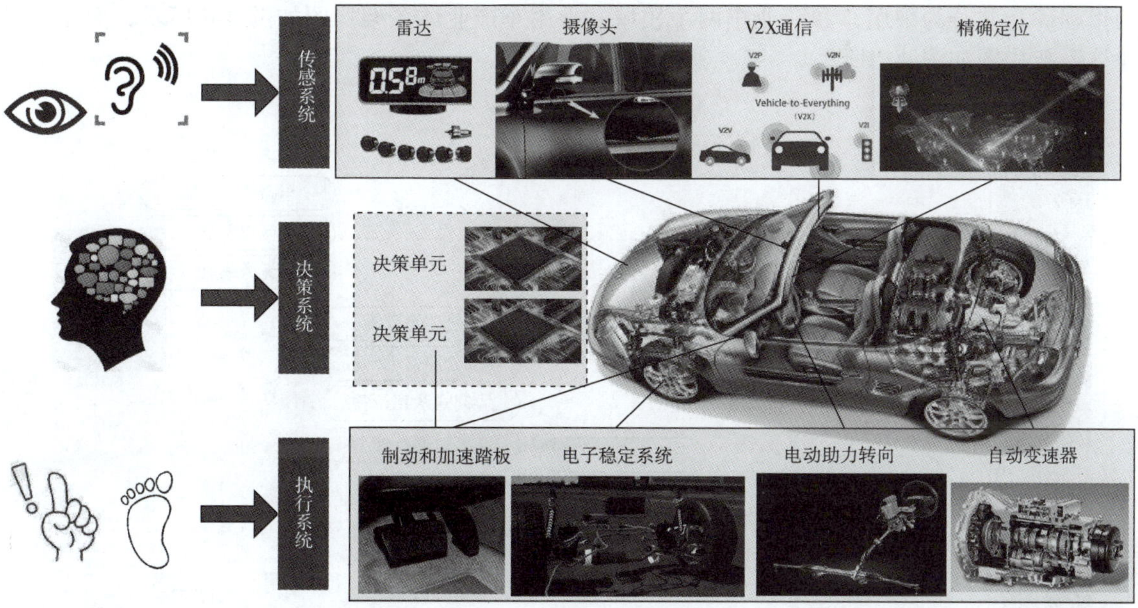

图 4-4 智慧汽车组成

智慧汽车架构归纳起来就是“车、路、云”协同发展。车端主要包括数据采集及车内应用；路端主要实现路侧单个单元区域内能实时协同驾驶应用；云端包括三级，分别为中心云、区域云、边缘云。中心云存储及处理全国性大数据及互联互通应用，区域云存储及处理城市级智慧交通应用，边缘云存储及处理跨路侧单元区域实时协同驾驶应用。图 4-5 为智慧汽车架构图。

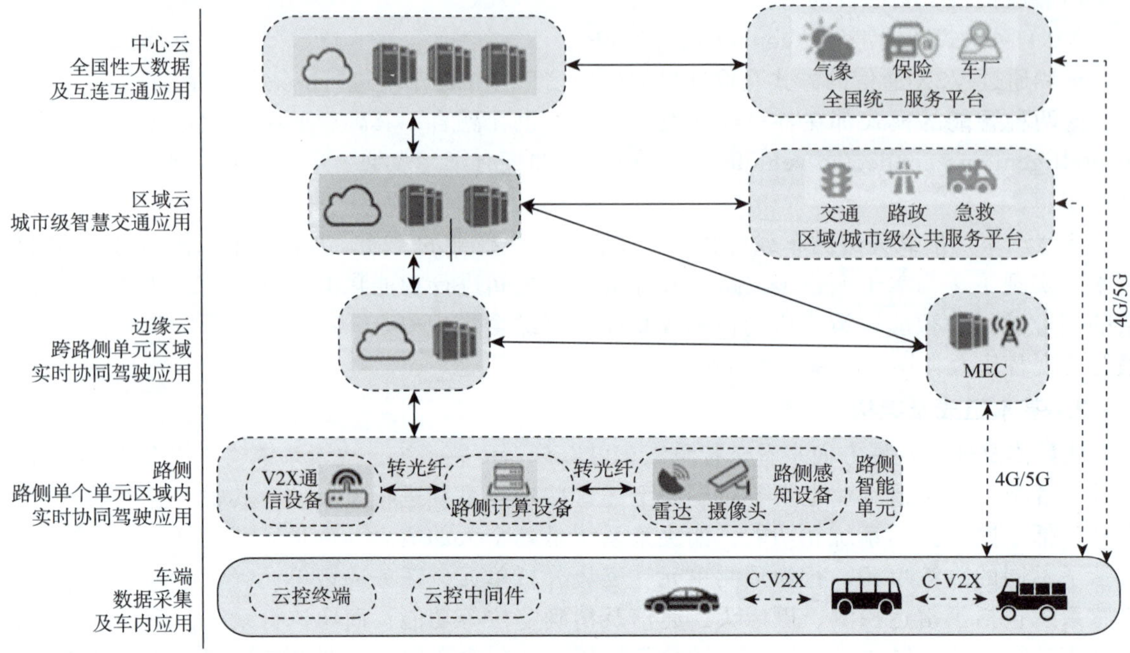

图 4-5 智慧汽车架构图

3. 产业体系架构

在工信部组织编写的《智能网联汽车技术路线图》中提到了我国智能网联汽车产业化发展的里程碑，共分为乘用车和商业车两个领域，乘用车产业体系架构图如图 4-6 所示，商业车产业体系架构图如图 4-7 所示。

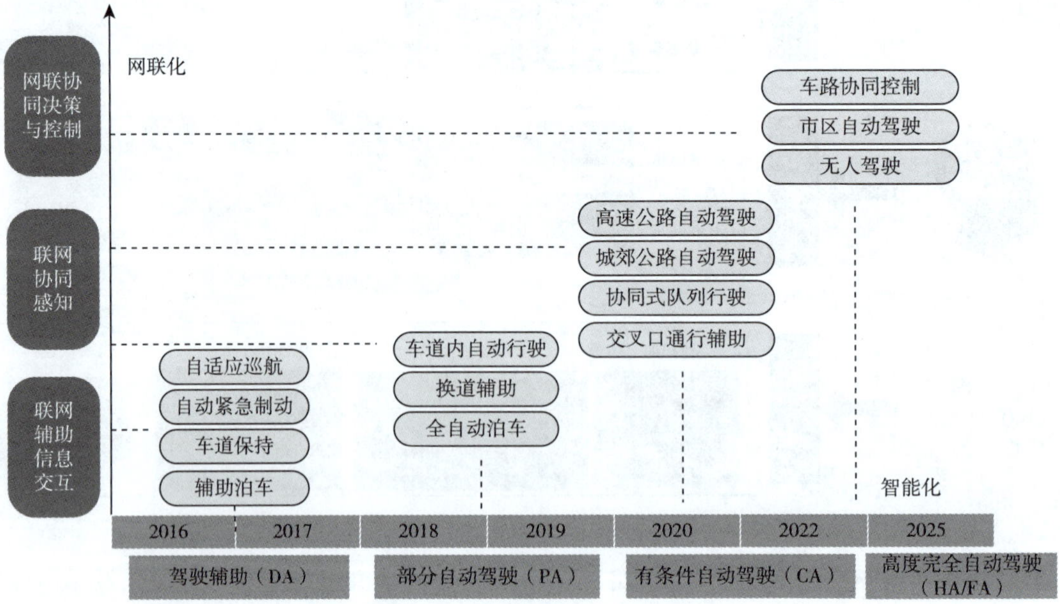

图 4-6 乘用车产业体系架构图

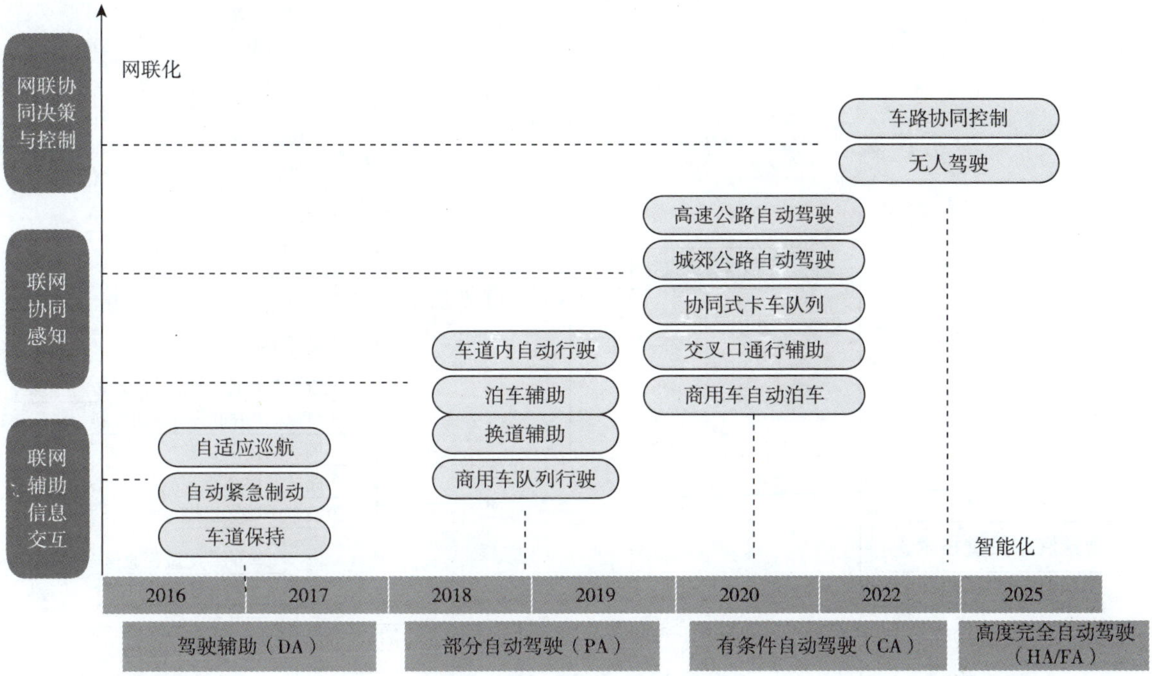

图 4-7 商用车产业体系架构图

4.2.2 智慧汽车工作原理

智慧汽车本身具备自主的环境感知能力，也是智能交通系统的核心组成部分，是车联网体系的一个节点，通过车载信息终端实现与车、路、人、云平台等之间的无线通信和信息交换。

通过学习，我们知道智能网联汽车主要是由感知系统、决策系统、执行系统和通信系统等组成，那这些系统是如何工作的呢？这就与系统所使用的关键技术密不可分，如汽车传感器、高精度地图、高性能芯片、V2X 通信、网络云平台、MEC、信息安全等。智慧汽车关键技术导图如图 4-8 所示。

1. 环境感知技术

环境感知包括车辆本身状态感知、道路感知、行人感知、交通信号感知、交通标识感知、交通状况感知、周围车辆感知等。设备包括视觉传感器、超声波雷达、毫米波和激光雷达等。视觉传感器通过模拟人的眼睛，利用环视摄像头合成汽车周围近距离的环境图像，单目摄像头通过调整焦距生成远距离图像。在视觉传感器中，摄像头的优势是能识别平面事物，尤其是色彩和文字标识，比如路口红绿灯或限速指示牌，也可和其他传感器互为备用（部分传感器故障），增加准确和安全系数。超声波传感器可以通过发射超声波和反射波辨别汽车到物体的距离。毫米波和激光雷达传感器基本原理也是通过电磁波或光波遇到障碍后的反射信号，实时计算出智能汽车与障碍物的距离和相对速度，汽车车头与车尾安装的 77 GHz 雷达能实时探测其他车辆的速度，并通过增加摄像头等传感器冗余度来提升安全系数。

在复杂的路况交通环境下，单一传感器是无法感知全部环境的，必须整合各种类型的传感器，利用传感器融合技术，使其为智能网联汽车提供更加真实可靠的路况环境信息。

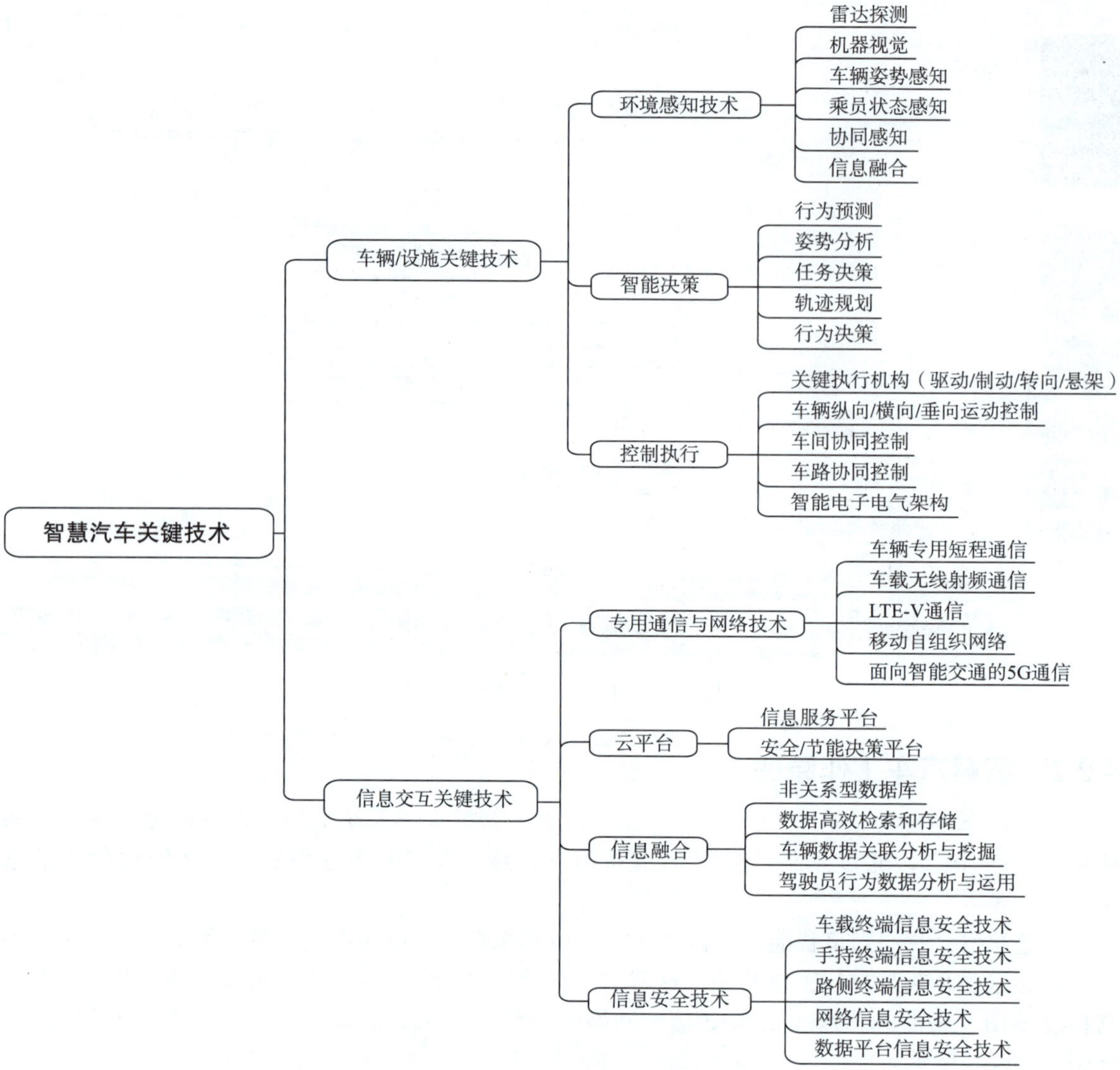

图 4-8　智慧汽车关键技术导图

2. 高精度地图与定位技术

位置信息精度越高，车联网相关业务成功率、安全性、可靠性越高，比如网联车精准停靠业务，其精度往往需要达到厘米级。在室外无遮挡场景下，通常采用的高精定位方法包括中国北斗、美国 GPS、欧洲伽利略、俄罗斯的 GLONASS 卫星导航系统和基于无线微蜂窝网络的 AOA 和 TOA 定位方法。而在卫星遮挡或受到干扰情况下位置定位技术更为复杂，如隧道或室内遮挡场景下定位，导航方法可以多元化，比如利用蓝牙、WLAN 等无线网络来实现遮挡场景下移动终端的定位技术，其定位精度可达米级，而采用超宽带技术甚至可达 0.1 米级精度，但需要布放大量的基础射频器件。部分商用市场采用综合定位方法比如 GPS+ 惯导、GPS+ 高精地图 + 摄像头识别算法（特征物匹配）等相关技术。定位精准度、环境复杂度与经济性之间的平衡，是室内定位系统开发的难点。

3. 高性能芯片

高性能芯片对多路高码率图像以及各种辅助信息实时的处理运算能力决定了车辆智能网联

的性能。同时高性能芯片影响车载智能决策及控制执行准确性，可靠性和及时性。因此与普通消费类电子芯片相比，车载芯片对可靠性要求更高，不仅对不良率和工作环境温度要求高，在设计周期和供货保障期上也更加长。目前国际主流车载芯片厂商包括 NXP、海思等。

4. 专用通信技术

智慧汽车要实现车路人及平台之间的信息交互，关键是通信技术，实现即时的互联网接入由长距离无线通信技术提供，目前主要使用 4G/5G 技术，其中 5G 技术，是车载长距离无线通信专用技术的关键。短距离通信技术有专用短程通信技术（DSRC）、蓝牙、Wi-Fi 等，其中 DSRC 重要性较高且亟须发展，它可以实现在特定区域内对高速运动下移动目标的识别和双向通信。

以 V2X 为例，vehicle to everything（V2X）是指车与车之间（V2V）、汽车与行人（V2P）、汽车与道路基础设施（V2I），以及汽车移动网络与云端（V2N）进行信息交换的一种通信方式。其主要有两种技术路线：基于 Wi-Fi 改变和进化来的 DSRC 通信技术与基于边缘蜂窝网络的 C-V2X 通信技术。C-V2X(Cellular-V2X，蜂窝车联网）技术目的是在车辆之间进行直接无线通信。C-V2X 由 3GPP 组织定义是基于蜂窝调制解调器技术。

5. 交通云计算与云存储关键技术

交通云计算与云存储需要依托云平台，云平台是基于硬件和软件的服务体系，能够为用户提供计算、网络和存储能力。云计算平台可以划分为三类：数据存储型云平台，数据处理云平台以及计算和数据存储处理兼顾的综合性云计算平台。智慧汽车其本质是大型的移动终端，利用云平台智能网联汽车决策系统稳定和安全运行提供了支持。

6. 信息融合技术

信息融合技术是指在一定准则下利用计算机技术对多源信息分析和综合以实现不同应用的分类任务而进行的处理过程，该技术主要用于对多源信息进行采集、传输、分析和综合，将不同数据源在时间和空间上的冗余或互补信息依据某种准则进行组合，产生出完整、准确、及时、有效的综合信息，智能网联汽车采集和传输的信息种类多、数量大，必须采用信息融合技术才能保障实时性和准确性。信息融合技术的关键是多接入边缘计算。

多接入边缘计算（multi-access edge computing，MEC），由边缘、核心和云数据中心三个部分组成。MEC 把云平台从移动核心网络内部引入到移动接入网边缘，有利于拓展和延伸计算机存储资源。MEC 第三方提供了具备延迟非常低、带宽高、实时访问性强云计算功能和在网络边缘的进行 IT 服务条件。

7. 信息安全与隐私保护技术

智能车网联化应用的基础是低时延、高可靠通信网络，它的推广将是物联网数量最大应用方向之一，因为车联网涉及人的生命财产安全和公共安全，其所关联的数据通信安全尤为重要。

智能网联信息安全包括车辆本身的应用系统安全与密钥安全，路侧单元安全，云平台安全，网络传输安全、链接设备安全等。因此在智能网联汽车中，必重视信息安全与隐私保护技术的研究。

除以上所述，智慧汽车的关键技术还包括先进驾驶辅助技术、人机界面技术（HMI）及异构网络融合等关键技术。这些技术的融合与发展，不断促进智慧汽车的发展与进步，相信不久的将来我们能感受到高级自动驾驶的智慧汽车。

工作任务　新能源汽车营销

工作任务布置及规划

<table>
<tr><td>学习领域</td><td colspan="6" rowspan="2">学习情境：智慧汽车营销巧手</td></tr>
<tr><td>智慧交通</td></tr>
<tr><td>姓　名</td><td></td><td>班　级</td><td></td><td>日　期</td><td colspan="2"></td></tr>
<tr><td rowspan="3">工作任务</td><td colspan="3" rowspan="3">新能源汽车营销</td><td rowspan="3">学时安排</td><td>课前</td><td>2 学时</td></tr>
<tr><td>课中</td><td>4 学时</td></tr>
<tr><td>课后</td><td>2 学时</td></tr>
<tr><td>工作任务描述</td><td colspan="6">调研新能源汽车市场行情，结合汽车理论技术学习，突出 ×× 新能源汽车优势，能按照客户要求，运用营销策略，提高汽车销售量</td></tr>
<tr><td>素质目标</td><td colspan="6">通过理论学习和任务实施，提高学生的爱国主义情怀，通过调研及方案设计及实施，激发学生的自主创新及创造意识，明白科技改变世界、技术改变未来</td></tr>
<tr><td>知识技能目标</td><td colspan="6">（1）通过不同途径，收集、调研新能源汽车 SWOT 分析（基于内外部竞争环境和竞争条件下的态势分析，S 是优势、W 是劣势、O 是机会、T 是威胁）
（2）在教师的指导下学习支撑知识微课，学会充分利用资源总结和归纳
（3）制定各种针对性营销方案，根据情况优化方案
（4）在教师及企业导师的指导下，选择最佳优化方案
（5）完成新能源汽车营销策划工作，撰写实施报告，分小组模拟营销实际情况</td></tr>
<tr><td>任务书</td><td colspan="6">杨洋是 ×× 新能源汽车公司的销售人员，主要负责公司新能源汽车的市场调研及销售；近期 ×× 新能源汽车公司新推出一款智慧汽车，该款车型搭载 L3 级别的自动驾驶系统，能够在特定路况下接近完全自动驾驶，并在特殊路况下发出警报，辅助驾驶。他需要按调研、分析、设计营销方案、方案实施、实施总结的流程开展工作……
车型主要特征包括以下内容。
（1）车身规格参数
（2）最高车速、功率 / 扭矩、悬挂及制动系统
（3）电池技术（充电时间、续航时间、电池保修）
（4）制造工艺
（5）智能配置（智能辅助驾驶系统、车载智能系统）
（6）安全配置
（7）车内部配置
（8）外观及个性化需求
详细参数请结合教师实际所选车型确定</td></tr>
</table>

准备开始

<table>
<tr><td>学习领域
智慧交通</td><td colspan="6">学习情境：智慧汽车营销巧手</td></tr>
<tr><td>姓　名</td><td></td><td>班　级</td><td></td><td>日　期</td><td colspan="2"></td></tr>
<tr><td rowspan="3">工作任务</td><td rowspan="3" colspan="3">新能源汽车营销</td><td rowspan="3">学时安排</td><td>课前</td><td>2 学时</td></tr>
<tr><td>课中</td><td>4 学时</td></tr>
<tr><td>课后</td><td>2 学时</td></tr>
<tr><td>任务分组</td><td colspan="6">
<table>
<tr><td colspan="6">学生任务分配表</td></tr>
<tr><td>班　级</td><td></td><td>组　号</td><td></td><td>指导老师</td><td></td></tr>
<tr><td>组　长</td><td></td><td>学　号</td><td colspan="3"></td></tr>
<tr><td rowspan="5">组　员</td><td>姓　名</td><td>学　号</td><td>姓　名</td><td>学　号</td><td>备　注</td></tr>
<tr><td></td><td></td><td></td><td></td><td rowspan="4"></td></tr>
<tr><td></td><td></td><td></td><td></td></tr>
<tr><td></td><td></td><td></td><td></td></tr>
<tr><td></td><td></td><td></td><td></td></tr>
<tr><td colspan="6">任务分工</td></tr>
<tr><td colspan="6"></td></tr>
</table>
</td></tr>
<tr><td>准备工作</td><td colspan="6">（1）完成“历史沿革及知识铺垫”部分课前学习，对于《新能源汽车产业发展规划（2021—2035 年）》《智能网联汽车技术路线图 2.0》及专业名词等内容重点学习掌握
（2）调查汽车关键参数
（3）组建团队，撰写营销计划并进行具体分工
（4）小组模拟营销实际进行角色分工，并熟练掌握营销技巧</td></tr>
</table>

工作任务单（工作任务一）

一阶任务：新能源汽车市场行情分析

<table>
<tr><td rowspan="2">一阶学习目标
（难度：易）</td><td rowspan="2">新能源汽车市场行情分析</td><td>专业引用技能</td><td>《交通工程》《通信技术》</td></tr>
<tr><td>情境引用技能</td><td>学习情境一</td></tr>
<tr><td>学思悟</td><td colspan="3">学习智能汽车蓝皮书《中国智能汽车发展综述》，分析新能源乘用车宏观环境（政治环境、经济环境、社会环境、技术环境）对智慧汽车发展的影响。</td></tr>
<tr><td>引导问题一</td><td colspan="3">进行汽车营销前，需要对新能源汽车市场行情进行分析调查，调查哪些车型？采用什么方法调查呢？</td></tr>
<tr><td>引导问题二</td><td colspan="3">采用 SWOT 分析法，结合市场调研，分析该新能源车型的 S 优势、W 劣势、O 机会及 T 威胁。</td></tr>
<tr><td>引导问题三</td><td colspan="3">通过调研，阐述该车型对比同类车型的优势和劣势。</td></tr>
</table>

工作计划

引导问题四

通过分析新能源汽车市场及对比该款车型优势及劣势，针对不同客户群，讨论应该突出该车型的哪些参数进行营销，形成针对性图表方案。

方案一：（针对预算不高的年轻群体）

车型参数				
该款车型参数				
对手车型 1 参数				
对手车型 2 参数				
⋮				

方案二：（针对预算较高的中年群体）

车型参数				
该款车型参数				
对手车型 1 参数				
对手车型 2 参数				
⋮				

方案三：（针对刚需的家庭用户）

车型参数				
该款车型参数				
对手车型 1 参数				
对手车型 2 参数				
⋮				

阶段性提交成果

□ 1.　提交调研数据报告

□ 2.　提交各种用户群体数据方案

教学资源

工作任务一微课　　引导问题样本　　案例

工作任务单（工作任务一）

二阶任务：新能源汽车营销策略

<table>
<tr><td rowspan="2">二阶学习目标
（难度：中等）</td><td rowspan="2">新能源汽车营销策略</td><td>专业引用技能</td><td>《交通工程》《通信技术》</td></tr>
<tr><td>情境引用技能</td><td>学习情境一</td></tr>
<tr><td>学思悟</td><td colspan="3">在模拟角色演练之前，大家一起来讨论汽车营销需要具备的岗位素质有哪些，如何体现出来呢？</td></tr>
<tr><td>引导问题一</td><td colspan="3">一阶任务的完成后，大家已经了解了新能源汽车的市场行情，也分析了针对不同的用户群体该车型的参数优势体现。请在任务一的基础上，分析汽车营销有哪些营销方法，并介绍这些营销方法。</td></tr>
<tr><td>引导问题二</td><td colspan="3">请分析该款汽车的核心竞争力是什么，如何进行目标市场选择？</td></tr>
</table>

模拟展示

引导问题三	请结合实际，完成汽车营销方案，小组分工进行角色扮演。
阶段性 提交成果	□ 1. 提交营销方案 PPT □ 2. 小组模拟销售场景
教学资源	工作任务二微课　引导问题样本　案例

工作任务单（工作任务一）

三阶任务：新能源汽车营销手段总结

<table>
<tr><td rowspan="2">三阶学习目标
（难度：难）</td><td rowspan="2">新能源汽车营销手段总结</td><td>专业引用技能</td><td>《交通工程》《通信技术》</td></tr>
<tr><td>情境引用技能</td><td>学习情境一</td></tr>
<tr><td>学思悟</td><td colspan="3">科技改变世界，技术改变未来，经过此前课程我们对新能源汽车现状有了一定的了解，我们一起来学习《新能源汽车产业发展规划（2021—2035 年）》，结合理论，发挥想象，共同讨论新能源汽车的未来发展。</td></tr>
<tr><td>引导问题一</td><td colspan="3">通过二阶任务的完成，针对该款车型已经进行了模拟销售，请针对之前的销售方案进行分析和总结，对比其他小组及学习内容，提出新的优化销售方案。</td></tr>
<tr><td>引导问题二</td><td colspan="3">新的优化方案有什么优点，改善了哪些问题？</td></tr>
</table>

总结分析

引导问题三	对比新销售方案及此前方案，小组成员分享讨论，总结分析收获，并详细记录。
阶段性提交成果	□ 1. 提交优化销售策略 □ 2. 提交实施总结
教学资源	工作任务三微课　引导问题样本　案例

工作任务提交报告

<table>
<tr><td>工作任务</td><td colspan="3">新能源汽车营销</td></tr>
<tr><td>姓　名</td><td></td><td>班　级</td><td></td></tr>
<tr><td>一阶任务提交清单</td><td colspan="3">1.
2.
3.</td></tr>
<tr><td>二阶任务提交清单</td><td colspan="3">1.
2.
3.</td></tr>
<tr><td>三阶任务提交清单</td><td colspan="3">1.
2.
3.</td></tr>
<tr><td colspan="4">工作任务完成后收获总结</td></tr>
<tr><td colspan="4"></td></tr>
</table>

工作任务评价反馈（学生自评）

学习领域	学习情境：新能源汽车营销					
智慧交通						
姓 名		班 级		日 期		
工作任务	新能源汽车营销					
评价项目	评价标准				分 值	得 分
新能源汽车基础数据调查	能使用正确的方法调查新能源汽车的相关数据				10	
汽车参数配置理解	能正确理解汽车各参数数据				10	
理解营销策略	能理解不同的营销方法和策略				10	
运用营销策略	能学会针对不同车型及不同用户群体突出车型优势和运用不同策略提高销售额及提高客户体验				15	
营销方案优化	通过学习和对比，能优化所设计的营销方案，使方案更吸引人				10	
总结分析	对比新旧方案，能学会总结和分析				5	
工作态度	态度端正，无缺席、迟到、早退现象				10	
工作质量	能按计划完成工作任务				5	
协调能力	与小组成员、同学之间能合作交流，协调能力强				5	
职业素养	营销岗位素质体现，耐心度及应变能力				5	
创新意识	通过销售车型的实际情况，结合新能源政策，大胆提出新能源汽车未来发展可能。创新设计和改进个性化销售策略方案				5	
知识拓展与迁移	通过工作任务全过程参与实施，能举一反三，对类似其他车型销售能找到共性的解决办法				5	
爱国情怀	通过该情境学习及任务一实施，是否能积极了解并认识到国家科技进步及科技力量，有为国家献出自己力量的爱国精神				5	
合 计					100	

工作任务评价反馈（学生互评）

<table>
<tr><td>学习领域</td><td colspan="15" rowspan="2">学习情境：新能源汽车营销</td></tr>
<tr><td>智慧交通</td></tr>
<tr><td>姓　名</td><td colspan="4"></td><td colspan="4">班　级</td><td colspan="2"></td><td colspan="3">日　期</td><td colspan="2"></td></tr>
<tr><td>工作任务</td><td colspan="15">新能源汽车营销</td></tr>
<tr><td rowspan="2">评价项目</td><td rowspan="2">分　值</td><td colspan="8" rowspan="2">等　级</td><td colspan="6">评价对象（组号）</td></tr>
<tr><td>1</td><td>2</td><td>3</td><td>4</td><td>5</td><td>6</td></tr>
<tr><td>计划合理</td><td>8</td><td>优</td><td>8</td><td>良</td><td>7</td><td>中</td><td>6</td><td>差</td><td>4</td><td></td><td></td><td></td><td></td><td></td><td></td></tr>
<tr><td>方案准确</td><td>8</td><td>优</td><td>8</td><td>良</td><td>7</td><td>中</td><td>6</td><td>差</td><td>4</td><td></td><td></td><td></td><td></td><td></td><td></td></tr>
<tr><td>团队合作</td><td>8</td><td>优</td><td>8</td><td>良</td><td>7</td><td>中</td><td>6</td><td>差</td><td>4</td><td></td><td></td><td></td><td></td><td></td><td></td></tr>
<tr><td>组织有序</td><td>8</td><td>优</td><td>8</td><td>良</td><td>7</td><td>中</td><td>6</td><td>差</td><td>4</td><td></td><td></td><td></td><td></td><td></td><td></td></tr>
<tr><td>工作技能</td><td>8</td><td>优</td><td>8</td><td>良</td><td>7</td><td>中</td><td>6</td><td>差</td><td>4</td><td></td><td></td><td></td><td></td><td></td><td></td></tr>
<tr><td>工作效率</td><td>8</td><td>优</td><td>8</td><td>良</td><td>7</td><td>中</td><td>6</td><td>差</td><td>4</td><td></td><td></td><td></td><td></td><td></td><td></td></tr>
<tr><td>工作完整</td><td>10</td><td>优</td><td>10</td><td>良</td><td>8</td><td>中</td><td>5</td><td>差</td><td>3</td><td></td><td></td><td></td><td></td><td></td><td></td></tr>
<tr><td>工作规范</td><td>16</td><td>优</td><td>16</td><td>良</td><td>12</td><td>中</td><td>7</td><td>差</td><td>3</td><td></td><td></td><td></td><td></td><td></td><td></td></tr>
<tr><td>素质体现</td><td>16</td><td>优</td><td>16</td><td>良</td><td>12</td><td>中</td><td>7</td><td>差</td><td>3</td><td></td><td></td><td></td><td></td><td></td><td></td></tr>
<tr><td>成果展示</td><td>10</td><td>优</td><td>10</td><td>良</td><td>8</td><td>中</td><td>5</td><td>差</td><td>3</td><td></td><td></td><td></td><td></td><td></td><td></td></tr>
<tr><td>合　计</td><td>100</td><td colspan="8"></td><td></td><td></td><td></td><td></td><td></td><td></td></tr>
</table>

工作任务评价反馈（教师综合评价）

学习领域		学习情境：新能源汽车营销		
智慧交通				
姓 名			班 级	
			日 期	
工作任务		新能源汽车营销		
评价项目		评 价 标 准	分 值	得 分
考勤（10%）		无迟到、早退、旷课现象	10	
工作过程（75%）	分析	能正确认识和分析新能源车型参数	5	
	调查	能使用正确的方法调查分析新能源汽车SWOT	10	
	数据分析对比	能使用Excel或者其他图表工具绘制分析同类车型参数对比	5	
	核心竞争力	能正确分析归纳该车型的核心竞争力	10	
	目标群体	能正确定位该款车型目标群体	10	
	模拟场景	场景扮演表现力及岗位素质体现	10	
	营销方案优化	能根据各小组展示结果进行学习和对比，总结分析优化营销方案	5	
	工作态度	态度端正，工作认真、主动	10	
	工作完整	能按计划完成工作任务	5	
	协调沟通	与小组成员、同学之间能合作交流，协调能力强	5	
	职业素养	具有营销岗位要求的素质、耐心度应变能力和创新创造能力	5	
项目总结（15%）	技能提升	通过销售车型的实际情况，结合新能源政策，大胆提出新能源汽车未来发展可能。创新设计和改进个性化销售策略方案	5	
	拓展外延	通过工作任务全过程参与实施，能举一反三，对类似其他车型销售能找到共性的解决办法	5	
合 计			100	

综合评价	学生自评（20%）	学生互评（30%）	教师综合评价（50%）	综合得分

实践操练

1. 传统汽车产业给人们带来诸多方便的同时也带来了环境污染、交通拥挤、能源危机等问题。随着科技的进步，绿色环保低碳理念的观念逐步深入人心，新能源汽车在国家政策的发展之下，进入了我们的视野。结合新能源汽车现状及《新能源汽车产业发展规划（2021—2035 年）》，谈谈如何提高新能源汽车在公用及个人领域的销售量及使用率。

2. 发展新能源汽车是我国从汽车大国迈向汽车强国的必由之路，是应对气候变化、推动绿色发展的战略举措。一起分析学习《新能源汽车产业发展规划（2021—2035 年）》《智能网联汽车技术路线图 2.0》，探讨新能源汽车发展和智慧汽车发展的联系及两者的发展方向。

学习笔记

学习情境五

智慧城市交通运营强手

岗位知识对应图

岗位知识对应图如图 5-1 所示。

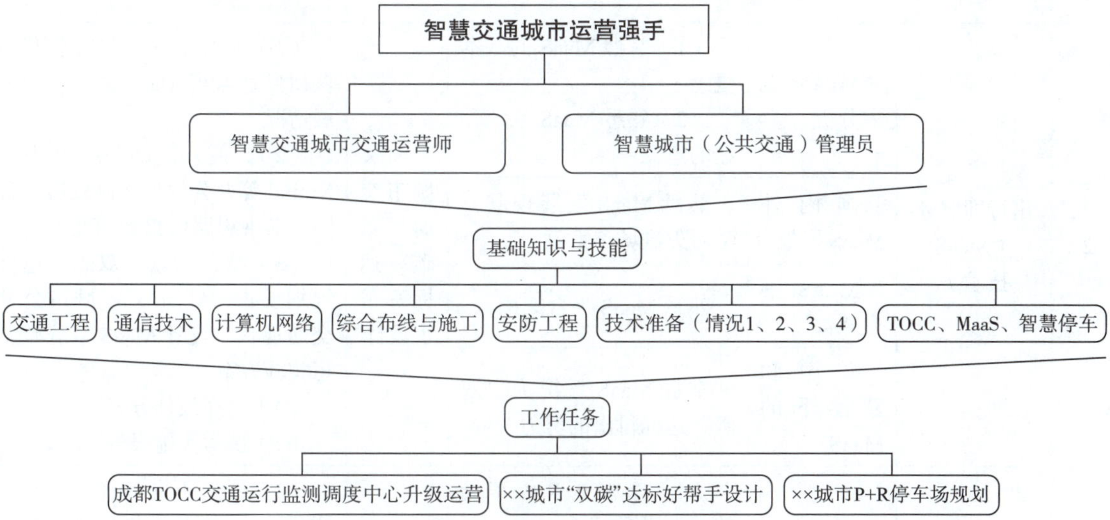

图 5-1　岗位知识对应图

学习内容及情境设计

学习内容及学习情境设计如表 5-1 所示。

表 5-1　学习内容及学习情境设计

<table>
<tr><th>序号</th><th>学习主线</th><th>学习分支</th><th>学习要求</th><th>工作任务</th><th>技能训练</th></tr>
<tr><td rowspan="3">1</td><td rowspan="3">智慧城市交通（TOCC）基本架构及工作原理</td><td>什么是TOCC</td><td>掌握 TOCC 的基本概念</td><td rowspan="3">成都TOCC交通运行监测调度中心升级运营</td><td rowspan="3">（1）通过不同途径，梳理××城市 TOCC 交通运行监测调度中心建设发展情况
（2）使用 OFFICE、WPS、Xmind 等办公软件绘制发展流程图，实现思路由繁到简能力
（3）结合国家数字化交通发展政策规划，针对××城市 TOCC 现行运行缺陷，指明升级规划方向
（4）撰写实施报告</td></tr>
<tr><td>TOCC 的基本结构和应用领域</td><td>（1）掌握 TOCC 基本结构框架
（2）掌握交通运行监测调度中心（TOCC）需求分析</td></tr>
<tr><td>TOCC 现状及发展方向</td><td>（1）熟悉 TOCC 发展现状，学习先进城市案例
（2）熟悉 TOCC 发展方向</td></tr>
<tr><td rowspan="4">2</td><td rowspan="4">出行即服务（MaaS 技术）</td><td>MaaS 需求分析</td><td>（1）掌握 MaaS 的基本概念
（2）熟悉 MaaS 系统存在的意义</td><td rowspan="4">××城市交通“双碳”达标好帮手设计</td><td rowspan="4">（1）通过不同途径，收集、调研发达城市 MaaS 系统建设发展情况
（2）使用 Office、WPS、Xmind 等办公软件绘制发展流程图，实现思路由繁到简能力
（3）结合国家“双碳”达标规划要求，针对××城市公共交通现状，设计 MaaS 系统碳普惠实施方案
（4）选择最佳方案
（5）撰写实施报告</td></tr>
<tr><td>国内外 MaaS 发展</td><td>熟悉 MaaS 发展现状，学习先进城市案例</td></tr>
<tr><td>MaaS 平台架构</td><td>熟悉 MaaS 平台架构</td></tr>
<tr><td>碳中和意愿下的 MaaS</td><td>掌握 MaaS 系统为“双碳”达标付出的努力</td></tr>
<tr><td rowspan="2">3</td><td rowspan="2">智慧停车</td><td>P+R 停车场</td><td>（1）掌握 P+R 停车场的基本概念
（2）熟悉 P+R 停车场发展情况
（3）熟悉 P+R 停车场发展方向</td><td rowspan="2">××城市P+R 停车场规划</td><td rowspan="2">（1）通过不同途径，收集、调研××城市公共交通系统建设发展情况
（2）使用 Office、WPS、Xmind 等办公软件绘制发展流程图，实现思路由繁到简能力
（3）结合我国实现“双碳”目标的主要途径，具象设计所在城市某条轨道线路沿线 P+R 停车场
（4）选择最佳方案
（5）撰写实施报告</td></tr>
<tr><td>智慧停车产业</td><td>熟悉我国智慧停车产业发展状况，特别是龙头企业设计的典型案例</td></tr>
</table>

历史沿革及知识铺垫

5.1　智慧城市交通发展背景

智能交通技术是在互联网、物联网、信息化、高新技术的相互促进下发展起来的，重点解决交通拥堵、交通事故以及当下严重的环境污染等一系列问题而产生的信息化交通技术。近几年在大数据、5G 技术、物联网技术的发展大背景下，“智能交通”逐步向“智慧交通”过渡发展，如图 5-2 所示。

图 5-2　智慧交通城市发展

提到“智慧交通”，人们很容易联想到自动驾驶，但“智慧交通”不止自动驾驶，还有 5G、人工智能、云计算等、数据大脑。安全是自动驾驶大规模落地的难题之一。面对车端单点无法破解的这些难题，系统性的“车—路—云”解决方案为行业提供了新答案。该方案在单车智能的基础上，引入路测感知，再利用 V2X、5G 等无线通信技术实现“车—路—云”之间的信息交互，从而帮助自动驾驶车队提前做好路径规划，实现更加稳定安全的自动驾驶。“车—路—云”一体化自动驾驶的优势，不仅仅是解决单车智能的安全和成本难题，还承载着实现智慧交通的使命。

《交通强国建设纲要》提出“由各种交通方式相对独立发展向更加注重一体化融合发展转变”“推进数据资源赋能交通发展，加速交通基础设施网、运输服务网、能源网与信息网络融合发展、构建泛在先进的交通信息基础设施、构建综合交通大数据中心体系、深化交通公共服务和电子政务发展”。

城市建设，交通先行。在“新基建”的推动下，智慧交通已经成为中国交通发展的新方向，成为国家打造交通强国的重要环节。越来越多的科技企业正在与地方政府共建基于数字化的新型城市基础设施建设体系，打造“全域覆盖、统一思考、协调调度”的城市大脑，为城市内各类智慧出行、智慧管理和精细化城市运营赋能，打造基于数字底座的全域碳中和智慧城市。

2021 年 10 月 25 日，交通运输部正式发布了《数字交通“十四五”发展规划》，明确了未来五年我国的数字交通发展目标。到2025年，实现“交通设施数字感知，信息网络广泛覆盖，运输服务便捷智能，行业治理在线协同，技术应用创新活跃，网络安全保障有力”六个目标。“十四五”期间数字交通发展的总体任务，可以简单地划为“一脑、五网、两体系”，其中，“一脑”为打造综合交通运输“数据大脑”；“五网”为构建交通新型融合基础设施网络、部署北斗、5G等信息基础设施应用网络、建设一体衔接的数字出行网络、建设多式联运的智慧物流网络、升级现代化行业管理信息网络；“两体系”为培育数字交通创新发展体系、构建网络安全综合防范体系。

智慧交通的未来发展，核心还在于协同，即如何协同让大量的数据的应用在更大范围内发挥作用。而在交通系统内的协同之外，未来，基于交通数据的城市管理协同，也有着更为广阔的想象空间。比如，地铁的人流量可以给商场、超市规划选址提供决策参考；区域间的交通流通数据，可以为城市规划、高速公路和城际铁路等项目的修建提供依据；汛期的交通监测数据，可以为水务部门排涝提供及时提醒……智慧交通大有可为，将为社会创造更大的价值。

5.2 智慧城市交通（TOCC）基本架构及工作原理

5.2.1 什么是TOCC

交通运行监测调度中心（transportation operations coordination center，TOCC），如图5-3所示。TOCC围绕综合交通运输协调体系的构建，实施交通运行的监测、预测和预警，面向公众提供交通信息服务，开展多种运输方式的调度协调，提供交通行政管理和应急处置的信息保障。TOCC是综合交通运行监测协调体系的核心组成部分，实现了涵盖城市道路、高速公路、国省干线三大路网，轨道交通、地面公交、出租汽车三大市内交通方式，公路客运、铁路客运、民航客运三大城际交通方式的综合运行监测和协调联动，在综合交通的政府决策、行业监管、企业运管、百姓出行方面发挥了突出的作用。

图5-3 交通运行监测调度中心

5.2.2　TOCC 的基本结构和应用领域

国内的 TOCC 基本上是因为大型活动推动建设，最先由北京、上海、广州、深圳等一线城市开始建设应用，而后如杭州、青岛、南京等举办过大型活动的城市也开始投入 TOCC 建设。因为大型活动交通运行保障需要协调各部门与交通相关数据汇聚，并进行一些协调性综合性的应急指挥和综合监测等工作。TOCC 建成后，交通运输信息化部门发现这种模式非常好，很多城市去北上广深杭等地学习，一些省会城市开始建设应用。现在大部分省会城市都已经建成应用，并逐步向二三线城市扩展，江浙一带的县区也开始建设应用。

各地 TOCC 结构层次各不相同，如图 5-4、图 5-5 所示，但总体都包含了五大体系，即运行监测、信息服务、监测数据、数据处理以及协调调度。TOCC 包含四个中心，一个平台，一个基地，分别是交通信息资源整合与服务中心；综合交通运行监测与协调中心；交通信息化应用技术研发中心；交通行业信息化统筹推进中心；交通信息化专业人才聚集平台；交通委系统人才培养储备基地。

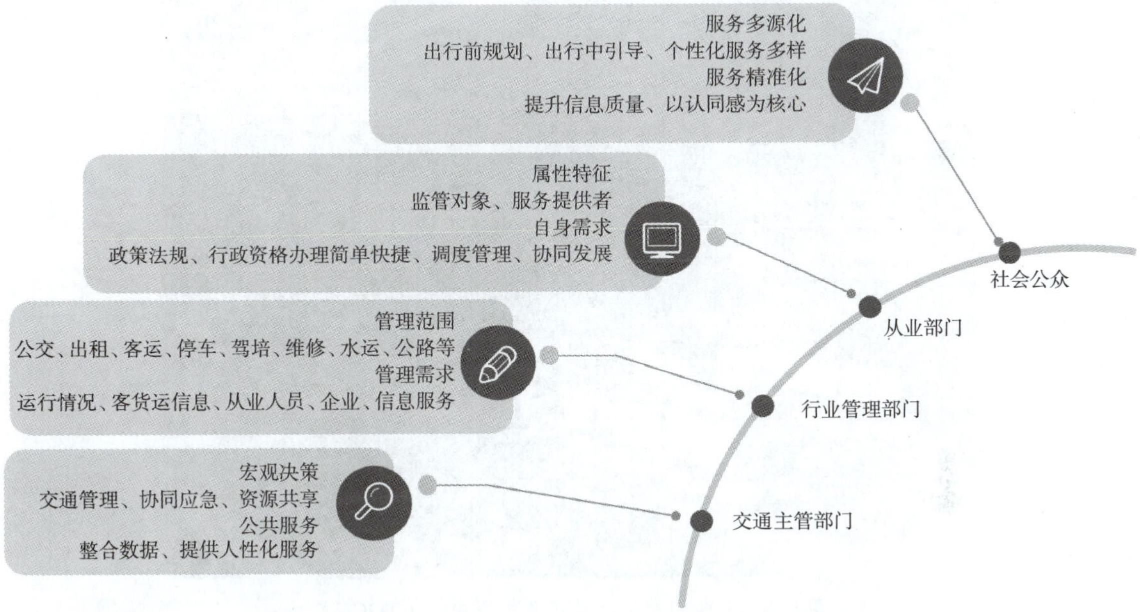

图 5-4　交通运行监测调度中心（TOCC）需求分析图

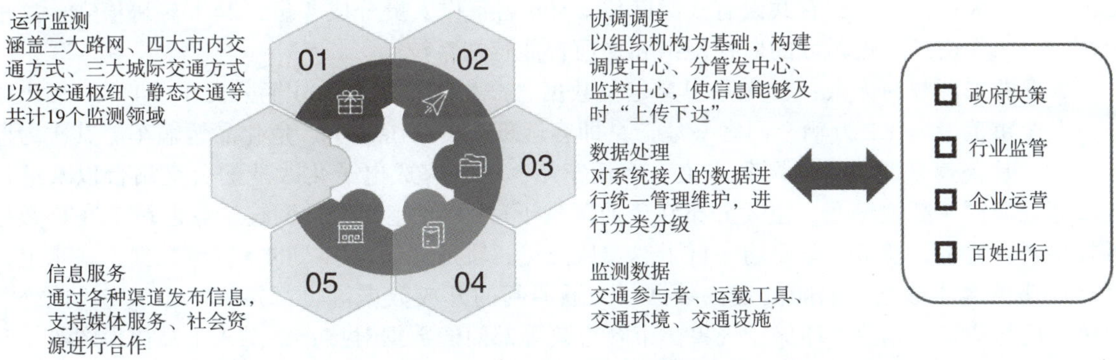

图 5-5　交通运行监测调度中心（TOCC）五大体系

5.2.3 TOCC 现状及发展方向

“新基建”棋局下，各地 TOCC 建设抓住机遇、加强筹划和深入发展。如河北省构建交通运输大数据中心体系，推进全省交通数字资源云中心建设，打造智慧中枢。四川省提出推进“数字交通”建设，加快构建全省综合交通大数据中心体系。

1. 苏州市交通运输应急指挥中心（TOCC）

苏州市交通运输应急指挥中心（TOCC）平均每天产生的 512 TB 视频存量，4 200 万条卫星定位数据，如同一个活跃的超强“大脑”，苏州大交通运输领域的一举一动，时刻都在大数据监控覆盖之下。通过几年的建设、运作、完善，苏州市交通运输应急指挥中心的职能从原来的“行业监管全覆盖、应急处置全过程、数据分析全领域、信息发布全天候”模式，向“强化行政执法事中事后监管，强化行政服务聚焦惠民”的“两强”重点进行深化，如图 5-6 所示。

图 5-6 苏州市交通运输应急指挥中心（TOCC）

苏州 TOCC 指挥大厅内，一幅面积为 132 m^2 的监控大屏，由 64 块电子显示屏拼接而成。面向大屏，大厅内从左到右共设有 3 类席位，100 名工作人员分成 4 班，24 h 轮班值守。这里有覆盖全市大交通运输领域的监控网络和交通智能感知系统。

数据的来源颇为庞杂：首先是卫星定位数据，产生于市区 5 000 辆公交车、4 800 辆出租车以及全市范围内 1.2 万辆“两客一危”，即客运班车、旅游包车、危化品运输车。其次为监控视频，从高速公路、普通国省干道、客运车站、已经完成电子化改造的公交站台以及港口码头等处源源不断地输送。主要分布在普通国省干道的 58 座交通量调查站点也是 TOCC 数据的提供者，流量、车型、车速均一目了然。从公交、轨道交通，引入的是客流数据；在水上，客运码头的客流数据、船舶的定位数据、交通船闸的开放数据等也都接入了 TOCC。此外，TOCC 还与公安、旅游、环保、气象、市容市政等部门的数据对接，并融入了高德地图等第三方数据。TOCC 的监管范围如图 5-7 所示。

图 5-7　苏州市交通运输应急指挥中心（TOCC）监管范围

据介绍，全方位的交通大数据，其作用主要有两个方面。其一为监管决策提供参考，公路、铁路、城市客运、苏州境内高速、水上交通等各类动态数据与苏州交通应急指挥电子图叠加，可实时呈现苏州水陆交通运行态势，为分析研判提供依据，同时发现情况可第一时间开展应急处置等。其二是对公众发布相关报告，例如节日出行提示、流量、堵点预测等。

TOCC周报的一大内容，便是统计分析苏州交通路网运行情况，涉及交通量、车速、拥挤度、客货车占比情况、收费站及进出省界通道的车流量、G204流量等。对反复观测到的拥挤路段，便可有针对性地加大巡查力度，制定长效管理措施，以消除安全隐患，提升出行体验。

各类数据组合叠加开发出的夜经济热力图、交通事件监测图、节假日运行情况分析图、全市路网运行分析图等，则可掌握不同角度、不同层次的“交通+”，即苏州交通运输与城市社会经济发展的各类互动关系。TDCC发展方向如图5-8所示。

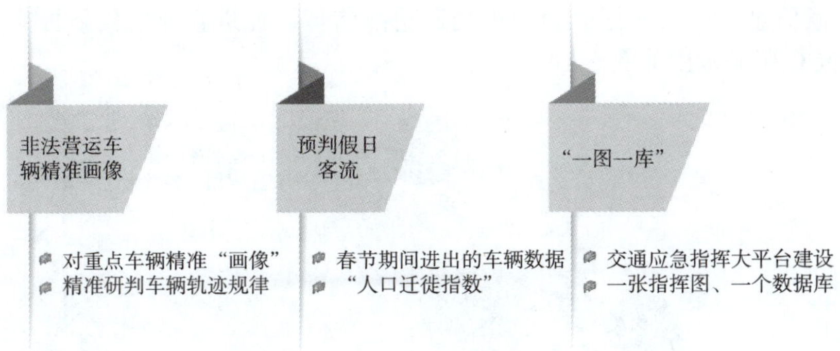

图 5-8　苏州市交通运输应急指挥中心（TOCC）发展方向

2. 成都——西部TOCC“样本”

成都TOCC是成都智慧交通建设的核心与顶层平台，主要承担交通运输行业数据汇集管理、交通运行监测、辅助决策、应急协同以及综合信息服务等职能。以“一中心两平台”

为主要建设内容，成都 TOCC 有力发挥“情报板”“衔接器”“指挥棒”三大功能。2020 年底，成都 TOCC 一期项目建成，完成了一中心两平台的建设，包括一个数据中心，一个支撑平台和一个应用平台，共配置服务器 151 台，网络设备 38 台，设立了专用网络链路 24 条，以及占地 290 m^2 的监控指挥中心。数据中心采用国内最先进的数据中台技术作为大数据底座，应用平台采用了国内最先进的应用中台技术作为技术底座。成都 TOCC 如图 5-9 所示。

图 5-9　成都市交通运行协调中心（TOCC）

成都市交通运行协调中心 TOCC 服务对象主要是政府、企业和公众，总体目标是解决交通信息孤岛问题，通过全市交通大数据的集成管理，让政府各部门、企业、市民掌握必要、完整、及时准确的交通信息，以大数据驱动城市交通精准治理，促进企业的创新提能，服务市民的便捷出行。TOCC 服务范围如图 5-10 所示。

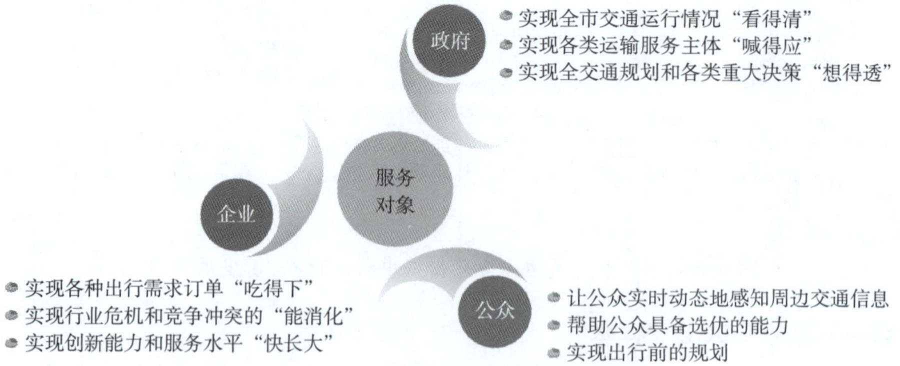

图 5-10　成都市交通运行协调中心（TOCC）服务范围

随着成都市交通运行协调中心 TOCC 一期建成与投入使用，相关部门一直坚持与业务部门和企业深度沟通，虚心学习，在明确业务工作的中的重点和难点问题之后，运用大数据思维和专业技术能力，不断引导业务部门和企业明确提出更具业务针对性的大数据和应用功能需求，从而保障平台提供的功能和数据的实用性，同时有了二期工程的规划与实施。二期的工作将围绕数据感知、智慧决策、业务管理、信息服务等方面，充分发掘交通大数据价值，促进数字与实体的结合。

3. TOCC 发展方向

TOCC 是城市智慧交通建设的新起点。ITS 发展趋势出现了协同运营的综合交通管控、安全智能的无人驾驶系统、开放共享的交通智能化服务等观点，这些都离不开 TOCC 的支撑，TOCC 的数据资源、协同能力、应用场景都是 ITS 创新发展的基础。TOCC 是城市交通大脑最佳的承载平台，未来智慧城市、ITS 将从 TOCC 再出发。

TOCC 是交通新基建的新热点。2020 年，“新基建”奏响经济建设主旋律，涉及信息基础设施、融合基础设施、创新基础设施。一方面，TOCC 的建设要以数据中心、智能计算中心等信息基础设施为基础，有利于带动信息基础设施的布局和建设的；另一方面，TOCC 就是典型的融合基础设施，属于打造融合高效的智慧交通基础设施的范畴。

TOCC 是交通数字经济发展的新样板。《关于构建更加完善的要素市场化配置体制机制的意见》全面系统地指明了如何发挥市场配置数据资源的作用。而数据作为一种新型生产要素写入中央文件中，体现了互联网大数据时代的新特征。交通行业是数据密集型行业，TOCC 本质就是一个大数据中心，通过数据赋能，可以产生一系列交通数字经济新业态。

5.3 出行即服务（MaaS 技术）

出行即服务（mobility as a service，MaaS）于 2014 年在芬兰召开的欧盟 ITS 年会上被首次正式提出，指通过一个服务提供商的界面来实现满足用户各类出行需求的服务模式，通过整合不同交通方式，从而为客户提供量身定制的出行“套餐”。MaaS 具有共识的 5C 特征，一是便捷性（convenience）；二是可选择性（choice）；三是经济性（costs）；四是定制化（customization）；五是低碳性（carbonless）。MaaS 是一种广义的公共出行服务，它的目标是通过各种公共出行模式间的高效组合，具备可与私人小汽车出行竞争的能力，进而实现出行更加低碳、可持续、系统最优这一社会目标。MaaS 智慧出行全链条如图 5-11 所示。

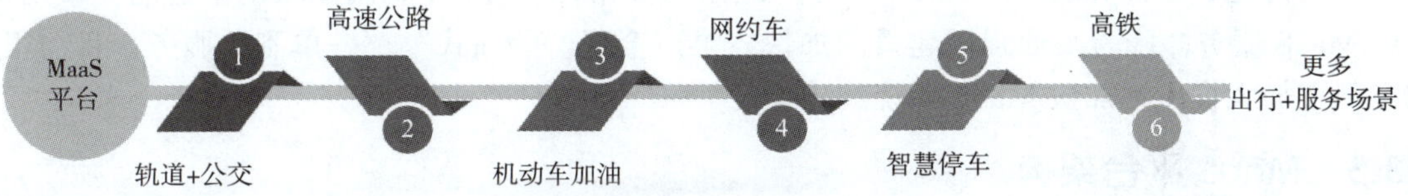

图 5-11　MaaS 智慧出行全链条

5.3.1　MaaS 需求分析

我国大城市普遍面临行车、停车、乘车、候车等出行难题。城市交通系统属于复杂巨大的系统，想要提高出行的服务水平，必须从整个系统层面进行优化，而对于某个单一子系统的优化往往由于约束较多导致效果不佳。

随着人们消费水平的提高以及移动互联网技术与交通领域的深度融合，共享出行得到广大用户的青睐而快速发展，共享出行在一定程度上满足了人们个性化出行偏好的需要，至少在出行困难时有了新的选择。共享出行尤其是网约化机动化出行绝大部分仍然是私人机动化模式，只是由个人拥有车辆的私人机动化出行转变为了无须拥有车辆的私人机动化出行。我们国家由于人均能源资源环境压力大，不可能像发达国家一样大力发展私人机动化模式，所以从出行模式而言应该鼓励集约化出行。

近年来，数字化技术的快速发展为交通系统的整合升级提供了可靠的技术保障，许多企业已经在尝试利用数字化技术对出行进行改善，而传统交通管理部门对于这一新兴趋势却并未做出及时反应。在这样一个机遇频现的背景下，MaaS 理念为破解这一系列问题提供了一个新的思路，“出行即服务”应运而生。

5.3.2 国内外 MaaS 发展

自从 MaaS 的概念被明确提出以来，迅速在全球交通领域被传播，众多的城市和单位都开始关注并推动 MaaS 的尝试和发展。

谈到 MaaS 的发展就不得不提到 Whim，作为在芬兰赫尔辛基发展起来并实际运行的出行平台，很大程度上体现了真正 MaaS 理念。Whim 已经在赫尔辛基正式运行超过三年，合作方共有 9 家，其中 6 家是租赁车辆、出租车平台，另外 3 个合作方分别为规模较小的拼车平台 GOVEHO、欧洲最大规模的互联网租赁自行车运营商 TIER 以及赫尔辛基当地的运输管理局 HSL – HRT。Whim 整合了公共交通、互联网租赁自行车、车辆租赁、出租车、拼车等交通资源，可以认为其实现了对于城市级别的交通资源整合。目前，Whim 已经将业务扩展到了英国、新加坡、日本等国家。

UbiGo 是 2013 年在哥德堡进行的 MaaS 理念的实验，其出现的时间甚至早于 MaaS 概念明确的时间。与 Whim 相比 ,UbiGo 在斯德哥尔摩的合作规模相比 Whim 要小一些。UbiGo 与当地的斯德哥尔摩交通运输局合作，但与非官方的运输提供商合作的较少，尤其是出租车平台仅与 CABONLINE 有合作；车辆租赁平台部分自营，部分与 Hertz 合作；互联网租赁自行车方面，UbiGo 选择了本国企业 Jonno。UbiGo 可归纳为一个中度整合了交通资源，但是价格高于公共交通的 MaaS 方案，其特色在于消费者可以根据自身需求自由组合套餐，支付环节可以在月末统一完成，并且能够整合家庭的账单。

2019 年，中国市场开始推动 MaaS 试点应用。广州在“羊城通出行”“如约巴士”“如约的士”等平台上搭建了公共交通一站式出行平台。北京与高德开展合作，利用互联网平台的存量用户，推广 MaaS 服务。随着交通强国建设的加快，推广全程“一站式”“一单制”服务，目前很多城市都在加大投入，加快 MaaS 系统的建设。

5.3.3 MaaS 平台架构

MaaS 平台的本质是基于大数据的一体化出行服务平台，通过整合、处理、利用多源数据信息，为用户提供定制化的一体化出行服务，同时为平台运营商日常运营维护和服务开发者创新设计提供便利。MaaS 结构平台架构如图 5-12 所示。

MaaS 平台整合的地面公交、轨道交通、出租车、网约车、互联网租赁自行车等诸多交通运输工具实则是一个个取之不竭的数据源，是 MaaS 平台的基础，或是“动力源”。一系列交通数据在中间层经过处理、分析、存储，形成数据平台。数据服务层作为上层应用程序与数据中台之间的接口，为第三方开发者提供了统一的、便捷的数据调用服务。最终，数据开发者基于中台储备的数据资源，不断推出新的应用服务并优化既有应用服务，提升消费者的出行服务体验。

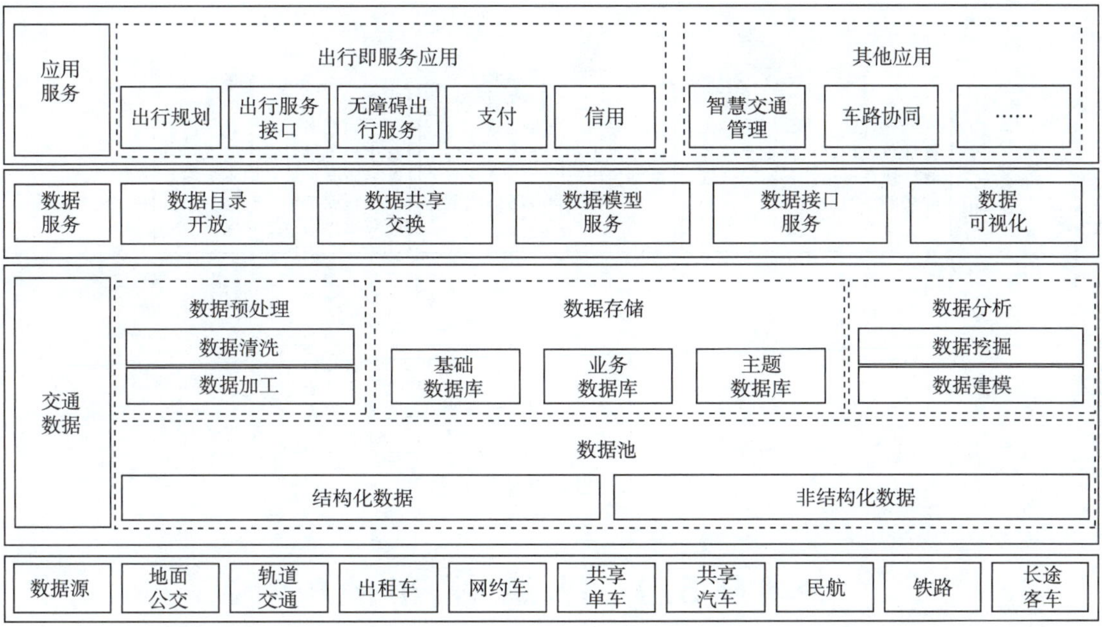

图 5-12 MaaS 结构平台架构

5.3.4 碳中和意愿下的 MaaS

MaaS 具有明显的低碳出行特征，在“双碳”目标背景下，MaaS 的碳中和效益不容忽视。由于 MaaS 的工作过程是将各种公共交通方式及私人运输服务进行整合，然后为出行者进行门到门（door to door）的行程规划、订座、票据及付费等，最后通过出行者手持终端的单一 App 提供交通服务，就能满足出行者的 OD（origin 起点 - destination 目的地）交通需求。这种方法解决了出行者的“换乘困难”及“最后一公里”两大难题，通过 MaaS 改变出行者的交通观念，降低了对私家车和其他传统交通方式的依赖。使用 MaaS 出行，不仅可以节约停车占用的越来越宝贵的都市空间，还不会因此占用道路资源，并且减少了温室气体的排放，是一条降低交通带来的空气污染的有效途径，更有利于社会资源的高效使用。

作为管理部门可以从节能减排的角度，采用碳积分奖励的方法，来吸引出行者使用 MaaS 出行：每使用一次 MaaS 出行，根据里程数据可以获得相应的减碳量积分，当积分达到一定额度，就可以享受出行费用的优惠，以经济杠杆吸引出行者采用 MaaS，使每一次的 MaaS 使用都留下低碳环保交通的痕迹。

通过这样的良性循环，依托 MaaS 这一全新出行服务，将长距离出行进行分段解构，实现多方式协同及一体化品质提升，提高长距离出行链中绿色出行比例，助力碳中和目标下出行体系的零碳转型。出行群体跃升示意如图 5-13 所示。

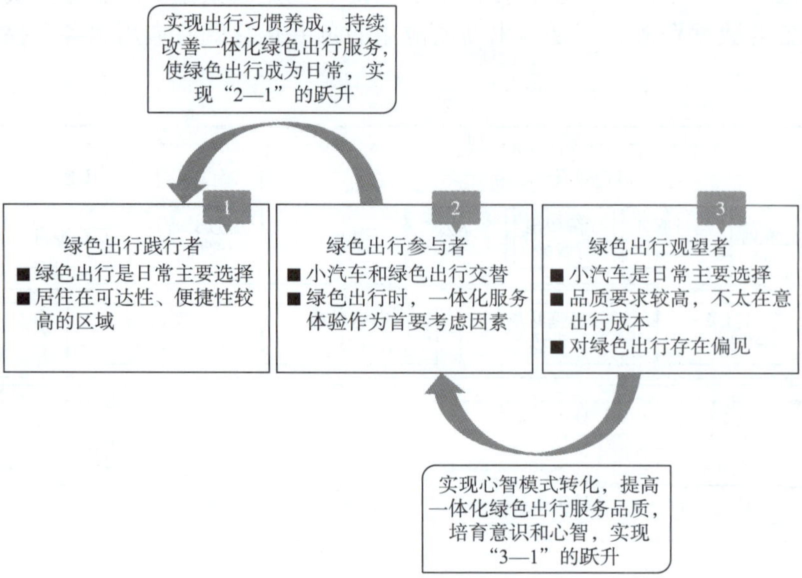

图 5-13　出行群体跃升示意

5.4　智慧停车

5.4.1　P+R 停车场

1. 什么是 P+R 停车场

P+R（park and ride）停车场即换乘停车场，早上驾车停进 P+R 停车场，然后去换乘地铁抵达工作单位，下班后再坐地铁到达停车场，驾车回家。它是缓解城市交通拥堵问题的重要手段之一。在我国，目前将 P+R 停车场定位为具有公益性质的停车设施，如图 5-14 所示。

图 5-14　P+R 停车场

在城市建设的浪潮当中，P+R 停车场涉及多个话题，包括缓解停车难、新基建、数字化改造、动态交通和静态交通的平衡、出行效率等很多方面。民众所最看重的还是 P+R 停车场为出行带来便利性，也就是说，P+R 停车场的选址、规模是否确保了个人的出行需求？

2. P+R 停车场发展情况

伴随着地铁 5 号线的开通，北京在 2007 年出现了第一座 P+R 停车场，这是国内最早出现的 P+R 停车设施。截至 2020 年 12 月底，北京市 P+R 停车场一共有 41 处。经历了十多年的发展，P+R 停车场在缓解拥堵、减少排放等方面起到了积极的作用。上海自 2010 年 7 月起出现首批 P+R 试点停车场，特别是后来世博会的召开，也快速提升了民众对于 P+R 出行的关注。

近几年，随着国家层面支持政策的出台，P+R 停车场进入了越来越多城市政府的视线。青岛、广州、重庆等城市，几年前已拥有不同规模的 P+R 停车场；目前，呼和浩特、哈尔滨等城市，P+R 停车场即将上线运营；武汉、成都等地区的 P+R 项目正在建设之中；苏州、大连、合肥、长春等城市也正在规划多处 P+R 停车场。

通过多个城市 P+R 停车场项目的运行管理，都暴露出 P+R 停车场用地紧张、不能与地铁项目统一规划、收费标准不合理、收费管理有漏洞等一系列问题。

3. P+R 停车场发展方向

在城市交通领域，提及加快交通等传统基础设施数字化改造、推进城市群都市圈交通一体化等内容；在推进新型城市建设、提高城市治理水平方面，也涉及静态交通和动态交通的协调发展问题。城市交通是一个复杂且庞大的体系，它涵盖了地理、人文、社会、经济等诸多跨学科领域。在这个体系中，当我们聚焦于交通设施时，特别是在城市化进程急剧加速的背景下，P+R 停车场就成为一个不可不谈的话题。结合 P+R 停车场存在问题，接下来应朝以下几个方面进行修正、发展。

在使用 P+R 停车场的过程中，服务是否高效和全面？对于政府来说，最关注的是 P+R 停车场投入运营以后是否在一定的地理区域中发挥了出行引导的作用，或者说这个模式能否切实为区域交通发挥出积极作用。

各城市已投入运营的 P+R 停车场应进行深刻“复盘”，即在政府的主导之下，对这些项目的规划进行重新评估；对其运营情况进行梳理，出台公益性 P+R 停车场运营监管的规章制度；并积极与停车行业内相关企业合作，尽快对既有项目开展包括智能化在内的改造，充分激活 P+R 停车场的潜力。

目前，很多城市正在开展城市级综合治理、城市更新，不论是 P+R 停车场的新建项目还是改造项目，都可以纳入其中。在这个过程中，停车行业中从事城市级智慧停车业务、封闭式路外停车场设备的企业、停车管理运营企业，都有机会参与其中。

很多城市近年来在轨道站点周边增加了不少公交线，网约车和共享单车等新出行方式也备受民众青睐。P+R 停车场的存在，不仅仅是一个单独的停车设施，它的角色更多是城市出行系统的成员，是个人出行路径的中转站，它需要与各种出行方式相互补充、上下承接，才能为民众共同营造便捷高效的出行氛围。所以，政府、承接运营任务的企业、从事城市级智慧停车的企业，也需要以系统性思维和发展的眼光去看待 P+R 停车场、看待出行。

P+R 既服务个人，也服务城市。不论是建设，还是运营，还是监管，只有通过政府和企业等各方的共同努力，优势互补，不断探索和创新，设立 P+R 停车场的初衷方能实现。

5.4.2 智慧停车产业

除了从城市布局、公共交通总体规划上考虑 P+R 停车场布局与管理。目前，停车行业的供给与需求的矛盾持续加剧，平台级运营管理和数字化是解决问题的核心。数字化赋能商业、智慧城市、新基建、金融化等将实现共建共创共赢的停车生态。从整个停车行业的发展来看，规模化、数字化、金融化共同发展的模式，加上基建热潮的扶持，将在未来改变整个停车产业生态格局。

国内多家停车管理企业接管了各类大型综合体停车项目，都是以“智慧”为目标进行设计与管理的。2021 年 12 月 2 日，海口美兰国际机场二期正式投入运营，同期，阳光海天正式接管美兰国际机场二期停车楼项目，标志着阳光海天与美兰国际机场合作的全面升级。2018 年 12 月，阳光海天与美兰国际机场正式开始合作，全面接管旗下海口美兰机场、三亚凤凰机场停车场，双方资源互补，高效协作，3 年来取得了显著的成果，为往来旅客打造了卓越的出行体验。

海南海口美兰国际机场二期作为海南自贸港建设的重大标志性节点工程，对标世界一流机场，结合海南省“十四五”综合交通运输规划，以民航局“平安、绿色、智慧、人文”四型机场为指导，以自贸港人员进出、运输来往自由便利为目标，打造海南自贸港空中门户。其中，新建 T2 航站楼面积约 30 万 m^2，共有 5 个值机岛，110 个值机柜台，40 条安检通道，36 个廊桥登机门，21 个远机位登机门，免税商业面积将近 1 万 m^2。项目投入使用后，推动以美兰机场为核心的海口临空经济区快速崛起，实现海南自贸港与全球的高效连接，推动海南成为面向太平洋、印度洋的航空区域门户枢纽。

自阳光海天采取数字化手段接管美兰机场的停车场以来，机场的停车空间得到了更高效的利用。期间，阳光海天通过智能管理中心对停车场资源进行合理部署，并不断提升自身的服务标准，打造了品牌化的服务输出，寻车机增至 10 个，节约车主找车时间；监控设备数量增加四分之一，实现车场全覆盖，24 h 不断电，最短时间解决突发事件；单独设置网约车停车场、无障碍车位，做到不同属性，不同停放，合理部署各区域空间应用；车主可通过 24 h 服务电话对停车楼内车位进行提前预约，缩短找车位时间；全面部署自动识别、无感支付、自助寻车等智能系统，保证车场内部高效流动。

工作任务一　成都 TOCC 交通运行监测调度中心升级运营

工作任务布置及规划

<table>
<tr><td>学习领域</td><td colspan="6" rowspan="2">学习情境：智慧城市交通运营强手</td></tr>
<tr><td>智慧交通</td></tr>
<tr><td>姓　名</td><td></td><td>班　级</td><td></td><td>日　期</td><td colspan="2"></td></tr>
<tr><td rowspan="3">工作任务</td><td colspan="3" rowspan="3">成都 TOCC 交通运行监测调度中心升级运营</td><td rowspan="3">学时安排</td><td>课前</td><td>2 学时</td></tr>
<tr><td>课中</td><td>4 学时</td></tr>
<tr><td>课后</td><td>2 学时</td></tr>
<tr><td>工作任务描述</td><td colspan="6">按照业主要求，调研 ×× 城市现阶段 TOCC 交通运行监测调度中心建设使用情况，结合先进城市 TOCC 交通运行监测调度中心使用情况，有针对性地进行升级改造，提高 ×× 城市 TOCC 交通运行监测调度中心的使用效率及效能</td></tr>
<tr><td>素质目标</td><td colspan="6">通过学习讨论《数字交通“十四五”发展规划》，深刻理解新基建、贯彻新发展理念，构建新发展格局等关键词、句含义，特别加深对“一脑、五网、两体系”的认识与理解，从而让同学们心中产生对祖国未来发展憧憬与期待，油然而生民族自信与自豪</td></tr>
<tr><td>知识技能目标</td><td colspan="6">（1）通过收集、调研 ×× 城市 TOCC 交通运行监测调度中心的建设及运营情况
（2）在教师的指导下，绘制 ×× 城市 TOCC 交通运行监测调度中心的结构图
（3）根据新基建建设要求，讨论设计 ×× 城市 TOCC 交通运行监测调度中心升级方案
（4）撰写实施报告，总结收获</td></tr>
<tr><td>任务书</td><td colspan="6">杨洋主要从事城市智慧交通运营管理相关工作，负责数据库、软硬件的维护升级工作。2019 年，成都市成立了成都市交通运行监测调度中心 TOCC。到目前为止，TOCC 应用平台实现了 19 类共 69 项交通运行监测功能，6 项预警预测功能，两个应急协同试点以及 5 类 35 项辅助决策指标分析的同时，还创新研发了司机小秘书 App、智慧车站、机场路侧交通信息服务等应用。随着国家《数字交通“十四五”发展规划》出台，怎样把 TOCC 交通运行监测调度中心用好、用活是此中心的升级方向，他需要和他的团队成员一起调研、分析、设计升级方案、总结设计，开展工作……

成都 TOCC 交通运行监测调度中心</td></tr>
</table>

准备开始

<table>
<tr><td>学习领域</td><td colspan="7" rowspan="2">学习情境：智慧城市交通运营强手</td></tr>
<tr><td>智慧交通</td></tr>
<tr><td>姓　名</td><td colspan="2"></td><td>班　级</td><td></td><td>日　期</td><td colspan="2"></td></tr>
<tr><td rowspan="3">工作任务</td><td colspan="4" rowspan="3">成都 TOCC 交通运行监测调度中心升级运营</td><td rowspan="3">学时安排</td><td>课前</td><td>2 学时</td></tr>
<tr><td>课中</td><td>2 学时</td></tr>
<tr><td>课后</td><td>2 学时</td></tr>
<tr><td>任务分组</td><td colspan="7">
<table>
<tr><th colspan="6">学生任务分配表</th></tr>
<tr><td>班　级</td><td></td><td>组　号</td><td></td><td>指导老师</td><td></td></tr>
<tr><td>组　长</td><td></td><td>学　号</td><td colspan="3"></td></tr>
<tr><td rowspan="5">组　员</td><td>姓　名</td><td>学　号</td><td>姓　名</td><td>学　号</td><td>备　注</td></tr>
<tr><td></td><td></td><td></td><td></td><td rowspan="4"></td></tr>
<tr><td></td><td></td><td></td><td></td></tr>
<tr><td></td><td></td><td></td><td></td></tr>
<tr><td></td><td></td><td></td><td></td></tr>
<tr><th colspan="6">任 务 分 工</th></tr>
<tr><td colspan="6"></td></tr>
</table>
</td></tr>
<tr><td>准备工作</td><td colspan="7">（1）完成“历史沿革及知识铺垫”部分 5.2 智慧城市交通（TOCC）基本架构及工作原理课前学习，对于“TOCC 基本结构”“TOCC 应用领域”等内容重点学习掌握
（2）调查成都 TOCC 交通运行监测调度中心建设使用情况
（3）组建团队，撰写升级运营计划并进行具体分工</td></tr>
</table>

工作任务单

<table>
<tr><td rowspan="2">工作任务</td><td rowspan="2">成都 TOCC 交通运行监测调度中心升级运营</td><td>专业引用技能</td><td>《交通工程》《AutoCAD》《Office 高级应用》</td></tr>
<tr><td>情境引用技能</td><td>学习情境一、学习情境二、学习情境三、学习情境四</td></tr>
<tr><td>学思悟</td><td colspan="3">交通运输部于 2021 年 12 月印发了《数字交通“十四五”发展规划》，小组内针对这个文件展开讨论，举个例子说明什么是“新基建”、什么是“一脑、五网、两体系”？</td></tr>
<tr><td>引导问题一</td><td colspan="3">调研成都 TOCC 交通运行监测调度中心从设计规划、建设到投入使用，大概经历了哪几个阶段？有哪些值得学习与借鉴的经验？</td></tr>
<tr><td>引导问题二</td><td colspan="3">结合《数字交通“十四五”发展规划》的部署要求，你认为成都 TOCC 交通运行监测调度中心现阶段还有哪些板块需要升级改造？</td></tr>
</table>

实施总结

引导问题三	完成成都 TOCC 交通运行监测调度中心升级改造方案设计，小组成员分享升级改造方案，总结收获，请详细记录。
阶段性提交成果	□ 1. 提交实施总结 □ 2. 提交小组分享讨论视频 □ 3. 描绘成都 TOCC 交通运行监测调度中心升级改造后运营效果
教学资源	工作任务微课　　引导问题样本　　案例

工作任务提交报告

工作任务	成都 TOCC 交通运行监测调度中心升级运营		
姓　名		班　级	
任务提交清单	1. 2. 3.		
工作任务完成后收获总结			

工作任务评价反馈（学生自评）

学习领域	学习情境：智慧城市交通运营强手				
智慧交通					
姓　名		班　级		日　期	
工作任务	成都 TOCC 交通运行监测调度中心升级运营				
评价项目	评 价 标 准			分　值	得　分
TOCC 基本结构认知	能正确理解与认知 TOCC 交通运行监测调度中心基本架构与作用			10	
×× 城市 TOCC 建设发展情况梳理	能梳理清晰 ×× 城市 TOCC 交通运行监测调度中心建设发展情况			5	
发展流程图绘制	能使用 Office、WPS、Xmind 等办公软件绘制发展流程图，实现思路由繁到简能力			10	
数字交通发展政策解读	能正确解读《数字交通“十四五”发展规划》文件内容，并深刻理解相关关键词含义			10	
×× 城市 TOCC 升级规划	结合国家数字化交通发展政策规划，针对 ×× 城市 TOCC 现行运行缺陷，指明升级规划方向			10	
升级规划方案具象	能针对升级规划方向，具象升级细则			5	
总结分析	能选择合适的优化方案实施于 ×× 城市 TOCC，总结分析优化结果			10	
工作态度	态度端正，无缺席、迟到、早退现象			10	
工作质量	能按计划完成工作任务			5	
协调能力	与小组成员、同学之间能合作交流，协调能力强			10	
职业素养	能做到安全出行，文明工作，保护环境，爱护公共设施			5	
创新意识	通过调研实际情况，能设计多种升级方案并分析利弊			5	
知识拓展与迁移	通过工作任务全过程参与实施，能举一反三，能找到共性解决办法			5	
合　计				100	

工作任务评价反馈（学生互评）

<table>
<tr><td>学习领域</td><td colspan="14" rowspan="2">学习情境：智慧城市交通运营强手</td></tr>
<tr><td>智慧交通</td></tr>
<tr><td>姓　名</td><td colspan="3"></td><td colspan="3">班　级</td><td colspan="3"></td><td colspan="3">日　期</td><td colspan="2"></td></tr>
<tr><td>工作任务</td><td colspan="14">成都 TOCC 交通运行监测调度中心升级运营</td></tr>
<tr><td rowspan="2">评价项目</td><td rowspan="2">分　值</td><td colspan="8" rowspan="2">等　　级</td><td colspan="6">评价对象（组号）</td></tr>
<tr><td>1</td><td>2</td><td>3</td><td>4</td><td>5</td><td>6</td></tr>
<tr><td>计划合理</td><td>8</td><td>优</td><td>8</td><td>良</td><td>7</td><td>中</td><td>6</td><td>差</td><td>4</td><td></td><td></td><td></td><td></td><td></td><td></td></tr>
<tr><td>方案准确</td><td>8</td><td>优</td><td>8</td><td>良</td><td>7</td><td>中</td><td>6</td><td>差</td><td>4</td><td></td><td></td><td></td><td></td><td></td><td></td></tr>
<tr><td>团队合作</td><td>8</td><td>优</td><td>8</td><td>良</td><td>7</td><td>中</td><td>6</td><td>差</td><td>4</td><td></td><td></td><td></td><td></td><td></td><td></td></tr>
<tr><td>组织有序</td><td>8</td><td>优</td><td>8</td><td>良</td><td>7</td><td>中</td><td>6</td><td>差</td><td>4</td><td></td><td></td><td></td><td></td><td></td><td></td></tr>
<tr><td>工作质量</td><td>8</td><td>优</td><td>8</td><td>良</td><td>7</td><td>中</td><td>6</td><td>差</td><td>4</td><td></td><td></td><td></td><td></td><td></td><td></td></tr>
<tr><td>工作效率</td><td>8</td><td>优</td><td>8</td><td>良</td><td>7</td><td>中</td><td>6</td><td>差</td><td>4</td><td></td><td></td><td></td><td></td><td></td><td></td></tr>
<tr><td>工作完整</td><td>10</td><td>优</td><td>10</td><td>良</td><td>8</td><td>中</td><td>5</td><td>差</td><td>3</td><td></td><td></td><td></td><td></td><td></td><td></td></tr>
<tr><td>工作规范</td><td>16</td><td>优</td><td>16</td><td>良</td><td>12</td><td>中</td><td>7</td><td>差</td><td>3</td><td></td><td></td><td></td><td></td><td></td><td></td></tr>
<tr><td>识读报告</td><td>16</td><td>优</td><td>16</td><td>良</td><td>12</td><td>中</td><td>7</td><td>差</td><td>3</td><td></td><td></td><td></td><td></td><td></td><td></td></tr>
<tr><td>成果展示</td><td>10</td><td>优</td><td>10</td><td>良</td><td>8</td><td>中</td><td>5</td><td>差</td><td>3</td><td></td><td></td><td></td><td></td><td></td><td></td></tr>
<tr><td>合　计</td><td>100</td><td colspan="8"></td><td></td><td></td><td></td><td></td><td></td><td></td></tr>
</table>

工作任务评价反馈（教师综合评价）

<table>
<tr><td colspan="2">学习领域</td><td colspan="5" rowspan="2">学习情境：智慧城市交通运营强手</td></tr>
<tr><td colspan="2">智慧交通</td></tr>
<tr><td colspan="2">姓　名</td><td></td><td>班　级</td><td></td><td>日　期</td><td></td></tr>
<tr><td colspan="2">工作任务</td><td colspan="5">成都 TOCC 交通运行监测调度中心升级运营</td></tr>
<tr><td colspan="2">评价项目</td><td colspan="3">评 价 标 准</td><td>分　值</td><td>得　分</td></tr>
<tr><td colspan="2">考勤（10%）</td><td colspan="3">无迟到、早退、旷课现象</td><td>10</td><td></td></tr>
<tr><td rowspan="11">工作过程（75%）</td><td>政策解读</td><td colspan="3">能正确解读《数字交通“十四五”发展规划》文件内容，并深刻理解相关关键词含义</td><td>5</td><td></td></tr>
<tr><td>调研</td><td colspan="3">能梳理清晰 ×× 城市 TOCC 交通运行监测调度中心建设发展情况</td><td>5</td><td></td></tr>
<tr><td>发展流程图绘制</td><td colspan="3">能使用 Office、WPS、Xmind 等办公软件绘制发展流程图，实现思路由繁到简能力</td><td>8</td><td></td></tr>
<tr><td>问题发现</td><td colspan="3">能发现 ×× 城市 TOCC 交通运行监测调度中心现阶段运行问题与弊端</td><td>8</td><td></td></tr>
<tr><td>升级规划</td><td colspan="3">结合国家数字化交通发展政策规划，针对 ×× 城市 TOCC 交通运行监测调度中心现行运行缺陷，指明升级规划方向</td><td>8</td><td></td></tr>
<tr><td>优化具象</td><td colspan="3">能针对升级规划方向，具象升级细则</td><td>5</td><td></td></tr>
<tr><td>方案撰写</td><td colspan="3">能选择合适的升级方案实施于 ×× 城市 TOCC 交通运行监测调度中心，并撰写方案</td><td>5</td><td></td></tr>
<tr><td>工作态度</td><td colspan="3">态度端正，工作认真、主动</td><td>8</td><td></td></tr>
<tr><td>工作完整</td><td colspan="3">能按计划完成工作任务</td><td>7</td><td></td></tr>
<tr><td>协调沟通</td><td colspan="3">与小组成员、同学之间能合作交流，协调能力强</td><td>8</td><td></td></tr>
<tr><td>职业素养</td><td colspan="3">能做到安全出行，文明工作，保护环境，爱护公共设施</td><td>8</td><td></td></tr>
<tr><td rowspan="2">项目总结（15%）</td><td>技能提升</td><td colspan="3">通过调研实际情况，能设计多种升级方案并分析利弊</td><td>8</td><td></td></tr>
<tr><td>拓展外延</td><td colspan="3">通过工作任务全过程参与实施，能举一反三，能找到共性解决办法</td><td>7</td><td></td></tr>
<tr><td colspan="5">合　计</td><td>100</td><td></td></tr>
<tr><td colspan="2" rowspan="2">综合评价</td><td>学生自评（20%）</td><td>学生互评（30%）</td><td colspan="2">教师综合评价（50%）</td><td>综合得分</td></tr>
<tr><td></td><td></td><td colspan="2"></td><td></td></tr>
</table>

工作任务二　××城市交通“双碳”达标好帮手设计

工作任务布置及规划

<table>
<tr><td>学习领域</td><td colspan="6" rowspan="2">学习情境：智慧城市交通运营强手</td></tr>
<tr><td>智慧交通</td></tr>
<tr><td>姓　名</td><td></td><td>班　级</td><td></td><td>日　期</td><td colspan="2"></td></tr>
<tr><td rowspan="3">工作任务</td><td colspan="3" rowspan="3">××城市交通“双碳”达标好帮手设计</td><td rowspan="3">学时安排</td><td>课前</td><td>2学时</td></tr>
<tr><td>课中</td><td>4学时</td></tr>
<tr><td>课后</td><td>2学时</td></tr>
<tr><td>工作任务描述</td><td colspan="6">按照业主要求，调研××城市现阶段公交、地铁、共享车、网约车、机场、高铁设置情况，结合学习先进城市MaaS（出行及服务）设计运行情况，设计××城市MaaS系统框架，为××城市交通“双碳”达标打好坚实基础</td></tr>
<tr><td>素质目标</td><td colspan="6">通过学习讨论我国碳达峰、碳中和相关政策和规划，深刻理解碳达峰、碳中和等关键词含义及实现“双碳”达标的目的与意义，充分体会我国推进绿色低碳转型和高质量发展的巨大勇气，从而让同学们心中产生对祖国未来发展憧憬与期待，油然而生民族自信与自豪</td></tr>
<tr><td>知识技能目标</td><td colspan="6">（1）通过收集、调研××城市公交、地铁、网约车、高铁、飞机场建设及运营情况
（2）在教师的指导下，绘制××城市MaaS系统结构框图
（3）根据我国“双碳达标”要求，设计××城市MaaS系统碳普惠手段
（4）在教师及企业导师的指导下，选择最佳方案
（5）撰写实施报告，总结收获</td></tr>
<tr><td>任务书</td><td colspan="6">杨洋主要从事城市智慧交通运营管理相关工作。MaaS（mobility as a service，出行即服务）于2014年在芬兰召开的欧盟ITS年会上被首次正式提出，指通过一个服务提供商的界面来实现满足用户各类出行需求的服务模式，通过整合不同交通方式，从而为客户提供量身定制的出行“套餐”。针对××城市的具体现状，结合国家“双碳”达标的目标，怎么设计MaaS系统，采取什么手段实施碳普惠政策，逐步让更多的人选择公共交通方式出行，他需要和他的团队成员一起调研、分析、设计方案、总结设计……

北京MaaS系统碳普惠政策宣传画</td></tr>
</table>

准备开始

<table>
<tr><td>学习领域</td><td colspan="6" rowspan="2">学习情境：智慧城市交通运营强手</td></tr>
<tr><td>智慧交通</td></tr>
<tr><td>姓　名</td><td></td><td>班　级</td><td></td><td colspan="2">日　期</td><td></td></tr>
<tr><td rowspan="3">工作任务</td><td colspan="3" rowspan="3">× × 城市交通“双碳”达标好帮手设计</td><td rowspan="3">学时安排</td><td>课前</td><td>2 学时</td></tr>
<tr><td>课中</td><td>2 学时</td></tr>
<tr><td>课后</td><td>2 学时</td></tr>
<tr><td>任务分组</td><td colspan="6">
学生任务分配表
<table>
<tr><td>班　级</td><td></td><td>组　号</td><td></td><td>指导老师</td><td></td></tr>
<tr><td>组　长</td><td></td><td>学　号</td><td colspan="3"></td></tr>
<tr><td rowspan="5">组　员</td><td>姓　名</td><td>学　号</td><td>姓　名</td><td>学　号</td><td>备　注</td></tr>
<tr><td></td><td></td><td></td><td></td><td rowspan="4"></td></tr>
<tr><td></td><td></td><td></td><td></td></tr>
<tr><td></td><td></td><td></td><td></td></tr>
<tr><td></td><td></td><td></td><td></td></tr>
<tr><td colspan="6">任务分工</td></tr>
<tr><td colspan="6"></td></tr>
</table>
</td></tr>
<tr><td>准备工作</td><td colspan="6">（1）完成“历史沿革及知识铺垫”部分 5.3 出行即服务（MaaS 技术）微课课前学习，对于“MaaS 系统框架结构”等内容重点学习掌握
（2）调查所在城市公交、地铁、网约车、共享单车、高铁、机场建设使用情况
（3）组建团队，撰写计划并进行具体分工</td></tr>
</table>

工作任务单

工作任务	×× 城市交通“双碳”达标好帮手设计	专业引用技能	《交通工程》《AutoCAD》《Office 高级应用》
		情境引用技能	学习情境一、学习情境二、学习情境三、学习情境四
学思悟	中共中央、国务院印发了《关于完整准确全面贯彻新发展理念做好碳达峰碳中和工作的意见》，小组内针对这个文件展开讨论，说明什么是“碳达峰”“碳中和”，“双碳”达标有什么意义？		
引导问题一	调研北京 MaaS 系统从设计规划、建设到投入使用，大概经历了哪几个阶段？在碳普惠方面有哪些值得学习与借鉴的经验？		
引导问题二	调研你所在城市的公交、地铁、网约车、共享单车、高铁、机场建设使用情况，并进行总结分析。		

实施总结

引导问题三	针对《关于完整准确全面贯彻新发展理念做好碳达峰碳中和工作的意见》的要求，城市交通在“双碳”达标方面要做哪些贡献？针对所在城市现状，MaaS系统怎么设计合理？怎么实施“碳普惠”政策？
阶段性提交成果	□ 1. 提交实施总结 □ 2. 提交小组分享讨论视频 □ 3. 所在城市运营 MaaS 系统后，碳普惠手段实施方案
教学资源	工作任务微课　引导问题样本　案例

工作任务提交报告

<table>
<tr><td>工作任务</td><td colspan="3">××城市交通“双碳”达标好帮手设计</td></tr>
<tr><td>姓 名</td><td></td><td>班 级</td><td></td></tr>
<tr><td>任务提交清单</td><td colspan="3">1.
2.
3.</td></tr>
<tr><td colspan="4">工作任务完成后收获总结</td></tr>
<tr><td colspan="4"></td></tr>
</table>

工作任务评价反馈（学生自评）

学习领域	学习情境：智慧城市交通运营强手				
智慧交通					
姓 名		班 级		日 期	
工作任务	××城市交通“双碳”达标好帮手设计				

评价项目	评 价 标 准	分 值	得 分
MaaS 基本结构认知	能正确理解与认知 MaaS（出行即服务）基本架构与作用	10	
发达城市 MaaS 系统建设情况梳理	能梳理清晰发达城市 MaaS 系统建设发展情况	5	
发展流程图绘制	能使用 Office、WPS、Xmind 等办公软件绘制发展流程图，实现思路由繁到简能力	10	
“双碳”达标政策解读	能正确解读“双碳”达标相关文件内容，并深刻理解关键词含义	10	
××城市 MaaS 系统规划	结合国家“双碳”达标规划要求，针对××城市，指明 MaaS 系统设计方向	10	
××城市 MaaS 系统碳普惠实施方案	能针对××城市公共交通现状，设计 MaaS 系统碳普惠实施方案	5	
总结分析	能选择合适的方案，总结分析优化结果	10	
工作态度	态度端正，无缺席、迟到、早退现象	10	
工作质量	能按计划完成工作任务	5	
协调能力	与小组成员、同学之间能合作交流，协调能力强	10	
职业素养	能做到安全出行，文明工作，保护环境，爱护公共设施	5	
创新意识	通过调研实际情况，能设计多种方案并分析利弊	5	
知识拓展与迁移	通过工作任务全过程参与实施，能举一反三，能找到共性解决办法	5	
合 计		100	

工作任务评价反馈（学生互评）

学习领域	学习情境：智慧城市交通运营强手														
智慧交通															
姓　名		班　级				日　期									
工作任务	××城市交通“双碳”达标好帮手设计														
评价项目	分　值	等　级								评价对象（组号）					
										1	2	3	4	5	6
计划合理	8	优	8	良	7	中	6	差	4						
方案准确	8	优	8	良	7	中	6	差	4						
团队合作	8	优	8	良	7	中	6	差	4						
组织有序	8	优	8	良	7	中	6	差	4						
工作质量	8	优	8	良	7	中	6	差	4						
工作效率	8	优	8	良	7	中	6	差	4						
工作完整	10	优	10	良	8	中	5	差	3						
工作规范	16	优	16	良	12	中	7	差	3						
识读报告	16	优	16	良	12	中	7	差	3						
成果展示	10	优	10	良	8	中	5	差	3						
合　计	100														

工作任务评价反馈（教师综合评价）

学习领域	学习情境：智慧城市交通运营强手				
智慧交通					
姓　名		班　级		日　期	
工作任务	××城市交通“双碳”达标好帮手设计				
评价项目		评 价 标 准	分　值	得　分	
考勤（10%）		无迟到、早退、旷课现象	10		
工作过程（75%）	政策解读	能正确解读“双碳”达标相关文件内容，并深刻理解关键词含义	5		
	调研	能梳理清晰××城市公共交通现状	5		
	发展流程图绘制	能使用Office、WPS、Xmind等办公软件绘制发展流程图，实现思路由繁到简能力	8		
	问题发现	通过调研与MaaS系统运营城市对比，能发现××城市公共交通存在问题	8		
	规划设计	结合国家“双碳”达标相关政策要求，针对××城市公共交通现状，指明MaaS系统规划方向	8		
	碳普惠方案设计	能针对××城市公共交通现状，设计MaaS系统碳普惠实施方案	5		
	方案撰写	能选择合适的方案实施于××城市公共交通系统，并撰写方案	5		
	工作态度	态度端正，工作认真、主动	8		
	工作完整	能按计划完成工作任务	7		
	协调沟通	与小组成员、同学之间能合作交流，协调能力强	8		
	职业素养	能做到安全出行，文明工作，保护环境，爱护公共设施	8		
项目总结（15%）	技能提升	通过调研实际情况，能设计多种方案并分析利弊	8		
	拓展外延	通过工作任务全过程参与实施，能举一反三，能找到共性解决办法	7		
合　计			100		
综合评价	学生自评（20%）	学生互评（30%）	教师综合评价（50%）	综合得分	

工作任务三　××城市 P+R 停车场规划

工作任务布置及规划

<table>
<tr><td>学习领域</td><td colspan="5" rowspan="2">学习情境：智慧城市交通运营强手</td></tr>
<tr><td>智慧交通</td></tr>
<tr><td>姓　名</td><td></td><td>班　级</td><td></td><td>日　期</td><td></td></tr>
<tr><td rowspan="3">工作任务</td><td colspan="3" rowspan="3">××城市 P+R 停车场规划</td><td rowspan="3">学时安排</td><td>课前　2 学时</td></tr>
<tr><td>课中　2 学时</td></tr>
<tr><td>课后　2 学时</td></tr>
<tr><td>工作任务描述</td><td colspan="5">按照业主要求，调研 ×× 城市公共交通系统设置情况及城市布局，结合先进城市 P+R 停车场设置使用情况，有针对性地进行设计，提高 ×× 城市市民公共交通的使用率，为实现“双碳”目标献一份力量</td></tr>
<tr><td>素质目标</td><td colspan="5">通过学习讨论我国碳达峰、碳中和的目标规划及实施途径，深刻理解实现碳达峰、碳中和是一场广泛而深刻的经济社会系统性变革，我国把碳达峰、碳中和纳入了生态文明建设整体布局，让同学们深层次理解我国生态文明发展理念，油然而生民族自信与自豪</td></tr>
<tr><td>知识技能目标</td><td colspan="5">（1）通过调研 ×× 城市公共交通系统设置情况及城市布局
（2）在教师的指导下，选择所在城市某条轨道线路绘制 P+R 规划图
（3）撰写实施报告，总结收获</td></tr>
<tr><td>任务书</td><td colspan="5">杨洋主要从事城市智慧交通运营设计工作。停车换乘 (Park and Ride) 是指停车设施与公共交通连接，让通勤者和其他人可以搭乘公共交通前往城市中心。他们在换乘站离开私家车，转移到巴士或铁路交通（快速交通、轻轨或通勤铁路）完成剩余的旅程。车辆白天留在停车场，当车主回来时取回。在我国，目前将 P+R 停车场定位为具有公益性质的停车设施。随着国家“双碳”目标的确定，怎样让民众能积极选择公共交通出行，减少私家车使用，在他生活的城市一些符合要求的地铁站边建设 P+R 停车场迫在眉睫。他需要和他的团队成员一起调研、分析、设计方案、总结设计……

XX 城市 P+R 停车场示意图</td></tr>
</table>

准备开始

<table>
<tr><td>学习领域</td><td colspan="4" rowspan="2">学习情境：智慧城市交通运营强手</td></tr>
<tr><td>智慧交通</td></tr>
<tr><td>姓 名</td><td></td><td>班 级</td><td></td><td>日 期</td></tr>
<tr><td rowspan="3">工作任务</td><td colspan="3" rowspan="3">× × 城市 P+R 停车场规划</td><td>学时安排：课前 2 学时</td></tr>
<tr><td>课中 2 学时</td></tr>
<tr><td>课后 2 学时</td></tr>
<tr><td>任务分组</td><td colspan="4">
学生任务分配表

班 级		组 号		指导老师	
组 长		学 号			
组 员	姓 名	学 号	姓 名	学 号	备 注

任务分工
</td></tr>
<tr><td>准备工作</td><td colspan="4">（1）完成“历史沿革及知识铺垫”部分 5.4 P+R 停车场课前学习，对于 P+R 停车场基本情况等内容重点学习掌握
（2）调查北京、上海等城市 P+R 停车场建设使用情况
（3）组建团队，撰写设计计划并进行具体分工</td></tr>
</table>

工作任务单

工作任务	×× 城市 P+R 停车场规划	专业引用技能	《交通工程》《AutoCAD》《Office 高级应用》
		情境引用技能	学习情境一、学习情境二、学习情境三、学习情境四
学思悟	我国的“双碳”目标是什么？举例说明中国“碳中和”之路该怎么走？国际社会怎么看待中国的“双碳”目标？		
引导问题一	P+R 停车场适合建在哪些位置，需满足哪些条件？		
引导问题二	分析你所在城市公共交通系统设置情况及城市布局情况。		

实施总结

引导问题三	选择所在城市某条轨道线路沿线设置 P+R 停车场，小组成员分享设置原因与实施方案，总结收获，请详细记录。
阶段性提交成果	□ 1. 提交实施总结 □ 2. 提交小组分享讨论视频 □ 3. 描绘所在城市某条轨道线路沿线设置 P+R 停车场后实施效果
教学资源	工作任务微课　引导问题样本　案例

工作任务提交报告

工作任务	×× 城市 P+R 停车场规划		
姓　名		班　级	
任务提交清单	1. 2. 3.		
工作任务完成后收获总结			

工作任务评价反馈（学生自评）

学习领域	学习情境：智慧城市交通运营强手		
智慧交通			
姓　名	班　级	日　期	
工作任务	××城市P+R停车场规划		
评价项目	评 价 标 准	分　值	得　分
P+R停车场用途认知	能正确理解与认知P+R停车场设置作用	10	
××城市公共交通系统建设发展情况梳理	能梳理清晰××城市公共交通系统建设发展情况	5	
发展流程图绘制	能使用Office、WPS、Xmind等办公软件绘制发展流程图，实现思路由繁到简能力	10	
熟知实现“双碳”目标途径	能熟知我国实现“双碳”目标的主要途径，并深刻理解相关关键词含义	10	
××城市P+R停车场规划	结合我国实现“双碳”目标的主要途径，针对××城市现行公共交通系统现状，指明P+R停车场设计方向	10	
某条轨道线路沿线P+R停车场设计	能具象设计所在城市某条轨道线路沿线P+R停车场	5	
总结分析	能选择合适的设计方案，总结分析优化结果	10	
工作态度	态度端正，无缺席、迟到、早退现象	10	
工作质量	能按计划完成工作任务	5	
协调能力	与小组成员、同学之间能合作交流，协调能力强	10	
职业素养	能做到安全出行，文明工作，保护环境，爱护公共设施	5	
创新意识	通过调研实际情况，能设计多种方案并分析利弊	5	
知识拓展与迁移	通过工作任务全过程参与实施，能举一反三，能找到共性解决办法	5	
合　计		100	

工作任务评价反馈（学生互评）

<table>
<tr><td colspan="2">学习领域</td><td colspan="14" rowspan="2">学习情境：智慧城市交通运营强手</td></tr>
<tr><td colspan="2">智慧交通</td></tr>
<tr><td colspan="2">姓　名</td><td colspan="3"></td><td colspan="3">班　级</td><td colspan="2"></td><td colspan="3">日　期</td><td colspan="3"></td></tr>
<tr><td colspan="2">工作任务</td><td colspan="14">× × 城市 P+R 停车场规划</td></tr>
<tr><td rowspan="2">评价项目</td><td rowspan="2">分　值</td><td colspan="8" rowspan="2">等　　级</td><td colspan="6">评价对象（组号）</td></tr>
<tr><td>1</td><td>2</td><td>3</td><td>4</td><td>5</td><td>6</td></tr>
<tr><td>计划合理</td><td>8</td><td>优</td><td>8</td><td>良</td><td>7</td><td>中</td><td>6</td><td>差</td><td>4</td><td></td><td></td><td></td><td></td><td></td><td></td></tr>
<tr><td>方案准确</td><td>8</td><td>优</td><td>8</td><td>良</td><td>7</td><td>中</td><td>6</td><td>差</td><td>4</td><td></td><td></td><td></td><td></td><td></td><td></td></tr>
<tr><td>团队合作</td><td>8</td><td>优</td><td>8</td><td>良</td><td>7</td><td>中</td><td>6</td><td>差</td><td>4</td><td></td><td></td><td></td><td></td><td></td><td></td></tr>
<tr><td>组织有序</td><td>8</td><td>优</td><td>8</td><td>良</td><td>7</td><td>中</td><td>6</td><td>差</td><td>4</td><td></td><td></td><td></td><td></td><td></td><td></td></tr>
<tr><td>工作质量</td><td>8</td><td>优</td><td>8</td><td>良</td><td>7</td><td>中</td><td>6</td><td>差</td><td>4</td><td></td><td></td><td></td><td></td><td></td><td></td></tr>
<tr><td>工作效率</td><td>8</td><td>优</td><td>8</td><td>良</td><td>7</td><td>中</td><td>6</td><td>差</td><td>4</td><td></td><td></td><td></td><td></td><td></td><td></td></tr>
<tr><td>工作完整</td><td>10</td><td>优</td><td>10</td><td>良</td><td>8</td><td>中</td><td>5</td><td>差</td><td>3</td><td></td><td></td><td></td><td></td><td></td><td></td></tr>
<tr><td>工作规范</td><td>16</td><td>优</td><td>16</td><td>良</td><td>12</td><td>中</td><td>7</td><td>差</td><td>3</td><td></td><td></td><td></td><td></td><td></td><td></td></tr>
<tr><td>识读报告</td><td>16</td><td>优</td><td>16</td><td>良</td><td>12</td><td>中</td><td>7</td><td>差</td><td>3</td><td></td><td></td><td></td><td></td><td></td><td></td></tr>
<tr><td>成果展示</td><td>10</td><td>优</td><td>10</td><td>良</td><td>8</td><td>中</td><td>5</td><td>差</td><td>3</td><td></td><td></td><td></td><td></td><td></td><td></td></tr>
<tr><td>合　计</td><td>100</td><td colspan="8"></td><td></td><td></td><td></td><td></td><td></td><td></td></tr>
</table>

工作任务评价反馈（教师综合评价）

<table>
<tr><td colspan="2">学习领域</td><td colspan="5" rowspan="2">学习情境：智慧城市交通运营强手</td></tr>
<tr><td colspan="2">智慧交通</td></tr>
<tr><td colspan="2">姓　名</td><td></td><td>班　级</td><td></td><td>日　期</td><td></td></tr>
<tr><td colspan="2">工作任务</td><td colspan="5">××城市 P+R 停车场规划</td></tr>
<tr><td colspan="2">评价项目</td><td colspan="3">评价标准</td><td>分　值</td><td>得　分</td></tr>
<tr><td colspan="2">考勤（10%）</td><td colspan="3">无迟到、早退、旷课现象</td><td>10</td><td></td></tr>
<tr><td rowspan="11">工作过程（75%）</td><td>政策解读</td><td colspan="3">能熟知我国实现“双碳”目标的主要途径，并深刻理解相关关键词含义</td><td>5</td><td></td></tr>
<tr><td>调研</td><td colspan="3">能清晰梳理××城市公共交通系统建设发展情况</td><td>5</td><td></td></tr>
<tr><td>发展流程图绘制</td><td colspan="3">能使用 Office、WPS、Xmind 等办公软件绘制发展流程图，实现思路由繁到简能力</td><td>8</td><td></td></tr>
<tr><td>问题发现</td><td colspan="3">能发现××城市公共交通系统现阶段运行问题与弊端</td><td>8</td><td></td></tr>
<tr><td>升级规划</td><td colspan="3">结合我国实现“双碳”目标的主要途径，针对××城市现行公共交通系统现状，指明 P+R 停车场设计方向</td><td>8</td><td></td></tr>
<tr><td>优化具象</td><td colspan="3">能具象设计所在城市某条轨道线路沿线 P+R 停车场</td><td>5</td><td></td></tr>
<tr><td>方案撰写</td><td colspan="3">能选择合适的实施方案，并撰写成文</td><td>5</td><td></td></tr>
<tr><td>工作态度</td><td colspan="3">态度端正，工作认真、主动</td><td>8</td><td></td></tr>
<tr><td>工作完整</td><td colspan="3">能按计划完成工作任务</td><td>7</td><td></td></tr>
<tr><td>协调沟通</td><td colspan="3">与小组成员、同学之间能合作交流，协调能力强</td><td>8</td><td></td></tr>
<tr><td>职业素养</td><td colspan="3">能做到安全出行，文明工作，保护环境，爱护公共设施</td><td>8</td><td></td></tr>
<tr><td rowspan="2">项目总结（15%）</td><td>技能提升</td><td colspan="3">通过调研实际情况，能设计多种方案并分析利弊</td><td>8</td><td></td></tr>
<tr><td>拓展外延</td><td colspan="3">通过工作任务全过程参与实施，能举一反三，能找到共性解决办法</td><td>7</td><td></td></tr>
<tr><td colspan="5">合　计</td><td>100</td><td></td></tr>
<tr><td colspan="2" rowspan="2">综合评价</td><td>学生自评（20%）</td><td>学生互评（30%）</td><td colspan="2">教师综合评价（50%）</td><td>综合得分</td></tr>
<tr><td></td><td></td><td colspan="2"></td><td></td></tr>
</table>

实践操练

1. 512TB 视频存量，4 200 万条卫星定位数据——这是苏州市交通运输应急指挥中心（TOCC）平均每天产生的数据量。如同一个活跃的超强“大脑”，在 TOCC，苏州大交通运输领域的一举一动，时刻都在大数据监控覆盖之下。随着国家《数字交通“十四五”发展规划》出台，怎样把 TOCC 交通运行监测调度中心用好、用活是此中心的升级方向，那苏州的 TOCC 接下来该怎么升级提升呢？

2. 针对重庆的具体现状，结合国家“双碳”达标的目标，怎么设计 MaaS 系统，采取什么手段实施碳普惠政策，让更多的人选择公共交通方式出行？

3. 在我国，目前将 P+R 停车场定位为具有公益性质的停车设施。随着国家“双碳”目标的确定，怎样让民众能积极选择公共交通出行，减少私家车使用，怎样在青岛一些符合要求的地铁站边建设 P+R 停车场呢？

学习笔记

参 考 文 献

[1] 冯雪丽 . 智能网联汽车技术 [M]. 北京：科学出版社，2021.

[2] 崔胜民，卞合善 . 智能网联汽车技术 [M]. 北京：机械工业出版社，2021.

[3] 蔡文海 . 智慧交通实践 [M]. 北京：人民邮电出版社，2018.

[4] 赵驰航 . 智慧交通场景中车辆全息感知理论与技术 [M]. 北京：人民交通出版社，2020.

[5] 薛泉，徐志强 .5G 的世界：智慧交通 [M]. 广州：广东科技出版社，2020.

[6] 王佳斌，郑立新 . 物联网技术及应用 [M]. 北京：清华大学出版社，2019.

[7] 李联宁 . 物联网技术基础教程 [M].3 版 . 北京：清华大学出版社，2020.

[8] 王兵，郭杜杜 . 交通信息技术及应用 [M]. 北京：机械工业出版社，2016.

医药高等职业教育新形态教材

诊断学实用手册

（供临床医学、预防医学、口腔医学及相关专业用）

主　编　高　敏　吴　芹
副主编　韩中保　徐　敏　卞元琴
编　者　（以姓氏笔画为序）
卞元琴（盐城市大丰人民医院）
刘莉霞（江苏医药职业学院）
吴　芹（江苏医药职业学院）
张栋梁（江苏医药职业学院）
顾　敏（江苏医药职业学院）
徐　敏（江苏省中医院）
高　敏（江苏医药职业学院）
蒋　伟（江苏医药职业学院）
韩中保（江苏医药职业学院）
戴小丽（江苏医药职业学院）

中国健康传媒集团
中国医药科技出版社

内 容 提 要

本教材是“医药高等职业教育新形态教材”之一，融合了新时期高职院校临床医学专业人才培养方案、指标体系、执业助理医师考试要求，基于医学专业内容多、知识涵盖广、常见疾病诊断治疗复杂等学科特点编写。本教材具有专业针对性强、紧密结合岗位知识和职业能力要求、理论与临床密切联系、对接执业助理医师资格考试要求等特点。具体内容包括症状学、问诊、诊断学常用知识点汇总、体格检查、诊断学考点等。与教学型教材相比，手册型教材按知识的结构展开，有框架清晰、内容全面、篇幅短小、便于携带的优点。本教材图文并茂，为书网融合教材，即纸质资源有机融合数字资源。

本教材主要供医药高等职业教育临床医学、预防医学、口腔医学及相关专业师生使用，也可供自学及从事相关工作的人员作为参考用书使用。

图书在版编目（CIP）数据

诊断学实用手册/高敏，吴芹主编. —北京：中国医药科技出版社，2024.7

医药高等职业教育新形态教材

ISBN 978-7-5214-3284-8

Ⅰ.①诊…　Ⅱ.①高…②吴…　Ⅲ.①诊断学－高等职业教育－教材　Ⅳ.①R44

中国版本图书馆CIP数据核字（2022）第171343号

美术编辑　陈君杞

版式设计　友全图文

出版　**中国健康传媒集团**｜中国医药科技出版社

地址　北京市海淀区文慧园北路甲22号

邮编　100082

电话　发行：010-62227427　邮购：010-62236938

网址　www.cmstp.com

规格　787×1092mm $^{1}/_{16}$

印张　8 $^{1}/_{4}$

字数　184千字

版次　2024年7月第1版

印次　2024年7月第1次印刷

印刷　北京印刷集团有限责任公司

经销　全国各地新华书店

书号　ISBN 978-7-5214-3284-8

定价　49.00元

医药高等职业教育新形态教材

建设指导委员会

医药高等职业教育新形态教材

评审委员会

前　言

人类对疾病的认识是在长期与疾病做斗争的过程中总结、积累、完善而形成的。临床医师、医学生对疾病的正确治疗源于正确的诊断，而正确的诊断则有赖于掌握疾病的本质和属性。症状和体征是临床医师诊断疾病的主要线索和依据，熟练掌握体格检查方法，通过发现异常体征来鉴别诊断是提高诊断符合率、减少误诊和漏诊的重要前提。因此，症状学结合体格检查对疾病诊断的技巧和能力是衡量医学生、临床医师诊疗技术水平的重要指标之一。

症状学和体格检查不仅要求有精深的基础医学理论、基本知识和基本技能，还必须掌握临床各学科有关的专业知识和临床经验。诊断的过程不仅含有丰富的知识内容，而且是一种辩证思维活动过程，同时又是一种方法学。有完整系统的知识框架和储备，从而有的放矢，才能认识疾病的本质和属性。本教材系临床医学专业的专业核心课程。其内容有一定的深度、广度和难度。教材主要目标是为我国培养适合从事基层医疗卫生服务的高素质、实用型医学人才。手册式教材构建思路是从宏观上拎清脉络，构建思维导图式的理论篇、实践篇分类教材，注重知识体系的完善，使学生在具备学科思维的基础上拓宽知识面。

《诊断学实用手册》是以思维导图形式，高度整合了诊断疾病所需临床各科知识点的实用型教科书。全书共分三章：第一章，症状学，选择了各系统症状体征17个；第二章，问诊；第三章，诊断学常用知识点汇总。本书内容力求体现全、新、精的原则，旨在通过思维导图这种立体的思维框架结构，提高医学生、临床医师对知识点的掌握能力，从而提高诊断水平和能力。本书由高校教师以及临床一线医务工作者编纂。高敏、吴芹、韩中保编写症状学部分，徐敏编写问诊部分，戴小丽、刘莉霞、蒋伟、顾敏编写体格检查部分，张栋梁、卞元琴编写诊断学常用知识点汇总。最终由卞元琴、徐敏汇总整理成册。

本书编写过程中得到了医疗机构、医药院校教师同行的诸多帮助和指导，也引用了国内外有关专家的研究成果，在此表示诚挚的谢意。

由于受作者能力所限，难免存在疏漏之处，祈望广大读者赐教。

编　者

2024年1月

目　录

第一章　症状学

第一节　发　热

一、预前知识

1.人体体温

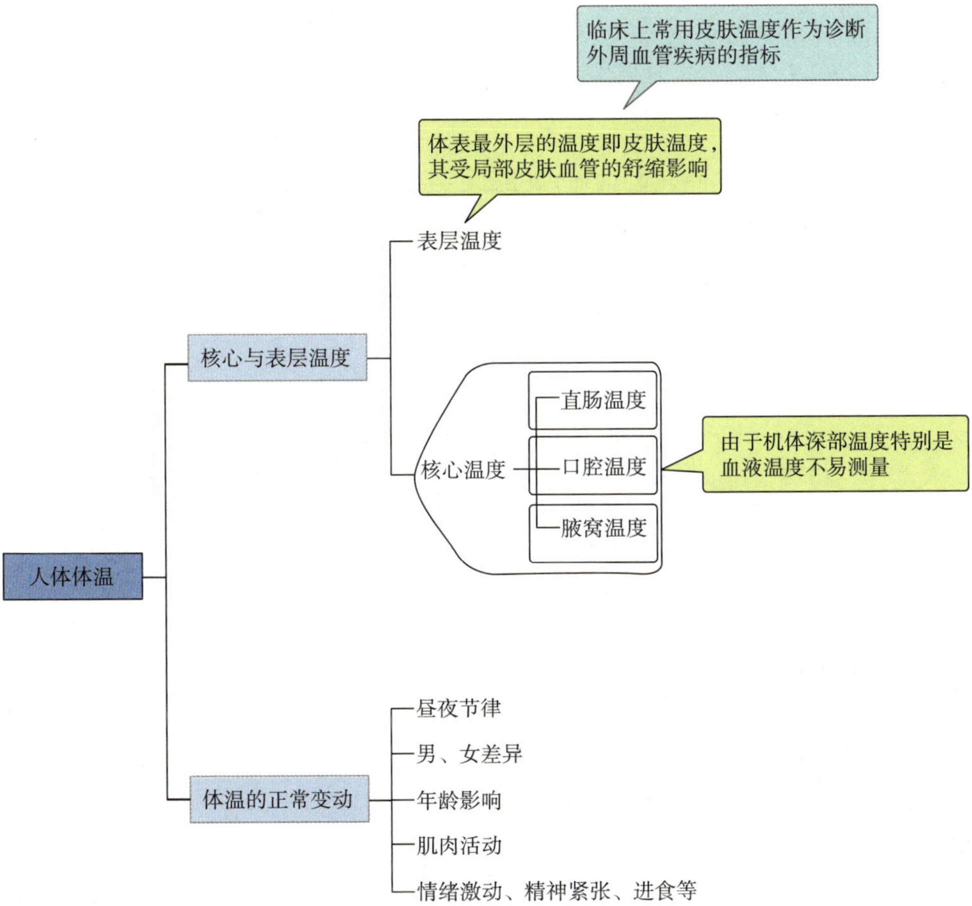

2. 人体产热过程与散热过程

- 产热与散热
  - 产热过程
    - 主要产热器官
      - 肝
      - 骨骼肌
    - 产热的形式
      - 基础代谢产热
      - 骨骼肌运动产热
      - 食物的特殊动力效应产热
      - 寒战和非寒战产热
        - 寒战产热
        - 非寒战产热
        - （寒冷环境）
        - （非寒战产热对新生儿的意义尤为重要）
    - 产热的调节
      - 体液调节
        - 甲状腺激素 — 特点：作用缓慢，但持续时间长
        - 肾上腺素、去甲肾上腺素以及生长激素等 — 特点：起效较快，但维持时间较短
      - 神经调节
        - 寒冷环境引起寒战中枢兴奋
        - 交感神经系统兴奋
        - 寒冷刺激可通过某种递质引起下丘脑释放促甲状腺激素释放激素
  - 散热过程
    - 环境温度低于表层温度
      - 辐射
      - 传导
      - 对流
    - 环境温度高于表层温度
      - 蒸发
      - 发汗
    - 皮肤的微循环作用

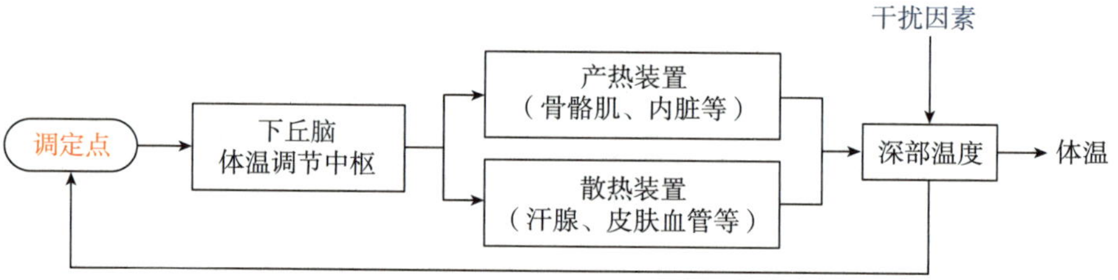

自主体温调节机构示意图

二、发热的定义

- 体温升高
  - 生理性体温升高
    - 月经前期
    - 剧烈运动
    - 应激
  - 病理性体温升高（诊断学统称为发热）
    - 发热：各种因素导致调定点上调
    - 过热：体温调节障碍（如体温调节中枢损伤），或散热障碍（鱼鳞病、中暑等）及产热器官功能异常（如甲状腺功能亢进）等

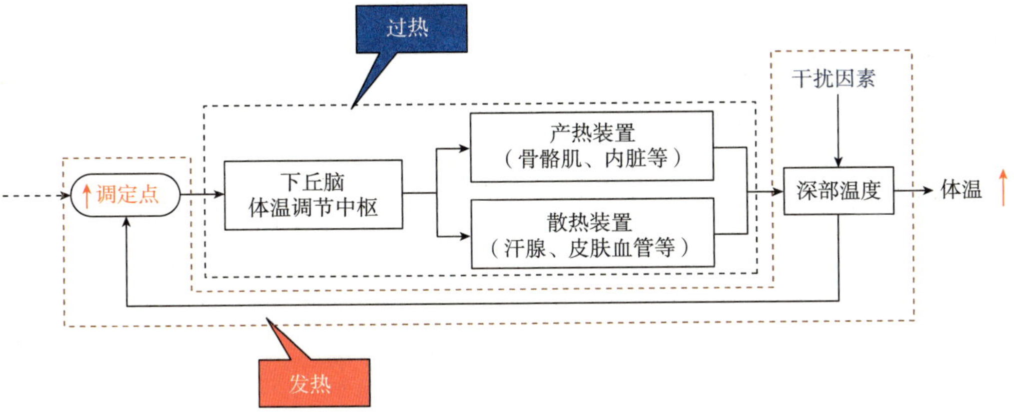

三、发生机制

1.致热原性发热

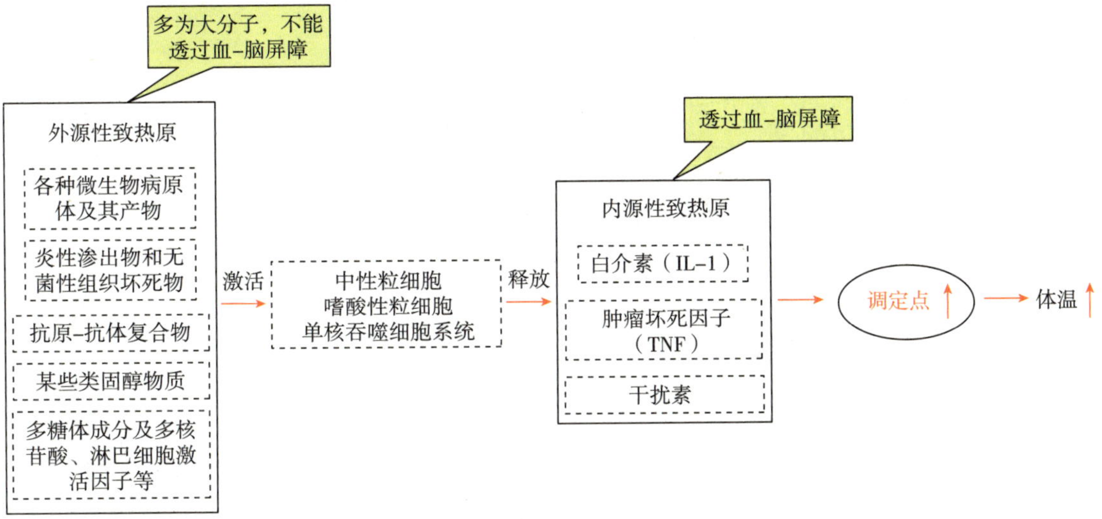

2.非致热原性发热

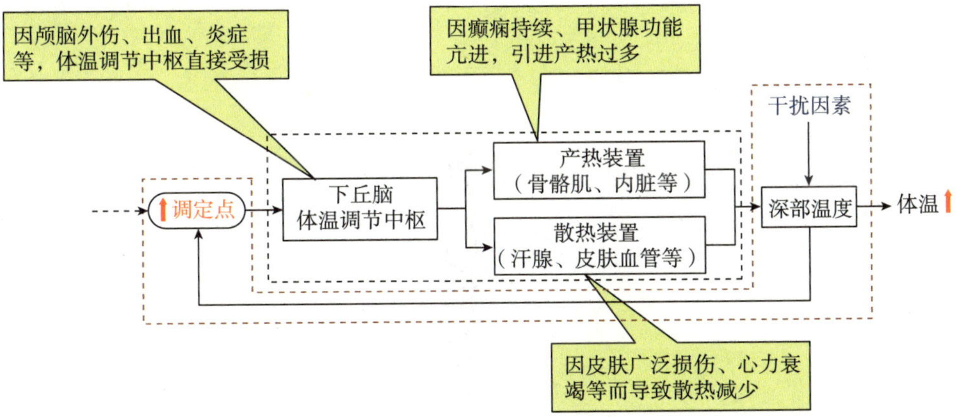

四、病因及分类

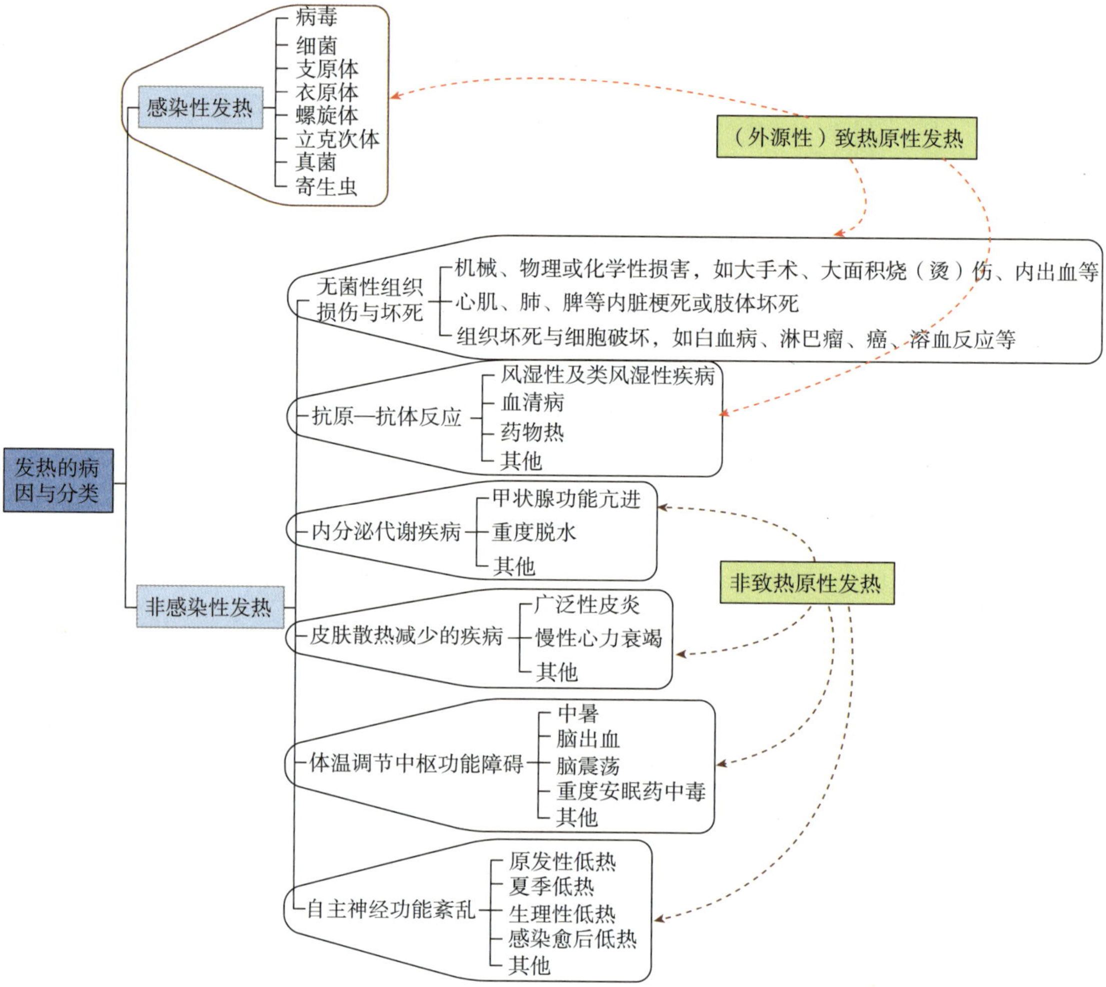

五、临床表现

1.发热的分度 以口测温度为标准。

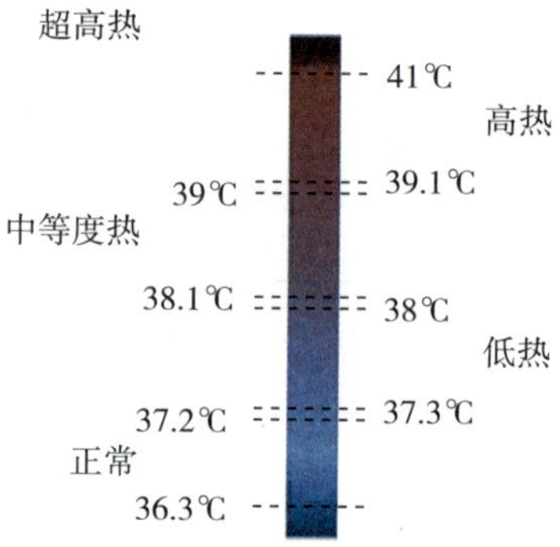

2.发热的临床过程及特点

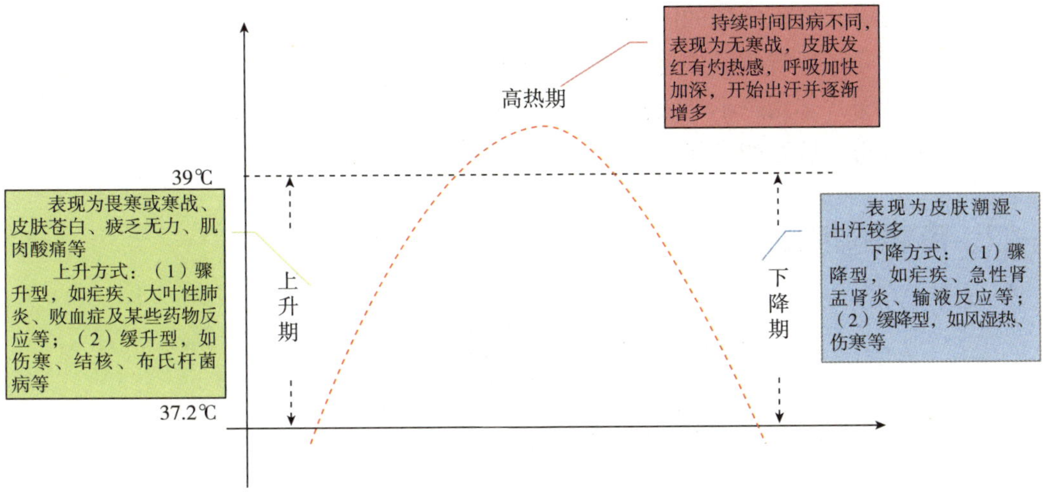

3.热型及临床意义

热型	表现特征	病例
稽留热	高温或超高温，昼夜波动不超过1℃，持续数日或数周	大叶性肺炎、伤寒等
弛张热	39℃以上，昼夜波动超过2℃，最低体温仍高于正常	败血症、风湿热、化脓性炎症等
间歇热	骤升至高峰后持续数小时，又骤降至正常，经数小时或数日间歇后，再次骤升，如此反复	疟疾、急性肾盂肾炎等
波状热	逐渐升至39℃或以上，数日后逐渐下降至正常，持续数日后又逐渐升高	布鲁菌病
回归热	骤升至39℃或以上，持续数日后又骤降至正常。高热期与无热期各持续若干日规律交替1次	回归热、霍奇金病等
不规则热	体温曲线无一定规律	结核病、风湿热、支气管肺炎、渗出性胸膜炎、癌性发热等

六、总结：发热的本质

人是恒温动物，正常情况下，受内、外环境的影响，在由神经系统（体温调节中枢的调定点理论）、内分泌、产热装置和散热装置组成的复杂平衡系统的调节下，体温波动在一个正常范围内。而当这一复杂平衡系统中某一环节或某些环节受到某些因素的影响或损伤时，体温就会出现升高或者降低。

第二节　疼　痛

一、预前知识

世界卫生组织（WHO）将疼痛划分成以下5种程度。

0度：不痛。

Ⅰ度：轻度痛，可不用药的间歇痛。

Ⅱ度：中度痛，影响休息的持续痛，需用止痛药。

Ⅲ度：重度痛，非用药不能缓解的持续痛。

Ⅳ度：严重痛，持续的痛伴血压、脉搏等的变化。

二、疼痛的定义

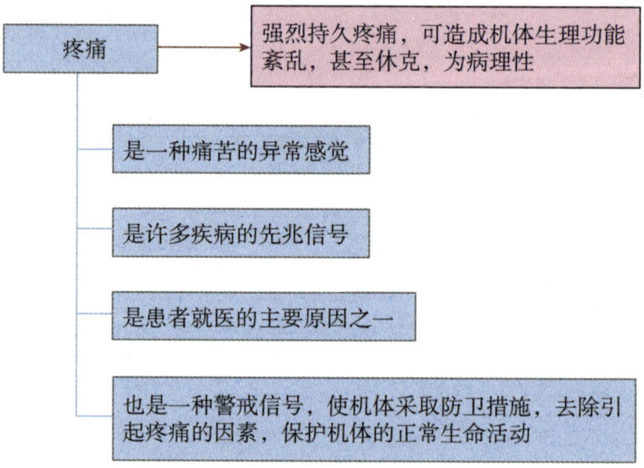

三、发生机制

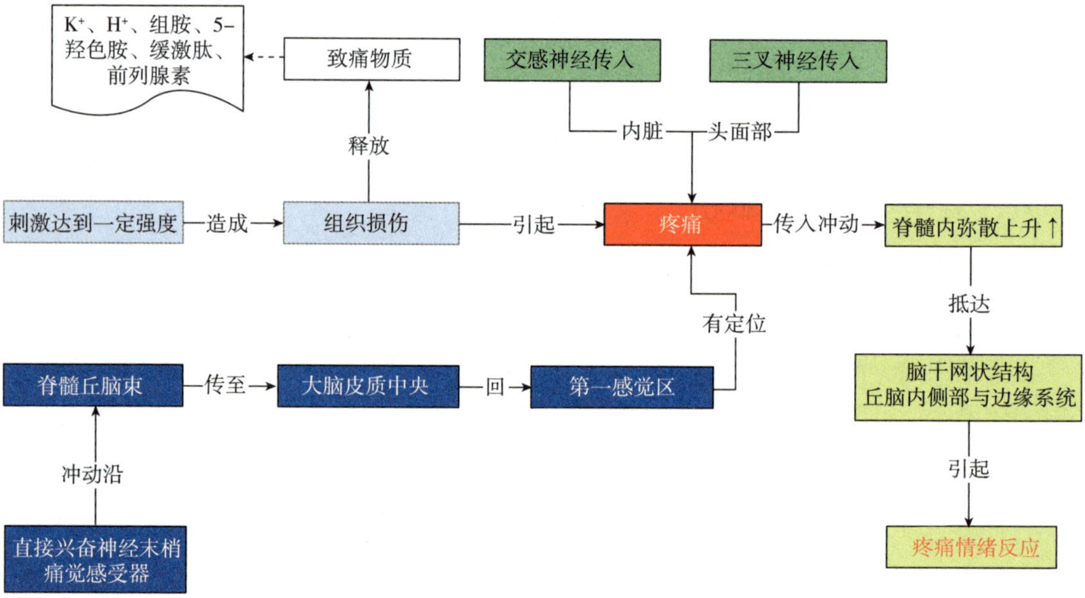

四、类型

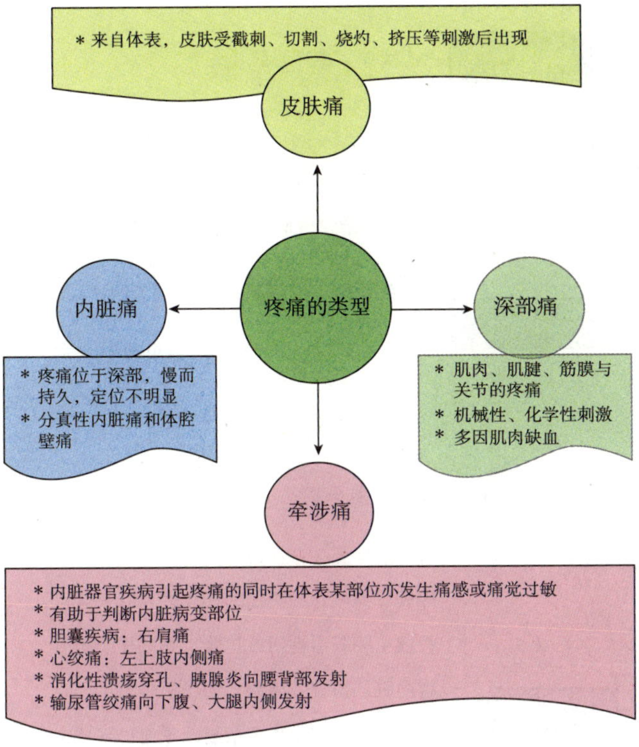

五、病因

1.头痛的病因

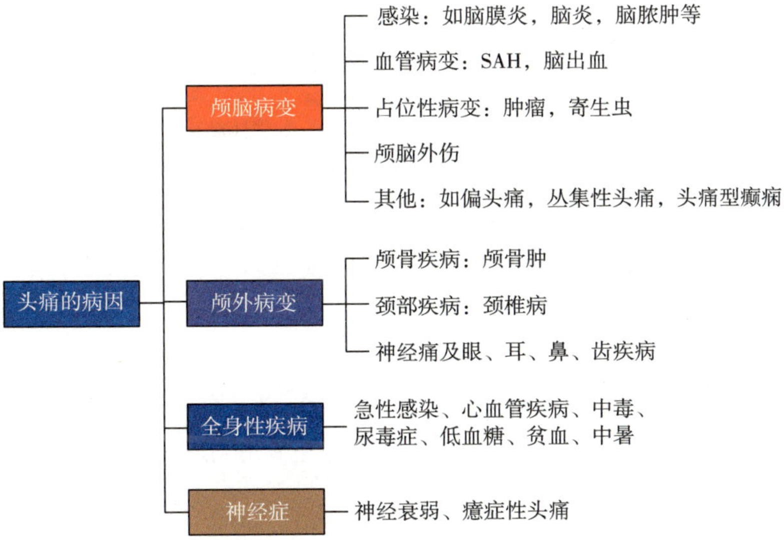

2.胸痛的病因

- 胸痛的病因
  - 胸壁疾病 — 胸壁挫伤、急性皮炎、带状疱疹、肋软骨炎、肋骨骨折等
  - 心血管疾病 — 心绞痛、急性心肌梗死等
  - 呼吸系统疾病 — 胸膜炎、气胸、血胸、胸膜肿瘤、支气管炎、支气管肺癌等
  - 纵隔疾病 — 纵隔炎症、气肿、肿瘤等
  - 其他
    - 食管病变：食管炎、食管癌、食管裂孔疝等
    - 横膈病变：膈下脓肿、膈疝等

3.腹痛的病因

- 腹痛的病因
  - 急性腹痛（起病急、病程重、病程短、转变快）
    - 胃肠道穿孔
    - 腹腔脏器的急性炎症，如急性胃肠炎等
    - 腹内空腔脏器梗阻或扩张，如肠梗阻等
    - 腹内脏器扭转或破裂，如肠扭转等
    - 腹内血管阻塞，如肠系膜动脉血栓形成
    - 腹壁疾病，如腹壁挫伤等
    - 胸部疾病引起的牵涉痛，心肌梗死等
    - 全身性疾病，如过敏性紫癜等
  - 慢性腹痛（起病缓、病程长、迁延不愈、间歇发作）
    - 腹腔脏器的慢性炎症，如慢性胃炎、胆囊炎等
    - 胃、十二指肠消化性溃疡
    - 腹腔脏器扭转或梗阻
    - 脏器包膜的牵张，如肝炎等
    - 肿瘤压迫及浸润
    - 中毒与代谢障碍，如铅中毒、尿毒症等
    - 消化系统运动功能障碍，如功能性消化不良、肠易激惹综合征等

4.关节痛的病因

- **关节痛的病因**
  - **外伤**
    - 急性损伤 — 外力碰撞或过度伸展扭曲关节，造成关节脱位或骨折，血管破裂出血，有肿胀疼痛
    - 慢性损伤 — 持续、慢性机械损伤；活动过度；扭伤处理不当；骨折愈后不良或畸形愈合
  - **感染细菌直接侵入关节内**
    - 见于葡萄球菌、肺炎链球菌、脑膜炎球菌、结核杆菌、梅毒螺旋体
    - 外伤后细菌直接入侵
    - 败血症时经血液入侵
    - 邻近骨髓炎、软组织炎、脓肿蔓延
    - 关节穿刺时消毒不严或将关节外细菌带入
  - **变态反应和自身免疫**
    - 免疫复合物沉积于关节腔引起组织和关节病变（因病原微生物及其产物、药物、异种血清与血液中的抗体形成免疫复合物）
    - 见于类风湿关节炎、系统性红斑狼疮关节病变
  - **退行性关节病**（又称增生性关节炎或肥大性关节炎）
    - 原发性 — 无明显局部病因，见于肥胖老人、女性及有家族史者
    - 继发性 — 多有创伤，感染或先天性畸形等基础病变，并与吸烟，肥胖和重体力劳动有关
  - **代谢性骨病**
    - 维生素D代谢障碍所致的骨质软化，如阳光照射不足、消化不良、维生素D缺乏、磷摄入不足
    - 骨质疏松性关节病
    - 脂质代谢障碍
    - 嘌呤代谢障碍，如痛风
    - 代谢内分泌疾病，如糖尿病性骨病
    - 皮质醇增多症性骨病
    - 甲状腺或甲状旁腺疾病
  - **骨关节肿瘤**
    - 良性肿瘤，如骨软骨瘤、骨巨细胞瘤
    - 恶性肿瘤，如骨肉瘤、软骨肉瘤、滑膜肉瘤

六、临床表现和伴随症状

1.头痛的临床表现

头痛的临床表现

- 伴随症状
  - 呕吐、眩晕、发热、视力障碍、脑膜刺激、癫痫、神经功能紊乱、精神症状、意识障碍
- 影响因素
  - 咳嗽、打喷嚏、摇头、俯身加重：颅内高压性、血管性、颅内感染性、脑肿瘤性头痛
  - 直立时缓解：丛集性头痛
  - 颈部运动加剧：颈肌急性炎症
  - 活动按摩颈肌缓解：颈肌痉挛
  - 药物麦角胺缓解：偏头痛
- 疼痛发生与持续时间
  - 特定时间：颅内占位性病变、鼻窦炎于清晨或上午，丛集性于晚间，女性于月经期
  - 持续性：脑肿瘤
- 发病情况
  - 急性伴发热：感染性疾病
  - 急剧无发热：颅内血管性疾病
  - 慢性伴颅内压增高：颅内占位性病变
  - 慢性无颅内压增高：青壮年肌收缩性头痛
- 疼痛部位（单侧、双侧、前侧、前额或枕部、局部或弥散、颅内或颅外）
  - 一侧：偏头痛即丛集性头痛
  - 深在性弥散：颅内病变
  - 额部或整个头部：高血压
  - 全头部：全身性或颅内感染性疾病
  - 头痛带颈痛：蛛网膜下腔出血、脑脊髓膜炎；浅表性：眼源性、鼻源性、牙源性
- 疼痛的程度与性质（分轻、中、重，与病情轻重无平行关系）
  - 三叉神经痛、偏头痛、脑膜刺激头痛、神经功能性头痛：剧烈
  - 脑肿瘤：中度或轻度
  - 高血压性、血管性、发热性疾病：搏动性
  - 神经痛：电击样痛、刺激；肌肉收缩性：重压感、紧箍感、钳夹样痛

2.胸痛的临床表现

胸痛的临床表现

- 伴随症状
  - 咳嗽、咳痰、发热；呼吸困难；咯血；苍白、大汗、血压下降或休克
- 影响因素
  - 咳嗽、呼吸加重：胸膜炎、心包炎
  - 进食加重：食管疾病
  - 劳力、精神紧张诱发：心绞痛
- 疼痛发生与持续时间
  - 阵发性：平滑肌痉挛、血管狭窄缺血
  - 持续性：炎症、肿瘤、栓塞、梗死
- 发病情况
  - 青壮年：结核性胸膜炎
  - 40岁以上：冠心病、支气管肺癌
- 疼痛部位
  - 胸壁疾病：固定部位，局部压痛
  - 带状疱疹：沿一侧肋间神经分布伴剧痛
  - 肋软骨炎:第一、第二肋骨单个或多个隆起
  - 心绞痛及心肌梗死：胸骨后方和心前区或剑突下
  - 夹层动脉瘤：胸背部放射至下腹、腰部、两侧腹肌沟、下肢
  - 胸膜炎：胸侧部
  - 肝胆疾病及膈下脓肿：右下胸
  - 肺尖部肺癌：肩部，腋下为主
- 疼痛的程度与性质
  - 带状疱疹：刀割样剧痛
  - 食管炎：烧灼痛
  - 肋间神经痛：阵发性痛
  - 心绞痛：绞榨样痛，窒息感
  - 心肌梗死：濒死感
  - 气胸：撕裂样痛
  - 胸膜炎：隐痛、钝痛、刺痛

3.腹痛的临床表现

- **腹痛的临床表现**
  - **伴随症状**
    - 发热、寒战；黄疸；休克；呕吐、反酸、腹泻；血尿
  - **影响因素**
    - 诱发因素：①油腻食物诱发：胆囊炎、胆石症；②酗酒、暴饮暴食诱发：急性胰腺炎；③腹部手术诱发：机械性肠梗阻；④腹部受暴力诱发：肝、脾破裂
    - 体位关系：①左侧卧位减轻如胃黏膜脱垂；②膝胸位或俯卧缓解如十二指肠壅滞症；③仰卧加重，面前倾位或俯卧减轻如胰体癌；④前屈时明显，直立时减轻如反流性食管炎
  - **疼痛发生与持续时间**
    - 餐后痛：单一疾病、胃部肿瘤、消化不良
    - 周期性、节律性：胃、十二指肠溃疡
  - **发病情况**
    - 幼儿：先天畸形、肠套叠、蛔虫病
    - 青壮年：急性阑尾炎、胰腺炎、消化性溃疡
    - 中老年：胆囊炎、胆石症、恶性肿瘤、心血管疾病
    - 育龄妇女：卵巢囊肿扭转、宫外孕
  - **疼痛部位**（多为病变所在部位）
    - 十二指肠、胰腺疾病：中上腹部
    - 胆囊炎、胆结石、肝脓肿：右上腹部
    - 急性阑尾炎：右下腹McBurney点
    - 小肠疾病：脐部或脐周
    - 结肠疾病：下腹或左下腹部
    - 膀胱炎、盆腔炎、异位妊娠破裂：下腹部
    - 急性弥漫性腹膜炎、机械性肠梗阻、急性出血坏死性肠炎、血卟啉病，铅中毒、腹型过敏性紫癜：弥漫性
  - **疼痛的程度与性质**（腹痛的性质与病变性质密切相关）
    - 胃、十二指肠溃疡穿孔：突发刀割样剧痛，烧灼痛
    - 慢性胃炎、胃、十二指肠溃疡：隐痛
    - 急性胰腺炎：持续性锐痛、阵发性刀割样痛
    - 胆石症、泌尿系统结石：阵发性绞痛
    - 胆道蛔虫病：阵发性剑突下钻顶样疼痛
    - 急性弥漫性腹膜炎：持续性、广泛性
    - 内脏性疼痛：隐痛、钝痛、胀痛

4.关节痛的临床表现

- **关节痛的临床表现**
  - **伴随症状**
    - 心肌炎、舞蹈病，如风湿热
    - 全身对称性小关节痛，伴晨僵、关节畸形，如类风湿关节炎
    - 血尿酸升高，如痛风
    - 皮肤红斑、光过敏、低热和多器官损害，如系统性红斑狼疮
    - 高热畏寒、红肿灼热，如化脓性关节炎
    - 皮肤紫癜、腹痛腹泻，如关节受累型过敏性紫癜
  - **影响因素**
    - 局部冷敷缓解：化脓性关节炎
    - 饮酒加重：痛风
    - 休息缓解，活动加重：关节肌肉劳损
    - 起床缓解，卧床加重，活动加重：增生性关节炎
  - **疼痛部位**
    - 化脓性关节炎：大关节和单关节
    - 结核性关节炎：髋关节和脊椎
    - 类风湿关节炎：指趾关节
    - 增生性关节炎：膝关节
    - 痛风：踇趾和第一跖趾关节
  - **疼痛的程度与性质**
    - 急性外伤、化脓性关节炎、痛风：烧灼刀割样剧痛、跳痛
    - 骨折和韧带拉挫伤：锐痛
    - 骨关节肿瘤：钝痛
    - 系统性红斑狼疮、类风湿关节炎，增生性骨关节病：酸痛胀痛
  - **疼痛发生与持续时间**
    - 反复发作：系统性红斑狼疮

七、总结与发散：疼痛的防治

减弱细纤维传入和（或）加强纤维传入的措施均有助于治疗或缓解疼痛。除用传统局麻药封闭或阻断传入通路的细纤维活动外，推拿、按摩、热疗、电疗等物理疗法也可缓解疼痛。针灸和轻度电刺激神经等疗法，在疼痛特别是慢性痛治疗上已被广泛应用。

药物治疗中，除能抑制前列腺素合成的非麻醉性镇痛药（如阿司匹林）和与阿片受体结合的麻醉性镇痛药（如吗啡）等常用于止痛外，一些非固醇类抗炎药也已有应用。参与下行抑制通路的5-羟色胺、去甲肾上腺素以及某些多肽也为疼痛控制提供了新的应用前景。

基于心理因素在疼痛产生与防治上的影响，安慰剂、催眠、暗示、松弛训练和生物反馈等加强正向情绪活动等心理疗法，以及其他增强信心和减轻恐惧的任何药物或处理，均有助于缓解或减轻疼痛。例如分娩的喜悦、注意力的集中、激烈的战斗，以及某些特殊的仪式，均可在一定程度上缓解疼痛的感觉和痛苦。

第三节　咳嗽与咳痰

一、预前知识

在病理情况下，多数的咳嗽不能随意控制。但是人体的大脑皮质也能影响咳嗽的发生，因此在某些情况下可以控制或产生咳嗽，最常见的是咳嗽时胸痛或腹痛的患者，他们为了避免疼痛会主动地抑制咳嗽。

二、咳嗽与咳痰的定义

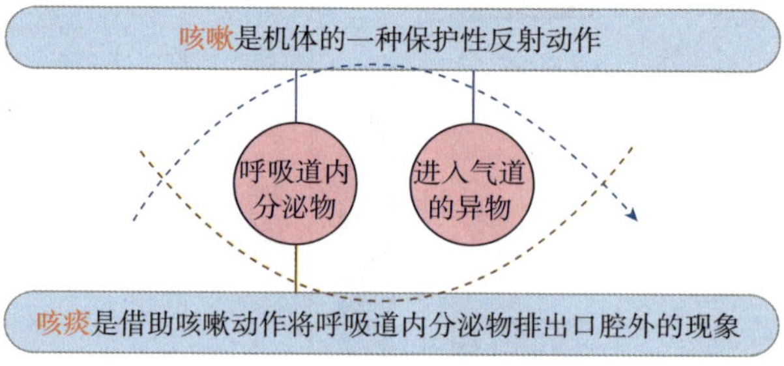

三、病因

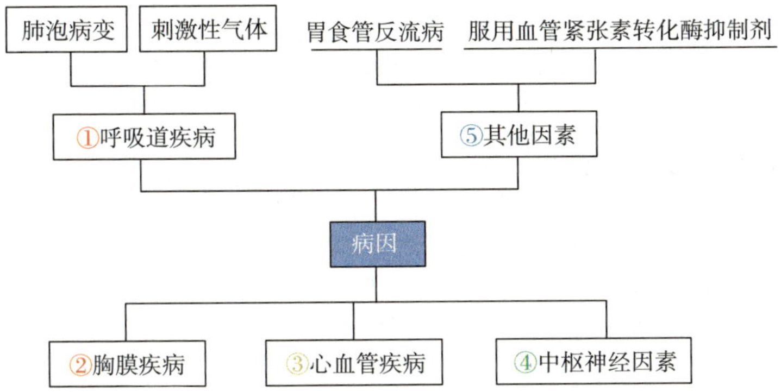
肺泡病变
刺激性气体
胃食管反流病
服用血管紧张素转化酶抑制剂
①呼吸道疾病
⑤其他因素
病因
②胸膜疾病
③心血管疾病
④中枢神经因素

四、发生机制

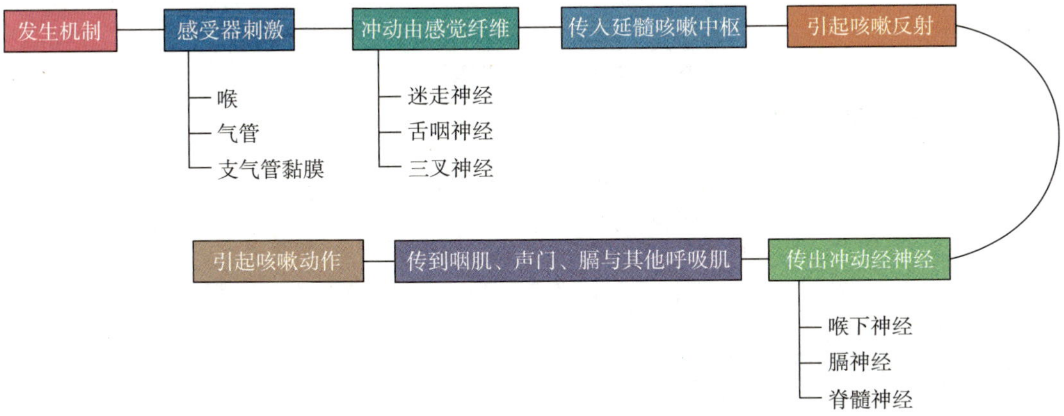
发生机制
感受器刺激
冲动由感觉纤维
传入延髓咳嗽中枢
引起咳嗽反射
喉
气管
支气管黏膜
迷走神经
舌咽神经
三叉神经
引起咳嗽动作
传到咽肌、声门、膈与其他呼吸肌
传出冲动经神经
喉下神经
膈神经
脊髓神经

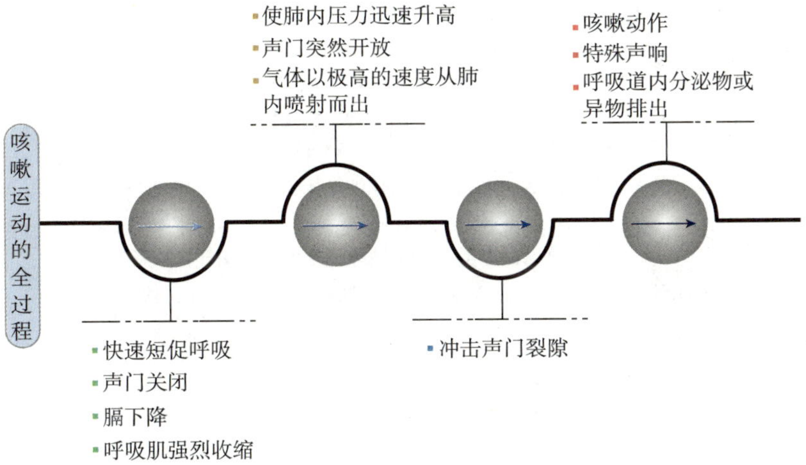
使肺内压力迅速升高
声门突然开放
气体以极高的速度从肺内喷射而出
咳嗽动作
特殊声响
呼吸道内分泌物或异物排出
咳嗽运动的全过程
快速短促呼吸
声门关闭
膈下降
呼吸肌强烈收缩
冲击声门裂隙

五、临床表现

- 临床表现
  - 咳嗽的性质
    - 干性咳嗽：咳嗽无痰或痰量很少，见于急性或慢性咽峡炎、急性支气管炎初期等
    - 湿性咳嗽：咳嗽伴有痰液，见于慢性支气管炎、支气管扩张症、肺炎、肺脓肿、慢性纤维空洞型肺结核
  - 咳嗽发作与时间规律
    - 突然发作，见于刺激性气体
    - 长期反复发作，见于慢性呼吸系统疾病
  - 咳嗽的音色
    - 金属音，见于纵隔肿瘤、原发性支气管肺癌、主动脉夹层等压迫气管
    - 嘶哑音，见于声带炎、喉炎、喉结核、喉癌及喉返神经麻痹
    - 犬吠样，见于会厌、喉部疾患或气管受压
    - 低微或无力，见于极度衰竭、声带麻痹者
  - 痰的性质和量
    - 痰的性质分为黏液性、浆液性、脓性、黏液脓性、血性等
    - 支气管扩张症、肺脓肿、支气管胸膜瘘时，痰量多呈脓性，静置后出现分层（分层现象：上层泡沫、中层黏液或浆液脓性、下层坏死组织）
    - 黄脓痰：呼吸道化脓性感染
    - 草绿色、翠绿色痰：铜绿假单胞菌感染
    - 粉红色泡沫痰：急性肺水肿
    - 铁锈色痰：肺炎球菌肺炎
    - 烂桃样痰：肺吸虫病
    - 棕褐色痰：阿米巴肺脓肿
    - 痰白黏稠且牵拉成丝难以咳出：真菌感染
    - 痰有恶臭：合并厌氧菌感染，见于肺脓肿、支气管扩张症

六、伴随症状和问诊要点

- 伴随症状
  - 伴发热—常见于急性上、下呼吸道感染，肺结核，胸膜炎等
  - 伴胸痛—常见于肺炎，胸膜炎，支气管肺癌，肺栓塞，自发性气胸等
  - 伴呼吸困难—见于喉水肿，喉肿瘤，支气管哮喘，慢性阻塞性肺疾病，重症肺炎，肺结核，大量胸腔积液，气胸，肺淤血，肺水肿，气管或支气管异物等
  - 伴咯血—见于支气管扩张，肺结核，肺脓肿，支气管肺癌，二尖瓣狭窄，支气管结石，肺含铁血黄素沉着症，肺出血肾炎综合征等
  - 伴脓痰—见于支气管扩张，肺脓肿，肺囊肿合并感染，支气管胸膜瘘等
  - 伴哮鸣音—多见于支气管哮喘，心源性哮喘，慢性阻塞性肺疾病，弥漫性泛细支气管炎，气管与支气管异物等，局限性哮鸣音可见于支气管肺癌
  - 伴杵状指(趾)—常见于支气管扩张，慢性肺脓肿，支气管肺癌，脓胸等

- 问诊要点
  - 发病年龄
  - 咳嗽程度，音色及其影响因素
  - 咳嗽是否伴有咳痰，痰的性状和痰量
  - 有无特殊职业史
  - 是否吸烟
  - 有无服药史

七、总结与拓展

（一）治疗

在治疗咳嗽时，首要找出病因，在治疗原发病的基础上，选择恰当的止咳祛痰药，注意护理。当呼吸道黏膜受到异物、炎症、分泌物或过敏性因素等刺激时，即反射性地引起咳嗽，有助于排除自外界侵入呼吸道的异物或分泌物、消除呼吸道刺激因子，顽固性咳嗽可以选择中枢镇咳达到止咳目的，咳痰量多时不能单独使用止咳药，应合用化痰药。

（二）咳嗽预防

绝大部分咳嗽由呼吸道疾病引起，因此预防呼吸道疾病是预防咳嗽的关键。

（1）加强锻炼，多进行户外活动，提高机体抗病能力。

（2）气候转变时及时增减衣服，防止过冷或过热。

（3）少去拥挤的公共场所，少与咳嗽患者接触，减少感染机会。

（4）经常开窗，保持室内空气新鲜。

（5）及时接种疫苗，减少传染病发生。

（6）感冒流行期间可服中药预防。经常易感冒的人群，可每天以黄芪、红枣，煎汁代茶，长期服用可增加机体免疫力，减少感冒的发生。

（7）防止咳嗽预防感冒非常关键，平时要注意锻炼身体，提高御“邪”能力，避免外感，以防加重病情。

（8）加强生活调理，饮食适宜，保证睡眠。

（9）平时适当食用梨和萝卜，对咳嗽有一定的预防之效。

（10）中老年长期咳嗽应尽快到医院检查，明确病因，及时治疗。

第四节 咯 血

一、咯血的影响因素

1.情绪方面 过度激动、兴奋或悲伤可导致咯血，因情绪急剧变化加快心脏跳动和血液循环，血压和肺内压升高，致使受损伤血管破裂而出现咯血。

2.运动方面 大量运动或剧烈咳嗽，可造成肺活量及肺内动脉压上升，使血管破裂引起咯血。

3.气候方面 当气候出现过冷、过热、忽冷、忽热时咯血的患者也相应增多。这可能与血管张力的变化以及血管脆性的增加有关。

4.病情方面 肺结核患者均有发生咯血的可能。一般咯血多见于活动性病灶及有空洞的病例，临床已治愈的肺结核（如病灶硬结钙化灶的脱落）个别病例也可发生咯血，可能由于病灶收缩撕裂血管所致，但咯血量较少。

二、咯血的定义

咯血指喉部及喉以下的呼吸器官出血经咳嗽由口排出。

咯血与呕血的鉴别

鉴别点	咯血	呕血
病史	肺结核、支气管扩张症、心脏病、原发性支气管肺癌等	消化性溃疡、肝硬化、急性胃黏膜病变、胃癌等
出血前症状	喉部痒感、胸闷、咳嗽等	上腹不适、恶心、呕吐等
出血方式	咯出	呕出，可为喷射状
血色	鲜红	棕黑、暗红、有时鲜红
血中混有物	痰、泡沫	食物残渣、胃液
反应	碱性	酸性
黑便	除非咽下，否则没有	有，可为柏油样便，呕血停止后仍持续
出血后痰的性状	常有血痰数日	无痰

三、病因与发生机制

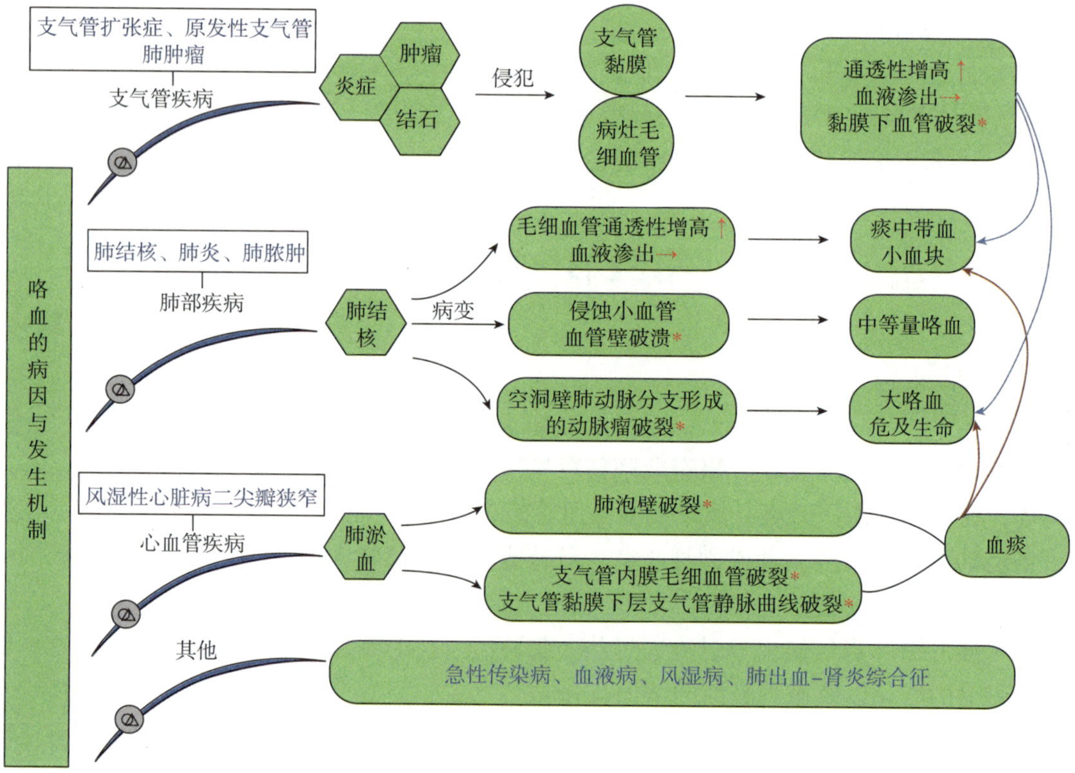

四、临床表现

1.年龄与生活习惯

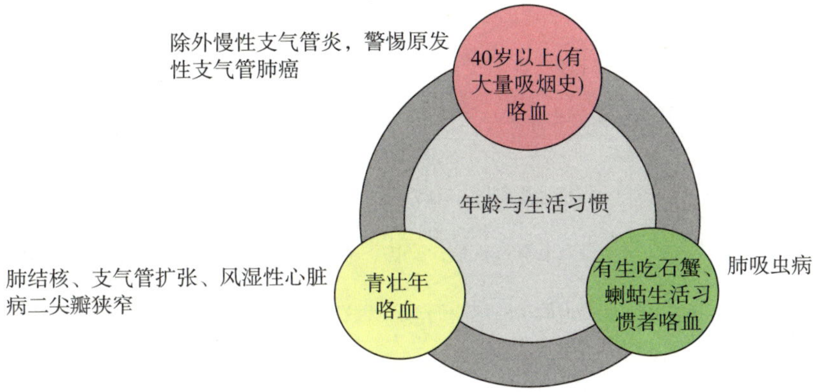

2.咯血量

小量咯血：24小时之内，咯血量不超过100ml。

中量咯血：24小时之内，咯血量在100~500ml之间。

大量咯血：24小时之内，咯血量超过500ml，或者一次性的咯血量超过300ml，或出现窒息。

3.全身情况

长时间咯血全身情况差、体重减轻者，多见于肺结核、原发性支气管肺癌。

反复咯血而全身情况尚好者，见于支气管扩张症、肺囊肿等。

4.咯血的颜色和性状

颜色性状	临床意义
鲜红色	肺结核、支气管扩张症、出血病疾病
铁锈色血痰	肺炎球菌肺炎
浆液性粉红色泡沫样血痰	急性左心衰肺水肿
黏稠暗红色血痰	肺栓塞、肺梗死
暗红色	二尖瓣狭窄
砖红色胶冻样痰	克雷伯杆菌肺炎

五、伴随症状

咯血伴发热、胸痛、脓痰、黄疸、皮肤黏膜出血、杵状指(趾)。

六、总结

咯血患者诊断流程

- 排除假性咯血
  - 口咽鼻腔出血
  - 与呕血鉴别
- 确定真性咯血
  - 胸片或胸部CT；血常规，凝血功能；心电图；超声心动图
  - 支气管和肺疾病：支扩、肺炎、肺结核、肺肿瘤、肺栓塞、肺动脉高压
  - 心血管病：风心病二尖瓣狭窄、先心病房间隔缺损、急性左心衰竭
  - 血液系统：白血病、血小板减少性疾病、血友病
  - 全身疾病及其他：流行性出血热、肺出血肾炎综合征、结缔组织病

第五节　呼吸困难

一、预前知识

二、呼吸困难的定义

呼吸困难是主观感觉和客观征象综合表现

- 主观上感觉空气不足、呼吸费力
- 客观上表现为用力呼吸、张口抬肩，重者可出现鼻翼扇动、端坐呼吸、发绀、辅助呼吸肌也参与呼吸运动，并可有呼吸频率、深度及节律的异常

三、病因

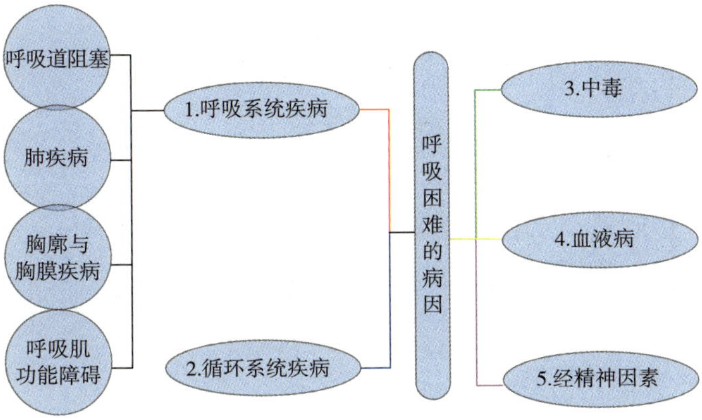

四、发生机制及临床表现

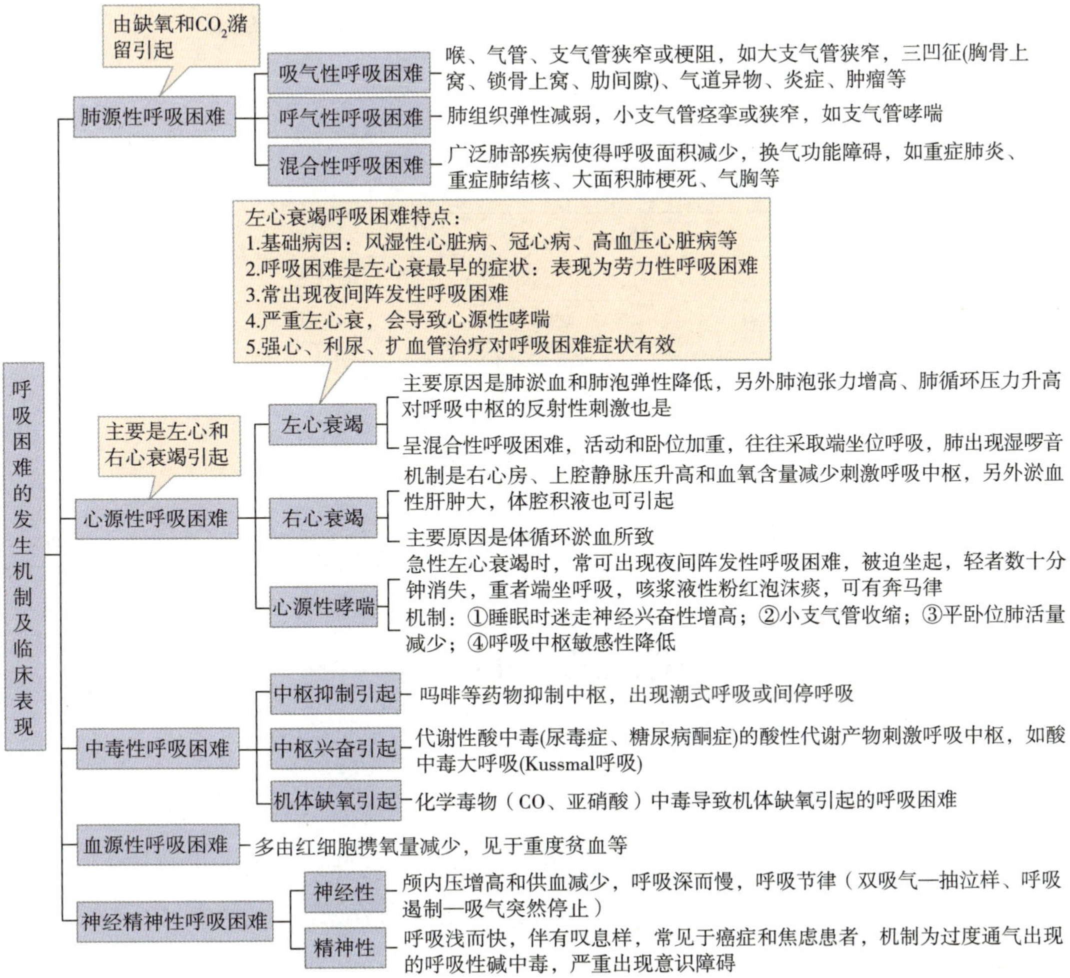

五、伴随症状

- 伴随症状与疾病
  - 发作性呼吸困难伴哮鸣音
    - 支气管、肺疾病
    - 支气管/心源性哮喘，急性喉水肿/气管异物/肺栓塞
  - 伴发热
    - 感染性疾病
    - 肺炎/肺脓肿/肺结核/胸膜炎
  - 伴胸痛
    - 肺、胸膜疾病
    - 大叶肺炎/肺栓塞/急性胸膜炎
  - 伴咳嗽浓痰
    - 支气管、肺感染性疾病
    - 慢支/支扩/脓肿
  - 伴粉红色泡沫痰——急性左心衰竭
  - 呼吸困难伴昏迷
    - 颅脑疾病——脑出血、脑膜炎
    - 感染性疾病——休克性肺炎、肺性疾病
    - 代谢性疾病——糖尿病酮症酸中毒、尿毒症
    - 中毒——CO、苯巴比妥

六、总结

	肺		心脏	
	叩诊	听诊	叩诊	听诊
哮喘	正常	哮鸣音	—	—
肺炎	局部浊音	局部湿啰音	—	—
气胸	患侧鼓音	患侧消失	—	—
胸腔积液	浊音	患侧减弱	—	—
COPD	过清音	减弱		
左心衰竭	—	肺底或全肺湿啰音	心界扩大	心尖部奔马律/杂音

第六节　心　悸

一、心悸的定义

心悸是一种自觉心跳或心慌，常伴心前区不适的主观感受。

当心率加快时感到心脏跳动不适，心率缓慢时则感到搏动有力。

二、发生机制

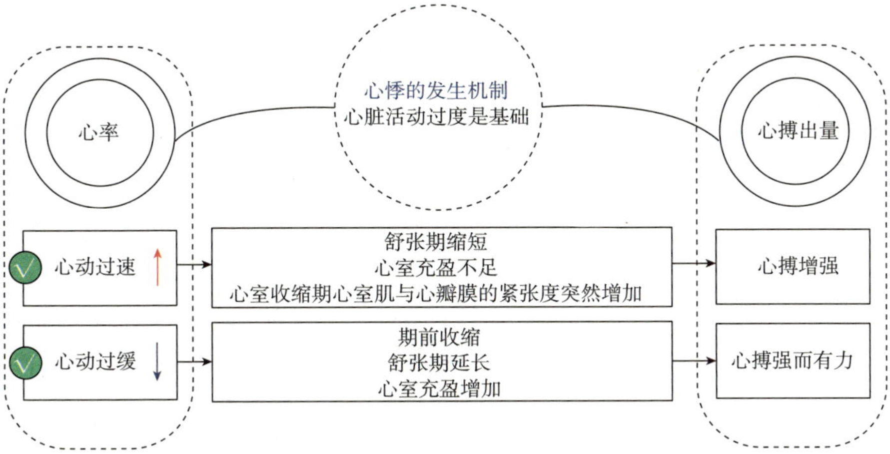

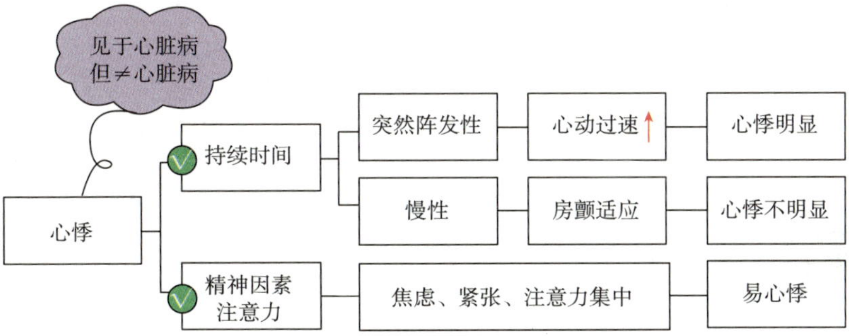

三、病因与临床表现

1 心脏搏动增强

生理原因

* 健康人剧烈运动、精神过度紧张或情绪波动
* 大量饮酒、喝浓茶或咖啡
* 应用药物，如肾上腺素、麻黄碱、咖啡因、阿托品、甲状腺素等

病理原因

* 心室肥大，心负荷增加
* 发热、甲亢、贫血等引起心搏出量增加的疾病

2 心律失常

* 心动过速
* 心动过缓
* 期前收缩，房扑、房颤等

3 心血管神经病

* 一种功能性神经症，可能与神经类型、环境因素和性格有关
* 多见于青年女性，尤其更年期妇女

四、总结

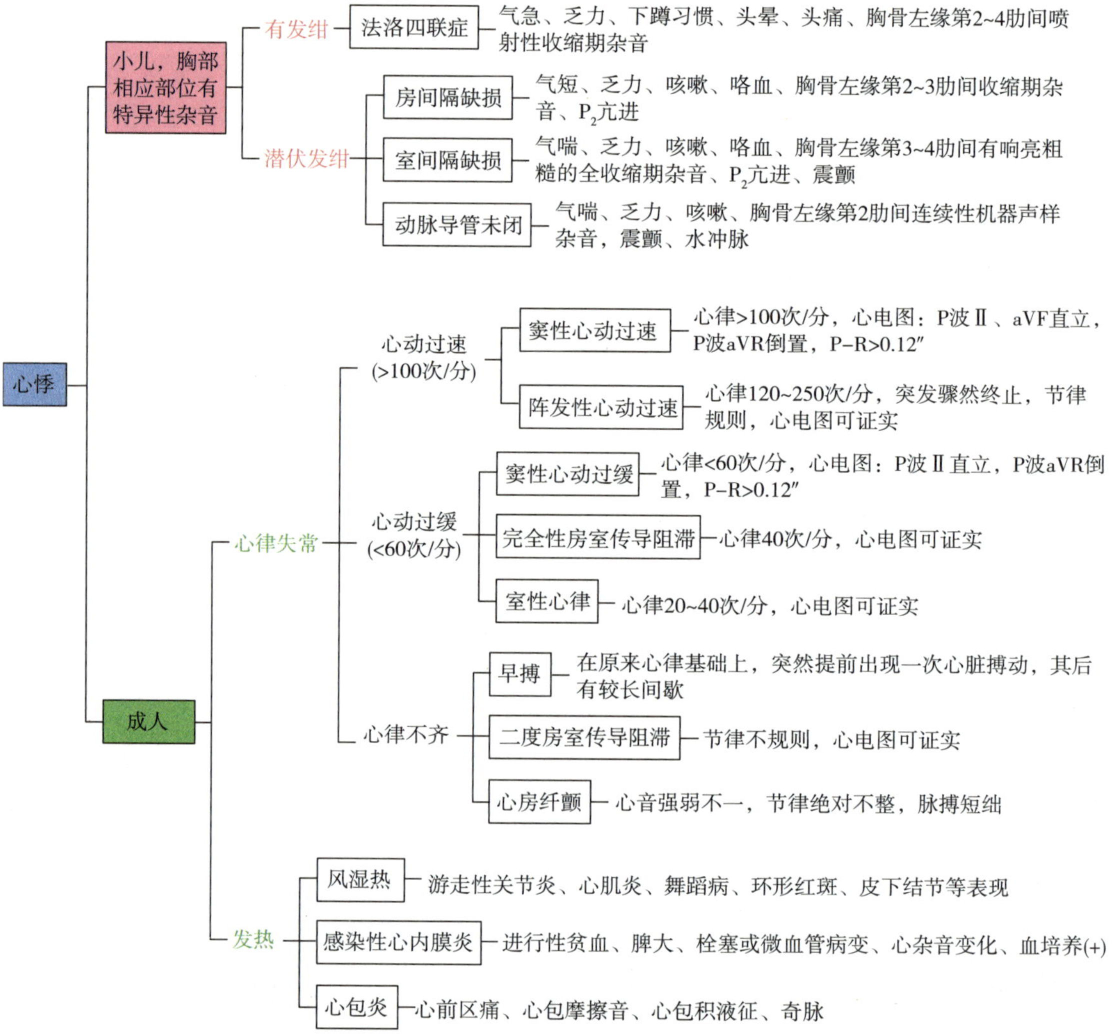

在日常诊治患者中，常遇到一些患者，主诉胸闷、心慌、胸痛，自认为患了“心脏病”，忧心忡忡地来院就诊。但大多患者经检查：X摄片、心电图及超声心电图检查均正常。这并非是器质性心脏病，而是一种以心血管症状为主的功能性失调的心脏神经官能症（即心脏自主神经功能紊乱症）。患者除感心悸之外，常有心率加快、心前区刺痛或隐痛、呼吸不畅，并常伴有头痛、头晕、失眠、易疲劳、注意力不集中等神经官能症症状。发病常与精神因素有关，每因情绪激动而发作。β肾上腺素受体反应亢进综合征是自主神经功能紊乱引起。患者主要表现为心悸、胸闷、头晕、心动过速等症状，与刺激交感神经β受体所致的症状相似。精神刺激常为发病诱因。患者以青壮年妇女为多。

第七节　水　肿

一、预前知识

1.体液中水的分布

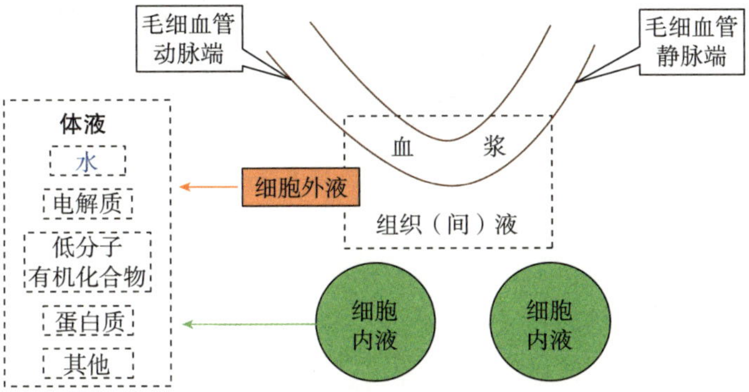

组织(间)液中有极少部分分布于一些密闭的腔隙(如关节腔、颅腔、胸膜腔、腹膜腔)中，也称第三间隙液，由上皮细胞分泌产生的，又称跨细胞液。

2.溶液渗透压

溶液渗透压，简单地说，是指溶液中溶质微粒对水的吸引力。溶液渗透压的大小取决于单位体积溶液中溶质微粒的数目。

体液内起渗透压作用的溶质主要是电解质，90%~95%源于单价离子Na^+、Cl^-和HCO_3^-，其他5%~10%由其他分子如葡萄糖、氨基酸、尿素以及蛋白质等构成。血浆蛋白质所生的渗透压极小，仅占血浆总渗透压的1/200。

由电解质和其他小分子物质形成的渗透压称晶体渗透压；由蛋白质形成的渗透压称胶体渗透压。

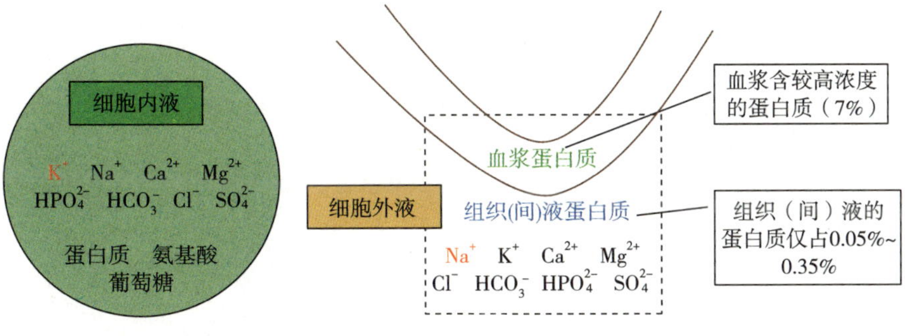

1.由于细胞膜内外晶体渗透压占主体，因此，晶体渗透压决定细胞膜两侧的水的分布。
2.由于血管内外晶体渗透压相近，而蛋白质不易透过血管壁，因此，胶体渗透压对血管内外的水分布有较重要的作用。

3.组织（间）液的生成与回流

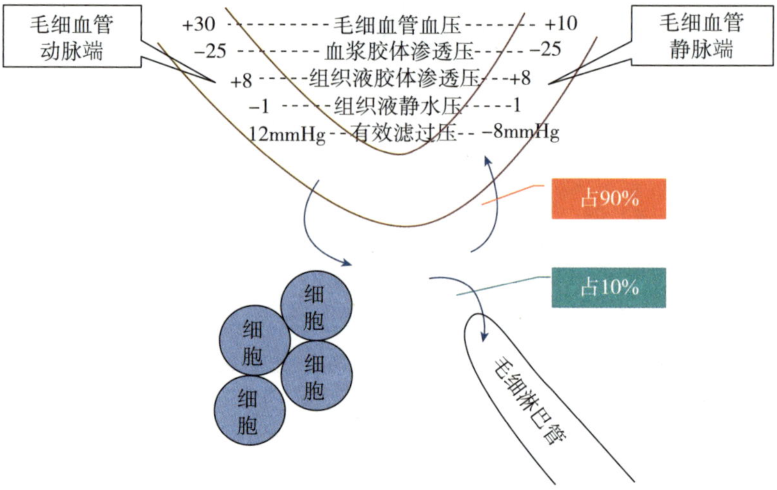

有效滤过压=（毛细血管血压+组织液胶体渗透压）-（组织液静水压+血浆胶体渗透压）

二、水肿的定义

水肿是人体组织间隙有过多的液体积聚导致的组织肿胀。这一术语不包括内脏器官局部的水肿，如脑水肿、肺水肿等。

三、发生机制

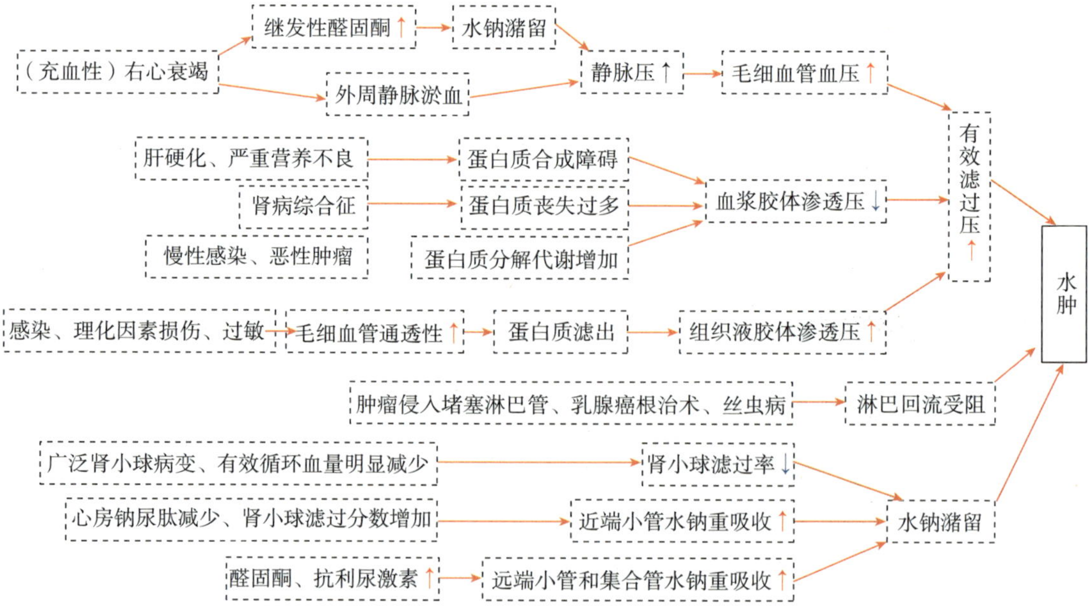

四、病因与临床表现

- 水肿病因与临床表现
  - 全身性水肿
    - 心源性水肿—见心源性水肿与肾源性水肿的鉴别
    - 肾源性水肿—见表心源性水肿与肾源性水肿的鉴别
    - 肝源性水肿—多见于肝硬化失代偿期，主要表现为腹水，也可出现踝部水肿，逐渐向上蔓延，头部及上肢多无水肿
    - 营养不良性水肿—水肿前常有消瘦、体重减轻，水肿常从足部开始逐渐划算全身
    - 其他
      - 黏液性水肿—为非凹陷性水肿（组织液中蛋白质含量较高所致）。常见于甲减患者，眼睑、颜面及下肢较为明显
      - 经前期紧张综合征—多见于月经前7~14天出现眼睑、踝部、手部水肿，一般较轻，月经后消退
      - 药物性水肿—可见于糖皮质激素、雌激素、雄激素、胰岛素、甘草制剂等治疗过程中，停药后消退
      - 特发性水肿—几乎仅见于女性，可能是内分泌失调与直立体的反应异常所致，水肿多出现于身体下垂部位，站立过久，行走过多加重
      - 其他—妊娠中毒症、血清病、硬皮病、血管神经性水肿及老年性水肿等
  - 局部性水肿
    - 局部淋巴回流受阻
    - 局部静脉回流受阻
    - 血管神经性水肿
    - 其他

心源性水肿与肾源性水肿的鉴别

鉴别点	心源性水肿	肾源性水肿
发展快慢	较缓慢	迅速
水肿部位	足部开始向上延及全身	眼睑、颜面开始延及全身
水肿性质	较坚实，移动性较小	软而移动性大
伴随情况	心脏增大，心脏杂音，肝大，静脉压升高和肝颈静脉回流征阳性等心力衰竭病征	高血压、蛋白尿、血尿、管型尿、眼底改变等其他肾脏表现

五、总结：水肿的本质

人体是一个复杂的动态平衡系统，存在多种既相互关联又具独立的一个一个子系统，如酸碱平衡系统、溶血凝血平衡系统、球管平衡系统、血压平衡系统、血氧平衡系统等。同学们在学习水肿症状时，应当将知识面拓展一下，首先要弄清楚人体水的分布，以及水分布的调节平衡系统。由于多种因素的影响，水分布出现异常，无论是增多或是减少，如细胞内、外的水增多或减少，血管内、外的水增多或减少，组织（间）液的增多（为《诊断学》讨论的水肿）或减少。

第八节　恶心与呕吐

一、预前知识（食管、胃解剖图）

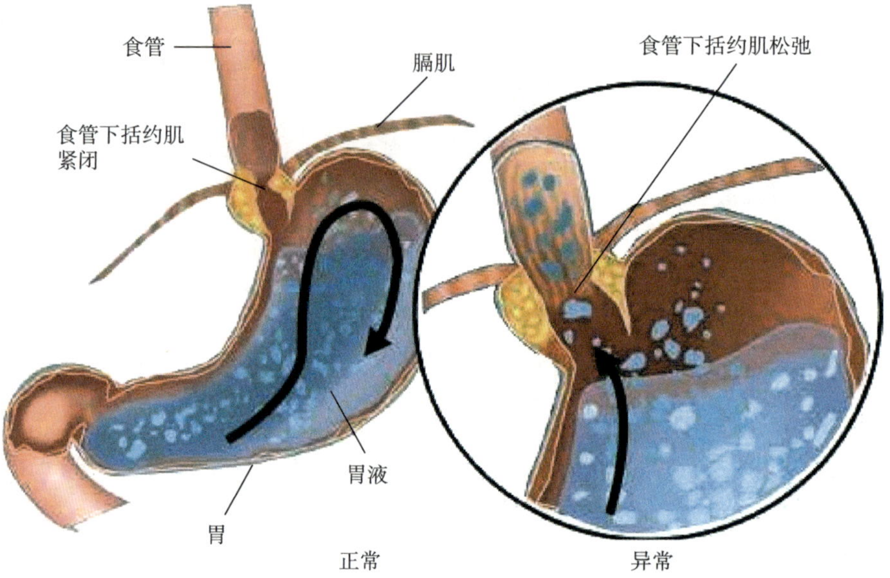

二、恶心与呕吐的定义

恶心是一种上腹不适、紧迫欲吐的感觉，严重者可伴有皮肤苍白、出汗、流涎、心动过缓与血压下降等迷走神经兴奋的症状

呕吐是指胃强力收缩，迫使胃或部分小肠的内容物逆流，经食管从口腔排出体外的现象

恶心　←前奏—　呕吐

三、病因与发生机制

- 恶心与呕吐的病因
  - 反射性呕吐
    - 咽部受刺激
    - 胃肠疾病
    - 肝、胆、胰疾病
    - 腹膜疾病
    - 其他全身性疾病
  - 中枢性呕吐
    - 中枢神经系统疾病
    - 全身性疾病
    - 药物反应
    - 中毒
    - 早孕反应
  - 前庭功能障碍
    - 迷路炎
    - 梅尼埃病
    - 晕动病
  - 精神性呕吐
    - 胃肠神经症
    - 神经性厌食
    - 癔症

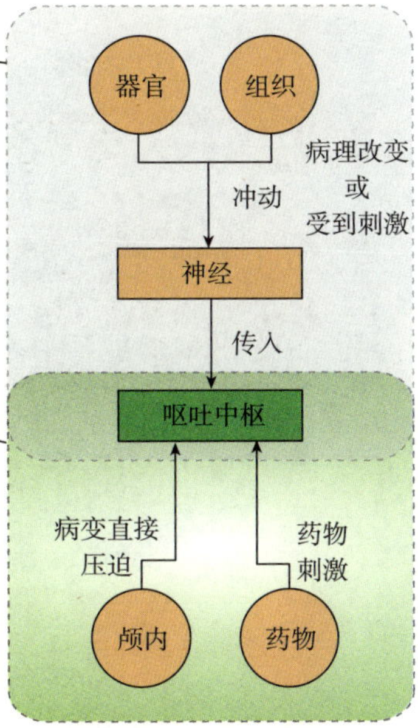

- 呕吐发生的机制
  - 恶心：胃张力和蠕动减弱，十二指肠张力增强，可伴或不伴十二指肠反流
  - 干呕：胃上部放松而胃窦部短暂收缩
  - 呕吐：胃窦部持续收缩，继而贲门开放，最后膈肌、肋间肌及腹肌突然收缩，腹压聚增，迫使胃或部分小肠内容物急速而猛烈的反流，通过食管、口腔而排出体外

四、临床表现

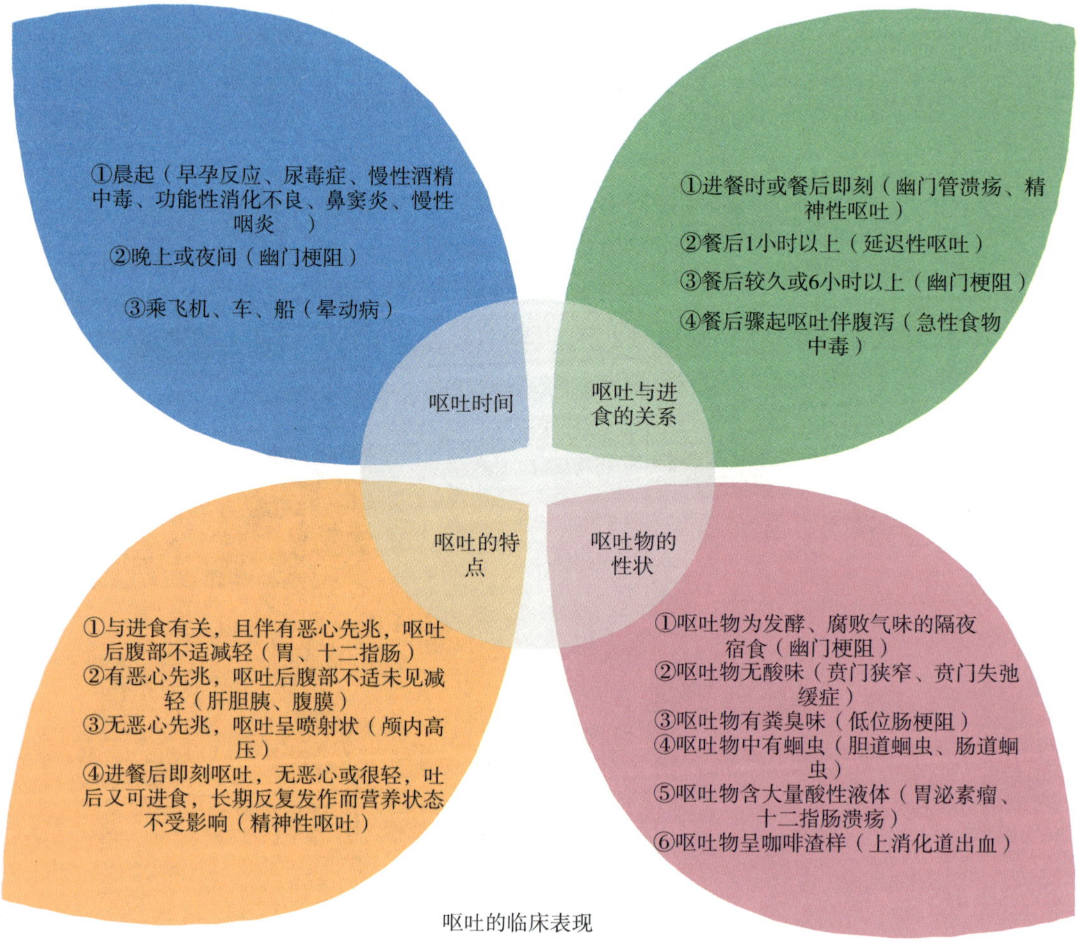

呕吐的临床表现

五、诊断检查

（一）体格检查

注意血压、呼吸气味，腹部有无压痛、反跳痛，胃肠蠕动波与肠型、腹块、肠鸣音、振水音等。必要时做神经系统、前庭神经功能与眼科检查等。

（二）实验室及其他检查

根据患者病情，可选择进行血常规、尿常规、尿酮体、血糖、电解质系列、血气分析、尿素氮、血和尿淀粉酶、脑脊液常规、呕吐液的毒理学分析等。

有指征时，做腹部X线透视或平片，胃肠钡餐造影、纤维胃十二指肠镜、心电图、腹部或脑部B型超声、CT或磁共振，脑血管造影等。

第九节 呕血与便血

一、预前知识

消化系统

包括消化管和消化腺两大部分

· 消化管

口腔→咽→食管→胃→小肠（十二指肠、空肠和回肠）→大肠（盲肠、阑尾、结肠、直肠和肛管）→肛门

上消化道—口腔→十二指肠
下消化道—空肠以下

· 消化腺

大消化腺：大唾液腺、肝、胰
小消化腺：消化管黏膜内的小腺体

· 功能

摄食，消化
吸收，排泄
内分泌

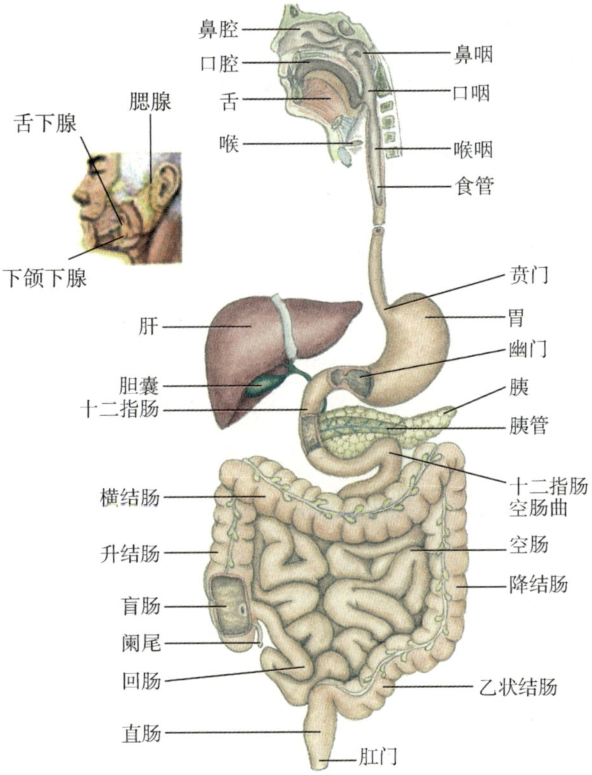

二、呕血与便血的定义

呕血是上消化道疾病（指屈氏韧带以上的消化器官，包括食管、胃、十二指肠、肝、胆、胰腺疾病空肠吻合术后的空肠上段疾病）或全身性疾病所致的上消化道出血，血液经口腔呕出

便血是消化道出血，血液经肛门排出体外

- 少量出血（出血量不到5ml）不造成粪便颜色改变，需经隐血试验才能确定者，称为隐血
- 若血液在肠内停留时间较长，红细胞破坏后，血红蛋白在肠道内与硫化物结合形成硫化亚铁，使粪便呈黑色，由于附有黏液而发亮，类似柏油样，称为柏油样便

三、病因

- 呕血的病因
  - 消化系统疾病
    - 食管疾病：反流性食管炎、食管癌等
    - 胃、十二指肠疾病：消化性溃疡、急性胃黏膜病变、胃癌等
    - 肝、胆、胰腺疾病：肝硬化门静脉高压等
  - 全身性疾病
    - 血液病系统：过敏性紫癜等
    - 感染性疾病：流行性出血热等
    - 其他：结缔组织病等

- 便血的病因
  - ①呕血的病因
  - ②消化道疾病
    - 小肠疾病
    - 结肠疾病
    - 直肠与肛管疾病

四、临床表现

- 临床表现
  - 呕血
    - 呕血与黑便的颜色、量
      - 出血量大，胃内停留短，呈鲜红色、暗红色或凝有混血块
      - 出血量少，胃内停留长，呈咖啡渣样棕褐色
    - 失血性休克
      - 出血量为血容量的10%~15%，表现头晕、畏寒、无血压、脉搏变化
      - 出血量为血容量的20%以上，表现冷汗、四肢湿冷、心悸、脉搏细速、血压下降、呼吸急促、休克等
    - 血液学改变—红细胞和血红蛋白减少
    - 发热—出血量大24小时出现，体温≤38.5℃，持续3~5天
    - 氮质血症—尿素氮上升
  - 便血
    - 便血的颜色、量
      - 表现为急性大出血、慢性少出血、间歇性出血
      - 颜色呈鲜红、暗红、黑色（柏油样）
      - 出血部位愈低，出血量愈大，排出愈快，血便颜色愈鲜红
    - 失血性休克
    - 血液学改变—红细胞和血红蛋白减少

五、伴随症状

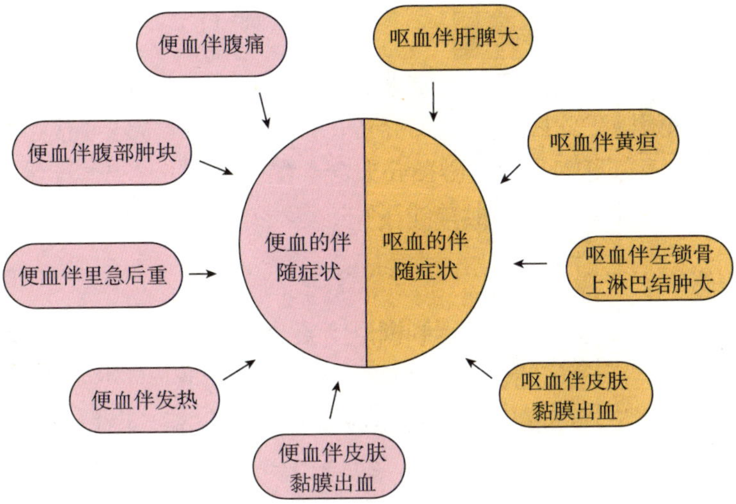

六、知识延伸

剧烈呕吐后继而呕血

如果只是少量的出血，很有可能是剧烈呕吐所造成的食管、胃和十二指肠黏膜损伤引发。还是应当针对引起剧烈呕吐的病因进行治疗，在明确病因之前，首先应当考虑给予止吐，抑制胃酸等药物的应用。常用药物有奥美拉唑、泮托拉唑、兰索拉唑、盐酸甲氧氯普胺、盐酸托烷司琼等。

如果出血量较为明显，考虑存在基础消化道病变，比如胃十二指肠溃疡、食管胃底静脉曲张甚至胃癌。建议进一步行急诊胃镜检查，明确出血部位和原因，局部可以考虑喷涂去甲肾上腺素冰盐水，也可以考虑硬化剂注射和套扎等。必要时行急诊手术。

第十节　腹　泻

一、腹泻的定义

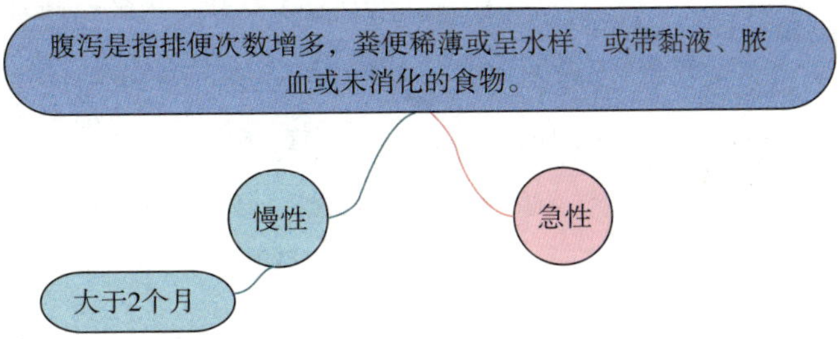

二、病因

- 腹泻的病因
  - ①急性腹泻
    - 急性肠道疾病：急性肠道感染、细菌性食物中毒、其他如急性出血性坏死性肠炎、急性缺血性肠病、溃疡性结肠炎急性发作、Crohn病等
    - 急性中毒：动物性毒物、植物性毒物、化学毒物
    - 全身性疾病：伤寒或副伤寒、钩端螺旋体病、败血症等
    - 药物性疾病：如泻药、拟胆碱能药、抗生素、抗癌药等
    - 其他：如变态反应性肠炎、过敏性紫癜、甲状腺危象、肾上腺皮质功能减退危象、胃泌素瘤、类癌综合征等
  - ②慢性腹泻
    - 胃部疾病：慢性萎缩性胃炎、胃大部切除后胃酸缺乏症等
    - 肠道疾病：肠道感染性疾病、肠道非感染性疾病、肠道肿瘤、小肠吸收不良
    - 肝胆胰疾病：如肝硬化、慢性胰腺炎、胰腺癌、胰腺切除术后等
    - 全身性疾病：内分泌及代谢性疾病、其他系统疾病（如系统性红斑狼疮、尿毒症等）、神经功能紊乱
    - 药源性腹泻：如甲状腺素、利血平、洋地黄类、某些抗肿瘤药和抗生素药物

三、发生机制

- 腹泻的发生机制及特点
  - 分泌性腹泻（常见霍乱）
    - 肠道分泌大量液体超过肠黏膜吸收能力
    - 肠黏膜组织检查基本正常；粪便呈水样，≥1000ml，无黏液或脓血；禁食无影响
  - 渗透性腹泻（乳糖酶缺乏、服用高渗性药物）
    - 肠内容物渗透压增高，阻碍肠内水分与电解质的吸收
    - 粪便含食物或药物；禁食或停药后腹泻停止
  - 渗出性腹泻
    - 肠黏膜炎症导致大量黏液、脓血渗出
    - 大便含有脓血；腹泻和全身症状、体征取决于肠受损程度
  - 动力性腹泻
    - 肠蠕动亢进导致肠内食糜停留时间缩短，未被充分吸收
    - 粪便呈糊状或水样，无渗出物；腹泻伴有肠鸣音亢进和腹痛
  - 吸收不良性腹泻
    - 肠黏膜的吸收面积减少或吸收障碍
    - 禁食和减轻腹泻；肠内容物为未吸收的电解质和食物成分

四、临床表现

- 腹泻的临床表现
  - 起病的急缓、病程和腹泻的次数
    - 急性腹泻：起病急，病程短；每日排便次数可达10次以上，多呈糊状或水样便，少数为脓血便
    - 慢性腹泻：起病缓慢，病程较长，每日排便数次，可为稀便，亦可带黏液、脓血
  - 排便情况与粪便性状
    - 直肠和（或）乙状结肠的病变，患者多有里急后重
    - 小肠病变的腹泻无里急后重；小肠吸收不良，粪呈油腻状，多泡沫，有恶臭
    - 肠易激综合征多在清晨起床和早餐后发生，粪便有时含大量黏液
    - 黏液脓血便见于细菌性痢疾、溃疡性结肠炎、血吸虫病、直肠癌等
  - 腹泻与腹痛的关系
    - 急性感染性腹泻常有腹痛
    - 分泌性腹泻往往无明显腹痛
    - 小肠疾病的腹泻，疼痛常在脐周，便后腹痛多不缓解
    - 结肠疾病则疼痛多在下腹，且便后疼痛常可缓解或减轻
  - 腹泻所致的后果
    - 脱水
    - 电解质紊乱及代谢性酸中毒
  - 腹泻所致的局部表现
    - 营养障碍、维生素缺乏、体重下降
    - 肛周皮肤糜烂、破损

五、伴随症状和体征

- 伴随症状和体征
  - 伴发热——急性细菌性痢疾、伤寒、结核等
  - 伴里急后重——直肠、乙状结肠病变，菌痢、肿瘤等
  - 伴明显消瘦——胃肠道恶性肿瘤，吸收不良等
  - 伴皮下出血、皮疹——败血症、伤寒等
  - 伴腹部包块——恶性肿瘤，结核，Crohn病等
  - 伴重度失水——霍乱、食物中毒等
  - 伴关节肿痛——Crohn病、结核等

六、知识拓展

第十一节　黄　疸

一、预前知识

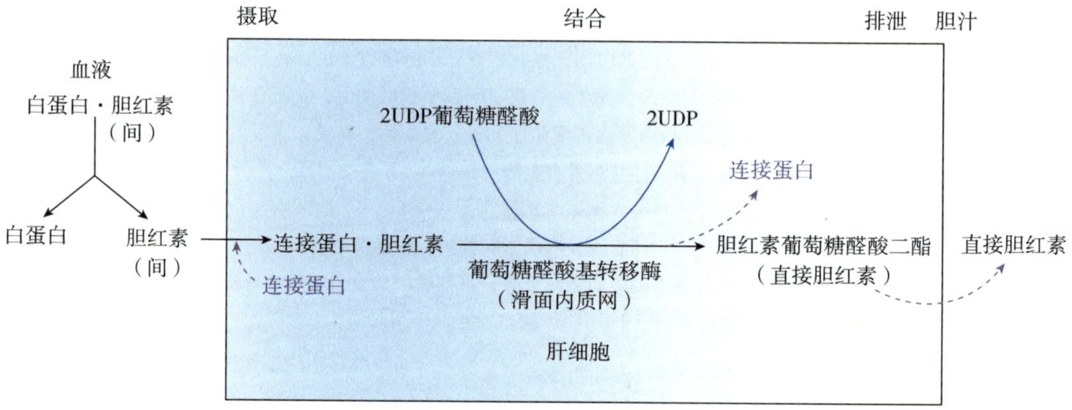

胆汁与胆汁酸的代谢

- 一、胆汁可分为肝胆汁和胆囊胆汁
- 二、胆汁酸
  - 游离型、结合型 — 胆固醇（27C）→（7α-羟化酶）→ 7α-羟化胆固醇 → 初级胆汁酸（24C）→ 结合型初级胆汁酸
  - 初级、次级
- 三、胆汁酸的生理功能
  - （一）促进脂类物质的消化吸收
  - （二）维持胆汁中胆固醇的溶解状态及抑制胆固醇析出
- 四、胆汁酸的代谢
  - （一）初级胆汁酸　在肝内以胆固醇为原料生成
  - （二）次级胆汁酸　在肠道由肠菌作用生成
  - （三）胆汁酸的肠肝循环　胆汁酸库存循环利用

- 胆色素的代谢与黄疸
  - 一、胆红素
    - 是铁卟啉类化合物的降解产物
    - 胆红素主要来源于衰老红细胞的破坏
    - 胆红素的生成
      - 血红素加氧酶和胆绿素还原酶催化
      - 过程：
        血红蛋白 → 血红素 + 珠蛋白
        血红素 ↓ 胆红素；珠蛋白 ↓ 氨基酸
  - 二、胆红素的转运 — 血液中的胆红素主要与亲蛋白结合而转运
  - 三、胆红素在肝细胞中
    - 转变为结合胆红素并泌入胆小管
    - 游离胆红素可渗透肝细胞膜而被摄取
    - 胆红素在内质网结合葡糖醛酸生成水溶性结合胆红素
    - 肝细胞向胆小管分泌结合胆红素
  - 四、胆红素在肠道内
    - 转化为胆素原和胆素
    - 胆素原是肠菌作用的产物
    - 少量胆素原可被肠黏膜重吸收，进入胆素原的肠肝循环
  - 五、高胆红素血症及黄疸
    - 正常人胆红素的生成与排泄维持动态平衡
    - 黄疸依据病因分类
      - 溶血性
      - 肝细胞性
      - 阻塞性

二、黄疸的定义

- 黄疸是由于血清中胆红素浓度增高，超过34.2μmol/L时引起皮肤、黏膜、巩膜及体液黄染的现象
  - 黄疸：血清中胆红素>34.2μmol/L
  - 隐性黄疸：血清中胆红素17.1~34.2μmol/L

三、病因及发生机制

1. 正常胆红素代谢

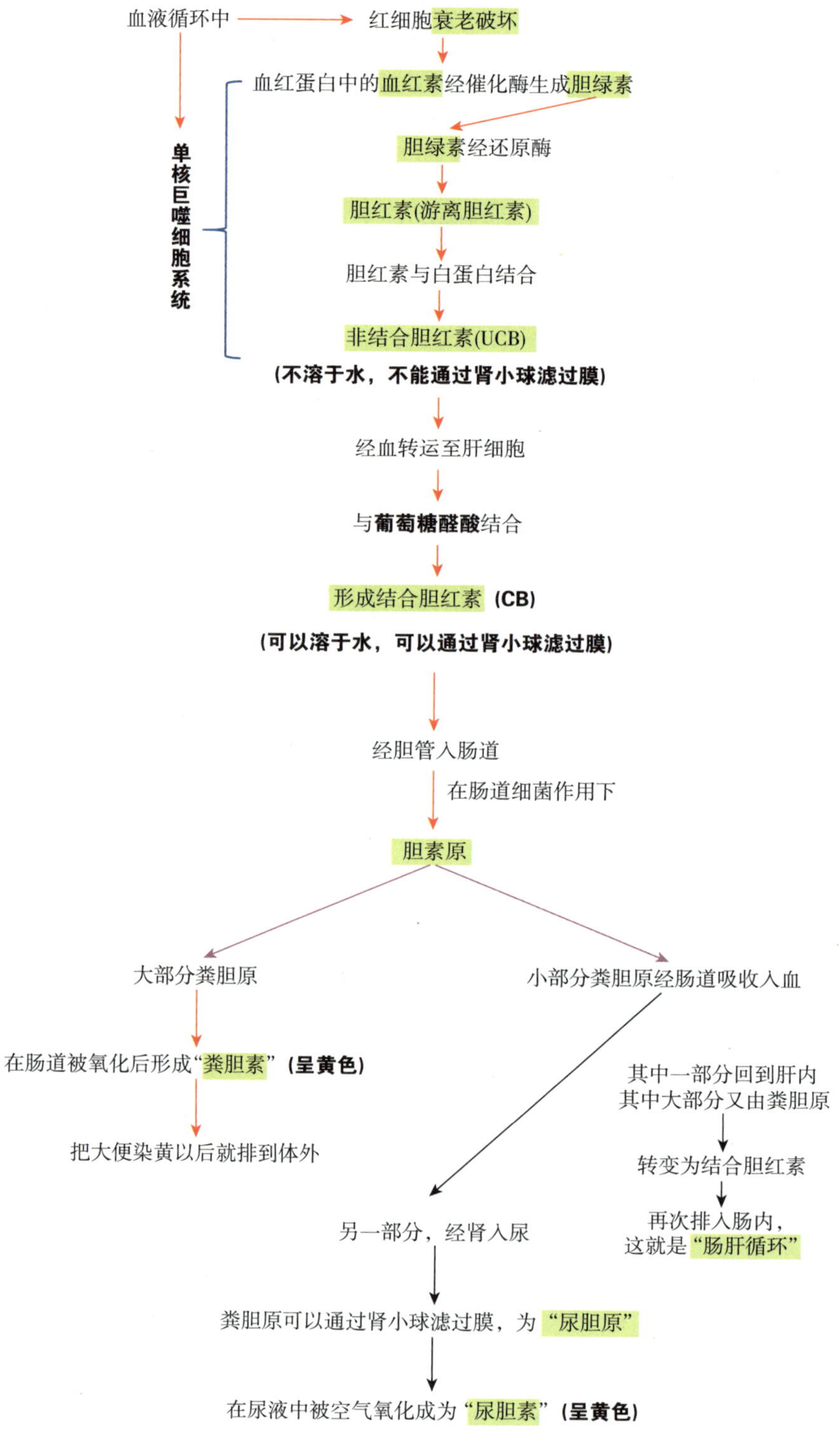

2.溶血性黄疸发生机制

不同血型的输血、毒蛇咬伤等

↓

红细胞破坏过多

↓

游离血红素生成过多

↓

导致非结合性胆红素(UCB)含量过度增高

↓

超出肝的代偿能力

↓

肝细胞没有被破坏，生成增多的结合胆红素无法直接入血，故血中的结合胆红素正常

血清中非结合胆红素上升 **(为主)** → 血清总胆红素相应升高 → 皮肤黄染

肝中结合胆红素上升 → 粪便中粪胆原增多 → 粪便颜色加深

肝中结合胆红素上升 → 尿中尿胆原增多 → 尿液颜色加深

3.肝细胞性黄疸发生机制

肝炎、肝硬化

↓

肝细胞炎症肿胀

↓

肝细胞功能受损

↓

非结合胆红素在细胞内与葡萄糖醛酸结合生成结合胆红素减少

→ 肝生成结合胆红素减少

→ 血中非结合胆红素升高

肝细胞炎症肿胀 → 部分毛细胆管和胆小管受压迫，胆汁排泄受阻 → 胆盐入血

部分毛细胆管和胆小管受压迫，胆汁排泄受阻 + 肝生成结合胆红素减少 → 血中结合胆红素升高

肝生成结合胆红素减少 → 粪胆原减少 → 尿胆原正常或增多

(功能受损的肝无法处理肠肝循环的那部分粪胆原，入尿呈黄色)

4.胆汁淤积性黄疸发生机制

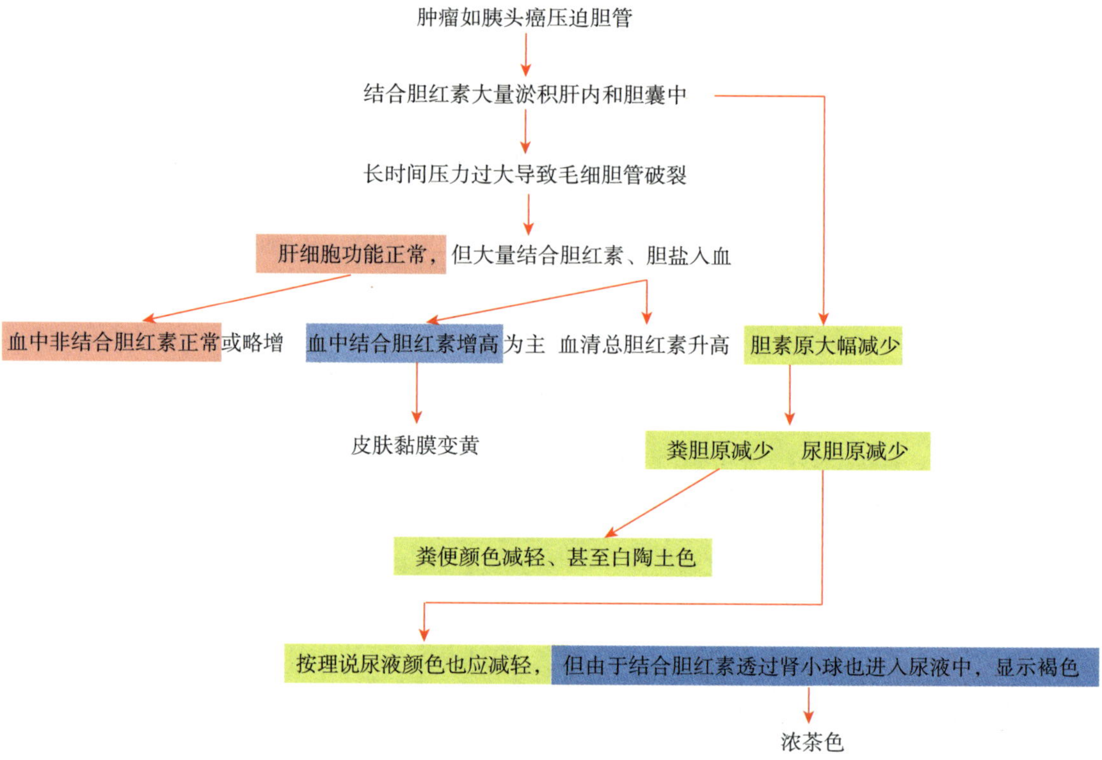

四、临床表现

- 黄疸的临床表现
  - 溶血性黄疸
    - 一般较轻，皮肤呈浅柠檬色，不伴皮肤瘙痒
    - 急性伴有贫血和血红蛋白尿（尿呈酱油或浓茶色）
    - 慢性为轻度或间接性黄疸，可有贫血、脾大
    - 血清UCB增加、CB正常
  - 肝细胞性黄疸
    - 皮肤、黏膜浅黄至深金黄色，伴有轻度皮肤瘙痒
    - 病毒性肝炎、肝硬化、中毒性肝炎、钩端螺旋体病、败血症等引起
    - 血清UCB和CB均增加
  - 胆汁淤积性黄疸
    - 黄疸多较重，皮肤呈暗黄色，完全阻塞者呈黄绿色
    - 有皮肤瘙痒及心动过缓
    - 尿色深，粪便颜色变浅或呈白陶土色
    - 因脂溶性维生素K缺乏，常有出血倾向
    - 肝内性胆汁淤积见于药物性胆汁淤积、原发性胆汁性肝硬化等
    - 肝外性胆汁淤积多由胆总管结石、肿瘤及蛔虫等阻塞所引起
    - 血清CB增加
  - 先天性非溶血性黄疸
    - Gilbert综合征　一般黄疸较轻，呈波动性，肝功能检查正常
    - Crigler-Najjar综合征　可出现核黄疸，预后极差
    - Dubin-Johnson综合征
    - Rotor综合征

五、总结

第十二节 消 瘦

一、预前知识

消瘦（emaciation）是指人体因疾病或某些因素而致体重下降，低于标准体重的10%以上时，即称为消瘦。体内脂肪与蛋白质减少，这里所指的消瘦一般都是短期内呈进行性的，有体重下降前后测的体重数值对照，且有明显的衣服变宽松，腰带变松，鞋子变大以及皮下脂肪减少，肌肉瘦弱，皮肤松弛，骨骼突出等旁证。至于脱水与水肿消退后的体重下降，不能称为消瘦。

- 蛋白质缺乏
  - 原因
    - 摄入不足（贫穷、口腔疾病等）
    - 消化吸收不好（胃酸分泌不足、胃部分切除、短肠综合征）
    - 利用不好（肝脏疾病）
    - 排泄增加（肾脏疾病）
    - 需求增加（怀孕、哺乳、生长发育/肿瘤）
      - 肿瘤或者癌症的情况会出现癌细胞的转移，增殖。而癌细胞也是由蛋白质来构成的，增殖的过程也需要大量的蛋白。有时候会采取饥饿措施。但不仅癌细胞需要营养，普通细胞也需要营养，蛋白不够的话，癌细胞的生长会受到影响，普通细胞的生长也会受到影响
  - 症状
    - 婴幼儿缺乏
      - 类型：干疫型/水肿型
        - 干瘦型缺乏：指三大产脂营养素都缺
        - 水肿型缺乏：血液里面的白蛋白和球蛋白对蛋白的缺乏很敏感。当人体摄入的蛋白过少，血液里白蛋白和球蛋白就会优先表现出不足。吸水能力降低。血液里的水就容易渗透到血液外面，造成组织液里水分含量增加，从而造成组织水肿
      - 缺乏原因：热量缺乏为主，蛋白质缺乏为主
      - 好发年龄：<1岁，尤其6个月，1~3岁
      - 头发干枯、无光泽、易折断易变色、发白；
      - 四肢细弱、皮包骨头，水肿，尤其下肢
      - 皮肤松弛、褶皱、灰暗、感染、湿疹、结痂
      - 糖神状态：目光空洞、呈鱼目状表现痛苦
      - 食欲旺盛、易饥饿
        - 例：有时候形容人黑瘦黑瘦的。人越瘦显得脸黑，细胞会更紧密地堆积在一起，密度更大，色素堆积更厉害。胖一些：每个细胞比较饱满，每个细胞撑开以后，看起来会比较水灵。而且撑开以后，细胞色素的沉淀不会那么聚集在一起，整体来看，整体显白
    - 成年人缺乏
      - 劳动能力下降、精力下降
      - 抵抗力下降，病情重，病情长
      - 男性性欲下降，女性月经不调，严重会闭经
      - 易发生皮肤感染，伤口愈合慢

- 脂肪的合成代谢
  - 概述
    - 部位:肝、脂肪组织、肾、乳腺、小肠等
    - 原料：α–磷酸甘油、脂肪酰CoA
    - α–磷酸甘油的来源
      - 1.甘油磷酸化
      - 2.糖——磷酿二羟丙酮——α–磷酸甘油
  - 软脂酸的生物合成
    - 合成部位：
1.肝，肾，脑，乳腺，脂肪等组织
2.亚细胞：胞液（主要合成16碳的软脂酸）
3.肝线粒体、内质网：碳链延长
    - 原料：乙酰CoA，ATP，HCO_3^-，NADPH，Mn^{2+}
    - 柠檬酸丙酮酸循环：将乙酰CoA从线粒体送去胞液
    - 乙酰CoA在线粒体不能通过线粒体内膜,而脂肪酸的合成酶系在胞液
    - 脂肪酸生物合成过程
    - 脂肪酸的合成
      - 碳链的延长是一个循环反应。每经一次循环延长两个碳原子。合成反应由脂肪酸合成酶系参与催化
      - 脂肪酸合成酶系：
七种酶以无酶活的酰基载体蛋白(ACP) 为中心组成一簇；
具有活性的酶是二聚体，具体相同亚基；
在哺乳类，是多功能酶
    - 脂肪酸碳链的延长或缩短
      - 1.脂肪酸碳链在内质网中的延长,以丙二酰CoA为二碳单位供体
      - 2.脂肪酸砍链在线粒体中的延长，以乙酰CoA为二碳单位供体
      - 3.脂肪酸碳链缩短：β 氧化
  - 几种多不饱和脂肪酸盐的重要衍生物
    - 前列腺素（PG）
    - 血栓素（或血栓噁烷）（TX）
    - 白三烯（LT）

二、定义、病因与临床表现

- 消瘦
  - 病因
    - 营养物质摄入不足
      - 吞咽困难
        - 口腔炎，咽后壁脓肿
        - 食管癌，贲门癌及食管损伤
        - 重症肌无力
      - 进食减少
        - 神经性厌食症
        - 消化系统疾病如慢性萎缩性胃炎，胰腺炎，胆囊炎，肝硬化及糖尿病引起的胃轻瘫等
        - 肺功能不全
        - 慢性肾衰竭
        - 慢性重症感染
    - 营养物质消化吸收障碍
      - 重症胃炎，胃溃疡，胃切除术后，胃泌素瘤
      - 短肠综合征，先天性乳糖酶缺乏症
      - 重症肝炎，肝硬化，肝癌
      - 慢性胰腺炎，胰腺癌，胰腺部切除术后
      - 慢性胆囊炎，胆囊切除术后，原发性胆汁性肝硬化，肝胆管癌
    - 营养物质利用障碍
      - 糖尿病因胰岛素缺乏，不能被体内细胞利用，糖从尿液中排出引起消瘦
    - 营养物质消耗增加
      - 甲亢，1型糖尿病
      - 慢性消耗性疾病，如重症结核病，肿瘤及某些慢性感染
      - 大面积烧伤，因有血浆从创面渗出，引发负氮平衡
      - 发热，体温每升1摄氏度，营养物质的代谢率提高13%
    - 减肥，主动限制饮食，服减肥药，抑制食欲，减少吸收，促进排泄，使体重减轻
    - 体质性消瘦，可有家族史，无任何疾病征象
  - 伴随症状
    - 炎症性肠病，肝硬化，胃癌等
    - 有畏热，多汗，见于甲亢
    - 皮肤黏膜色素沉着，肾上腺皮质功能减退
    - 情绪低落，食欲不振，见于抑郁症
  - 临床表现
    - 内分泌代谢性疾病
      - 甲亢
      - 肾上腺质功能减退症
      - 希恩综合征——诱发于产后大出血，导致腺垂体缺坏死引起腺垂体功能减退
      - 1型糖尿病
    - 神经系统疾病
      - 神经性厌食症
    - 消化系统疾病，除每种疾病特异性表现外，一般有食欲不振，恶心呕吐，腹胀腹痛，腹泻等症状
    - 慢性消耗性疾病
      - 结核病可伴有低热盗汗，乏力等
      - 肿瘤可有各种肿瘤的特有症状和体征
  - 消瘦是指由于各种原因造成体重低于正常低限的一种状态，通常认为体重低于标准体重的10%，可诊断为消瘦

三、总结与拓展

（一）检查

1.尿常规检查 尿中出现红细胞、管型、蛋白时，应想到慢性肾炎、系统性红斑狼疮等结缔组织病或肾肿瘤、肾结核等。出现尿糖应考虑糖尿病。白细胞增多符合肾盂肾炎，需进一步检查。

2.血液常规检查

（1）贫血：恶性肿瘤、白血病、再生障碍性贫血、慢性感染性疾病。

（2）白细胞计数增多：各种细菌感染、白血病、类白血病反应。

（3）白细胞计数减少：再生障碍性贫血、粒细胞缺乏症、伤寒、系统性红斑狼疮、肝硬化等。

（4）血小板减少：白血病、再生障碍性贫血。

（5）血沉加快：并无特异诊断意义，但应进一步检查器质性疾病，特别注意寻找恶性肿瘤、肺结核或肺外结核。

3.内分泌检查

（二）消瘦治疗原则

积极治疗原发病，及时补充优质蛋白质和足够的热能。

第十三节　无尿、少尿与多尿

一、无尿、少尿与多尿的定义

正常尿量：正常人24小时排出的尿量为1000~2000ml。

无尿：24小时排出尿量小于100ml或12小时完全无尿。

少尿：24小时排出的尿量小于400ml或每小时排出尿量小于17ml。

多尿：24小时排出的尿量超过2500ml。

二、病因与发生机制

- **少尿无尿基本病因**
  - 肾前性
    - 有效血容量减少
      - 休克、重度失水、大出血、肾病综合征、肝肾综合征
        - 肾病综合征 → 少尿伴大量蛋白尿、水肿、高脂血症、低蛋白血症
        - 肝肾综合征 → 少尿伴乏力、纳差、腹水、皮肤黄染
      - 大量水分渗入组织间隙和浆膜腔
    - 心脏排血功能下降
      - 心功能不全，心律失常，心肺复苏后体循环功能不稳定
        - 心功能不全 → 少尿伴心悸气促、胸闷不能平卧
    - 肾血管病变
      - 肾血管狭窄或炎症、肾病综合征、狼疮性肾炎、肾动脉血栓
        - 肾动脉血栓 → 少尿伴肾绞痛
      - 高血压危象、妊娠期高血压、肾缺血
  - 肾性
    - 肾小球病变
      - 重症急性肾炎、急进性肾炎、慢性肾炎
        - 重症急性肾炎、急进性肾炎 → 少尿伴血尿、蛋白尿、高血压、水肿
      - 血压持续增高、肾毒性药物
    - 肾小管病变
      - 急性间质性肾炎
      - 生物毒、重金属、化学毒
      - 肾盂肾炎并发肾乳头坏死
        - 肾盂肾炎 → 少尿伴发热腰痛，尿频尿急尿痛
  - 肾后性
    - 机械性尿路梗阻
      - 结石、血凝块、坏死组织阻塞输尿管、膀胱进出口、后尿道
    - 尿路的外压
      - 肿瘤、腹膜后淋巴瘤、特发性腹膜后纤维化、前列腺肥大
        - 前列腺肥大 → 少尿伴排尿困难
    - 瘢痕挛缩、肾扭转等

三、伴随症状与问诊要点

- **伴随症状**
  - 少尿和无尿的伴随症状
    - 伴肾绞痛 — 见于肾动脉血栓形成或栓塞、肾结石
    - 伴心悸、气促、胸闷、不能平卧 — 见于心功能不全
    - 伴大量蛋白尿、水肿、高脂血症和低蛋白血症 — 见于肾病综合征
    - 伴乏力、食欲减退、腹腔积液和皮肤黄染 — 见于肝肾综合征
    - 伴血尿、蛋白尿、高血压和水肿 — 见于急性肾炎
    - 伴有发热、腰痛、尿频、尿急、尿痛 — 见于急性肾盂肾炎
    - 伴有排尿困难 — 见于前列腺肥大
  - 多尿常见的伴随症状
    - 伴有烦渴、多饮、排低比重尿 — 见于尿崩症
    - 伴有多饮、多食和消瘦 — 见于糖尿病
    - 伴有高血压、低血钾和周期性麻痹 — 见于原发性醛固酮增多症
    - 伴有酸中毒、骨痛和肌麻痹 — 见于肾小管性酸中毒
    - 少尿数天后出现多尿 — 可见于急性肾小管坏死恢复期
    - 伴神经症状 — 可能为神经性多饮

- 问诊
  - 少尿或无尿
    - 发病诱因：有无劳累、上呼吸道感染、剧烈运动、大出血、休克、输血（输血原因及输血量，有无胸闷、腰背部胀痛等）
    - 排尿情况：排尿次数、尿量、尿色变化、有无血尿或泡沫尿等
    - 伴随症状：有无心悸、呼吸困难、腹胀、腹痛，有无关节肿痛、发热、皮疹，有无水肿、是否凹陷性等
    - 相关病史：是否有高血压、肝病、肾病、出血性疾病、结缔组织病、尿路结石等
  - 多尿
    - 发病诱因：有无精神紧张、劳累，是否使用利尿剂、饮食不规律等
    - 排尿情况：每日排尿次数、量、颜色等
    - 伴随症状：有无口渴、多饮、多汗、消瘦，有无尿急、尿频、尿痛，有无头晕、头痛、视线模糊等
    - 相关病史：是否有垂体瘤、是否处于急性肾小管坏死恢复期、是否患有糖尿病等

四、相关知识

第十四节　尿频、尿急与尿痛

一、尿频、尿急、尿痛的定义

- 膀胱刺激症
  - **尿频**是指单位时间内排尿次数增多
  - **尿急**是指患者一有尿意即迫不及待需要排尿，难以控制
  - **尿痛**是指患者排尿时感觉耻骨上区、会阴部和尿道内疼痛或烧灼感

二、病因与临床表现

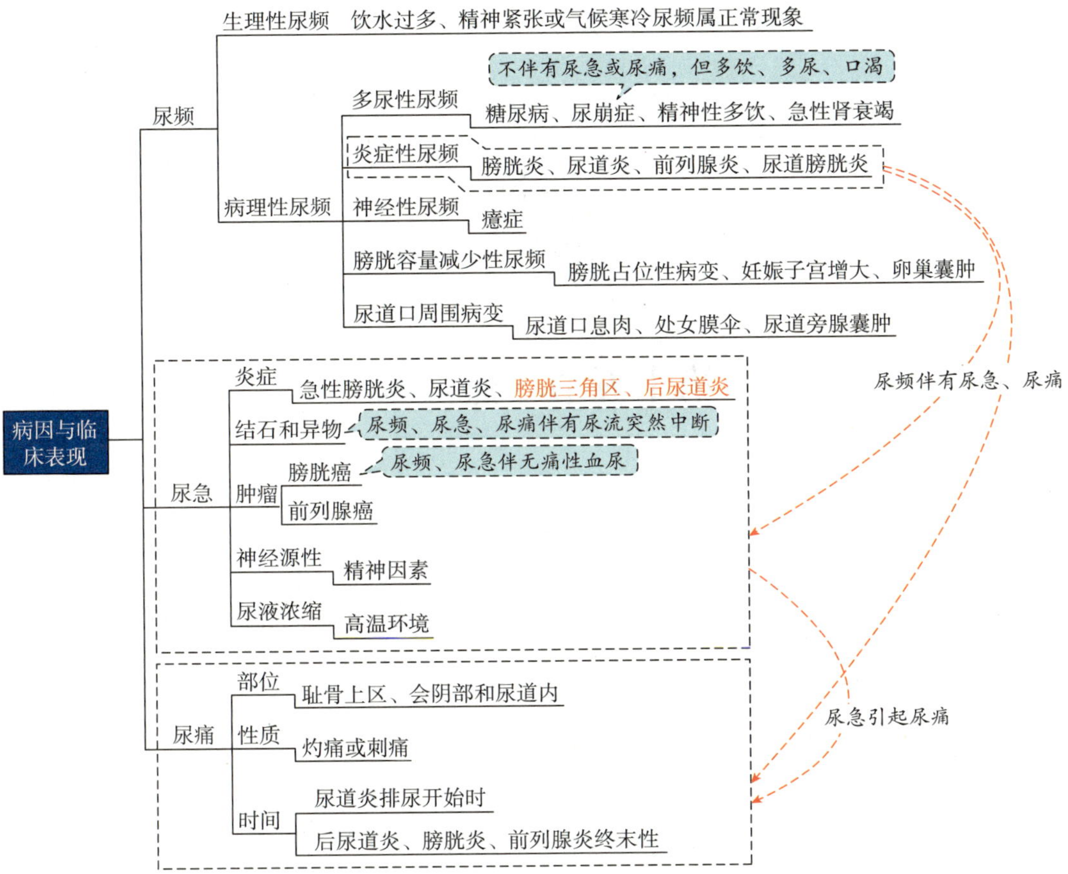

三、分类

昼夜尿频型：夜尿次数多，经常≥2次，伴有白天尿频。病理机制是膀胱排尿机能调节障碍。

觉醒障碍型：尿湿后仍沉睡，难唤醒，白天无尿频。病理机制是神经传导功能调节障碍。

夜间多尿型：夜间尿量多，但是尿床的次数不多，白天无尿频。病理机制是夜间抗利尿激素分泌功能调节障碍。

混合型：a.昼夜尿频+觉醒障碍；b.昼夜尿频+夜间多尿；c.觉醒障碍+夜间多尿。

四、治疗

1.膀胱训练疗法，增强神经系统对排尿的控制能力，降低膀胱的敏感性，扭转异常的排尿习惯。

2.配合药物治疗，采用消炎解痉、止痛、镇静、碱化尿液和利尿等。

3.局部用药，用2%硝酸银涂抹尿道和膀胱颈。
4.封闭疗法，在近端尿道或膀胱三角处作封闭治疗。
5.适当服用小剂量雌激素治疗。
6.茯苓、桃仁有疗效。

五、相关知识

第十五节　血　尿

一、血尿的定义

- 尿液中有较多红细胞时称为**血尿**
  - **镜下血尿**指尿色正常、须经显微镜检查才能确定，通常离心沉淀后的尿液镜检每高倍视野红细胞数目在3个以上
  - **肉眼血尿**指尿呈洗肉水色或血色，肉眼即可见的血尿

二、病因

- 血尿的病因
  - ★泌尿系统疾病
  - 全身性疾病
    - 感染性疾病
    - 血液病
    - 免疫和自身免疫性疾病引起肾损害时
    - 心血管疾病
  - 尿路邻近器官疾病
  - 化学品或药品对尿路的损害
  - 功能性血尿

三、发病机制

- 血尿的发生机制
  - 中毒、过敏、肾血管畸形等
  - 运动损伤
  - 泌尿系统组织破坏
  - 感染引起的炎性反应
  - 免疫异常

四、临床表现

- 血尿的临床表现
  - 尿颜色的改变
    - 镜下血尿者尿颜色正常
    - 肉眼血尿则根据出血量多少而尿呈不同颜色
    - 尿呈淡红色像洗肉水样，提示每升尿含血量超过1ml
    - 出血严重时尿可呈血液状
    - 肾脏出血时，尿与血混合均匀，尿呈暗红色
    - 膀胱或前列腺出血尿色鲜红，有时有血凝块
    - 红色尿不一定是血尿，需仔细辨别
  - 分段尿异常
    - 尿三杯试验
      - 起始段血尿提示病变在尿道
      - 中段血尿
      - 终末段血尿提示病变在膀胱颈部、三角区或后尿道的前列腺和精囊腺
      - 三段尿均呈红色提示来源于肾脏或输尿管
  - 镜下血尿
    - 判断是肾性或肾后性血尿
      - 镜下红细胞大小不一，形态多样为肾小球性血尿，见于肾小球肾炎
      - 镜下红细胞形态单一， 与外周血近似，为均一型血尿，提示来源于肾后
  - 症状性血尿
    - 血尿同时伴有全身或局部症状，但以泌尿系统症状为主
  - 无症状血尿
    - 部分血尿患者既无泌尿系症状也无全身症状，见于某些疾病的早期

五、问诊要点和检查

- 问诊要点
  - 针对血尿问诊
    - 年龄、性别
    - 血块出现的时间
    - 激烈运动
    - 腰外损伤
    - 月经情况
  - 伴随症状
    - 蛋白尿、水肿、高血压
    - 尿频、尿痛、尿急
    - 肾绞痛、向会阴放射
    - 肾部肿块
    - 全身出血倾向
    - 皮疹、关节痛或咯血
    - 乳糜尿–丝虫病
  - 诊疗经过
  - 既往病史

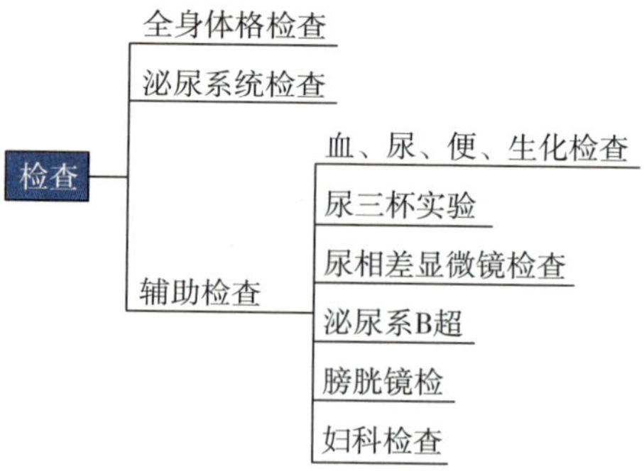

第十六节　发　绀

一、预前知识

还原型血红蛋白也称脱氧血红蛋白，是指没有携带氧气的血红蛋白。人体通过肺进行气体交换，将外界氧气吸入体内，同时排出体内的二氧化碳。氧气进入人体后，主要通过血液里的红细胞进行转运，红细胞内的血红蛋白正是与氧气结合的关键物质。氧气与血红蛋白结合后形成氧合血红蛋白，转运到组织器官后被利用，脱氧后的血红蛋白就称为还原型血红蛋白。

皮肤和黏膜的颜色随血流的颜色而变化。血液的红色是由于红细胞内含有血红蛋白。当血红蛋白充分地和氧结合，成为氧合血红蛋白时，它的颜色是鲜红的；当它放出了氧，成为脱氧血红蛋白时，颜色就变为暗红。动脉和毛细血管里的血，含氧合血红蛋白多而脱氧血红蛋白少，因此它的颜色鲜红，透过薄的黏膜和半透明的指甲，红色仍明显。

皮肤较厚，且含有色素，因而是白里透红或微棕色透红。静脉血因含脱氧血红蛋白多、氧合血红蛋白少，所以它是暗红色，透过皮肤，就呈现青紫色。手臂上一条一条的一般所称的“青筋”就是静脉。苯胺、硝基苯和亚硝酸盐等化学物品可使血红蛋白变为变性血红蛋白，这种血红蛋白本身就是紫色的。因此，凡黏膜、指甲和皮肤里的毛细血管和小动脉里血液的氧合血红蛋白减少，而脱氧血红蛋白增多或出现变性血红蛋白的时候，都会出现发绀。

二、发绀的定义、病因机制、临床表现、问诊要点

三、总结与拓展

（一）新生儿发绀治疗及相关保健方法

1.青紫仅限于四肢末端、耳轮、鼻尖等体温较低部位的周围性发绀，保暖后即可改善。

2.婴幼儿全身性发绀伴有呼吸困难者，应考虑有羊水吸入，奶或呕吐物呛入，应立即

用吸管将其吸出，并给氧。疑有肺炎者给予抗生素治疗。

3.早产儿出现全身性发绀，怀疑肺不张及呼吸窘迫综合征者，应正压给氧，并进一步明确诊断。

4.手术产儿出现发绀合并呼吸困难或抽搐等，应考虑有颅内出血并作相应处理。

5.全身性发绀并有心脏阳性体征者，应进一步除外先天性心脏畸形、膈疝或气管食管瘘等，与有关科室共同诊治。

（二）相关保健方法

1.对于新生儿发绀，要及时给氧气治疗。发绀提示体内缺氧，有可能对新生儿的脑、心、肾、肺等重要器官造成损害，以致影响其智力和身体发育。

2.在家庭里，可以通过制氧器产氧来满足新生儿对氧气的需要。但是一定要选择绝对安全的器械设备，制氧剂要无任何副作用。家庭制氧器的使用为新生儿缺氧的救治赢得时间，避免因缺氧时间长而造成脏器发育和智力发育不可逆转的损伤。

3.在护理新生儿时应注意保暖，保持呼吸道通畅，防止奶及呕吐物呛入气管。

第十七节 意识障碍

一、预前知识

意识是指个体对外界环境、自身状况以及它们相互联系的确认。意识活动包括觉醒和意识内容两方面。上行网状激活系统和大脑皮质的广泛损害可导致不同程度觉醒障碍，而意识内容变化则主要由大脑皮质病变造成。

二、意识障碍的定义

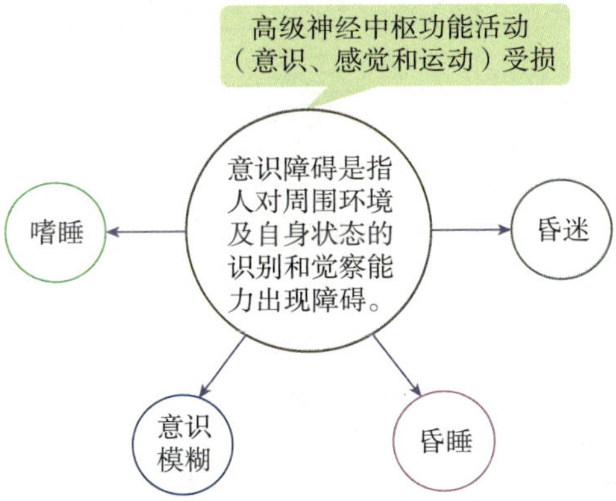

三、病因

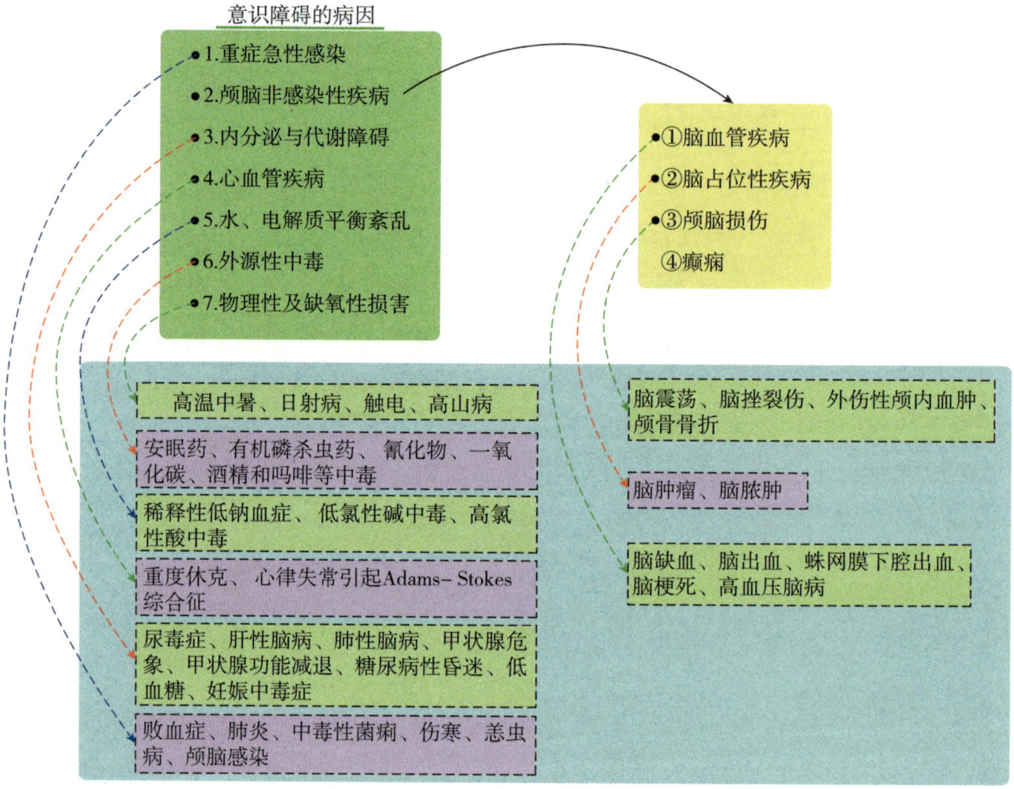
意识障碍的病因
1.重症急性感染
2.颅脑非感染性疾病
3.内分泌与代谢障碍
4.心血管疾病
5.水、电解质平衡紊乱
6.外源性中毒
7.物理性及缺氧性损害
①脑血管疾病
②脑占位性疾病
③颅脑损伤
④癫痫
高温中暑、日射病、触电、高山病
安眠药、有机磷杀虫药、氰化物、一氧化碳、酒精和吗啡等中毒
稀释性低钠血症、低氯性碱中毒、高氯性酸中毒
重度休克、心律失常引起Adams-Stokes综合征
尿毒症、肝性脑病、肺性脑病、甲状腺危象、甲状腺功能减退、糖尿病性昏迷、低血糖、妊娠中毒症
败血症、肺炎、中毒性菌痢、伤寒、恙虫病、颅脑感染
脑震荡、脑挫裂伤、外伤性颅内血肿、颅骨骨折
脑肿瘤、脑脓肿
脑缺血、脑出血、蛛网膜下腔出血、脑梗死、高血压脑病

四、发生机制

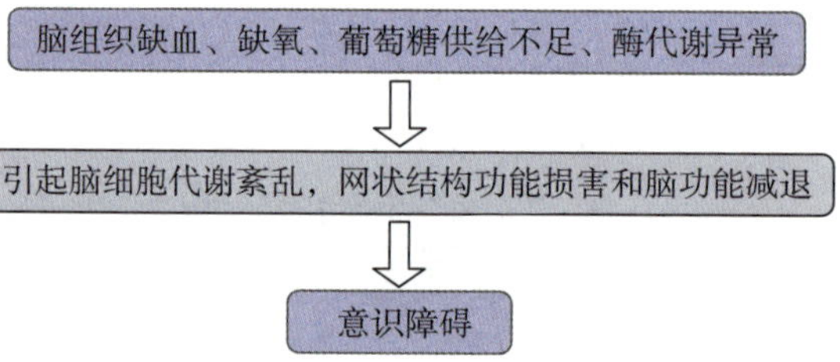
脑组织缺血、缺氧、葡萄糖供给不足、酶代谢异常
引起脑细胞代谢紊乱，网状结构功能损害和脑功能减退
意识障碍

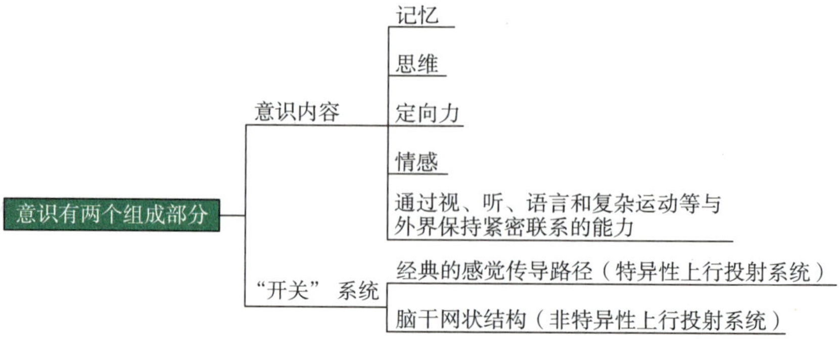
意识有两个组成部分
意识内容
记忆
思维
定向力
情感
通过视、听、语言和复杂运动等与外界保持紧密联系的能力
“开关”系统
经典的感觉传导路径（特异性上行投射系统）
脑干网状结构（非特异性上行投射系统）

五、临床表现

- 意识障碍的临床表现
  - 嗜睡：最轻，可被唤醒，刺激去除后继续入睡，一种病理性嗜睡
  - 意识模糊：对时间、地点、人物定向能力发生障碍
  - 昏睡：不易唤醒，答非所问，强烈刺激后很快入睡
  - 谵妄：兴奋性增高，出现幻觉，可出现于急性感染的发热期间
  - 昏迷
    - 轻度：角膜反射、瞳孔对光反射、眼球运动可存在
    - 中度：眼球无转动、角膜反射减弱、对光反射迟钝
    - 深度：深、浅反射消失

六、伴随症状

发热、呼吸缓慢、瞳孔散大（酒精中毒、癫痫、低血糖）、瞳孔缩小（有机磷杀虫药中毒）、心动过缓、高血压、低血压、皮肤黏膜改变、脑膜刺激征、瘫痪。

第二章　问诊（病史采集）

病史是建立诊断的主要依据，许多疾病可以从病史中得到诊断的启示。一定要认真听取患者诉说现病史的始末和治疗经过，要抓住重点、逐步深入。特别应了解起病与演变过程，病程的长短对应考虑的病种完全不同。对发热患者需询问体温度数和趋势，有无伴随症状，对伴有的局限性症状应鉴别是全身疾病还是局部疾病。如曾接受过治疗，须了解药名和剂量，以探索该药对所患疾病的影响。要询问发病的诱因，传染病要问可能的传染源，慢性病要问饮食状况、体重和劳动变化情况。病史必须是全面的，除现病史外，应注意既往史、个人史、婚姻史和家族史等细节，这些病史都有其特殊意义。如患者的居留地与地方病有关，长期吸烟史与慢性支气管炎、肺源性心脏病或肺癌有关，肝炎史和酗酒与肝硬化、原发性肝癌有关。有些病史，看起来是琐细的事，但不可草率带过。

总之，病史应着力于全（完整而系统）、实（真实而精选）、活（记录各方面动态发展）和特（能反映患者特殊的病情和特点）。全和实对诊断特别重要，材料不全难以分析，资料不实容易误导。一份好病史应是能使后人阅读时仿佛患者就在眼前，从而获得教益的好教材。

病史采集又称问诊，是医生通过对患者或相关人员的系统询问而获取病史资料的过程，是医师诊治疾病的第一步。全面、系统、正确地采集病史是医学生必须掌握的基本技能。在教学过程中常常结合标准化患者（standardized patient, SP）以模拟诊疗的形式进行。

模拟诊疗是模拟临床环境的一种教学与考核方法，采用典型且完整的病例作为临床教学的对象，学生以临床医生的身份对SP扮演的患者进行模拟的诊疗过程。完成病史采集、体格检查（阳性体征由教师提示），然后提出该病需做的辅助检查、初步诊断、诊断依据、鉴别诊断和治疗原则等，教师参与全过程并进行提问和启发。其目的在于让学生通过对个案病例的分析，构建正确的诊疗思维框架，培养基本的诊疗技能。

一、问诊前准备

1.教师

（1）病例准备　模拟诊疗前应按照教学大纲的要求确定模拟诊疗的病例，选择相关专业常见病、多发病中的典型病例（病史典型、症状与体征明显、诊断明确）。

（2）教学/考核准备　熟悉模拟诊疗病例的病情、相关症状及体征、鉴别诊断和诊疗计划，准备好模拟诊疗中可能用到的器械。（注：考核前应对评分标准及注意事项进行全面的了解。）

2.学生

（1）平时，学生应注意在学习和临床实践中加强对疾病的认识，锻炼自身的临床思维，积累临床经验。

（2）问诊者要具有良好的职业态度和行为，衣冠整洁得体，仪表端庄大方，言谈谦虚礼貌，使患者感到亲切和可信。

（3）要为患者创造一种宽松和谐的环境，要尊重患者的隐私权，一般情况下只和患者本人交谈，但老年人、儿童及听力语言障碍、危重症、精神异常等患者必须有人陪同。

（4）要准备好笔和纸，以备在交谈过程中有重点地记录患者陈述的内容。

3.SP老师

SP老师应对所要扮演的病例进行全面深入的了解，掌握并考虑问诊及体格检查可能出现的内容，尽量全真化地模拟病例。

二、问诊过程

1.问诊者应注意自己的位置、姿势以及与患者的距离。患者应坐在医生的右边（如在病房，医生则站在病床的右边），医生的身体应侧向患者，两者之间的距离保持在半米左右，以利于沟通。

2.学生首先向SP老师打招呼并简要介绍自己，取得患者知情同意及配合后可开始问诊。应尽可能由患者本人提供病史，并向其他知情人证实。病史采集中学生应注意礼貌并关爱患者，时刻关注患者的一般情况；SP老师应注意学生的问诊思路是否正确，适当时可进行引导，但不可直接说出问诊的内容。

3.病史采集的内容包括：

（1）一般项目　姓名、性别、实际年龄、婚姻状况、籍贯、民族、职业、工作单位、家庭住址、病史陈述者（注明可靠程度）、入院日期、记录日期。（注：最后三项在实际问诊中可根据实际情况略去）

（2）主诉　询问患者感受最主要的痛苦或最明显的症状和（或）体征，也就是促使其就诊最主要的原因及其持续时间。

（3）现病史　①起病情况及患病时间：起病时间、缓急，可能的病因和诱因，前驱症状（必要时包括起病前的一些情况）。②主要症状的特点：主要症状（或体征）出现的部位、性质、持续时间和程度，缓解或加剧的因素。③伴随症状：伴随症状的特点及变化，具有鉴别诊断意义的重要阳性和阴性症状（或体征）亦应加以说明。④病情的发展及演变：包括患病过程中主要症状的变化或新症状的出现。⑤诊疗经过：发病以来曾在何处做何种诊疗（包括诊疗日期，检查及结果，诊断，用药名称及其剂量、用法，手术方式，疗效等）。⑥病程中的一般情况：发病以来的一般情况，如精神、体力状态、食欲、食量、睡眠、大小便和体重变化等。⑦对于意外事件、自杀或他杀等与病况有关者，应如实记载、力求客观，不得主观揣测或评论。

（4）既往史　内容包括患者既往的健康状况，过去曾经患过的疾病（包括各种传染病和地方病），外伤手术、预防接种、食物药物过敏、输血史等，并按系统回顾（呼吸系统、循环系统、消化系统、泌尿生殖系统、造血系统、内分泌代谢系统、神经系统、肌肉骨骼系统及免疫系统共九个系统）有关疾病。（注：过敏的药物及食物须用红笔书写。）

（5）个人史

①社会经历：出生地、居住地区和居留时间（尤其应注意疫源地和地方病流行区，写明迁徙年月）。

②职业及工作条件：包括工种、劳动环境、对工业毒物接触情况和时间。

③习惯和嗜好：饮食规律、烟酒嗜好及其摄入量（具体到*支/天，*两/天），有无其他异嗜物和麻醉毒品摄入史。

④有无冶游史，是否患过淋病性尿道炎及下疳等。

⑤对儿童患者，除需了解出生前母亲怀孕及生产过程（顺产、难产）外，还要了解喂养史、生长发育史。

（6）月经史和生育史　包括初潮年龄、月经周期、行经天数、经血量和颜色、经期症状、有无痛经与白带（多少及性状）等、末次月经日期、闭经时间、绝经年龄等。记录格式如下：

$$\text{初潮年龄}\ \frac{\text{行经期（天）}}{\text{月经周期（天）}}\ \text{末次月经时间（或绝经年龄）}$$

妊娠与生育次数、人工或自然流产的次数，有无死产、手术产、产褥热史，计划生育情况等，生育情况按下列顺序写明：足月分娩数—早产数—流产或人流术—存活数。男性患者有无生殖系统疾病。

（7）婚姻史　包括未婚或已婚，结婚年龄、配偶健康情况、性生活情况、夫妻关系等。

（8）家族史

①父母、兄弟、姐妹及子女的健康与疾病情况，特别应询问是否有与患者同样的疾病。死亡的直系亲属应注明死因及年龄。

②有无遗传倾向的疾患，如高血压、冠心病、肥胖、哮喘、痛风、糖尿病、肿瘤、癫痫、先天发育异常运动障碍及精神病等。对于重要的遗传性疾病需问明两系Ⅲ级亲属的健康和疾病情况，充分调查后画出家系图。

③家族中有无结核、肝炎、性病等传染病。问诊的主要内容包括：一般项目、主诉、现病史、既往史、系统回顾、个人史、婚姻史、月经与生育史、家族史等。现病史是病史采集的主体部分，要详细询问起病情况与患病时间、主要症状的特点、病因与诱因、病情的发展与演变、伴随病状、诊治经过、病程中的一般情况及与现病史有关的病史等。

4.应按项目的序列系统询问病史，并按主要症状或体征出现的先后次序进行询问，要追溯首发症状开始的确切时间，直至目前的演变过程，避免遗漏重要资料。要耐心倾听和重点记录患者的陈述，并边听边分析、综合、归纳各种症状间的联系。

5.要善于用通俗易懂的语言，避免医学术语。要抓住重点，把握急缓，对与本病有关的内容深入细致询问，并耐心启发患者回答与诊断有关的病史，切忌暗示或诱导，以保证病史的真实性。

6.应有高度的爱伤观念，始终关切患者的疾苦及其相关问题，态度和蔼，语言亲切，体现出应有的医学人文关怀和对患者的尊重，避免对患者表现出不良刺激的语言与表情。

7.问诊不仅对疾病的诊断和处理有很大帮助，也是医患沟通、建立良好医患关系的重要时机。实习学生从接触患者开始，就必须认真学习和领会病史采集的内容及医患沟通技巧。

8.老师和SP要加强对学生、实习生问诊内容与技巧的训练和指导，切实提高学生的病史采集能力、交流与沟通能力。

三、问诊后小结

1.问诊结束时，应感谢SP（患者）的合作，告知病情和注意事项，明确今后的诊疗计划，对门诊患者应预约下一次就诊时间。

2.应将患者陈述的内容按主次及时间的先后进行归纳整理，并按规范格式书写住院病历。老师可考核学生的学习情况，填写《病史采集评分表》（表2–1）。由老师审阅签字后归档。

表2–1　病史采集评分表（15分钟）

教学医院：______________　学生姓名：______________　年级、专业：______________

项目		评分标准	分值	得分
问诊内容（70分）	一般项目（5分）	姓名、性别、年龄、婚姻、出生地、民族、职业、工作单位、住址、入院日期等项目齐全，记录准确	5	
	现病史（50分）	起病情况：患病时间，发病缓急，可能病因或诱因	6	
		主要症状或体征的特点：部位、性质，持续时间、程度、缓解或加重因素	10	
		病情的发展与演变	6	
		伴随症状	6	
		鉴别诊断症状	6	
		诊疗过程：是否到过医院就诊？做过哪些检查？治疗用药情况及效果	10	
		大小便、睡眠、饮食、精神、一般状况及相关现病史	6	
	相关病史（15分）	既往史	3	
		个人史	3	
		月经史（儿科为“出生史"）	3	
		婚姻、生育史（儿科为“生长发育史”）	3	
		家族史	3	
问诊技巧（20分）		条理性强、能抓住重点	6	
		能够围绕病情询问,语言通俗易懂	6	
		无暗示性、诱导性、责难性提问	6	
		在规定时间内完成病史采集	2	

续表

项目	评分标准	分值	得分
医德医风（10分）	服务态度好,对患者关心体贴	5	
	沟通能力强,巧妙引导,不生硬打断患者叙述	5	
总分		100	
主考教师：	职称：	年 月 日	

第三章　诊断学常用知识点汇总

1.正常成人体温：一般为36~37℃。

2.体温低于正常范围称为体温过低，见于消耗性疾病、极度衰弱、甲状腺功能减退、休克、急性大出血患者。

3.体温高于37.3℃称为发热，见于感染、炎症、内出血、无菌性组织破坏、免疫性和内分泌性疾病。

4.稽留热：持续高热，体温维持在39~40℃且24小时体温波动范围不超过1℃达数天至数周。见于肺炎球菌肺炎、伤寒的高热期。

5.弛张热：又称败血症热、消耗热。是指体温在39℃以上，24小时波动范围超过2℃，但体温最低时仍高于正常。见于败血症、脓毒血症、重症肺结核、感染性心内膜炎、风湿热。

6.间歇热：体温突然升高39℃以上，持续数小时又迅速降至正常，经数小时或数天间歇后，体温又突然升高，如此反复出现。见于疟疾、急性肾盂肾炎。

7.正常成人脉率60~100次/分。

8.速脉：脉搏每分钟超过100次，见于发热、贫血、甲状腺功能亢进、心功能不全、周围循环衰竭和心肌炎。

9.缓脉：脉搏每分钟低于60次，见于颅内压增高、黄疸、甲状腺功能减退及病态窦房结综合征。

10.水冲脉：脉搏骤起骤落，急促而有力。多由脉压增大造成，主要见于主动脉关闭不全、甲状腺功能亢进、严重贫血患者。

11.交替脉：脉搏一强一弱交替出现但节律正常。由于心室收缩力强弱不均造成。见于高血压心脏病、急性心肌梗死，是左心衰竭重要体征之一。

12.奇脉（吸停脉）：平静吸气时脉搏减弱或消失，是由于心包腔压力升高，使心室舒张充盈受限所致。见于心包积液和缩窄性心包炎患者。

13.脉搏短绌：单位时间内，脉率小于心率。见于房颤患者、期前收缩患者。

14.男性及儿童以腹式呼吸为主，女性以胸式呼吸为主。正常人通常表现为混合式呼吸。

15.双侧呼吸运动增强见于剧烈运动后、代谢性酸中毒。

16双侧呼吸运动减弱或消失见于肺气肿、双侧胸腔积液或气胸；一侧减弱或消失见于单侧大量胸腔积液、气胸、肋神经麻痹。

17.正常人静息情况下呼吸频率为：16~20次/分。

18.呼吸加快:呼吸频率大于20次/分钟，见于心功能不全、肺炎球菌肺炎、气胸、发热和剧烈运动。

19.呼吸减慢：呼吸频率低于12次/分钟，见于麻醉剂和镇静剂过量和颅压增高。

20.呼吸深度改变：当重度代谢性酸中毒时出现深大呼吸，称酸中毒度呼吸（库斯莫呼吸）见于糖尿病酮症酸中毒。

21.潮式呼吸（陈-施呼吸）：是一种由浅慢逐渐变为深快，而后又变浅慢，此期持续30秒~2分钟，随后经过5~30秒呼吸暂停。再重复上述过程的周期样呼吸。

22.间停呼吸（比奥呼吸）表现为有规律地呼吸几次后，突然停止，间停几秒后又开始呼吸，如此周而复始。

23.潮式呼吸及间停呼吸两种呼吸的呼吸节律变化的机制为呼吸中枢兴奋性降低。见于颅内压增高、脑炎、脑膜炎。有些老年人熟睡时，亦可出现潮式呼吸，为脑动脉硬化的表现。

24.断续性呼吸：见于急性胸膜炎、肋骨骨折。

25.抽泣样呼吸：见于颅内压增高和脑疝前期。

26.叹息样呼吸：见于神经官能症。

27.血压正常值：收缩压＜140mmHg，舒张压＜90mmHg。

28.1mmHg＝0.1333kPa　1kPa＝7.5mmHg。

29.血压≥140/90mmHg称高血压。见于原发性高血压，少数见于继发性高血压（多由肾脏疾病、颅压增高引起）。

30.血压≤90/60mmHg称低血压。见于休克、急性心肌梗死、心力衰竭、心包填塞以及极度衰弱者。

31.脉压30~60mmHg。增大见于主动脉瓣关闭不全、动脉导管未闭、甲状腺功能亢进、严重贫血、老年动脉硬化；减小见于主动脉瓣狭窄、休克、心包填塞、心力衰竭。

32.意识障碍病因

（1）全身感染、重度急性感染、内分泌与代谢障碍（肺性脑病、肝性脑病、甲状腺功能亢进危象）、循环衰竭（急性心肌梗死、心律失常引起的阿-斯综合征）、中毒、溺水、中暑。

（2）颅脑疾病：感染性疾病、非感染性疾病。

33.意识障碍表现

（1）嗜睡：最轻意识障碍。患者呈一种病理性嗜睡，可被轻刺激（语言）所唤醒，醒后能正确回答问题，配合检查，但反应迟钝，停止刺激后很快入睡。

（2）意识模糊：较嗜睡严重。表现为思维活动困难、语言不连贯、定向力发生障碍，可有幻觉、错觉。

（3）昏睡：较严重的意识障碍，患者接近昏迷。经高声呼唤可被唤醒，但很快又入睡，醒时答话含糊或答非所问。

（4）昏迷：最严重意识障碍，提示病情危重。其意识完全丧失，不能被唤醒，无自主运动。分为：

①浅昏迷：对压迫眶上孔或针刺等疼痛刺激有躲避反应或痛苦表情。吞咽反射、咳嗽反射、角膜反射，瞳孔对光反射均存在。

②深昏迷：对外界任何刺激均无反应，深浅反射均消失。生命体征常有改变。

（5）谵妄：意识清晰度明显下降，表现为精神异常、定向力丧失、烦躁不安、言语混乱，出现幻觉、错觉。见于急性酒精中毒、某些药物中毒等。

34.常见病容

（1）急性病容：面颊潮红、兴奋不安、呼吸急促、痛苦呻吟。

（2）慢性病容：面容憔悴、面色苍白或晦暗、精神萎靡。

（3）贫血病容：面色苍白、唇舌色淡、表情疲惫。

（4）肝病面容：面容消瘦晦暗，额鼻、双颊有色素沉着。

（5）二尖瓣面容：面容晦暗、口唇微绀、两颊发红，见于风心病二尖瓣狭窄患者。

（6）病危病容：面容枯槁、面色苍白或发绀，表情淡漠。见于严重脱水、出血、休克。

35.一般判断成人正常发育指标为：头长为身高的1/7，胸围为身高的1/2，双上肢展开的长度约等于身高，坐高约等于下肢长度。

36.在发育成熟前，甲状腺功能减退，则体格矮小、智力低下，称呆小症；垂体功能亢进，生长激素分泌过多则体格异常高大，称为巨人症。

37.体位

（1）自动体位：患者活动自如，不受限制，见于轻症患者。

（2）被动体位：患者不能自行调整或变换体位，见于意识丧失或极度衰弱者。

（3）强迫体位：为了减轻痛苦，患者被迫采取的体位。常见强迫体位有：①强迫仰卧位：见于急性腹膜炎患者。②强迫俯卧位：见于脊柱疾病。③强迫端坐位：见于心肺功能不全的患者。④强迫侧卧位：见于一侧胸膜炎或胸腔积液、支气管扩张。⑤辗转体位：胆绞痛。⑥强迫蹲踞位：紫绀型先心病。

38.步态

（1）蹒跚步态（鸭步）：见于佝偻病。

（2）醉酒步态：见于小脑疾病或酒精中毒。

（3）慌张步态：见于震颤性麻痹。

（4）偏瘫步态：见于偏瘫。

（5）共济失调步态：见于亚急性脊髓联合病变。

（6）剪刀步态：见于脑瘫和截瘫患者。

39.皮疹

（1）斑疹：局部皮肤发红，界限发红，一般不凸出皮表。见于丹毒、多形性红斑。

（2）玫瑰疹:直径2~3cm鲜红色圆形皮疹，压之褪色。多见于上腹部，为伤寒、副伤寒特征性皮疹。

（3）荨麻疹：为稍隆起皮面苍白色或红色的局限性水肿，大小不等，形态各异，为速发型。见于特异性蛋白过敏或药物过敏。

40.出血点和紫癜：出血面积直径小于2mm称之为出血点；直径在3~5mm为紫癜；5mm以上为瘀斑；片状出血伴有皮肤明显隆起称为血肿。

41.皮疹压之褪色，出血点及紫癜压之不褪色。皮肤黏膜出血见于出血性疾病、重症感染、某些中毒和外伤。

42.发绀是由于血液中的还原血红蛋白的绝对值超过50g/L而引起的皮肤、黏膜青紫，易在舌、口唇、耳廓和肢体末端出现。见于先心病、心肺功能不全和某些中毒患者（严重贫血患者可不出现）。

43.黄染是由于血液中胆红素浓度过高，渗入皮肤和黏膜而使其发黄。见于胆道梗阻、肝细胞损害或溶血性疾病患者。

44.过多地食用胡萝卜、南瓜、柑橘等可使血液中的胡萝卜素含量增多而使皮肤发黄，但部位多为手掌、足底而不在巩膜和口腔黏膜。

45.皮肤干燥无汗见于脱水、黏液性水肿、维生素A缺乏。

46.水肿是由于皮下组织内及组织间隙的液体潴留过多所致。若以手指加压，局部组织出现凹陷称为凹陷性水肿。分轻中重三度。黏液性水肿指压后组织无凹陷，称为非凹陷性水肿。

47.蜘蛛痣与体内雌激素灭活功能减弱有关。常见于慢性肝病患者，也见于健康的妊娠期妇女。

48.长期使用广谱抗生素或衰弱重病者可发生口腔黏膜真菌感染。

49.扁桃体肿大一般分三度：不超过咽腭弓为Ⅰ度，超过咽腭弓为Ⅱ度，扁桃体达咽后壁中线者Ⅲ度。

50.淋巴结检查由浅入深滑行触诊。

51.成人胸廓前后径与左右径的比例是1：1.5。扁平胸前后径小于左右径的一半，见于肺结核等慢性消耗性疾病，也见于瘦长体形者。桶状胸前后径增大，甚至与左右径相等，肋间隙增宽，多见于肺气肿患者。

52.一侧呼吸运动减弱见于同侧胸膜、胸壁或肺部病变。健侧可代偿性的呼吸运动增强。

53.三凹征为上呼吸道梗阻所致。气流进入肺内不畅，吸气时肺内负压极度升高，从而引起胸骨上窝、锁骨上窝、肋间隙吸气时内陷，见于气管阻塞、异物。

54触觉语颤减弱见于肺气肿、阻塞性肺气肿、大量胸腔积液、气胸患者。增强见于肺组织炎症或肺实变者。

55.大量胸腔积液、气胸可使气管向健侧移位。广泛胸膜粘连、肺不张可使气管向患侧移位。

56.肺部正常叩诊为清音。过清音见于肺气肿患者，浊音或实音见于肺炎、胸腔积液、肺部占位，鼓音见于气胸患者。

57.两侧肺底听诊湿啰音见于肺下部炎症或者肺淤血患者；双肺满布湿啰音多见于急性肺水肿。

58.胸膜发生炎症时，脏层和壁层表面粗糙，两侧胸膜随呼吸运动产生摩擦的声音称胸膜摩擦音。见于结核性胸膜炎、胸膜肿瘤患者。

59.正常成人心尖搏动在左侧第五肋间锁骨中线内侧0.5~1.0cm处，左心室增大时，向左下移位。

60.颈静脉在常人取坐位或立位常不显现，平卧时可见其充盈，但仅限于锁骨上缘至下颌角距离的下2/3以内。若取30°~45°的半卧位时，静脉充盈度超过正常水平，称为颈静脉怒张。见于右心衰竭、缩窄性心包炎、心包积液或上腔静脉阻塞综合征。

61.肝颈静脉回流征阳性是右心功能不全重要征象之一。

62.心尖区抬举样搏动是指心尖区徐缓、有力的搏动，是左室肥厚的体征。胸骨左缘下收缩期抬举性搏动是右室肥厚的可靠指征。

63.心包摩擦感是由于急性心包积液时心包膜纤维渗出所致表面粗糙，心脏收缩时脏层与壁层心包摩擦产生的振动传至胸壁造成的。

64.心浊音界改变：a.左心室增大，心左界向左下扩大，心界似靴形；b.左心房增大，心腰部饱满，心界呈梨形；c.心包积液，坐位时心界呈三角形（烧瓶心）。

65.心律失常最常见的是期前收缩和心房颤动。

66.第一心音（S_1）标志心室收缩期开始。第二心音（S_2）标志着心室舒张期开始。

67.收缩中晚期喀喇音是由于二尖瓣脱垂所致。舒张期奔马律是心肌受损的重要征象，常见于动脉硬化性心脏病、心肌炎。

68.心脏杂音：发生在第一心音和第二心音之间的为收缩期杂音，发生在第二心音和第一心音之前的为舒张期杂音。二尖瓣狭窄患者可在心尖区闻及舒张期隆隆样杂音。

69.极度消瘦、严重脱水患者、恶病质者腹部凹陷甚至呈舟状腹。

70.腹壁静脉曲张：正常情况下，脐以上腹壁静脉血流方向向上，脐以下腹壁静脉向下。如上腔静脉回流受阻，则脐上静脉回流受阻，则脐上、脐下的腹壁静脉的血流方向均向下。下腔静脉受阻时则均向上。

71.幽门梗阻时，在上腹部可见自左向右移动的胃蠕动波。小肠梗阻时肠行波及蠕动波出现在中腹部。

72.当腹内有炎症时，腹肌反射性痉挛而使腹壁变硬，有抵抗称腹肌紧张。急性胃穿孔引起急性弥漫性腹膜炎时可使全腹肌紧张，称板状腹。结核性腹膜炎，腹部为揉面感。

73.反跳痛是炎症已累及壁腹膜的表现。腹肌紧张、压痛和反跳痛合称腹膜刺激征。是急性腹膜炎的可靠体征。

74.在剑突下触及肝脏下缘多在3cm以内。

75.正常情况下，脾脏触及不到。轻度肿大，脾下缘在左侧肋下不超过3cm；中度肿大，脾下缘在肋下缘3cm至脐水平线；高度肿大，脾超过脐水平线下。

76.正常肠鸣音每分钟为4~5次，超过10次为肠鸣音亢进。

77.麦氏点（右髂前上棘与脐连线中外1/3交界处）压痛考虑阑尾炎。

78.空腹或饭后6~8小时胃部仍有振水音提示胃排空不良，见于幽门梗阻、胃扩张。

79.正常人两侧瞳孔对称、等大、正圆，直径3~4mm。

80.瞳孔扩大见于视神经萎缩、阿托品中毒及昏迷患者。

81.瞳孔对光反射迟钝或消失，见于昏迷患者。

82.生理反射包括浅反射（角膜反射、腹壁反射）和深反射（膝腱反射、跟腱反射、肱二头肌、肱三头肌反射）。

83.膝腱反射亢进见于上运动神经元病变。

84.巴宾斯基征阳性多见于锥体束损害。

85.脑膜刺激征见于各种脑炎、蛛网膜下腔出血、脑脊液压力增高。

86.脑膜刺激征

（1）颈项强直：检查者用手托起枕部，前屈其颈。如患者感到颈后疼痛、下颌不能贴近前胸且有抵抗时即为阳性。

（2）凯尼格征：135° 以内出现抵抗感或疼痛即为阳性。

（3）布鲁津斯基征：一手托枕部，一手置于患者胸前，使头部前屈，如双髋与膝关节同时屈曲则为阳性。

87.由于上呼吸道部分梗阻，气流进入肺内不畅，吸气时肺内负压极度增高，从而引起胸骨上窝、锁骨上窝、肋间隙向内凹陷称三凹征。见于吸气性呼吸困难、气管异物、肿瘤。

88.呼气性呼吸困难是由于肺弹性减弱及小支气管痉挛所致。见于肺气肿和哮喘。

89.混合性呼吸困难见于严重肺炎、肺广泛纤维化、肺不张、大量胸腔积液、气胸和胸膜炎。

90.红细胞计数：男：（4.0~5.5）$\times 10^{12}$/L，女：（3.5~5.0）$\times 10^{12}$/L，新生儿：（6.0~7.0）$\times 10^{12}$/L。

血红蛋白：男120~160g/L，女110~150g/L，新生儿170~200g/L。网织红细胞减少见于再生障碍性贫血。

91.白细胞计数（4.0~10.0）$\times 10^{9}$/L。其中，中性粒细胞50%~70%嗜酸性粒细胞0.5%~5%嗜碱性粒细胞0%~1%。

中性粒细胞增多见于（1）生理性见于妊娠期及分娩时、剧烈运动后以及过度寒冷或劳动后。（2）病理性见于急性感染特别是化脓菌（金黄色葡萄球菌等）感染、中毒、恶性肿瘤及白血病、急性大出血（特别是内出血或大手术后），心肌梗死和血管栓塞。

中性粒细胞减少见于流感、伤寒等某些传染病，化学药物中毒与辐射，血液病，过敏性休克，脾功能亢进。

92.嗜酸性粒细胞增多见于支气管哮喘、食物过敏、荨麻疹等过敏性疾病，皮肤病，寄生虫病。减少见于伤寒、副伤寒及应用激素后。淋巴细胞绝对值增高见于某些传染病。

93.血小板计数（100~300）$\times 10^{9}$/L。病理性减少见于造血功能障碍、血小板消耗增加、感染或中毒。血小板减少到50 $\times 10^{9}$/L以下有自发性出血的可能。

94.活化部分凝血活酶时间（APTT）一般为26~36秒（仪器法），32~43秒（手工法）与对照血浆比较大于10秒有意义。APTT延长见于凝血因子异常，缩短见于DIC和妊高征等高凝状态。

95.尿色：①胆红素尿呈深黄色见于阻塞性黄疸及肝细胞性黄疸。②血尿呈淡红色或深红色，每升尿中血量超过1ml为肉眼血尿，见于肾结核、泌尿系结石、出血性疾病。③血红蛋白尿呈酱油色，见于严重烧伤、血型不合性输血。④蓝绿色，见于绿脓杆菌感染或应用亚甲蓝药物。⑤乳糜尿：尿液中含大量淋巴液，见于血丝虫病、肾周围淋巴管回流受阻。

96.尿比重：在1.015~1.025之间。病理性增高见于急性肾小球肾炎、糖尿病、心功能不全。

97.尿沉渣镜检每高倍视野超过3个红细胞，见于急慢性肾小球肾炎、肾结核、泌尿系结石。每高倍视野超过5个白细胞见于泌尿系感染（肾盂肾炎、膀胱炎）。

98.管型尿（肾小管、集合管中凝固而成的圆柱形蛋白聚体）①细胞管型：见于急性肾炎等。②颗粒管型：见于慢性肾小球肾炎、急性肾炎后期。③透明管型：见于急慢性肾炎、高血压。④蜡样管型：见于慢性肾炎、肾衰。⑤脂肪管型：肾病综合征。

99.成人每天尿排出的蛋白质不超过150mg。当尿中蛋白量＞100mg/L时，或150mg/24h，蛋白质定性试验阳性称蛋白尿。生理性蛋白尿见于剧烈运动、发热、寒冷一般不超过1个（+）。病理性蛋白尿见于肾受到重金属、细菌毒素的刺激，慢性心脏病，贫血等肾血液循环改变以及肾实质性病变。

100.血糖：3.9~6.1mmol/L。血糖超过肾糖阈值（9mmol/L）即可出现尿糖。

101.血脂：总胆固醇：2.8~5.1mmol/L；甘油三酯：0.56~1.70mmol/L；高密度脂蛋白男：0.96~1.15mmol/L，女：0.90~1.55mmol/L；低密度脂蛋白：0~3.1mmol/L。

102.血钠：135~145mmol/L。

103.血钾：3.5~5.5mmol/L。升高见于尿少、尿闭、心力衰竭或补钾过多，降低见于呕吐、腹泻、大量利尿和应用胰岛素。

104.血钙：2.25~2.75mmol/L。

105.血pH：7.35~7.45。

106动脉血氧分压（PaO_2）：95~100mmHg。

107动脉血二氧化碳分压（$PaCO_2$）：4.67~6.00kPa（35~45mmHg）。

108.心电图胸导位置：V_1胸骨右缘第4肋间；V_2胸骨左缘第4肋间；V_3在V_2~V_4之间；V_4左锁骨中线第5肋间；V_5腋前线第5肋间；V_6腋中线第5肋间。

109心电图P波代表心房除极过程。P-R间期代表心房除极并经房室结、希氏束、束支传导至心室开始除极的时间，正常成人为0.12~0.20秒。

110.正常血清蛋白总量60~80g/L，血清总胆红素1.7~1.71μmol/L，胆红素在17.1~34.2μmol/L时，临床不易察觉，称为隐性黄疸，超过34.2μmol/L时出现临床可见黄疸。

血清总胆红素17~34μmol/L为隐性黄疸；34~170μmol/L为轻度黄疸；170~340μmol/L为中度黄疸；350μmol/L以上为重度黄疸。

111.内生肌酐清除率：80~120ml/min。

附录一　体格检查

以下内容主要针对技能考核体格检查部分，包括检查顺序、手法、注意事项和汇报等。

第一节　概　论

一、体格检查的基本要求

1.内容务求全面系统。

2.顺序应是从头到脚分段进行。

3.内容、顺序要熟练、规范、顺畅

个别顺序可做适当调整，如甲状腺触诊，可在检查背部时从受检者背后予以补充检查。

腹部检查可采取视、听、叩、触的顺序进行，但仍按视、触、叩、听的顺序记录。

4.体格检查应注意原则的灵活性

如急诊、重症患者，可能需要简单体检后即着手抢救或治疗，遗留的内容待病情稳定后补充。

5.全身体格检查应注意检查顺序总的原则

先整体后局部、从上到下、自前向后、自外向内、先左后右的顺序进行，检查手法一般是按视触叩听的顺序，腹部按视听叩触的顺序进行，具体检查顺序如下：

①卧位受检者：一般情况和生命体征→头面颈部→前、侧胸部（心、肺）→(受检者取坐位)后背部（包括肺、脊柱、肾区、骶部）→（受检者取卧位）腹部→上肢、下肢→肛门直肠→外生殖器→神经系统（最后为站立位）

②坐位受检者：一般情况和生命体征→上肢→头面颈部→后背部（包括肺、脊柱、肾区、骶部）→(受检者取卧位)前、侧胸部（心、肺）→腹部→下肢→肛门直肠→外生殖器→神经系统（最后为站立位）。保证分段而集中的体格检查顺利完成。受检者仅有二三次体位变动。

6.掌握检查的进度和时间

一般应尽量在30~40分钟内完成。

二、全身体格检查的基本项目（以卧位受检者为例）

1.一般检查及生命体征

（1）自我介绍（姓名、职务，并进行简短交谈以营造融洽的医患关系）

示例：您好！我是您的主治医生谢浩，为了对您的病情有一个全面的了解，需要对您进行一次全身的体格检查。请您配合一下，好吗？

（2）查体前洗手，必须当受检者的面洗手。

（3）准备和清点器械

听诊器、血压计、体温计、压舌板、电筒、叩诊锤、近视力表、别针、棉签、卷尺、直尺（两把）、记号笔。

（4）观察发育、营养、面容、表情和意识等一般状态

陈述：患者发育正常、营养良好、表情自然、神志清醒、自主体位。

异常情况：发育不良、迟缓，营养：中等、不良、恶病质。

（5）测量体温（腋温，10分钟）

陈述：患者体温36.6℃。

操作：患者取卧位手不能触及水银部位，将水银柱甩至35℃以下。看手表开始计时，检查者用双手将受检者上臂平放在身体两侧，肘关节放在床上，双手放在剑突部位，等十分钟到时（检查颈部时）取出体温计，汇报读数。将体温计甩至35℃以下，将体温计水银头放入长套筒内，再盖好蓝色短帽。

（6）触诊桡动脉至少30秒（右手测受检者右手，计数）

陈述：脉搏每分钟70次，搏动有力，节律整齐，血管弹性正常。

（7）用双手同时触诊双侧桡动脉，检查其对称性（右手测左桡动脉，左手测右桡动脉）并计数呼吸次数至少30秒（触诊双侧桡动脉时计数）

陈述：双侧桡动脉脉搏一致有力，呼吸每分钟（16~18）次。

操作：被检者已经在测量体温时将双手放在剑突部位，检查者用右手翻起自己的左袖口，看自己的手表，计数最少30秒。计数呼吸是在触摸比较双侧桡动脉时，且受检者不注意时计数。

（8）测右上肢血压

陈述：血压120/80mmHg。

注意：测2次，取2次平均值。放气以2mmHg/s的速度进行。水银一定要放气至0后方可进行第二次测血压。舒张压取声音消失时的值，声音持续不消失时取声音变调值。

操作：被检者取仰卧位暴露受检者右上肢（注意范围需要足够），上肢伸直并轻度外展45°平放在床上。将血压计、肘部放在与心脏同一水平（腋中线），同时触摸肱动脉搏动位置。打开水银计，开水银柱开关。将袖带平整缠于受检者右上臂，袖带下缘在肘窝上2~3cm。袖带的气袖中央正好位于肱动脉之上。球囊置于床边身体旁。用右手的1个指头

或2个指头可以塞进袖带内以判断袖带松紧程度。戴听诊器，再触及到肱动脉。左手将听诊器体件放在肱动脉搏动之处，体件不能塞进袖带内。右手握球囊缓慢充气。待声音消失后，再充气20~30mmHg，以2mmHg/s速度缓慢放气，将袖带气体完全放完为止，水银柱归0后，再测第二次血压。测量结束将血压计收好。听诊器体件放入白大衣右侧口袋中。取两次测得平均值汇报。

2.头面及颈部

（1）观察头部外形、毛发分布、异常运动等。

（2）触诊头颅

陈述：头颅未见畸形。毛发沿发迹均匀分布、色泽黑、发质亮，未见局部脱发及瘢痕。头部未见异常运动。头皮无压痛、未触及异常隆起及凹陷。

（3）视诊双眼及眉毛

陈述：双眼眼裂等大。双侧眼睑未见下垂、水肿。双侧眉毛对称、分布均匀，未见脱落。

（4）分别检查左右眼的近视力（用近视力表）：33cm。

陈述：左眼裸眼视力（或矫正视力）1.0，右眼裸眼视力（或矫正视力）1.0。

（5）检查双侧下睑结膜、球结膜和巩膜。

（6）检查双侧泪囊。

（7）分别翻转左右上睑、检查上睑结膜、球结膜和巩膜

陈述：睑结膜未见苍白、充血、滤泡、球结膜未见水肿、充血。巩膜未见黄染。双侧泪囊未见红肿及分泌物。

（8）检查眼球运动

检查六个方位距离30~40cm。

陈述：双侧眼球运动自如。眼震阴性。

（9）检查瞳孔（不用手电筒）

陈述：双侧瞳孔对称，等大等圆，直径约3mm。

（10）检查瞳孔直接对光反射和间接对光反射（用手电筒）

陈述：双侧瞳孔直接对光反射和间接对光反射存在。

检查顺序：先左后右，先直接再间接。

（11）检查集合反射

陈述：双眼集合反射存在。

操作：医生手指由受检者眼睛前方逐渐缓慢移动至距眼睛5~10cm，观察双眼有无内聚。

（12）观察双侧外耳及耳后区。

（13）触诊双侧外耳及耳后区

陈述：双侧耳廓对称、无畸形，外耳道通畅，未见分泌物。乳突区无压痛。

（14）触诊颞颌关节及其运动

陈述：颞颌关节无压痛，关节活动不受限。

操作：将双手示指、中指先放在耳前，或将中指放在外耳道，令受检者张口对颞颌关节进行触诊。

（15）分别检查双耳听力（检查者摩擦手指，受检者掩耳闭目）

陈述：双耳听力粗测正常。

操作：受检者捂住左耳，医生手在1米外搓指逐渐移向右耳。

（16）观察外鼻

陈述：鼻外形正常。

（17）触诊外鼻

陈述：鼻部无压痛。

（18）观察鼻前庭、鼻中隔

陈述：鼻前庭未见分泌物、鼻中隔居中。

操作：左手拇指上推鼻尖，暴露鼻前庭。用手电筒照射。

（19）分别检查左右鼻道通气状态

陈述：左右鼻道通畅。

操作：左手拇指、示指分别按压鼻翼，令受检者呼气。

（20）检查上颌窦、额窦、筛窦，有无肿胀、压痛等

陈述：各副鼻窦区无压痛，肿胀。

操作：双手拇指按压眶上神经孔的上方、内眦、眶下神经孔的下方。

（21）观察口唇、牙齿、上颚、舌质和舌苔（用手电筒+压舌板）。

（22）借助压舌板检查口腔黏膜、牙齿、牙龈。

（23）借助压舌板检查口咽部及扁桃体（嘱受检者发“啊”音）

陈述：口唇红润。口腔黏膜完整，未见出血点、溃疡。牙龈无红肿。牙齿排列整齐，未见残齿、缺齿、义齿。舌质红，舌苔薄白。咽部未见充血，双侧扁桃体不大。

（24）检查舌下神经（伸舌）

陈述：伸舌居中，舌体无震颤，舌肌无萎缩。

（25）检查面神经运动功能（皱眉、闭目、露齿、鼓腮或吹口哨，双侧对比）

陈述：双侧面神经运动功能正常。

操作：首先令受检者皱眉，观察额部皱纹，再令受检者闭眼，左手拇指与示指放在上睑，右手拇指与示指放在下睑，令受检者呲牙，令受检者鼓腮或吹口哨。

（26）检查三叉神经运动支（触双侧嚼肌，或以手对抗张口动作）

陈述：三叉神经运动功能正常。

操作：双手手掌挨在受检者面部，示指、中指放在嚼肌处，嘱受检者咬牙，感觉肌力，然后令其张口，手掌感觉张口肌力。

（27）检查三叉神经感觉支（上、中、下三支，双侧对比）（嘱受检者闭目）

陈述：双侧三叉神经感觉功能正常。

操作：受检者闭目，用曲别针刺左右额部、面部、下颌部皮肤感觉，受检者同时手示

曲别针刺的是哪一侧。

（28）暴露颈部（取出体温计）。

（29）观察颈部外形、颈静脉充盈和颈动脉搏动情况

陈述：颈部两侧对称，皮肤未见蜘蛛痣、皮疹、黄染，未见颈静脉怒张及颈动脉异常搏动。

（30）检查颈椎屈曲及左右活动情况

陈述：颈椎活动不受限。

操作：去枕，左手托起枕部，右手放在胸前，左手托头前屈后仰、左右旋转。

（31）检查副神经（对抗头部旋转及耸肩，双侧对比）

陈述：副神经运动功能正常。

操作：双手按住双肩，令受检者耸肩，双手感觉力量。然后左手扶肩、右手在另一侧耳部，令受检者头转向左侧，感觉头旋转力量，再测右侧。

（32）触诊耳前淋巴结、耳后淋巴结、枕淋巴结、颌下淋巴结、颏下淋巴结、颈前淋巴结组、颈后淋巴结、锁骨上淋巴结

陈述：头颈部浅表淋巴结未触及肿大。

操作：双手触及耳前淋巴结、耳后淋巴结，单手分别触摸左右枕淋巴结。颌下（头偏向检查侧）、颏下、左颈前（头偏向检查左侧）、右颈前（头偏向检查右侧）、锁骨上。

（33）触诊甲状软骨（以便确定甲状腺的检查部位）

陈述：甲状软骨无压痛。

操作：右手触摸甲状软骨，确定甲状软骨位置，为寻找甲状腺准备。

（34）触诊甲状腺峡部（配合吞咽）。

（35）触诊甲状腺侧叶（配合吞咽）

触诊可疑者，需增加坐位背面检查法复查。

陈述：甲状腺未触及肿大。

操作：右手拇指放在甲状软骨之下的气管表面，嘱受检者吞咽。右手拇指放在甲状软骨之下气管左侧旁边，其余四指放在胸锁乳突肌后，将胸锁乳突肌向前推，同时左手拇指将气管向右推。右手拇指放在气管旁边触摸甲状腺侧叶，同时嘱受检者吞咽。

（36）分别触诊左右颈动脉

陈述：颈动脉搏动可触及，两侧对称。

操作：甲状软骨旁边、颈前三角内，不能同时触摸双侧颈动脉。

（37）触诊气管位置

陈述：气管位置居中。

操作：右手示指、中指、无名指三指法，将示指、无名指放在左右胸锁关节与甲状腺之上，先将中指放在气管上，观察气管是否居中。

（38）听诊颈部（甲状腺、血管）杂音

陈述：颈部未闻及血管杂音。

操作：听诊器钟型听诊器依次放于左右颈内动脉处、甲状腺左右叶部位。

3.前、侧胸部

（1）暴露胸部。

（2）观察胸部外形、对称性、皮肤和呼吸运动等

陈述：胸廓对称无畸形，胸部皮肤未见黄染、蜘蛛痣及静脉曲张，双侧乳房对称、发育正常，未见乳头溢液。胸式呼吸运动正常。

（3）右手触诊左侧乳房（四个象限及乳头）。

（4）用右手触诊左侧腋窝淋巴结（五群），左手提起受检者左侧腕部。

（5）左手触诊右侧乳房（四个象限及乳头）。

（6）用左手触诊右侧腋窝淋巴结（五群），右手提起受检者右侧腕部

陈述：乳房无压痛，未触及包块、乳头无溢液，双侧腋窝淋巴结未触及肿大。

操作：用四个指的指腹，右手顺时针旋转触摸受检者左侧乳房，从外上象限开始用双手手指挤压乳头。左手逆时针旋转触摸受检者右侧乳房，用双手手指挤压乳头。

胸大肌外侧缘（胸肌淋巴结群）、腋中线（中央淋巴结群）、腋后皱襞（肩胛下淋巴结群）、腋窝外侧壁（外侧淋巴结群）、腋窝顶端（腋尖淋巴结群）

（7）触诊胸壁弹性、有无压痛

陈述：胸壁弹性正常、无压痛。

操作：双手按压胸前、外侧、下部。

（8）检查双侧呼吸动度

陈述：双侧呼吸动度对称。

操作：测量前胸廓呼吸动度，双手放在胸廓下方。拇指放在肋缘指向剑突。将皮肤用力向中间推至隆起，用力吸气。

（9）检查有无胸膜摩擦感

陈述：未触及胸膜摩擦感。

操作：双手手掌放在腋下部，嘱受检者用力吸气。

（10）检查双侧触觉语颤

陈述：双侧触觉语颤一致。

操作：双手手掌平放在胸壁上、中、外、下受检者发“一”。左右交叉对照。

（11）叩诊双肺

陈述：双肺叩诊清音。两侧对称。

操作：自肺尖开始向下，前胸、侧胸双侧对比，先左后右、自上而下、由外向内、左右对比。注意外侧壁。“弓”形旋转肋间。

（12）听诊双肺

陈述：双肺听诊清音。未闻及干湿性啰音和胸膜摩擦音。

操作：自肺尖开始向下，前胸、侧胸双侧对比，有无异常呼吸音、啰音、胸膜摩擦音，先左后右、自上而下、由外向内、“弓”形旋转肋间。注意外侧壁。肺尖用钟型体件。每一个点听诊时间需要1~2个呼吸周期。

（13）检查双侧语音共振

陈述：双侧语音共振对称。

操作：受检者发“1、2、3”长音双侧对比。

（14）观察心尖、心前区搏动，切线方向观察

陈述：心前区未见隆起，心前区未见心尖搏动（或左锁骨中线内第5肋间0.5cm处）。

（15）触诊心尖搏动（两步法触搏动位置、范围、强度、有无震颤）。

（16）触诊心前区有无异常（震颤、摩擦感）

陈述：心尖搏动正常，心尖搏动位于第五肋间左锁骨中线内大约1cm处，心尖搏动范围大约2.5cm。心前区未触及异常震颤及心包摩擦感。

操作：①右手掌尺侧掌缘平行肋间感觉搏动。②再用手指指腹确定准确位置、范围、强度。必要时用尺子测量左锁骨中线距离。③右手掌放在左胸心尖，第3、4、5肋间，肺动脉区以及主动脉区感觉震颤、摩擦感。

（17）叩诊左侧心脏相对浊音界。

（18）叩诊右侧心脏相对浊音界

陈述：叩诊心脏相对浊音界在正常范围。

操作：①轻叩。由外向内（左锁骨中线外3cm），由下而上，扣完做记号。②先从右锁骨中线第2 肋间向下叩出肝浊音界。在其上一肋间（4肋）开始，由外向内，由下向上，扣完记号。③用尺子测量每一点距离中线的距离。

（19）听诊二尖瓣区 左锁骨中线内侧（心前区）。

（20）听诊肺动脉瓣区 胸骨左缘2肋间。

（21）听诊主动脉瓣区 胸骨右缘2肋间。

（22）听诊主动脉瓣第二听诊区 胸骨左缘3肋间。

（23）听诊三尖瓣区 胸骨左缘4、5肋间。

陈述：心率每分钟75次，心律齐。各瓣膜区第一、第二心音正常。未闻及心音分裂及附加音，未闻及杂音、心包摩擦音。

操作：听诊顺序按上述顺序。听诊时间为15秒至1分钟。

各瓣膜区听诊内容主要是频率（至少数30秒）、心律、心音（第一、第二心音有无增强或减弱等变异，有无第一或第二心音分裂、有无附加音）、有无杂音（部位、时期、性质、强度、传导、与呼吸体位的关系等）、有无心包摩擦音，必要时增加其他部位或配合呼吸及转换体位听诊。

4.背部

（1）请受检者坐起，让受检者背正对着床边。

（2）充分暴露背部，将衣服反推至颈部。

（3）观察脊柱、胸廓外形及呼吸运动。

陈述：脊柱未见畸形。胸廓对称，呼吸运动正常。

（4）检查胸廓活动度及其对称性。

（5）检查有无胸膜摩擦感

陈述：双侧呼吸动度一致，未触及胸膜摩擦感。

操作：①两手掌平置于背部第10肋脊柱两侧，拇指平行脊柱将皮肤向中线轻推，嘱受检者深吸气。②手掌平放在胸下部、侧胸壁，嘱受检者深吸气，左右对比。

（6）检查双侧触觉语颤

陈述：双侧触觉语颤正常，两侧对称。

操作：受检者发“1”，检查者由上至下，由内向外，左右对比。

备注：肩胛骨内侧，用手掌的尺侧缘平行脊柱，左右对比。肩胛骨下方，手掌接触胸壁，并且由内向外。

（7）受检者双上肢交叉。

（8）叩诊双侧后胸部

陈述：叩诊音清。两侧对称。

操作：由上至下，由内向外，左右对比。部位同上。

备注：肩胛骨内侧，手指与脊柱平行，与肋骨垂直。肩胛骨下方，手指与肋间隙平行，与脊柱垂直。

（9）叩诊双侧肺下界（测腋中线，肩胛线肺下界放在与肺下界移动度一起检查）

陈述：腋中线肺下界，左侧第8肋间，右侧第7肋间。

（10）叩诊双侧肺下界移动度（肩胛线）

陈述：肩胛线肺下界左侧第10肋间，右侧第9肋间。双侧肺下界移动度约6cm。

操作：先叩出肺下界标记，再测深吸气后测量肺下界并标记，测深呼气后测量肺下界并标记。

（11）听诊双侧后胸部（有无异常呼吸音、啰音，双侧对比）。

（12）听诊有无胸膜摩擦音

陈述：两侧呼吸音对称，听诊音清，未闻及干湿性啰音，未闻及胸膜摩擦音。

注意：由上至下，由内向外，左右对比。注意胸侧壁。

（13）检查双侧语音共振

陈述：双侧语音共振对称。

操作：受检者发“1、2、3”。听诊器由上至下，由内向外，左右对比。注意胸侧壁。

（14）触诊脊柱有无畸形、压痛

陈述：脊柱无畸形、无压痛。

操作：逐个按压棘突。使皮肤留下红印记（右手示指、中指骑跨脊柱两侧下行）。

（15）直接与间接叩诊法检查脊柱有无叩击痛

陈述：脊柱无叩击痛。

操作：叩诊锤逐个叩击棘突。然后左手放在受检者头顶，右手半握拳锤击左手手背。

（16）检查双侧肋脊点和肋腰点有无压痛。

（17）检查双侧肾区有无叩击痛

陈述：双侧肋脊点和肋腰点无压痛。双侧肾区无叩击痛。

操作：双手按压双侧肋脊点和肋腰点。左手放在肋脊点和肋腰点之间，右手握空拳叩击左手手背。

5.腹部

（1）正确暴露腹部。

（2）请受检者屈膝、放松腹肌，双上肢置于躯干两侧。

（3）观察腹部外形、对称性、皮肤、脐及腹式呼吸等。

陈述：腹部平坦，两侧对称。未见胃肠蠕动波。腹式呼吸存在。未见皮疹、黄染，及瘢痕。未见腹壁静脉曲张，脐未见隆起及分泌物。

操作：医生视线与受检者腹部平行，并且从不同角度观察。

（4）听诊肠鸣音（至少听1分钟）。

（5）听诊腹部有无血管杂音

陈述：肠鸣音正常，每分钟4次（肠鸣音的正常范围每分钟4~5次）。未闻及血管杂音。

操作：听诊器放在脐周围听肠鸣音计数，然后在其他八区听诊：左下、脐左、左上、剑突下、右上、脐右、右下腹部、耻骨上。

（6）叩诊全腹。

（7）叩诊肝上界。

（8）叩诊肝下界

陈述：腹部叩诊轻度鼓音。肝上界在右锁骨中线第5肋间，肝下界在肋缘处。肝浊音界范围大约7cm。

操作：先全腹叩诊，脐开始，九区法逆时针旋转叩诊。肝界先叩上界，右锁骨中线第2肋间向下至清音变浊音处，标记。肝下界，由锁骨中线脐右开始向上，鼓音变浊音处，标记，再用直尺测量。

（9）检查肝、脾区有无叩击痛

陈述：肝区、脾区无叩击痛。

操作：左手掌置于肝区、脾区肋骨上，右手半握拳叩击手背，询问受检者是否疼痛。

（10）检查移动性浊音（经脐水平线先左后右）

陈述：腹部移动性浊音阴性。

操作：检查时站在患者的右侧，患者取仰卧位，双下肢屈曲，在肚脐为起点向左侧叩诊，逐渐叩到相对浊音的时候，让患者取右侧卧位，如果再次叩诊发现鼓音，基本上考虑是移动性浊音阳性。也可以继续右侧卧位进行叩诊，一直叩到右侧相对浊音界变成浊音，嘱患者取左侧卧位，如果此时叩诊的位置变成鼓音，更加说明移动性浊音阳性。

（11）浅触诊全腹部（自左下腹开始，逆时针）。

（12）深触诊全腹部（自左下腹开始，逆时针）

陈述：腹软、腹部无压痛，未触及包块。

操作：（浅）手平放在腹壁，四指稍用力，自左下腹开始，逆时针触摸腹壁。（深）令受检者张口呼吸，手平放在腹壁，四指用力下压，自左下腹开始，逆时针触摸腹壁。

（13）在右锁骨中线上双手法触诊肝脏。

（14）在前正中线上双手法触诊肝脏

陈述：肝脏未触及。

操作：左手掌面平托于受检者右后胸壁11~12肋部，拇指置于右下胸壁，按压胸壁，限制胸壁扩张幅度。右手手掌平放在右下腹，腕关节伸直，2~5指并拢，食、中、无名指指腹桡侧放在腹直肌外缘，对准右季肋部。嘱受检者张口呼吸。呼气时用力深压，手指向上移动。吸气时手指不能向季肋部位移动，随吸气腹壁抬高时，手指轻度抬高。右手主要是基本停在原地迎碰随吸气下移的肝脏。

前正中线肝脏触诊，左手掌及四指压在剑突上，拇指压在右肋缘，操作同上。

（15）检查肝颈静脉回流征

陈述：肝颈静脉回流征阴性。

操作：暴露受检者颈部。医生右手四指并拢，压迫受检者右上腹1分钟。观察颈部静脉。压迫后颈部静脉怒张、增粗、或升高大于1cm，心率增快，为阳性。

（16）检查墨菲（Murphy）征

陈述：Murphy征阴性。

操作：左手四指平放在肋缘上方胸壁处，拇指放在右肋缘与腹直肌交点处，用力按压同时，令受检者深吸气，观察吸气过程中是否因为按压处疼痛，突然屏气。

（17）双手法触诊脾脏。

（18）如未能触及脾脏，嘱受检者右侧卧位，再触诊脾脏。

陈述：脾脏未触及。

操作：左手并拢，手掌放在受检者左胸壁下部9~11肋处，稍用力施压限制呼吸，右手自脐部开始，与左肋弓垂直方向触摸。吸气用力顶住触摸，呼气手指随呼吸上抬，并且向肋弓部移动。再令受检者右侧卧位，操作同上。

（19）双手法触诊肾脏

陈述：双侧肾脏未触及。

操作：左手掌自左肋腰区向前托住受检者后腹壁，右手掌四指平放在左下腹，示指、中指端对准左季肋部，随呼吸运动手指逐次向腹深部触摸，并且手指逐渐移向季肋部。吸气用力顶住触摸，呼气手指随呼吸上抬，并且向季肋部移动。

（20）检查腹部痛、触觉

陈述：腹壁痛觉存在。

操作：嘱受检者闭眼，用曲别针测试，由左到右、由上向下、左右对比，受检者手示左右侧。

（21）检查腹壁反射（如图所示☞）

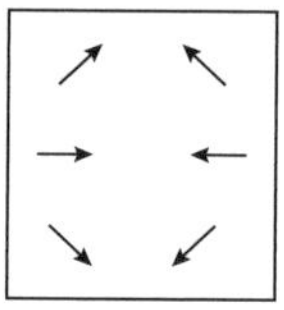

陈述：腹壁反射存在。

操作：用棉签由左到右、由上向下、由外向内的顺序双侧对比。观察腹肌收缩。

6.上肢

（1）正确暴露上肢。

（2）观察上肢皮肤、关节等（双侧对比）

陈述：双上肢对称，皮肤未见黄染、皮损、瘀斑、皮下结节，双上肢未见肿胀、畸形。

（3）观察双手及指甲（双侧对比）

陈述：甲床未见苍白、发绀。双手指间关节、掌指关节未见肿胀畸形。

（4）触诊指间关节及掌指关节

陈述：指间关节和掌指关节无肿胀、无压痛。

操作：右手拇指、示指逐个按压指间关节掌面、背面、侧面。检查者右手掌心向下，拇指按压手背掌指关节、示指中指按压受检者手心掌指关节。

（5）检查指关节运动

陈述：指关节运动自如。

操作：嘱受检者举起双手。展开手指，弯曲指关节，再弯曲掌指关节，再握拳。然后再伸开手指，嘱受检者拇指对掌，其余四指伸平。

（6）检查双手握力

陈述：双上肢远端肌力正常。

操作：嘱受检者紧握医生两个手指，医生用力向外抽。

（7）触诊腕关节

陈述：双侧腕关节无肿胀及压痛。

操作：按压腕关节掌面、背面及两侧。

（8）检查腕关节运动

陈述：双侧腕关节活动自如。

操作：嘱受检者伸直前臂、手掌，掌心向下。嘱受检者腕屈（背伸）、垂腕（掌屈）。

（9）触诊双肘鹰嘴和肱骨髁状突。

（10）触诊滑车上淋巴结

陈述：双侧肘关节无压痛，肘关节结构正常。滑车上淋巴结未触及肿大。

操作：先左后右。左手，医生用左手提起受检者左手腕，提向头端。使肘部抬高。右手拇指按压肱骨内髁，中指按压肱骨外髁，示指按压鹰嘴，呈三角形，将受检者手腕再提高使上肢伸直，后呈一条直线。右手顺势触摸左滑车上淋巴结。

右手，医生用右手提起受检者右手手腕，提起前臂。左手拇指按压肱骨内髁，中指按压肱骨外髁，示指按压鹰嘴。呈三角形，使受检者伸直上肢，后成一条直线。左手顺势触摸左滑车上淋巴结。

（11）检查肘关节运动

陈述：双侧肘关节运动自如。

操作：嘱受检者屈肘、伸肘。

（12）检查屈肘、伸肘的肌力

陈述：双上肢近端肌力正常。

操作：嘱受检者屈肘，医生用力向外拉；然后，受检者向外推，医生向内推。

（13）暴露肩部。

（14）视诊肩部外形

陈述：双侧肩关节对称、饱满。

（15）触诊肩关节及其周围

陈述：双侧肩关节及其周围无压痛。

（16）检查肩关节运动

陈述：双侧肩关节运动不受限。

操作：嘱受检者左手绕过头顶，触摸右耳。右侧反之亦然。

（17）检查上肢痛觉（或触觉，双侧对比）

陈述：双上肢痛觉正常。

操作：嘱受检者闭上眼睛，用曲别针分别刺左右上臂、左右前臂及左右手。注意左右对照。

（18）检查肱二头肌反射（双侧对比）。

（19）检查肱三头肌反射（双侧对比）。

（20）检查桡骨骨膜反射（双侧对比）

注意顺序：左二头肌、右二头肌、右三头肌、左三头肌、左桡骨骨膜、右桡骨骨膜。

陈述：双侧肱二头肌、肱三头肌反射、双侧桡骨骨膜反射存在。

操作：①将受检者双手放在脐部，左手拇指按住受检者左侧肱二头肌腱，叩击医生左手拇指盖。左手拇指按住受检者右侧肱二头肌腱，叩击医生左手拇指盖。②左手抬起肘关节，直接叩击鹰嘴上方的肱三头肌腱。③受检者手臂自然放在腹部，叩击该侧桡骨茎突上2cm处。

（21）检查Hoffmann征

陈述：Hoffmann征阴性。

操作：左手抬起受检者左手腕部，右手手指、中指夹住受检者中指，向上提，使手背背屈，用拇指弹刮受检者中指指甲。

7. 下肢

（1）正确暴露下肢（至耻骨联合以上）。

（2）观察双下肢外形、皮肤、指甲等

陈述：双下肢对称、未见肿胀畸形，皮肤未见黄染、色素沉着、皮疹、静脉曲张、窦道瘢痕。

（3）触诊腹股沟区有无肿块、疝等（用双手同时检查双侧）。

（4）触诊腹股沟淋巴结横组、纵组（用双手同时检查双侧）。

（5）触诊股动脉搏动（用双手同时检查双侧），必要时听诊

陈述：双侧腹股沟区未触及肿块、及肿大淋巴结。双侧股动脉可触及，双侧对称。

操作：横组位于腹股沟韧带下方，与腹股沟平行，手在腹股沟下与腹股沟平行触摸；纵组与大隐静脉走向一致，手在腹股沟下向足部触摸。

（6）检查髋关节屈曲、内旋、外旋运动

陈述：双侧髋关节不受限。

操作：左手托起受检者膝腘窝，右手握住受检者踝关节，屈膝屈髋各90°。向外旋转右足（足向外、膝关节转向中线）。向内旋转右足（足向中线，膝关节转向外）。

（7）触诊膝关节和浮髌试验

陈述：双侧膝关节未触及不规则突起，双侧膝关节无压痛，浮髌试验阴性。

操作：双手手指触摸在膝关节前后、两侧、腘窝、关节周围软组织，并略施加压力。左手虎口压在髌骨之上的股四头肌腱上，右手拇指、中指固定，示指按压髌骨。

（8）检查双下肢近端肌力（屈髋、伸膝）。

（9）检查膝关节屈曲运动

陈述：双下肢近端肌力正常，膝关节屈曲运动不受限。

操作：双下肢伸直，双手压在两大腿中部，嘱受检者屈髋，对抗受检者抬膝动作。嘱受检者主动屈膝，观察运动范围。

（10）检查有无凹陷性水肿

陈述：双下肢未见凹陷性水肿。

操作：双手拇指同时按压踝关节之上胫骨前5秒钟。

（11）触诊双足背动脉

陈述：双侧足背动脉搏动一致有力。

操作：双手同时触摸。指腹与第一、二跖骨平行触摸。

（12）触诊踝关节及跟腱

陈述：两侧踝关节无肿胀、无压痛，跟腱张力正常。

（13）检查踝关节背屈、跖屈运动

陈述：双侧踝关节运动自如。

操作：嘱受检者双足踝关节背屈（勾脚背），跖屈。

（14）检查双足背屈、跖屈肌力

陈述：双足背屈、跖屈肌力正常。

操作：左手握踝关节，右手握足底前掌处，令其背屈时给予外拉抵抗，跖屈时内推抵抗。

（15）检查下肢痛觉（或触觉，双侧对比）

陈述：双下肢感觉功能正常。

操作：用曲别针分别刺双侧大腿面、胫骨前、足背六个点，弓形移位。

（16）检查膝腱反射。

（17）检查跟腱反射

陈述：双侧膝腱反射及跟腱反射存在。

操作：左手托起膝关节使之屈曲约120°，叩击膝盖髌骨下方股四头肌腱。嘱受检者屈髋屈膝，大腿外展，踝关节平放在床上，左手握住足掌部，叩击跟腱处。

（18）检查髌阵挛。

（19）检查踝阵挛

陈述：髌阵挛阴性，踝阵挛阴性。

操作：左手虎口部紧压髌骨上方，用力向远方快速推压数次，并保持左手推力；右手扶在胫骨上。受检者屈膝屈髋，左手握住受检者小腿肚，右手握住足前掌部，用力使踝关节背屈。

（20）检查巴宾斯基（Babinski）征

陈述：巴宾斯基征阴性。

操作：足底外侧缘，由后向前滑，然后拐向拇指底部。

（21）检查奥本海姆（Oppenheim）征

陈述：奥本海姆征阴性。

操作：左手拇指和示指沿胫骨前缘用力向下划。

（22）检查克尼格（Kernig）征

陈述：克尼格征阴性。

操作：左手托左腘窝下、右手托左踝后，使髋膝关节屈曲各90°。抬高小腿，使小 腿伸直。

（23）检查布鲁津斯基（Brudzinski）征

陈述：布鲁津斯基征阴性。

操作：被检者取仰卧位，双下肢自然伸直，检查者右手轻按被检者胸部，左手扶托被检者枕部做屈颈动作，观察被检者髋关节、膝关节有无屈曲动作。

（24）检查拉塞格（Lasègue sign）征

陈述：拉塞格征阴性。

操作：受检者下肢伸直平卧，医生左手放在膝关节之上，右手放在踝关节之下，将伸直的下肢逐渐抬离床面70° 以上。观察受检者有无下肢疼痛。

8.共济运动、步态与腰椎运动

（1）请受检者站立。

（2）指鼻试验（睁眼、闭眼）

陈述：指鼻试验稳准。

操作：伸直手臂，先左后右，速度逐渐加快。先睁眼，再闭眼。

（3）检查双手快速轮替运动

陈述：双手轮替运动协调。

操作：伸直手掌，前臂快速旋前旋后。

（4）Romberg试验（闭目难立征）（睁眼、闭眼）

陈述：闭目难立征阴性。

操作：嘱受检者双脚并拢，上肢水平伸直。先睁眼，再闭眼。

（5）观察步态

陈述：步态稳健

（6）检查屈腰运动（双上肢伸直上举过头顶，然后弯腰）。

（7）检查伸腰运动（双上肢伸直上举过头顶，头、上肢、躯干后仰）。

（8）检查腰椎侧弯运动（注意下垂上肢必须与身体平行侧弯腰）。

（9）检查腰椎旋转运动（医生站在受检者后部，双手固定受检者双侧髂棘，嘱受检者左右旋转腰部）

陈述：腰椎活动自如。

三、全身体格检查结果的叙述及记录基本要求

1.尽量不要使用结论性语言如无肿大、正常、无异常等，也不要记录检查手法或过程，如瞳孔见光立即缩小、叩击肌腱肌肉立即收缩等，只描述检查结果。

2.检查结果视诊内容可以用“无”“未见”，阳性体征要描述体征类型或名称（如丘疹、瘢痕等）、部位、大小、数量、形态、颜色等；触诊结果描述为“未触及”，阳性体征记录部位、大小、形态、压痛、表面及边缘、搏动、局部皮肤温度变化等；叩诊结果描述为有无叩击痛、叩诊音（如双肺叩诊音）、脏器界限的具体位置等；听诊记录为未闻及 ×× 音，或某部位可闻及 ×× 音，描述其频率、节律、强度、性质等。

3.关节活动功能描述为有无受限；各生理反射记录为存在、增强、减弱或消失，双侧对比；阵挛病理反射、Kernig征、Brudzinski征及某些综合征可叙述为或记录为阴性或阳性等；肌张力描述为正常、增强、或减弱；感觉功能检查结果描述为正常、减退、消失、过度等。

第二节　体格检查思维导图

基本方法

一般检查

头部检查

颈部检查

胸部检查

胸部检查（心脏检查）

血管检查

循环系统常见疾病主要症状体征

腹部检查

腹部常见疾病主要症状体征

脊柱、四肢检查

神经系统检查

附录二　诊断学考点

体征　医师客观检查到的病态表现，如心脏杂音、腹部包块、皮疹等。

症状　是指患者主观感受到不适或痛苦的异常感觉或病态改变。

发热　高热持续期热型有稽留热、弛张热、间歇热。（1）正常体温：正常人腋测体温36~37℃。发热时，体温每升高1℃，脉搏增加10~20次/分。（2）稽留热：体温持续于39~40℃以上，达数日或数周，24小时波动范围不超过1℃。见于肺炎链球菌性肺炎、伤寒等的发热极期。（3）弛张热：体温在39℃以上，但波动幅度大，24小时体温差达2℃以上，最低时一般高于正常水平。常见于败血症，风湿热，重症肺结核，化脓性炎症等。（4）发热阶段：体温上升期，高热持续期，体温下降期。

致热源性　外源性包括病原体，炎性渗出物，抗原-抗体复合物。内源性包括IL-1、肿瘤坏死因子，作用于体温调定点，使调定点上升。

非致热源性　包括感染性，非感染性。

发热分度　低热37.3~38℃，中等度热38.1~39℃，高热39.1~41℃，超高热41℃以上。

发热热型　稽留热——大叶性肺炎，弛张热——败血症，间歇热——疟疾，波状热——布鲁菌病，回归热——回归热、霍奇金病，不规则热——肺结核、风湿热。

发热的原因　①感染性发热，由病毒、细菌等各种病原体的感染，其代谢产物或毒素作为发热激活物通过激活单核细胞产生及释放内生致热原而导致发热（细菌是引起发热最常见，最直接的物质）。②非感染性发热，如无菌性坏死物质的吸收、抗原-抗体反应、内分泌和代谢障碍、皮肤散热减少、体温调节中枢功能失常、自主神经功能紊乱等。③原因不明发热。

以发热为主诉的问诊要点　（1）应注意询问与感染有关的病史、诱因和发病情况，患病以来的一般情况，并注意发病的季节和地区；（2）发热时间的长短、起病缓急和发热程度；（3）体温变化规律并分析热型；（4）伴随症状，如寒战、意识障碍、咳嗽、咳痰、腹泻、尿路感染、皮疹、结膜充血、肝脾大等。

胸痛常见病因的鉴别

特点	胸壁疾病	胸膜病变	心绞痛、心肌梗死	食管、纵隔疾病
部位	固定于病变处。带状疱疹沿神经走向，不越过正中线	患侧腋中线肺底部	胸骨后或心前区，可牵涉至左肩、左臂内侧	胸骨后
性质	隐痛或剧痛。带状疱疹呈刀割样痛或灼痛	干性胸膜炎为尖锐刺痛	压榨样伴窒息感，心肌梗死时更剧烈	食管炎为烧灼痛；纵隔肿瘤为闷痛

续表

特点	胸壁疾病	胸膜病变	心绞痛、心肌梗死	食管、纵隔疾病
持续时间	不定，带状疱疹可持续数周	粘连性胸膜炎为长期钝痛	心绞痛短暂（<15分钟）心肌梗死时长	纵隔肿瘤呈持续性且逐渐加重
影响因素	压迫局部或胸廓活动时加剧	咳嗽、呼吸时加剧	心绞痛诱因明显，含硝酸甘油可迅速缓解；心肌梗死诱因不明显，含硝酸甘油症状缓解不明显	吞咽食物时出现或加重

（肺梗死为突然剧烈胸痛伴呼吸困难和发绀）。

牵涉痛　当某些内脏器官发生病变时，常在体表的一定区域产生过敏或痛觉，此现象称为牵涉痛。如胆囊疾病——右肩背部的牵涉痛；心绞痛除心前区及胸骨后的疼痛外还可以牵涉至左上肢至左上肢内侧甚至牙痛；肾绞痛——会阴部；阑尾炎——转移性右下腹痛。

头痛的病因　颅内病变；颅外病变；全身性疾病；神经症。

胸痛的病因及问诊要点

1.胸痛原因　①胸壁疾病，如肋骨病变；②心血管疾病，如冠心病，心包、心肌病变等；③呼吸系统疾病，如支气管和肺部病变、胸膜病变等；④其他原因，如食管疾病、纵隔疾病等。

▲2.胸痛问诊要点　①发病年龄与病史。②胸痛的部位。③胸痛的性质，灼痛、压榨性痛、刺痛、濒死感。④胸痛的持续时间。⑤胸痛的诱因和缓解因素。⑥伴随症状，咳嗽、呼吸困难、咯血、吞咽困难、面色改变等。

急腹症　外科范围的急性腹痛是一类以急性腹痛为突出表现，需要早期处理和紧急处理的腹部疾病。其特点为发病急、进展快、变化多、病情重，如延误诊断或诊治不当，将会给患者带来严重的危害。

急性腹痛的常见原因　①腹部疾病，如腹膜炎、腹腔脏器炎症、空腔脏器扭转或扩张、脏器扭转或破裂、腹腔或脏器包膜牵张、化学刺激、肿瘤压迫和浸润；②腹腔疾病的牵涉痛，如肺炎、心绞痛、急性心肌梗死等；③全身性疾病，如尿毒症时毒素刺激腹腔浆膜引起的腹痛或铅中毒引起的肠绞痛；④其他原因，如过敏性紫癜时的肠管浆膜下出血。

腹部检查以触诊为主　中上腹：胃、十二指肠和胰腺疾病。右上腹：胆囊炎、胆石症、肝脓肿。右下腹麦氏点：急性阑尾炎。脐部：小肠疾病。左下腹：结肠疾病。

咳嗽或咳痰　伴咯血、杵状指常见于支气管扩张；咳嗽伴声音沙哑3个月，右锁骨上窝处1个肿大淋巴结，质硬、无压痛，诊断为肺癌。干性咳嗽见于急性咽炎。

支气管扩张　咳嗽或于夜间变动体位时加剧，咳嗽伴咯血，痰液放置分层。

铁锈色痰　见于肺炎链球菌肺炎、肺梗死。

咳嗽发病原因

1.呼吸道疾病　炎症、异物、刺激性气体吸入、肿瘤、出血等→刺激咽喉或支气管黏膜→咳嗽反射。

2.胸膜疾病　胸膜病变（炎症刺激）→咳嗽。

3.心脏疾病　心功能不全→肺淤血、肺水肿→肺泡内或支气管内浆液或浆液血性渗出刺激→咳嗽。

4.中枢性因素　冲动从大脑皮质发出→刺激延髓咳嗽中枢→引起咳嗽。

咳嗽的临床表现及其意义

1.咳嗽的性质　①干性咳嗽：指咳嗽时无痰或痰量甚少，可见于急性咽喉炎、支气管炎、早期肺结核等。②湿性咳嗽：指咳嗽时伴有痰液（气管渗出物），可见于肺炎、慢性支气管炎、肺结核等。

2.咳嗽的时间与节律　①骤起咳嗽：刺激性气体、异物或上呼吸道急性炎症等。②慢性咳嗽：慢性支气管炎、支气管扩张等。③发作性咳嗽：百日咳、肿瘤等。④夜间咳嗽：慢性心力衰竭、肺结核等。⑤清晨或体位改变时咳嗽：慢性支气管炎、支气管扩张、肺脓肿等。

3.咳嗽的音色　指咳嗽时声音的特性。①咳嗽声音嘶哑见于声带炎症或肿瘤等。②犬吠样咳嗽见于会厌、喉部病变或气管受压等。③金属音调样咳嗽见于纵隔肿瘤、主动脉瘤、肺癌等。④咳嗽声音微弱见于极度衰竭或声带麻痹等。

4.痰液的性质和痰量　性质：黏液性、浆液性、黏液脓性、脓性、浆液血性、血性、铁锈色痰（肺炎球菌）、粉红色乳状痰（金黄色葡萄球菌）、灰绿色/红砖色痰（克雷伯杆菌）。痰量：少量、中量、大量。

5.咳嗽、咳痰时伴随症状或体征

（1）咳嗽咳痰伴发热：感染性呼吸道炎症等。

（2）咳嗽伴胸痛：感染性炎症、肿瘤、气胸等。

（3）咳嗽咳痰伴体重减轻：结核、肿瘤等。

（4）咳嗽伴咯血：结核、肿瘤、炎症等。

（5）咳嗽伴呼吸困难：心肺疾患、气胸、胸腔积液等。

（6）咳嗽伴哮鸣音：支气管哮喘、气道异物、心源性哮喘等。

（7）咳嗽咳痰伴杵状指（趾）：支气管扩张、肺脓肿、肿瘤等。

咯血定义　喉部以下的呼吸器官（即气管、支气管或肺组织）出血，并经咳嗽动作从口腔排出的过程。

咯血病因、发病机制

1.呼吸系统疾病　（1）支气管疾病：支气管扩张。较少见：支气管腺瘤，支气管肺癌，支气管结石，支气管结核，支气管黏膜非特异性炎症等慢性支气管炎。出血机制：炎症或肿瘤等损害支气管黏膜或病灶处的毛细血管通透性增高或黏膜下血管扩张破裂等。（2）肺部疾病：肺结核。较少见者：肺淤血、肺炎、肺梗死、肺脓肿、肺真菌病、肺吸虫病、肺动静脉瘘等。肺结核并咯血：①结核病变使毛细血管通透性增高（少量咯血）；②病变侵蚀小血管破溃（中等量咯血）；③病变空洞壁动脉瘤破裂出血或继发性支扩形成小的动静脉瘘破裂出血（大量咯血）。

2.循环系统疾病　(1)二尖瓣狭窄(风心病)：少量咯血或血痰。因肺淤血压力升高致肺泡壁或支气管内膜毛细血管破裂。若支气管黏膜下支气管静脉曲张破裂→大咯血。(2)急性肺水肿(急性左心衰竭)：咳浆液性粉红色泡沫样痰。(3)肺梗死(剧烈胸痛、咯血、休克)：咳黏稠暗红色血痰。(4)先天性心脏病(房间隔缺损、动脉导管未闭等)：因肺动脉高压→咯血，有明显的病理性心脏杂音。

咯血的临床意义

1.年龄因素　(1)青壮年者：肺结核、支气管扩张、风心病(二尖瓣狭窄)等。(2)中老年者：特别是长期吸烟，吸烟指数＞400(即吸烟20支/日，20年以上者)，应警惕肺癌。

2.咯血量　(1)大量：指咯血量在500ml/日以上或一次咯血量在300~500ml者。主要见于肺结核空洞性病变、支气管扩张、慢性肺脓肿等。(2)中等量：指咯血量在100~500ml/日之间。(3)少量：指咯血量≤100ml/日.见于肺癌、肺炎、慢性支气管炎等。

3.咯血的颜色和性状　鲜红色：肺结核、支气管扩张、肺脓肿、支气管结核、出血性疾病、二尖瓣狭窄等。铁锈色：大叶性肺炎、肺吸虫病等。砖红色胶冻样：克雷伯杆菌肺炎。浆液粉红色：急性左心衰竭、肺水肿。黏稠暗红色：肺梗死等。

4.咯血时伴随症状　(1)伴发热：肺结核、肺炎、肺脓肿、流行性出血热、肺梗死等。(2)伴胸痛：大叶性肺炎、肺梗死、肺结核、肺癌等。(3)伴呛咳：肺癌、气道异物等。(4)伴脓痰：肺脓肿、支气管扩张、化脓性肺炎、肺结核空洞等。(5)伴皮肤黏膜出血：血液病、流行性出血热、肺出血型钩端螺旋体病等。(6)伴黄疸：肺梗死、钩端螺旋体病、大叶性肺炎等。

▲咯血、呕血、便血区别

鉴别	咯血	呕血	便血
病因	肺结核、支气管扩张症、肺炎、肺脓肿、肺癌、心脏病等	消化性溃疡、肝硬化、急性糜烂出血症、胃炎、胆道出血等	可由上消化道、下消化道疾病引起
出血前症状	喉部痒感、胸闷、咳嗽等	上腹不适、恶心、呕吐等	
出血方式	咯出	呕出	
血色	鲜红	棕黑、暗红、有时鲜红	可由上消化道、下消化道疾病引起，阿米巴痢疾呈果酱样便，5ml以下无肉眼可见的粪便颜色改变，称为隐血便，需用隐血试验
血中混有物	痰、泡沫	食物残渣、胃液	
酸碱性	碱性	酸性	
黑便	除非咽下，否则没有	有，柏油便，呕血停止后仍持续数日	
出血后痰性状	常有血痰数日	无痰	

(紫癜是指皮下出血直径3~5mm)

呼吸困难概念　主观上患者有感到“空气不足”。客观上患者表现为呼吸费力，有呼吸频率的异常。严重时有鼻翼煽动、发绀、端坐呼吸、呼吸辅助肌参与呼吸运动。

呼吸困难的病因分类

1.呼吸系统疾病　影响肺的通气、弥散与交换功能→缺氧。

2.心脏疾病　各种心脏病出现严重心功能不全（心力衰竭、肺淤血时）→肺通气不全，肺弥散、气体交换差→缺氧。

3.中毒　理化因素或严重代谢障碍（如尿毒症、糖尿病酮症酸中毒、吗啡药等中毒。）→呼吸功能受损→缺氧。

4.血液系统疾病　血液中的红细胞携氧能力降低→缺氧。

5.神经精神疾病　神经系统疾病，如颅脑疾病（出血、肿瘤等）→颅内高压。精神疾病，如癔病。

呼吸困难临床表现、意义

1.吸气性呼吸困难　吸气期延长。提示喉、气管、大小支气管有狭窄或梗阻。吸气性呼吸困难明显时出现“三凹征”，且有吸气性哮音。三凹征：胸骨上窝、锁骨上窝、肋间隙。

2.呼气性呼吸困难　呼气期延长。提示肺组织弹性减弱或小支气管痉挛。特点：呼气费力、延长而缓慢，伴有哮鸣音。临床见于：Asthma、喘息性支气管炎等。

3.心脏疾病（心源性）呼吸困难　（1）左心功能不全，机制：Ⅰ.肺泡内张力升高，刺激肺牵拉感受器，通过迷走神经反射性兴奋呼吸中枢；Ⅱ.肺泡弹性减弱，导致肺活量减少；Ⅲ.肺淤血妨碍肺毛细血管的气体交换；Ⅳ.肺循环压力升高，刺激呼吸中枢。（2）右心功能不全：体循环淤血。机制：Ⅰ.右心房与上腔静脉压力升高，刺激压力感受器，反射性兴奋呼吸中枢。Ⅱ.血含氧量下降，乳酸、丙酮酸等酸性代谢产物积聚，刺激呼吸中枢。Ⅲ.并发淤血性肝肿大、腹水、胸水等，使呼吸运动受限。（3）心源性呼吸困难的特点①劳力性呼吸困难：在体力活动时出现或加重，休息时减轻或缓解。②端坐呼吸：平卧时加重，端坐时减轻，故被迫采取端坐位或半卧位以减轻呼吸困难的程度。③夜间阵发性呼吸困难：左心衰竭时，因急性肺淤血常出现阵发性呼吸困难，多在夜间入睡后感到气闷而被憋醒，称为夜间阵发性呼吸困难。重者可见端坐呼吸，面色发绀，有哮鸣音，咳浆液性粉红色泡沫痰，两肺底多有湿啰音，心率加快，可有奔马律，此称心源性哮喘。（4）急性左心衰竭（急性肺水肿、心源性肺水肿、心源性哮喘）。突发性，带哮鸣音→高度呼吸困难，双肺满布哮鸣音/湿性啰音。咳粉红色血性泡沫痰，端坐呼吸，恐惧，面色苍白，发绀，大汗淋漓，奔马律等。

4.中毒导致呼吸困难　代谢性酸中毒（如尿毒症、糖尿病酮症等），血中酸性代谢物刺激呼吸中枢→深而快地呼吸；急性感染时，机体代谢加快，血液温度升高及血中毒性代谢产物等→刺激呼吸中枢→呼吸加快；某些中枢抑制药物（如吗啡、巴比妥类药）急性中毒→抑制呼吸中枢→呼吸困难（呼吸缓慢，潮式呼吸）。

5.神经精神疾病　颅内疾病（脑出血、颅脑外伤、颅高压等）可因呼吸中枢供血下降或受压刺激→呼吸慢而深和节律改变。精神因素（癔病）→频率快和呼吸表浅。

了解呼吸困难时的伴随症状，目的在于进一步探明其临床意义，如呼吸困难伴发热：呼吸系统感染性疾病。呼吸困难伴胸痛：肺炎、胸膜炎、气胸、心包炎、纵隔肿瘤、肺癌等。呼吸 困难伴喘鸣、窒息感：支气管哮喘、心源性哮喘等。

▲三种肺性呼吸困难表现（尤其前二种）

鉴别要点	吸气性呼吸困难	呼气性呼吸困难	混合性呼吸困难
原因	各种原因引起的上呼吸道（喉、气管、大支气管）狭窄和阻塞	肺组织弹性减弱或小支气管痉挛、狭窄，呼气时气流在肺泡和细支气管的阻力增大	肺部病变广泛，呼吸面积减少，影响换气功能所致
主要表现	吸气显著困难，气道高度狭窄时呼吸肌极度紧张，胸骨上窝、锁骨上窝和肋间隙在吸气时明显凹陷（三凹征）	呼气显著费力，呼气时间延长而缓慢	呼气和吸气均感费力，呼吸频率浅而快
伴随症状	常伴频繁干咳及高调的呼气性喘鸣音	伴有广泛哮鸣音	常伴有呼吸音异常（减弱或消失）
临床表现	喉部疾患，如喉水肿；气管疾病，如支气管肿瘤	支气管哮喘、喘息型慢性支气管炎、慢性阻塞性肺气肿	重症肺炎、重症肺结核、大面积肺不张、大块肺梗死、大量胸腔积液和气胸

真性发绀　血液中还原血红蛋白增加。

中心性发绀　心肺疾病致SaO_2降低引起全身性的发绀，除四肢与面颊外，亦见于黏膜（包括舌及口腔黏膜）与躯干的皮肤，但皮肤温暖。

周围性发绀　周围循环血流障碍所致，常见于肢体末梢与下垂部位，如肢端、耳垂与鼻尖。这些部位的皮肤温度低、发凉，若按摩或加温耳垂与肢端使其温暖，发绀即可消失。

混合性发绀　见于心力衰竭。

血液中存在异常血红蛋白衍生物

1.高铁血红蛋白血症　如大量进食含亚硝酸盐的变质蔬菜引起肠源性发绀，达30g/L。

2.先天性高铁血红蛋白血症。

3.硫化血红蛋白血症　达5g/L。

心悸呈突发突止　见于阵发性心动过速。

水肿　人体组织间隙有过多的液体使组织肿胀。不包括内脏器官的局部水肿。

水肿的分类

1.全身性水肿　液体在组织间隙弥漫分布，如心源性水肿。

2.局部性水肿　液体积聚在局部组织间隙，如血栓性静脉炎。

3.积水　液体积聚在体腔内，如胸水。

水肿的特点　据液体中蛋白含量不同分为以下两种。

1.漏出液　液体相对密度低于1.015；蛋白含量低于25g/L；细胞数少于100/μl。

2.渗出液　液体相对密度高于1.018；蛋白含量高于30g/L；细胞数大于500/μl。

水肿皮肤特点

1.隐性水肿　出现显性水肿之前体内已有组织液增多，体重增加可达10%。

2.显性水肿　皮肤肿胀、弹性差、皱纹变浅、用手指按压有凹陷。

凹陷性水肿 概念：体液渗聚在皮下组织间隙，指压后组织下陷。病因：心、肝、肾源性水肿；营养不良性水肿等。

非凹陷性水肿 概念：体液渗聚在皮下组织间隙，指压后组织下陷不明显或没有凹痕。病因：黏液性水肿（组织液蛋白含量较高）、丝虫病（慢性淋巴液回流受阻）。

全身性水肿按病因分类 心源性水肿（cardiac edema）、肾源性水肿（renal edema）、肝源性水肿（hepatic edema）、营养不良性水肿（nutritional edema）。其他原因所致：如黏液性水肿、药物性水肿、经前期紧张综合征（premenstrual tension syndrome）、特发性水肿（idiopathic edema）等。

心源性水肿 病因：主要是右心衰竭的表现。机制：有效循环血量减少，继发性醛固酮增多引起水钠潴留（决定水肿程度）静脉淤血，组织液回吸收减少（决定水肿部位）。特点：首先出现于身体下垂部位，活动后明显，休息后减轻或消失（上行性水肿ascending edema），对称性（symmetrical）、凹陷性（pitting）水肿。

肾源性水肿 病因：见于各型肾炎和肾病。机制：肾排钠水减少，导致水钠潴留。特点：疾病早期晨间起床时有眼睑和颜面水肿，以后可发展为全身水肿（下行性水肿decending edema），常有尿改变、高血压、肾功能损害表现。

肝源性水肿 病因：见于失代偿期肝硬化（cirrhosis of liver）。机制：肝静脉回流受阻肠淋巴液生成增加，水钠潴留，有效胶体渗透压降低。特点主要表现为腹水（ascites）也可首先出现踝部水肿，渐向上发展。

营养不良性水肿 病因：慢性消耗性疾病（wasting dieases）、蛋白丢失性肠病（protein losing entropathy）、维生素B_1缺乏（vitamin B_1 deficiency）等。机制：低蛋白血症使血浆胶体渗透压降低。特点：常从足部开始逐渐蔓延全身，水肿发生前常有消瘦、体重减轻等。

特发性水肿 病因：原因不明，仅发生于女性。机制：与体内雌激素（estrogen）、孕激素（progestogen）水平变化和对直立位体位有关。特点：仅发生于女性，单纯性下肢、颜面水肿，活动后明显，休息可消失。立卧位水实验有助于诊断。

立卧位水实验 清晨空腹排小便后，饮水1000ml，立位活动状态下每小时排尿一次，连续4次，计算总尿量；第二天同样饮水1000ml，卧位休息状态下每小时排尿一次，连续4次，计算总尿量。两次之差大于50%为阳性。

黏液性水肿（myxedema） 系由于甲状腺功能低下产生的非凹陷性水肿，颜面和下肢较明显。

经前期紧张综合征 特点为月经前7~14天出现的眼睑、踝部及手部轻度水肿，月经后渐消退。

药物性水肿 可见于糖皮质激素、性激素、甘草、胰岛素、CCBS等治疗中，与水钠潴留有关。以双下肢水肿多见，一般为轻度水肿，停药可消失。

结缔组织疾病所致的水肿 如硬皮病（scleroderma）、SLE、皮肌炎（dermatomyositis）。

水肿临床检查分度 轻度：仅见于眼睑、眶下、胫骨前、踝部皮下组织，指压后组织轻度下陷，平复较快。中度：全身组织均见明显水肿，指压后凹陷明显，平复缓慢。重度：全身组织严重水肿，皮肤紧张发亮，或有液体渗出，浆膜腔可见积液，外阴亦可严重水肿。

局部性水肿病因 毛细血管通透性（permeability）增加：局部炎症、过敏（hypersensitivity）。静脉阻塞：血栓性静脉炎（thrombophlebitis），上、下腔静脉阻塞。淋巴回流受阻：丝虫病（filariasis）。淋巴结切除后（postlymphadenectomy）。

▲心源性与肾源性水肿的鉴别

鉴别点	心源性水肿	肾源性水肿
开始部位	从足部开始，向上延及全身	眼睑、颜面开始，蔓延至全身
发展快慢	发展非常缓慢	发展迅速
水肿性质	比较坚实，移动性较少	质软而移动性大
伴随症状	伴有心功不全病征：如心脏增大、心脏杂音、肝肿大、静脉压升高等	高血压、蛋白尿、血尿、管型尿
超声检查	心脏扩大或心包病变，下腔静脉增宽	肾脏大小改变，肾实质弥漫性病变
基本机制	水钠潴留，静脉淤血，毛细血管滤过压升高，组织液回吸收减少	水钠潴留

呕血的常见原因 食管疾病，如食管癌。胃及十二指肠疾病，如消化性溃疡。肝、胆、胰的疾病，如肝硬化、门脉高压引起的食管与胃底静脉曲张破裂。全身性疾病，如血液病中的白血病，急性传染病中的急性重症肝炎，或其他如尿毒症。

呕血出血量的估计 出血量达5ml以上可出现大便隐血试验阳性；达60ml可出现黑便；胃内蓄积300ml时可出现呕血；出血量一次达400ml以上可出现头昏、眼花、口干、乏力、皮肤苍白、心悸不安、出冷汗，甚至昏倒；出血量达800~1000ml以上可出现周围循环衰竭。

呕血与便血的相互关系 （上消化道出血表现为柏油样大便，阿米巴痢疾呈果酱样便）呕血和黑便是上消化道出血的主要症状。一般来说，呕血者均伴有黑便，而黑便不一定伴有呕血。暗红色或鲜红色便血多提示下消化道出血，但上消化道出血，若出血量大，速度快，可出现红色大便；下消化道出血，若位置高，停留时间长，也可出现黑便。

黄疸的定义 黄疸既是症状又是体征，是由于胆色素代谢障碍导致血液中胆红素增高，而致巩膜、黏膜、皮肤及体液发生黄染的现象，若血中胆红素浓度增高，而临床上尚没有出现肉眼可见的黄疸者，称为隐性黄疸。

胆红素的来源 ①衰老红细胞的血红蛋白80%~85%。②肝内含亚铁血红素的蛋白质旁路胆红素15%~25%。③骨髓中幼稚红细胞的血红蛋白。

胆红素正常值 总胆红素1.7~17.1μmol/L（0.1~1.0mg/dl）结合胆红素0~3.42μmol/L（0~0.2mg/dl）非结合胆红素1.7~13.68μmol/L（0.1~0.8mg/dl）。

黄疸按病因学分类

1.溶血性黄疸。

2.肝细胞性黄疸。

3.胆汁淤积性黄疸。

4.先天性非溶血性黄疸。

溶血性黄疸(Hemolytic Jaundice)

1.病因

(1)先天性溶血性贫血：海洋性贫血等。

(2)后天性获得性溶血性贫血：自免溶贫、新生儿溶血。

2.发病机制

(1)红细胞破坏过多：超过肝脏的处理能力，血中非结合胆红素升高。

(2)肝功能的削弱：红细胞破坏→贫血。缺氧和红细胞破坏产物的毒性作用→肝功能削弱，血中非结合胆红素升高。

3.临床表现 黄疸、发热、寒战、头痛、呕吐、血红蛋白尿、急性肾衰竭、脾大、贫血等。

4.实验室检查

(1)总胆红素升高。

(2)间接胆红素升高。

(3)粪胆素增多(粪色加深)。

(4)尿中尿胆原增多，而胆红素(-)。

(5)血红蛋白尿。

(6)贫血。

(7)骨髓增生旺盛。

胆汁淤积性黄疸

1.病因

(1)肝内胆汁淤积 ①肝内阻塞性胆汁淤积：肝内泥沙样结石、癌栓、寄生虫病等。②肝内胆汁淤积：毛细胆管型病毒性肝炎、药物性胆汁淤积、妊娠期黄疸等。

(2)肝外胆汁淤积性 胆总管狭窄、结石、炎症、蛔虫及肿瘤等。

2.发病机制 胆道梗阻→压力升高→胆管扩张→小胆管毛细胆管破裂→胆红素反流入血→黄疸。

3.临床表现 黄疸、皮肤瘙痒、心动过缓、大便颜色变成陶土色。

4.实验室检查

(1)总胆红素升高。

(2)结合胆红素升高。

(3)粪胆素减少或消失。

(4)尿胆原减少或消失，尿胆红素升高，尿色深。

肝细胞性黄疸(Hepatogenous jaundice)

1.病因 ①病毒性肝炎；②中毒性肝炎；③肝癌；④钩端螺旋体病；⑤肝硬化。

2.发病机制

（1）肝细胞受损→功能减退→非结合胆红素升高。

（2）未受损肝细胞使非结合胆红素→结合胆红素→部分进入胆道→部分经损害或坏死的肝细胞反流入血→血中结合胆红素升高。

（3）肝细胞肿胀，汇管区渗出性病变与水肿以及小胆管内胆栓形成→胆汁排泄受阻→反流入血→血中结合胆红素升高。

3.临床表现　乏力、纳差、厌油、黄疸、出血倾向。

鉴别	溶血性黄疸	肝细胞性黄疸	阻塞性黄疸
病史	有溶血因素可查和类似病史（误输异型血、疟疾、败血症、蚕豆病）	肝炎或肝硬化病史、肝炎接触史、输血、服药史	结石者反复腹痛并黄疸，肿瘤者常伴消瘦
症状与体征	贫血、血红蛋白尿、脾大	肝区肿胀或不适，消化道症状明显，肝脾大	黄疸波动或进行性加深，胆囊肿大，皮肤瘙痒
临床表现	一般轻度，呈浅柠檬色，急性溶血可有酱油或茶色尿	皮肤浅黄至深黄，轻度瘙痒，伴肝脏原发病症状	皮肤暗黄，甚至黄绿色，有瘙痒及心动过速。尿色深，粪便浅或白陶土色
胆红素测定	UCB↑	UCB↑，CB↑	CB↑
CB/TB	<20%	>30%	>60%
尿胆红素	−	+	++
尿胆原	增加	轻度增加	减少或消失
ALT，AST	正常	明显增高	可增高
ALP	正常	可增高	明显增高
其他	溶血的实验室表现，如网织红细胞增多	肝功能试验检查结果有异	影像学发现胆道梗阻病变
肝功能	正常	损伤	可损伤

膀胱刺激症　尿频，尿急，尿痛。

抽搐与惊厥的区别　抽搐指不自主地发作性成群骨骼肌收缩，常引起关节运动和强直，多为全身性的。当抽搐表现为肌群的强直性或阵挛性或二者兼有的收缩时，称为惊厥。

意识障碍分类及表现

1.觉醒障碍　①嗜睡，表现为持续性睡眠；②昏睡，表现为熟睡状态；③昏迷，表现为意识丧失（浅昏迷和深昏迷）。

2.意识模糊表现为对时间、空间、人物失去了正常的判断。

3.意识内容障碍　①谵妄，表现为意识模糊、定向障碍，伴错觉、幻觉、躁动不安、谵语；②醒状昏迷，表现为觉醒状态存在，而意识内容丧失。

嗜睡与昏睡的区别

区别	嗜睡	昏睡
意识障碍程度	最轻，处于病理的睡眠状态，持续性睡眠	近乎不省人事，处于熟睡状态
唤醒所需刺激	轻刺激，如推动或唤醒	不易唤醒，强刺激可唤醒

续表

区别	嗜睡	昏睡
醒后	醒后能回答简单的问题或做一些简单的活动，但反应迟钝，刺激停止后，又迅速入睡	不能回答问题或答非所问，而且很快又再入睡

浅与深昏迷的区别

区别	浅昏迷	深昏迷
意识障碍程度	意识大部分丧失	意识全部丧失
对刺激反应	强刺激也不能唤醒，但对疼痛刺激有痛苦表情及躲闪反应	对疼痛等各种刺激均无反应，全身肌肉松弛
反射	角膜反射、瞳孔对光反射、吞咽反射、眼球运动等都存在	角膜反射、瞳孔对光反射、吞咽反射、眼球运动等都消失，可出现病理反射

（确定深昏迷最有价值的体征是：对疼痛刺激无反应。）

谵妄 兴奋性增高为主的高级神经中枢急性活动失调状态。意识清晰度下降，定向力障碍；感觉错乱（幻觉、错觉）；躁动不安，言语杂乱。伴随症状对于病因定性至关重要，伴发热；伴呼吸缓慢；伴心动过缓；伴瞳孔散大；伴瞳孔缩小；伴高血压。

体检基本方法 视诊、触诊、叩诊、听诊和嗅诊五种。

触诊的方法 浅部触诊和深部触诊（包括深部滑行触诊、双手触诊、深压触诊、冲击触诊）。

叩诊的方法 间接叩诊和直接叩诊。

叩诊音特点

叩诊音	响度	音调	持续时间	部位
清音	强	低	长	可出现于正常肺
浊音	较强	较高	较短	出现于心、肝被肺缘覆盖的部分
鼓音	强	高	较长	出现于胃泡区和腹部
实音	弱	高	短	出现于实质脏器部分
过清音	更强	更低	更长	可出现于肺气肿

叩诊音 包括清音、过清音、鼓音、浊音和实音五种（过清音不属于正常叩诊音）。

生命体征 包括呼吸、脉搏、体温、血压。

正常血压、临界高血压、高血压、低血压

类别	收缩压（mmHg）	舒张压（mmHg）
正常血压	<120	<80
临界高血压	120~139	80~90
高血压	≥140	>90
低血压	<90	<60

体型的分类 匀称型，矮胖型，瘦长型三种。

体重指数　体重指数是衡量肥胖的常用指标。体重指数=体重（kg）/身高^2（m^2）。如体重指数≥24为超重，体重指数≥28为肥胖。

急性（热）病面容　面色潮红，兴奋不安，有时面部与发际多汗，口唇干燥，呼吸急速，表情痛苦，有时鼻翼扇动，口唇疱疹。常见于急性感染性疾病，如肺炎链球菌、疟疾、流行性脑脊髓炎等。

慢性病容　面容憔悴、面色晦暗或苍白无华、双目无神、表情淡漠等，见于慢性消耗性疾病，如恶性肿瘤、肝硬化、严重结核病等。

贫血面容　面色苍白，唇舌色淡，表情疲惫。见于各种原因所致的贫血。

肝病面容　面色晦暗，额部、鼻背、双颊有褐色色素沉着，见于慢性肝脏疾病。

肾病面容　面色苍白，双睑及颜面浮肿，舌色淡，舌缘有齿痕，见于慢性肾脏疾病。

甲状腺功能亢进面容　面容惊愕，眼裂增宽，眼球突出，目光炯炯，兴奋不安，烦躁易怒。见于甲状腺功能亢进症。

黏液性水肿面容　面色苍黄，颜面浮肿，睑厚面宽，目光呆滞，反应迟钝，眉毛、头发稀疏，舌色淡、肥大。见于甲状腺功能减退症。

二尖瓣面容　面色晦暗，双颊紫红，口唇轻度发绀。见于风湿性心瓣膜病二尖瓣狭窄。

伤寒面容　表情淡漠，反应迟钝，呈无欲状态。见于伤寒、脑脊髓膜炎、脑炎等高热衰弱患者。

苦笑面容　发作时牙关紧闭，面肌痉挛，呈苦笑状，见于破伤风。

满月面容　面圆如满月，皮肤发红，常伴痤疮和小须，见于库欣综合征及长期应用肾上腺皮质激素的患者。

肢端肥大症面容　头颅增大，脸面变长，下颌增大，向前突出，眉弓及两颧隆起，唇舌肥厚，耳鼻增大，见于肢端肥大症。

病危面容　亦称Hippocrate面容。面色苍白或铅灰，眼窝凹陷，鼻梁、颧骨突起，表情淡漠，目光晦暗，面肌瘦削，唇干，皮肤干燥，松弛而无光泽。常见于大出血，休克，脱水及急性腹膜炎的患者。

面具面容　又称面具脸，面肌运动减少，面部呆板，无表情，不转眼，双目凝视，似面具样，常见于震颤麻痹或脑炎等。

自动体位　患者活动自如，不受限制，见于轻症或疾病早期。

被动体位　患者不能随意调整或变换体位，需要别人帮助才能改变体位，见于极度衰弱或意识丧失的患者。

强迫体位　患者为减轻疾病所致的痛苦，被迫采取的某些特殊体位（如患者右侧大量胸腔积液时，其体位为强迫右侧卧位）。

端坐呼吸　强迫坐位称端坐呼吸，患者坐于床沿上，以两手置于膝盖或扶持床边。该体位便于辅助呼吸肌参与呼吸运动，加大膈肌活动度，增加肺通气量，并减少回心血量和减轻心脏负担。见于心、肺功能不全者（老年患者，有慢性支气管炎史，近日呼吸困难，发热，双肋间隙饱满，呈坐位呼吸，可能是慢性喘息性支气管炎急性发作）。

黄染 皮肤黏膜发黄称为黄染。

皮肤黄染常见原因

1.黄疸。

2.胡萝卜素增高。

3.长期服用含有黄色素的药物。

黄疸引起皮肤黄染特点 A.黄疸首先出现于巩膜、硬腭后部及软腭黏膜上，随着血中胆红素浓度的继续增高，黏膜黄染更明显时，才会出现皮肤黄染。B.巩膜黄染是连续的，近角巩膜缘处黄染轻、黄色淡，远角巩膜缘处黄染重、黄色深。

胡萝卜素增高引发皮肤黄染特点

1.黄染首先出现于手掌，足底，前额以及鼻部皮肤。

2.一般不出现巩膜和口腔黏膜黄染。

3.血中胆红素不高。

4.停止食用含胡萝卜素的蔬菜或果汁后，皮肤黄染逐渐消退。

服用药物者引发皮肤黄染特点

1.黄染首先出现于皮肤，严重者也可出现于巩膜。

2.巩膜黄染的特点是角巩膜缘处黄染重、黄色深。离角巩膜缘越远，黄染越轻，黄色越浓。

红疹与出血点的区别 皮疹压之褪色，出血点压之不褪色。

皮肤颜色苍白 全身性贫血。

皮肤颜色发绀 皮肤黏膜呈青紫色。产生的原因主要由于毛细血管内血液中还原血红蛋白的含量增加。

斑疹 局部皮肤发红，界限分明，不隆起皮面。

丘疹 局部皮肤发红，且隆起于皮面，可见于药物疹、湿疹等。

荨麻疹 皮肤暂时性的水肿隆起，形状大小不等，发生快，消退亦快，有奇痒，见于各种异性蛋白性食物或药物过敏所引起。

出血点与紫癜 出血直径小于2mm者为出血点，直径3~5mm者为紫癜，直径5mm以上者为瘀斑。

皮肤弹性（elasticity）检查方法 是用示指和拇指将手背或前臂皮肤提起后放松，正常人皮肤放手后，皮肤皱折迅速展平，恢复原状。重度营养不良、慢性消耗疾病、严重脱水者皮肤弹性显著减退。

水肿（edema） 是皮下组织的细胞内或组织间隙液体潴留过多所致。

水肿的分类 凹陷性水肿，非凹陷性水肿——黏液性水肿及象皮肿。

水肿的程度 可分为轻、中、重三度。①轻度：仅见于眼睑、眶下软组织、胫前、踝部，指压后可见组织轻度凹陷，平复较快。②中度：全身组织均可见明显肿胀，指压后可出现明显或较深的凹陷，平复缓慢。③重度：全身组织严重水肿，皮肤紧张发亮。

蜘蛛痣 皮肤小动脉末端分支性扩张所形成的血管痣，因形似蜘蛛而得名。其出现部位多在上腔静脉分布区，如面、颈、手背、上臂、前胸和肩部等处，大小可由针头大小到直径数厘米。

肝掌 指慢性肝病患者手掌大小鱼际处发红，加压后褪色，故称之。

瞳孔 瞳孔变小见于中毒、镇静药物、脑桥出血，散大见于阿托品、濒死，瞳孔大小不等见于颅内占位。

淋巴结 健康人表浅淋巴结很小，直径不超过1cm，质地柔软，表面光滑，不易触及，无压痛与毗邻组织粘连。检查淋巴结时，一定要按顺序进行，以免遗漏。一般可自枕骨下、耳后、耳前、颌下、颏下、颈后、颈前、锁骨上窝、腋窝、滑车上、腹股沟直至腘窝等处淋巴结。

局限性淋巴结肿大的原因

1.非特异性淋巴结炎 质地柔软、有压痛、表面光滑无粘连；慢性期则质地较硬，疼痛轻微局限。

2.淋巴结结核 颈部血管周围，大小不等，质稍硬，可有粘连性。

3.恶性肿瘤的淋巴结转移 胃癌——左锁骨上、Virchow淋巴结，肺癌——右锁骨上淋巴结、腋窝，乳腺癌——腋窝淋巴结。转移的淋巴结质地坚硬，无压痛，易粘连而固定。

不同部位淋巴结检查顺序

头颈部淋巴结检查顺序：耳前—耳后—枕部—颌下—颏下—颈前—颈后—锁骨上。

上肢淋巴结检查顺序：腋窝—滑车上。

腋窝淋巴结检查顺序：尖群—中央群—胸肌群—肩胛下群—外侧群。

下肢淋巴结检查顺序：腹股沟上部—腹股沟下部—腘窝部。

Virchow淋巴结 左侧锁骨上窝淋巴结群，系胸导管进颈静脉的入口，Virchow淋巴结肿大为胃癌转移标志。

淋巴结检查方法 双手触诊，左手触诊右侧，右手触诊左侧，由浅摸至锁骨后深部。发现淋巴结肿大记录部位、大小、数目、硬度、压痛、活动度、有无粘连，皮肤有无红疹、瘢痕、瘘管。

头部异常运动 头部不随意颤动见于帕金森病；与颈动脉搏动节律一致的点头运动，称de Musset征，见于严重主动脉瓣关闭不全；落日眼见于脑积水。

瞳孔大小的改变 瞳孔缩小常见于虹膜炎，有机磷农药中毒，巴比妥类药物中毒；瞳孔扩大见于阿托品中毒；双侧瞳孔不等大见于脑疝（压迫一侧眼神经）。

麻疹黏膜斑 在相当于第二磨牙处的颊黏膜出现直径约1mm的灰白色小点，外有红色晕圈，为麻疹黏膜斑，是麻疹的早期特征。

舌象 草莓舌常见于猩红热或长期发热患者；牛肉舌见于糙皮病；镜面舌见于恶性贫血，缺铁性贫血或慢性萎缩性胃炎。

扁桃体肿大的分度（三度） Ⅰ度肿大时扁桃体不超过咽腭弓；Ⅱ度肿大时扁桃体超过咽腭弓，介于Ⅰ度和Ⅲ度之间；Ⅲ度肿大时扁桃体达到或超过咽后壁中线。扁桃体充血红肿，并有不易剥离的假膜，见于白喉。

异常气味　口腔气味为烂苹果味见于糖尿病酮症酸中毒，大蒜味见于有机磷农药中毒。

颈部强直　脑膜刺激征的表现之一，见于各种脑膜炎、蛛网膜下腔出血等。

颈静脉怒张的定义及意义　在坐位或半卧位明显见到颈静脉充盈，称为颈静脉怒张。颈静脉怒张提示体循环静脉血回流受阻或上腔静脉压增高，常见于右心衰竭、缩窄性心包炎、心包积液及上腔静脉综合征。

颈静脉搏动　可见于三尖瓣关闭不全等。

甲状腺肿大的分度

Ⅰ度　不能看出肿大但能触及。

Ⅱ度　既可看出肿大又可触及者，但在胸锁乳突肌内。

Ⅲ度　肿大超出胸锁乳突肌外缘。

听到血管杂音的意义　若在甲状腺处听到连续性血管杂音并触及震颤，提示为甲状腺功能亢进症。

桶状胸　胸廓的前后径增大，以至和横径几乎相等，胸廓呈圆桶形，常见于慢性阻塞性肺气肿及支气管哮喘发作时。

胸壁压痛　见于胸膜炎，胸壁软骨骨折，胸壁炎症，肋间神经痛，带状疱疹等。

胸骨角　又称Louis角，为记数肋骨和肋间隙顺序的主要标志。胸骨角还标志支气管分叉、心房上缘和上下隔交界及相当于第五胸椎水平。

皮下气肿　胸部皮下组织有气体积存时称之为皮下气肿。

正常乳头位置　位于锁骨中线第4肋间隙；女性乳房上界位在第2、第3肋之间。正常儿童及男子乳房一般不明显。

乳房望诊　①对称。不对称：炎症或肿瘤。②表面情况。皮肤红肿：炎症。局部下陷：橘皮状（乳腺癌）溃疡、瘢痕及瘘管。③乳头位置内陷：乳腺癌。

乳房包块　大小、部位、质地、活动度、压痛、边界、数目与皮肤的关系。

乳头异常分泌物　血性：癌。清亮或黄：慢性囊性乳腺炎。男性：内分泌、肝硬化、腋窝及锁骨上窝淋巴结。

胸式（女）腹式（男、小孩）呼吸增减意义　肺炎、重症肺结核、胸膜炎、肋骨骨折、肋间肌麻痹等胸部疾患时，因肋间肌运动受限可使胸式呼吸减弱而腹式呼吸增强，即由胸式呼吸变为腹式呼吸；腹膜炎、腹水、巨大卵巢囊肿、肝脾极度肿大、胃肠胀气等腹部疾患或妊娠晚期，因膈肌向下运动受限可使腹式呼吸减弱而胸式呼吸增强，即由腹式呼吸变为胸式呼吸（腹式呼吸运动消失见于弥漫性腹膜炎）。

呼吸频率　成人呼吸频率为12~20次每分；呼吸与脉搏之比为1∶4。新生儿可达44次/分。

深大呼吸　当严重代谢性酸中毒时，亦出现深而大的呼吸。此因细胞外液碳酸氢不足，pH降低，通过肺脏排出CO_2，进行代偿，以调节细胞外酸碱平衡之故，见于糖尿病酮中毒和尿毒症酸中毒等，此种深长的呼吸又称之为Kussmaul呼吸。当严重代谢性酸中毒时，亦出现深而慢的呼吸。

三凹征　上呼吸道部分阻塞患者，因气流不能顺利进入肺，故当吸气时呼吸肌收缩，造成肺内负压极度增高，从而引起胸骨上窝、锁骨上窝及肋间隙向内凹陷。

潮式呼吸　潮式呼吸是一种由浅慢逐渐变为深快，然后再由深快转为浅慢，随之出现一段呼吸暂停后，又开始如上变化的周期性呼吸。潮式呼吸周期可长达30秒至2分钟，暂停期可持续5~30秒。多见于脑炎，脑膜炎，颅内压增高等。

间停呼吸　又称Biots呼吸。表现为有规律呼吸几次后，突然停止一段时间，又开始呼吸，即周而复始的间停呼吸，为临终前危象。

触觉语颤定义　被检查者发出语音时，声波起源于喉部，沿气管、支气管及肺泡传到胸壁所引起的共鸣的震动，可由检查者的手触及，故又称触觉震颤。

触觉语颤方法　检查者将两手掌或手掌尺缘平贴于患者胸壁两侧对应部位，让患者用低音调拉长说“一”字音或重复发”一、二”字音，这时检查手掌所感受到的震动。

语颤减弱　①肺泡内含气量过多，如肺气肿；②支气管阻塞，如阻塞性肺不张；③大量胸腔积液或气胸；④胸膜高度增厚粘连；⑤胸壁皮下气肿。

语颤增强　①肺实变，如大叶性肺炎实变期、肺梗死等；②压迫性肺不张，如大量胸腔积液的上方；③浅而大的肺空洞如肺结核、肺脓肿所形成的空洞。

正常胸部叩诊音（4种）　清音，浊音，实音，鼓音。胸上部的叩诊音较下部相对浑浊；右肺上部叩诊音较左肺上部浑浊；背部叩诊音较前胸浑浊。

肺界斜裂的位置　始于后中线第3胸椎，向外斜下行，止于第6肋骨与肋软骨相交处。

肺下界及移动度　平静呼吸时，右肺下界在右侧锁骨中线、腋中线、肩胛线分别为第6、8、10肋骨。正常人肺下界移动度为6~8cm。

胸部叩诊呈鼓音　常见于肺空洞，必须具备肺内空洞腔径大于3cm，靠近胸壁；过清音常见于肺气肿。

肺部听诊音　正常呼吸音、异常呼吸音、附加音——啰音（湿啰音、干啰音）、听觉语音、胸膜摩擦音。

三种呼吸音的区别

区别	气管呼吸音	支气管呼吸音	支气管肺泡呼吸音	肺泡呼吸音
强度	极响亮	响亮	中等	柔和
音调	极高	高	中	低
吸：呼	1∶1	1∶3	1∶1	3∶1
性质	粗糙	管样	沙沙声，但管样	轻柔的沙沙
正常听诊区域	胸外气管	胸骨柄	主支气管	大部分肺野

正常肺部听诊　可听到支气管呼吸音，肺泡呼吸音，支气管肺泡呼吸音；大叶性肺炎实变期，病变部位可闻及支气管呼吸音；肺部听诊最便于支气管哮喘发作的诊断。

异常呼吸音听诊意义

1.病理肺泡呼吸音

（1）肺泡呼吸音减弱或消失，如胸廓活动受限、呼吸肌疾病、支气管阻塞、压迫性肺膨隆胀不全、腹部疾病。

（2）肺泡呼吸音增强，如代谢性酸中毒、贫血等。

（3）呼吸音延长，如下呼吸道阻塞、痉挛或狭窄。

（4）断续性呼吸音，见于肺内局部性炎症或支气管狭窄。

（5）粗糙性呼吸音，见于为支气管黏膜轻度水肿或炎症浸润造成不光滑或狭窄。

2.病理支气管呼吸音　①肺组织实变。②肺内大空腔。③压迫性肺不张。

3.病理支气管肺泡呼吸音。

▲二种啰音的鉴别

鉴别	干啰音	湿啰音
机理	由气流通过狭窄的支气管时发生涡漩，或气流通过有黏稠分泌物的管腔时冲击黏稠分泌物引起的振荡所致	吸气时，气体通过呼吸道内的分泌物如渗出液、痰液、血液黏液和脓液等，形成的水泡，破裂所产生的声音
听诊特点	1.吸气和呼气都可听到，呼气时更明显 2.性质多边且部位变换不定 3.音调较高，持续时间较长 4.几种不同性质的干啰音可同时存在 5.发生在主支气管的干啰音称哮鸣	1.吸气和呼气都能听到，以吸气终末清楚 2.常数个水泡音成串或断续发生 3.部位较恒定，性质不易改变 4.大中小湿啰音可同时存在 5.咳嗽后湿啰音可增多，减少或消失
临床意义	支气管病变表现	肺与支气管病变，如肺水肿

（湿啰音布满肺野，见于急性肺水肿。）

听觉语音定义及方法　嘱被检查者用一般的声音强度重复发“yi”长音，喉部发音产生的振动经气管、支气管肺泡传至胸壁，由听诊器听及。

听觉语音增减意义　听觉语音减弱见于过度衰弱、支气管阻塞、肺气肿、胸腔积液、气胸、胸膜增厚或水肿；听觉语音增强见于肺实变、肺空洞及压迫性肺不张。

胸膜摩擦音的听诊特点　胸膜磨擦音在吸气和呼气时都可听到，以吸气末或呼气初较为明显，屏住呼吸时消失。

捻发音　又称捻发性湿啰音或微小湿啰音，是一种极细而均匀的高音调的音响，很像用手在耳边捻搓一束头发所产生的声音，故称捻发音。见于肺炎早期、肺结核早期、肺淤血、纤维性肺泡炎。

胸膜摩擦音的临床意义　胸膜摩擦音是干性胸膜炎的重要体征，常见于①胸膜炎症，结核性胸膜炎和化脓性胸膜炎；②原发性或继发性胸膜肿瘤；③肺部病变累及胸膜，如肺炎、肺梗死；④胸膜高度干燥，如严重脱水；⑤其他，如尿毒症。

胸腔积液　胸膜毛细血管内静水压增高，胶体渗透压降低或胸膜毛细血管壁通透性增加所致胸膜腔内积液。

胸腔积液体征 少量无体征。中量时，呼吸浅快，肋间隙丰满，心尖搏动及气管移向健侧，语音震颤和语音共振减弱或消失，积液区可叩得浊音。大量胸腔积液或伴有胸膜增厚粘连的患者，叩诊为实音。

气胸 空气进入胸膜腔。体征：积气量增多时，患侧胸廓饱满，肋间隙变宽，呼吸动度减弱，语音震颤与语音共振减弱或消失。气管，心脏移向健侧。叩诊患侧呈鼓音。右侧气胸时肝浊音界下移。

肺实变、肺气肿、胸腔积液、气胸的综合体征

20岁青年男性，用力后突发左侧胸痛，伴进行性呼吸困难，可能是自发性气胸；胸腔积液中，黏蛋白定性试验阳性反应见于肺癌；对肺炎、肺实变诊断有意义的体征有异常支气管呼吸音、听觉语音增强；当胸腔积液时，语言传导减弱，叩诊浊音，肺泡呼吸音减弱。

鉴别	视诊		触诊		叩诊	听诊		
	胸廓	呼吸动度	气管位置	语颤		呼吸音	啰音	听觉语音
肺实变	对称	患侧减弱	居中	患侧增强	浊音或实音	支气管呼吸音	湿啰音	患侧增强
阻塞性肺不张	胸廓凹陷	患侧减弱	拉向患侧	患侧消失	浊音或实音	消失	无	消失或减弱
压迫性肺不张	不定	患侧减弱	不定	患侧增强	浊或浊鼓音	支气管呼吸音	无	患侧增强
肺水肿	对称	减弱	居中	正常或减弱	正常或减弱	减弱	湿啰音	正常或减弱
支气管哮喘	桶状	减弱	居中	减弱	过清音	呼气延长	哮鸣音	减弱
阻塞性肺气肿	桶状	减弱	居中	减弱	过清音	减弱，呼气延长	多无	减弱
肺空洞	正常或凹陷	局部减弱	居中或偏患侧	增强	鼓音、空瓮音	支气管呼吸音	湿啰音	增强
气胸	患侧饱满	患侧减弱或无	推向健侧	患侧减弱或无	鼓音	减弱或消失	无	减弱或消失
胸腔积液	患侧饱满	患侧减弱	推向健侧	患侧减弱或无	实音或浊音	减弱或消失	无	减弱或消失
胸膜增厚	患侧凹陷	患侧减弱	拉向患侧	患侧减弱或无	浊音	减弱或消失	无	减弱或消失

心尖搏动点的位置 一般位于第5肋间隙左锁骨中线内侧0.5~1.0cm处，搏动范围的直径约2.0~2.5cm，左、右心室肥大，心尖均向左下移位，纵隔移位时的，心尖搏动移向患侧。

心尖搏动 可随体型、体位、呼吸的改变而发生生理性改变。心尖搏动增强见于①生理性，如剧烈运动、精神紧张或情绪激动。②病理性，如甲状腺功能亢进症、重症贫血及发热等疾病。

震颤定义 震颤为触诊时手掌感到的一种细小震动感，与在猫喉部摸到的呼吸震颤类似，亦称猫喘，为心血管器质性病变的体征。

心尖搏动及心前区搏动 心尖搏动范围增大为左室肥厚的体征。

震颤 见于先天性心血管病或狭窄性瓣膜病变。

心包摩擦感 由于急性心包炎纤维素渗出。

心前区震颤的临床意义

部位	时相	常见病变
胸骨右缘第2肋间	收缩期	主动脉瓣狭窄
胸骨左缘第2肋间	收缩期	肺动脉瓣狭窄
胸骨左缘第3~4肋间	收缩期	室间隔缺损
胸骨左缘第2肋间	连续性	动脉导管未闭
心尖区	舒张期	二尖瓣狭窄
心尖区	收缩期	重度二尖瓣关闭不全

震颤与杂音的辨证关系 触诊有震颤的部位往往能听到杂音，但听到杂音时不一定能触及震颤.触诊对低频震动敏感，而听诊对高频震动敏感.而震动的频率处于既可触及又可听到的范围时，则触及震颤的同时可听到杂音；如频率较高超过触诊所能触知的上限时，则仅能听到杂音而触不到震颤。

心脏叩诊的方法 先叩左界后右界，由下而上，由外向内。左侧在心尖搏动外2~3cm处开始，逐个肋间向上，直至第2肋间。右界叩诊时先叩出肝上界，然后于其上一肋间由外向内，逐一肋间向上叩诊，直至第2肋间。

左右心界的组成 心脏左界自第2肋间起，依次为第2肋间处相当于肺动脉段，第3肋间为左心耳，第4、5肋间为左心室。右界第2肋间相当于升主动脉和上腔静脉，第3肋间以下为右心房，下止于第6肋软骨与胸骨附着处。

心浊音界改变的原因 左室肥大、右室肥大肺脉高压，心包积液（坐位时心浊音界呈三角形烧瓶样，卧位时心底部浊音界增宽，为心包积液的特征性体征），左气胸及胸腔积液。

因素	心浊音界	临床常见疾病
左心室增大	向左下增大，心腰加深，心界似靴形	主动脉瓣关闭不全
左心房增大或合并肺动脉段扩大	心界如梨形	二尖瓣狭窄
心包积液	烧瓶样	心包积液

心脏听诊部位心脏瓣膜听诊区 ①二尖瓣区，心尖搏动最强点，又称心尖区。②肺动脉瓣区，胸骨左缘第二肋间。③主动脉瓣区，胸骨右缘第二肋间。④主动脉瓣第二听诊区，胸骨左缘第三肋间。⑤三尖瓣区，胸骨下端左缘，胸骨左缘第四五肋间。

心脏听诊内容 心率、心律、心音、额外心音、心脏杂音、心包摩擦音。

早搏的体征 听诊特点为原来整齐的心律中突然提前出现一个心脏搏动，继而有一较长的代偿间期，且第一心音明显增强，第二心音多数减弱。

房颤的听诊特点　A.心律绝对不规则 B.第一心音强弱不等 C.心率快于脉率，称脉搏短绌。常见于二尖瓣狭窄，冠心病和甲状腺功能亢进症。

二联律　在一段时间内，如每个正常心搏都有一个过早搏动。

三联律　在一段时间内，如每两个搏动后有一个过早搏动或一个正常心搏后有一对早搏。

▲第一、二心音的鉴别

区别点	第一心音 S_1	第二心音 S_2
声音特点	音强，调低，时限较长	音弱，调高，时限较短
最强部位	心尖部	心底部
与心尖搏动及颈动脉搏动关系	与心尖搏动和颈动脉的向外搏动几乎同时出现	心尖搏动之后出现
与心动周期的关系	S_1与S_2之间的间隔（收缩期）简短	S_2到下一心动周期S_1的间隔（舒张期）较长
增强	A.二尖瓣狭窄 B.完全性房室传导阻滞，出现“大炮音” C.发热、甲状腺功能亢进症及心室肥大、心动过速和心肌收缩力加强	主动脉压升高，常见疾病有肺源性心脏病、先天性心脏病（室间隔缺损、房间隔缺损等）
减弱	常见于二尖瓣关闭不全、心肌炎、心肌病或心肌梗死、心力衰竭	体循环或肺循环阻力降低，压力降低或血流量减少如低血压、主动脉瓣或肺动脉瓣狭窄和关闭不全

钟摆律　心音性质改变，心肌严重病变时，第一心音失去原有的特性而与S_2相似，心率增快，收缩期与舒张期时限几乎相等，此时听诊S_1、S_2酷似钟摆“滴答”声，又称“钟摆律”。

胎心律　当钟摆律超过120次/分，酷似胎儿心音，称为胎心律，提示病情严重。以上两者可见于大面积急性心肌梗死和重症心肌炎等。

第二心音分裂的听诊特点及临床意义

1.生理性分裂　多数人于深吸气末因胸腔负压增加，右心回心血流增加，右室排血时间延长，左右心室舒张不同步，使肺动脉瓣关闭明显延长，因而出现S_2分裂。尤其在青少年更常见。

2.通常分裂　临床上最为常见的S_2分裂。见于某些情况如右室排血时间延长，使肺动脉瓣关闭明显延迟，或左室射血时间缩短，主动脉瓣关闭时间提前（肺狭、二狭、室缺、二闭）。

3.固定分裂　指S_2分裂不受吸气、呼气的影响，S_2分裂的两个成分时距比较固定。如先心病房间隔缺损有左房向右心房的血液分流，右心血液流量增加，排血延长，肺动脉瓣关闭明显延迟；当吸气时，回心血量增加，但右房压力暂时性增高以致左向右分流稍减，抵消了吸气导致的右心血流增加的改变，故其S_2分裂的时距比较固定。

4.反常分裂　指主动脉瓣关闭迟于肺动脉瓣，吸气时分裂变窄，呼气时变宽。S_2逆分裂是病理性体征，见于完全性左束支传导阻滞，主动脉瓣狭窄或重度高血压时。

奔马律 在S_2后出现的响亮额外心音，当心率快时与原来的S_1、S_2组成类似马奔跑时的蹄声，称为奔马律。

开瓣音 又称二尖瓣开放拍击声，出现于心尖内侧第二心音后0.07秒，二尖瓣迅速开放后又突然受阻引起瓣叶振动所致的拍击音。其听诊特点为：音调高，历时短促而响亮，清脆，呈拍击样。

心包叩击音 心室在急速充盈阶段突然舒张受阻而被迫骤然停止所引起的心室壁震动。

主要额外心音比较

鉴别	S_3	舒张早期奔马律	二尖瓣开放拍击音	心包叩击音
最响部位	心尖部及其内上方	心尖部及其内上方	心尖部和胸骨左缘第3、4肋间或两者之间	心尖部和胸骨下端左缘处
最响体位	左侧卧位	平卧或左侧卧位	平卧位或坐位	体位无影响
出现时间	第二心音后0.12~0.18秒	第二心音后0.15秒	第二心音后约0.07秒	第二心音后约0.1秒
声音性质	低调，音弱，占时约0.05秒	低调，音较响，心率快	高调，清脆，拍击样	中调，有时尖锐响亮
呼吸的影响	呼气末最响	呼气末最响	呼气时增强	呼气末，压迫肝脏后更响
产生机制	心室快速充盈期，心房内血液快速流入心室，引起心室壁的震动	心室快速充盈期，心房内血液快速进入扩大的张力很差的心室，引起心室壁的震动加强	病变的二尖瓣突然开放受阻或突然短暂的关闭而产生的振动	心室快速充盈期，心室舒张被迫骤然停止所引起的心室壁震动
临床意义	儿童及30岁以下的年轻人	严重心肌损害，心力衰竭，大量左至右分流及高心排血量情况	器质性二尖瓣狭窄且瓣叶尚好	缩窄性心包炎，也可见于心包积液

（舒张早期奔马律特征：有心率多超过100次/分；又称室性奔马律；常见于严重心肌损害。）

杂音的特性与听诊要点

1.最响部位和传导方向 杂音最响部位常与病变部位有关。

2.心动周期中的时期 不同时期的杂音反映不同的病变。可分收缩期杂音、舒张期杂音、连续性杂音，收缩期与舒张期均出现但不连续则称双期杂音。

3.性质 由于杂音的不同频率而表现出音色与音调的不同。

4.强度与形态 杂音的响度及其在心动周期中的变化。

5.体位、呼吸和运动对杂音的影响 如果取前倾坐位时，易于闻及主动脉瓣关闭不全的叹气样杂音（呼气时杂音变小，见于三尖瓣关闭不全或肺、主动脉瓣关闭不全）。

▲器质性与功能性杂音的区别

鉴别	器质性心脏收缩杂音	功能性心脏收缩杂音
部位	任何瓣膜听诊区	肺动脉瓣区或心尖部
持续时间	长，占全收缩期，可遮盖S_1	短，不遮盖S_1

续表

鉴别	器质性心脏收缩杂音	功能性心脏收缩杂音
性质	吹风样，粗糙	吹风样，柔和
传导	较广而远	比较局限
强度	常在3/6级以上	一般在2/6级以下
心脏大小	心房、心室增大	正常

（心尖区全收缩期杂音在Ⅲ级或以上，向左腋下传导，可能为二尖瓣关闭不全）

心脏杂音产生的机制　1.血流加速2.瓣膜开放口径或大血管通道狭窄3.瓣膜关闭不全4.异常血流通道5.心腔异物或异常结构6.大血管瘤样扩张。

Austin Flint杂音的定义　主动脉瓣关闭不全所致的二尖瓣开放不良时出现的相对性狭窄的舒张期杂音，称为奥–弗杂音。

Grahan Steell定义　杂音频率高、叹气样、柔和、递减型、卧位吸气末增强，常伴P_2亢进，称为格斯杂音。

连续性杂音意义　常见于先天性心脏病动脉导管未闭、冠状动静脉瘘、冠状动脉窦瘤破裂。

心包摩擦音　心包炎时心包脏层与壁层由于生物或理化因素致纤维蛋白沉积而粗糙，在心脏舒缩过程中互相摩擦而产生振动传至胸壁，以听诊检查到的即为心包摩擦音。见于结核性、化脓性等感染性心包炎和急性非特异性心包炎，也见于风湿性病变、急性心肌梗死、尿毒症、心包肿瘤和系统性红斑狼疮等非感染性情况。

周围血管征及特点

1.水冲脉　脉搏骤起骤落，犹如潮水涨落，故称水冲脉。检查：握紧患者手腕掌面，将其前臂高举超过头部，可明显感知犹如水冲的脉搏，系因脉压差增大所致（发热、主动脉瓣关闭不全、甲状腺功能亢进、严重贫血）。

2.枪击音　在外周较大动脉表面，常选择股动脉，轻放听诊器，可闻及与心跳一致的短促如射枪的声（主动脉瓣关闭不全、甲状腺功能亢进、严重贫血）。

3.Duroziez双重杂音　以听诊器鼓型胸件稍加压力于股动脉可闻及收缩期与舒张期双期吹风样杂音，即Duroziez杂音（主动脉瓣关闭不全）。

4.毛细血管搏动征　用手指轻压患者指甲末端或以玻片轻压患者口唇黏膜，可使局部发白，当心脏收缩时则局部又发红，随心动周期局部发生有规律的红白交替即为毛细血管搏动征（主动脉瓣重度关闭不全）。

异常脉搏

1.水冲脉　脉搏骤起骤落，急速而有力，犹如潮水涨落，故名水冲脉。见于主动脉瓣关闭不全、发热、甲状腺功能亢进、严重贫血、动脉导管未闭等。

2.交替脉　节律正常而强弱交替的脉搏，提示心肌受损，为左心衰竭的重要体征。常见于高血压心脏病、急性心肌梗死和主动脉瓣关闭不全等。

3.重搏脉　正常的脉搏后面均有一次较微弱的重搏脉搏可触及。见于肥厚型梗阻性心肌病。

4.奇脉　吸气时脉搏明显减弱或消失的现象，又称为吸停脉。常见于心包积液和压缩性心包炎，是心包填塞的重要体征之一。

肝颈静脉反流征　患者半卧位，平静呼吸时，用手以固定的压力按压患者腹部脐周围，如见患者颈静脉充盈度增加，称为肝颈静脉反流征阳性，亦称腹颈静脉回流征阳性。提示肝淤血，是右心功不全的重要早期征象之一。

▲二狭、二闭、主闭（周围血管体征）、主狭的综合体征

病变	视诊	触诊	叩诊	听诊
二尖瓣狭窄	二尖瓣面容，心尖搏动略向左移，中心性发绀	心尖搏动向左移，心尖部可触及舒张期震颤	心浊音界早期稍向左，以后向右扩大，心后腰膨出，呈梨形	心尖部S_1亢进，心尖部较局限的递增型隆隆样舒张中晚期杂音，可伴开瓣音，P_2亢进，分裂，肺动脉瓣区Grahan Steell杂音，三尖瓣收缩期杂音
二尖瓣关闭不全	心尖搏动向左下移位	心尖搏动向左下移位，呈抬举性	心浊音界向左下扩大，后期亦可向右扩大	心尖部S_1减弱，心尖部有3/6级或以上较粗糙的吹风样全收缩期杂音，范围广泛，常向左腋下及左肩胛下角传导，并可掩盖S_1，P_2亢进，分裂，心尖部有S_2
主动脉瓣狭窄	心尖搏动向左下移位	心尖搏动向左下移位，呈抬举性，主动脉瓣区收缩期震颤	心浊音界向左下扩大	心尖部S_1减弱，A_2减弱或消失，可听到高调、粗糙的递增-递减型收缩期杂音，向颈部传导，可有收缩早期喷射音，甚至S_2逆分裂
主动脉瓣关闭不全	颜面较苍白，颈动脉搏动明显，心尖搏动向左下移位且范围较广，可见点头运动及毛细血管搏动征	心尖搏动向左下移位并呈抬举性，有水冲脉	心浊音界向左下扩大，心腰明显，呈靴形	心尖部S_1减弱，A_2减弱或消失，主动脉瓣第二听诊区叹气样递减型舒张期杂音，可向心尖部传导，心尖部可有柔和的吹风样收缩期杂音，也可有Austin-Flint杂音，可有动脉枪击音及杜氏双重音
心包积液	前倾坐位，呼吸困难，颈静脉怒张，心尖搏动减弱或消失	心尖搏动减弱或消失，脉搏快而小，有奇脉，肝-颈静脉反流征阳性，可有心包摩擦感	心浊音界向两侧扩大，并可随体位改变而变化，相对浊音界与绝对浊音界几乎一致	心音遥远，心率快，有时可听到心包摩擦音

心力衰竭定义　在静脉回流无器质性障碍的情况下，由于心脏损害引起心排血量减少，不能满足机体代谢需要的一种综合征。

左心衰竭症状与体征　①（症状）乏力、劳力性或夜间阵发性呼吸困难，甚至需高枕卧位或端坐呼吸及咳嗽、吐泡沫痰。②（体征）主要为肺淤血的体征。视诊：有不同程度的呼吸急促，轻微发绀、高枕卧位或端坐体位，急性肺水肿时可从耳、口、鼻涌出大量白色或粉红色泡沫，呼吸窘迫，并大汗淋漓。触诊：严重时可出现交替脉。叩诊：除合并病症外，通常无特殊发现。听诊：第一心音减弱，心尖及其内侧可闻及舒张期奔马律，肺动脉瓣第二音亢进，根据心力衰竭的严重程度，双肺由肺底往上有不同程度的对称性湿啰音，可伴有少量，哮鸣音。

右心衰竭症状与体征　①（症状）腹胀、少尿及食欲不振，甚至恶心呕吐。②（体征）主要是体循环淤血的体征。视诊：颈静脉怒张，可有明显的周围性发绀，浮肿较明显。呈凹陷性，以下垂部显著。触诊：可扪及不同程度的肝肿大、压痛和肝颈静脉回流征阳性，下肢或骶部凹陷性浮肿，严重者可有全身浮肿。叩诊：可有胸水（右侧多见）与腹水体征。听诊：右心室的扩大可在胸骨左缘4~5肋间或剑突下闻及右心室舒张期奔马律以及三尖瓣相对关闭不全的收缩期吹风样杂音。

腹部九分法　用两条水平线和两条垂线将腹部划成9个区。上水平线为两侧肋弓下缘最低点的连线，下水平线为两侧髂前上棘连线。两条垂直线为通过左右髂前上棘至腹中线连线的中点所作的垂直线。

左上腹部　胃、脾、结肠脾曲、胰尾、左肾上腺、左肾。

左侧腹部　降结肠、空肠或回肠、左肾下部。

左下腹部　乙状结肠、女性左侧卵巢及输卵管、男性左侧精索、淋巴结。

上腹部　肝左叶、胃幽门端、十二指肠、胰头和胰体、大网膜、横结肠、腹主动脉。

中腹部　大网膜、下垂的胃或横结肠、十二指肠下部、空肠或回肠、输尿管、腹主动脉、肠系膜及淋巴结。

下腹部　回肠、输尿管、乙状结肠、胀大的膀胱、增大的子宫。

右上腹部　肝右叶、胆囊、部分十二指肠、结肠肝曲、右肾上腺、右肾。

右侧腹部　升结肠、空肠、部分十二指肠、右肾下部。

右下腹部　盲肠、阑尾、回肠下端、淋巴结、女性右侧卵巢及输卵管、男性右精索。

蛙腹　腹腔内有大量积液时，于卧位时腹壁松弛，液体下沉于腹腔两侧，致腹部呈扁而宽状。常见于肝硬化门脉高压症。腹水量多亦可见于心力衰竭、缩窄性心包炎、腹膜癌转移。

舟状腹　前腹壁凹陷几乎贴近脊柱，肋弓、髂嵴和耻骨联合显露，腹外形如舟状。

腹壁静脉方向

（1）正常时脐水平线以上的腹壁静脉血流自下向上经胸壁静脉和腋静脉而进入上腔静脉，脐水平线以下的腹壁静脉血流自上而下经大隐静脉而流入下腔静脉。

（2）门脉高压时，腹壁曲张静脉常以脐为中心向四周伸展，血液经脐静脉脐孔而入腹壁浅静脉流向四方。

（3）上腔静脉阻塞时，上腹壁或胸壁的浅静脉曲张血流均转向下方。

（4）下腔静脉阻塞时，曲张的静脉大都分布在腹壁两侧，有时在臀部以及股部外侧，脐以下的腹壁浅静脉血流方向也转向上。

腹膜刺激征　腹壁紧张，同时伴有压痛和反跳痛，称为腹膜刺激征，为急性腹膜炎的重要体征。

腹膜刺激征的检查方法及意义（板状腹、揉面感、压痛点、反跳痛、麦氏点、胆囊点）

	检查方法	意义
板状腹	腹肌反射性痉挛，腹壁明显紧张，甚至强直硬如木板	见于急性胃肠穿孔或实质脏器破裂所致急性弥漫性腹膜炎
揉面感	全腹紧张，触之犹如揉面的柔韧之感，不易压陷，如面团感	见于结核性腹膜炎
压痛点	压痛局限于某一部位	某些病变特征性表现
反跳痛	检查到压痛后，手指稍停片刻，使压痛趋于稳定，然后将手突然抬起，此时如患者感觉腹痛骤然加剧，并有痛苦表情	提示炎症已及腹膜壁层
麦氏点	位于右髂前上棘与脐连线外1/3与中1/3交界处	麦氏点压痛见于阑尾病变
胆囊点	位于右侧腹直肌外缘与肋弓交界处	胆囊病变

腹部包块的检查内容 位置、大小、形态、质地、压痛、搏动、移动度及与邻近器官关系（腹部皮肤出现玫瑰疹见于伤寒，腹痛向右肩放射为胆囊炎）。

腹部触诊的方法和注意事项 触诊时，患者一般采取仰卧位，头垫低枕，双手自然平放于躯干两侧，双腿屈曲并稍分开，使腹肌松弛，嘱患者张口缓慢做腹式呼吸，使膈下脏器上下移动以便检查。肝脏、脾脏触诊时还可以采取侧卧位；肾脏触诊时还可以采取坐位或立位；触诊腹部肿瘤时，可采取肘膝位。医生应位于患者右侧面对患者，前臂与腹部表面呈一水平；触诊时指甲剪断，手要温暖，动作轻柔，由浅入深，先从健康部位开始，逐渐移向病痛区，一般自左下腹开始逆时针方向对腹部各区仔细进行触诊，边触诊边观察患者的表情，以进行比较；对精神紧张或有痛苦者，可采取边触诊边与患者交谈的方式，转移其注意力以减少腹肌紧张。

液波震颤的意义 提示腹腔内有大量游离液体。腹腔内有大量游离液体时，如用手指叩击腹部，可感到液波震颤或称波动感。此法检查腹水，需有3000~4000ml以上液量才能查出。

肝脏触诊内容 大小、质地、表面状态与边缘、压痛、搏动、肝区摩擦感、肝震颤。

肝触诊的方法 （单手）（1）并拢四指，其中最敏感的触诊部位是示指前端的桡侧，并非三指尖端。（2）检查腹肌发达者时，右手宜置于腹直肌外缘稍外处向上触诊。（3）吸气时手指上抬速度一定要落后于腹壁的抬起，这样才可能触到肝缘。（4）当右手示指上移到肋缘仍未触到肝脏时，如右腹部较饱满，亦应考虑肝脏巨大。（5）如遇腹水患者，深触诊法不能触及肝脏时，可应用浮沉触诊法。

腹部叩诊时，正常成人肝界 匀称体型者，正常肝上界在右锁骨中线第5肋间，下界位于右季肋下缘；右锁骨中线上，肝浊音区上下径之间的距离9~11cm；在右腋中线上，肝上界位于第7肋间，下界相当于第10肋骨水平；在右肩胛线上，肝上界在第10肋间，下界不易叩出。正常人肝下界呈实音。肝浊音区叩诊见于肝硬化（肝脏高度肿大，质坚硬，表面凹凸不平，应首先考虑为肝癌）。

肝脏大小 一般在肋缘下触及不到，但腹壁松软的瘦长体型，于深吸气时可在肋弓下触及肝下缘，在1cm以内。在剑突下可触及肝下缘，多在3cm以内，在腹上角较锐的瘦高者剑突根部下可达5cm，但不会超过剑突根部至脐距离的中、上1/3交界处。肝脏下移常见于内脏下垂，肺气肿、右侧胸腔大量积液导致膈肌下降。弥漫性肝大见于病毒性肝炎。肝脏缩小见于急性和亚急性肝坏死。质地一般分三级：质软、质韧和质硬。

墨菲征检查方法及意义　医师将左手掌平放于患者右肋下部，先以左手拇指指腹用适度压力勾压右肋下部胆囊点处，然后嘱患者缓慢吸气。在深吸气时发炎的胆囊下移时碰到用力按压的拇指引起疼痛，患者因疼痛而突然屏气，称墨菲征阳性。墨菲征阳性见于急性胆囊炎；黄疸进行性加深见于胆总管渐进阻塞。

脾脏肿大的测量

第Ⅰ测量（甲乙线）：指左锁骨中线及左肋缘交点至脾下缘的距离。

第Ⅱ测量（甲丙线）：指左锁骨中线与左肋缘交点至脾脏最远点的距离。

第Ⅲ测量（丁戊线）：指脾右缘与前正中线的距离。

脾脏肿大的分度

轻度肿大：脾缘不超过肋下2cm（一般质地柔软），见于急慢性肝炎、伤寒、粟粒性结核、急性疟疾、脑出血等。

中度肿大：脾缘超过肋下2cm至脐水平线以上，为中度（一般较硬），见于肝硬化、疟疾后遗症、慢淋白血液、慢性溶血性黄疸、淋巴病、SLE等。

高度肿大：脾缘超过脐水平线或前正中线，即巨脾（质地硬），见于慢粒白血病、黑热病、慢性疟疾、骨髓纤维化症、淋巴肉瘤等。

泌尿系有炎症时的压痛点

①季肋点：第10肋骨前端。

②上输尿管点：在脐水平线腹直肌外缘。

③中输尿管点：相当于输尿管第二狭窄处。

④肋脊点：背部第12肋骨与脊柱的夹角（肋脊角）的顶点。

⑤肋腰点：第12肋骨与腰肌外缘的夹角顶点。

肋脊点和肋腰点是肾脏一些炎症性疾患如肾盂肾炎、肾脓肿和肾结核等常出现的压痛部位。

脾浊音界宽度　正常脾浊音区在左侧腋中线上第9~11肋间，宽4~7cm。

胃泡鼓音区　明显扩大见于：幽门梗阻（十二指肠溃疡好发于球部，患者胃酸正常）。

移动性浊音及腹水　腹腔内游离液体在1000ml以上，因体位不同而出现浊音区变动的现象，称为移动性浊音及腹水（腹水叩诊腹中部为鼓音，两侧为浊音）。

移动性浊音及腹水与巨大卵巢囊肿的鉴别

（1）患者仰卧位时，卵巢囊肿所致的浊音常位于腹中间，而鼓音在腹两侧，与腹水相反。

（2）尺压试验：当患者仰卧时，医师将一硬尺横置于腹壁上，两手将尺下压，如尺发生节奏性跳动，则为卵巢囊肿，如尺无此种跳动，则为腹水。腹部弥漫性膨胀见于卵巢囊肿。

振水音的意义 若在空腹或餐后6~8小时以上者仍有此音，则提示胃内有液体潴留，见于胃扩张、幽门梗阻及胃液分泌过多等。

腹部听诊内容 肠鸣音、振水音、血管杂音、摩擦音、搔弹音。

肝硬化肝功能失代偿期，门脉高压的全身综合体征

（1）腹水是肝硬化最突出的临床表现（腹水为漏出液见于肝硬化）。

（2）静脉侧支循环的建立与开放①经胃冠状静脉，食管静脉，奇静脉而入上腔静脉。②经再通的脐静脉，腹壁静脉，胸廓内静脉与上腔静脉相连。③门静脉系统的直肠上静脉与腔静脉系统的直肠下静脉及肛门静脉吻合。

（3）脾大及功能亢进有显著而固定的压痛。

胃肠穿孔致急性弥漫性腹膜炎时的综合体征 全腹腹壁板硬见于急性弥漫性腹膜炎。

1.典型的腹膜刺激征：腹壁紧张，压痛，反跳痛及板状强直。

2.有较多液体时，呈移动性浊音。

3.叩诊肝浊音区缩小或消失。

4.听诊肠鸣音减弱或消失。

匙状甲 指甲中央凹陷，边缘翘起，指甲变薄，表面粗糙有条纹。见缺铁性贫血、高原疾病。

杵状指（趾） 末端指节明显增宽、增厚，指甲从根部到末端呈拱形隆起。与肢体末端慢性缺氧，代谢障碍及中毒性损害有关。常见于支气管扩张、支气管肺癌、慢性肺脓肿、发绀型先天性心脏病（慢性心功不全）。

关节积液 正常膝内有液体约5ml，当关节积液达到或超过50ml时，浮髌试验为阳性，提示关节内有中等量积液。

▲颅神经分布及其核位置

1.嗅神经 传导嗅觉，感受器在鼻黏膜；核位于大脑颞叶。

2.视神经 传导视觉，感受器在视网膜；核位于大脑枕叶。

3.动眼神经、滑车神经、展神经 共同支配眼球运动；其核分别位于中脑和脑桥。

4.三叉神经 传导感觉为主，头面部；其核位于脑桥。

5.面神经 主要支配面部表情肌及舌前2/3的味觉；其核位于脑桥。

6.位听神经 感受器在内耳；其核在中枢颞叶。

7.舌咽神经和迷走神经 舌咽神经分布在舌后1/3和咽部，软腭和咽肌，迷走神经广泛分布于内脏；其核均接受双侧大脑皮质支配。

8.副神经 分布于胸锁乳突肌和斜方肌；其核受大脑双侧脑神经支配。

9.舌下神经 分布于舌肌；其核只受对侧大脑皮质运动区的支配。

嗅神经、视神经、位听神经为单纯感觉神经；动眼神经、滑车神经、展神经、副神经和舌下神经为单纯运动神经；三叉神经、面神经、舌咽神经和迷走神经为混合神经。

区别中枢型面神经麻痹和周围型面神经麻痹

（共同点：鼻唇沟变浅，口角下垂，不能吹口哨和鼓腮。）

鉴别	中枢型面神经麻痹	周围型面神经麻痹
原因	为核上组织（皮质等）受损引起	面神经核或面神经受损引起
总体表现	病灶对侧颜面下部肌肉麻痹	病灶同侧全部面肌麻痹
从上到下表现	鼻唇沟变浅，露齿时口角下垂，不能吹口哨和鼓腮	不能皱额、皱眉、闭目，角膜反射消失，鼻唇沟变浅，不能露齿、鼓腮、吹口哨，口角下垂，舌前2/3味觉障碍
意义	脑血管病变，脑肿瘤和脑炎	受寒，耳部或脑膜感染，神经纤维瘤引起的周围型面神经麻痹

区别上、下运动神经元瘫痪（即中枢性瘫痪和周围性瘫痪）

鉴别	中枢性瘫痪	周围性瘫痪
瘫痪分布	范围较广，偏瘫、单瘫、截瘫	范围较局限，以肌群为主
肌张力	过高	过低或缺失
病理反射	有	无
肌萎缩	不明显	较明显
肌束颤动	无	可有
深反射	亢进	减弱或消失

神经系统检查

1.颅神经检查。

2.运动功能检查。

3.感觉功能检查。

4.神经反射检查。

5.自主神经功能。

运动功能检查

1.肌力。

2.肌力六级分级法（0~5级）

0级　完全瘫痪

1级　有肌肉收缩而无肢体运动

2级　肢体能在床面移动而不能抬起

3级　肢体可抬离床面但不能抗阻力

4级　能抵抗阻力，但较正常差

5级　正常肌力

3.肌张力。

4.不自主运动　震颤、舞蹈样动作、手足搐搦。

5.共济运动　指鼻试验、跟膝胫试验。

感觉功能检查

1.浅感觉检查　痛觉、触觉、温度觉。

2.深感觉检查　运动觉、位置觉、震动觉。

3.复合觉检查　定位觉、两点辨别觉、形体觉、体表图形觉。

神经反射检查

1.浅反射　角膜反射、腹壁反射、睾反射、跖反射。

2.深反射　肱二头肌腱反射、肱三头肌腱反射、桡骨骨膜反射、膝反射、踝反射（跟腱反射）。

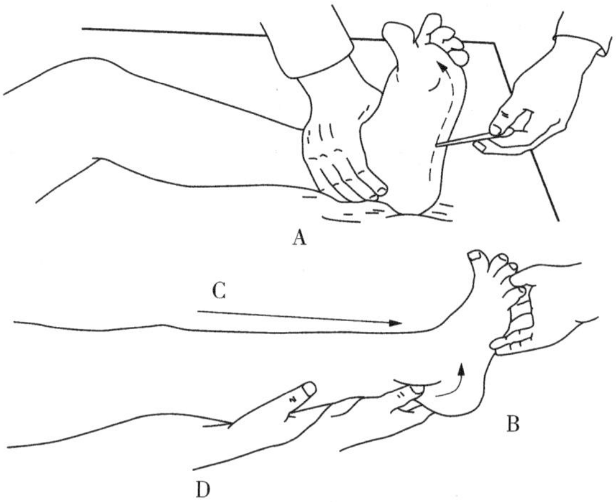

A.Babinski征检查　B.Chaddock征检查　C.Oppenheim征检查　D.Gordon征检查

病理反射　Babinski征、Chaddock征、Oppenheim征、Gordon征、Gonda征、Hoffmann征、阵挛。

脑膜刺激征　颈强直、Kernig征、Brudzinski征。

自主神经系统　皮肤颜色和温度、眼心反射、卧立位试验、皮肤划痕试验测定、Valsalva动作、心率变异性。

震颤　两组拮抗肌交替收缩引起的不自主动作。

震颤分类

1.静止醒震颤　静止时表现明显，而在做意向性动作时则减轻或消失，常伴有肌张力增高。见于震颤麻痹。

2.动作性震颤　系动作时发生，愈近目的愈明显。见于小脑疾患。

3.老年性震颤　与震颤麻痹类似，为静止性震颤，发生于老年人，常表现为点头或手抖，通常肌张力不高。

4.扑翼样震颤　将患者两臂向前平举，使其手和腕部悬空，可出现两手快落慢抬的动作，与鸟扑翼相似。主要见于肝性脑病，也可见于肺性脑病和尿毒症。

共济运动的检查方法

1.指鼻试验。

2.跟–膝–胫试验。

3.其他　①快复轮替动作②对指试验③闭目难立试验。

共济运动的检查意义

①小脑性共济失调，多见于小脑肿瘤、小脑炎等。

②感觉性共济失调，多见于感觉系统病变，如多发性神经病、脊髓亚急性联合变性、脊髓空洞症及脑部病变等。

③前庭性共济失调，多见于Meniere病、桥小脑角综合征等。

生理反射　生理反射即浅反射，是刺激皮肤或黏膜引起的反射，健康人存在，故称生理反射（包括角膜反射，腹壁反射，提睾反射）。

病理反射（巴氏征）的意义（锥体束损伤、上运动神经元瘫痪）　指锥体束病损时，大脑失去了对脑干和脊髓的抑制作用而出现的异常反射，如巴宾斯基征。

巴宾斯基征检查方法　患者仰卧，髋膝关节伸直，医师以手持患者踝部，用叩诊锤柄末端的钝尖部在足底外侧从后向前轻快迅速划至小趾根部，再转向拇趾侧。正常出现足趾向趾面屈曲，称巴宾斯基征阴性。

脑膜刺激征　指脑膜病变或其附近病变波及脑膜时，刺激脊神经根，使相应肌群发生痉挛，当牵扯这些肌群时出现防御反应的现象。

脑膜刺激征表现（或检查法）　颈强直、凯尔尼格征、布鲁津斯基征。

脑膜刺激征临床意义　见于各种脑膜炎、蛛网膜下腔出血、脑脊液压力增高等。

血常规内容

①血红蛋白测定、红细胞计数、红细胞平均值测定和红细胞形态监测。

②白细胞计数及其分类计数。

③血小板计数、血小板平均值测定和血小板形态检测。

▲血液三大系正常值

血红蛋白测定，男120~160g/L，女110~150g/L，新生儿180~190g/L。

红细胞计数，男（4.0~5.5）$\times 10^{12}$/L（400万~500万/mm^3），女（3.5~5.0）$\times 10^{12}$/L；新生儿（6.0~7.0）$\times 10^{12}$/L。

两者临床意义基本相同，降低见于贫血、白血病等。

白细胞总数：成人（4~10）$\times 10^9$/L（4000~10000）/mm^3；儿童（5~12）$\times 10^9$/L；新生儿（15~20）$\times 10^9$/L（伤寒病不引起白细胞总数增多）。

白细胞分类计数：中性粒细胞（N）51%~75%（中性杆状核1%~5%，中性分叶核50%~70%）；嗜酸性粒细胞（E）0.5%~5%；嗜碱性粒细胞（B）0%~1%；淋巴细胞（L）20%~40%；单核细胞（M）3%~8%。

血小板计数（PC/PLT）：（100~300）$\times 10^9$/L（生成障碍见于急性白血病）。血小板平均容积（MPV）：7~11fl（减低见于白血病）。血小板分布宽度：15%~17%。血小板黏附率（PadT）：62.5% ± 8.61%（降低见于急性白血病）。

绝对性红细胞增多见于　慢性阻塞性肺疾病、慢性肺源性心脏病、发绀型先天性心脏病、肝细胞癌、肾癌等。

嗜碱性点彩红细胞的出现提示 红细胞再生加速且紊乱，见于增生性贫血、骨纤维化、铅中毒等。

▲中性粒细胞增减意义

1. 中性粒细胞增多

（1）生理性中性粒细胞增多 剧烈活动、饱餐、高温、严寒。

（2）病理性中性粒细胞增多 反应性增多与异常增生性增多。

①反应性增多：急性感染或炎性（常见原因，而化脓性感染为最常见原因）；广泛的组织损伤或坏死；急性大出血、溶血（白细胞增多可作为早期诊断内出血的参考指标）；急性中毒，如有机磷农药中毒；恶性肿瘤，如胃癌、肝癌等；其他，如器官移植排斥。

②异常增生性增多：粒细胞白血病（急性、慢性）；骨髓增殖性疾病，真性红细胞增多症、原发性血小板增多症、骨髓纤维化症。

2. 中性粒细胞减少 某些感染，如最常见的病毒感染，或见于伤寒；某些血液病，如再生障碍性贫血或骨髓纤维化等；药物或理化因素，如服用抗甲状腺药物；自身免疫性疾病，如系统性红斑狼疮；脾功能亢进等。

中性粒细胞中毒性（病理形态）改变 大小不均、空泡形成、中毒颗粒、核变性。

中性粒细胞核左移 周围血中杆状核增多，并可出现晚幼粒、中幼粒、及早幼粒等细胞，称为核左移。

中性粒细胞核右移 正常人血中的中性粒细胞以3叶为主。若5叶者超过3%，或中性粒细胞分叶过多，大部分为4~5叶或更多（以至15叶），则称为核右移。常见于巨幼细胞贫血、恶性贫血，预后不良。

嗜酸性粒细胞增多意义 变态反应性疾病，如支气管哮喘、嗜酸性粒细胞增多症、银屑病、过敏性支气管炎等；寄生虫病，如蛔虫病、肺吸虫病；某些血液病，如慢性粒细胞白血病、嗜酸性粒细胞白血病等；其他，如恶性肿瘤、肾上腺皮质减退症。

嗜酸性粒细胞减少 见于伤寒、休克、应激状态等（伤寒病白细胞分类中最具诊断意义的改变是嗜酸性粒细胞减少）。

淋巴细胞增多见于 感染性疾病，如麻疹、传染性单核细胞增多症、病毒性肝炎、结核病等；某些血液病，如急慢性淋巴细胞白血病；急性传染性疾病恢复期。

异型淋巴细胞增多 主要见于病毒感染性疾病，如传染性单核细胞增多症、病毒性肝炎、风疹、某些细菌感染、立克次体、螺旋体病等。伤寒的血常规特点有白细胞减少、嗜酸性粒细胞减少或消失、中性粒细胞减少或消失。

网织红细胞（Ret）计数 成人0.005~0.015（0.5%~1.5%），绝对值（24~84）$\times 10^9$/L；新生儿0.03~0.06（3%~6%）。网织红细胞减少表示骨髓造血功能减低，见于再生障碍性贫血、骨髓病性贫血。

红细胞沉降率（ESR） 即血沉。指一定条件下红细胞沉降的速度。成年男性0~15mm/h，成年女性0~20mm/h。

血沉增快意义　1.生理性增快，见于妇女月经期妊娠、年老等。2.病理性增快，①各种炎症，如风湿热、活动性结核；②损伤及坏死，如手术后、急性心肌梗死（心绞痛时血沉正常）；③恶性肿瘤；④高蛋白血症，如多发性骨髓瘤、感染性心内膜炎、系统性红斑狼疮、肾炎、肝硬化等；⑤贫血（贫血时红细胞与血红蛋白下降的程度不完全平衡是出于贫血类型的不同）。

HCT　红细胞压积PCV，又称红细胞比容HCT。红细胞压积增加见于真性红细胞增多症和各种原因所致的血液浓缩，如脱水、大面积烧伤；红细胞压积减小见于贫血。

红细胞平均值测定　血细胞分析仪法，MCV 80~100fl；MCH 27~34pg，MCHC 320~360g/L（MCV为红细胞平均体积；MCH为红细胞平均血红蛋白量；MCHC为红细胞平均血红蛋白浓度）。

贫血的形态学分类

类型	MCV	MCH	MCHC	病因
正常细胞性贫血	80~100	27~34	320~360	再生障碍性贫血、急性失血、急性溶血、白血病
大细胞性贫血	>100	>34	320~360	巨幼细胞贫血
单纯小细胞性贫血	<80	<27	320~360	慢性感染、炎症、尿毒症、肝病、恶性肿瘤所致的贫血
小细胞低色素性贫血	<80	<27	<320	缺铁性贫血、朱蛋白生成障碍性贫血、铁粒幼细胞性贫血

血浆中有大量游离血红蛋白提示　溶血性贫血（周围血图片中出现幼红细胞最可能是溶血性贫血）。

凝血过程分三期　在凝血的第一期中，因启动因子和参与因子的不同分外源性凝血途径和内源性凝血途径（从因子Ⅻ激活开始），第二、三期为共同途径（血小板凝血过程中的主要作用是提供血小板第3因子）。

出血时间（BT）　将皮肤毛细血管刺破后，出血自然停止所需的时间（初期出血时间）。超过9分钟为异常。出血时间延长见于①血小板显著减少；②毛细血管壁异常；③某些凝血因子严重缺乏。

血块收缩试验（CRT）　55%~77%，血块收缩不良见于①血小板减少症；②血小板功能异常；③纤维蛋白原、凝血酶原或其他凝血因子严重减少；④原发性或继发性红细胞增多症；⑤浆细胞病。

APTT　延长见于见于血浆Ⅷ、Ⅸ、Ⅺ因子严重减少，凝血酶原严重减少，纤维蛋白原严重减少，DIC后期继发纤溶亢进是检测肝素治疗的首选指标；APTT缩短见于血液呈高凝状态，如DIC早期、脑血栓形成或心肌梗死。

PT　血浆凝血酶原时间，PT值11~13秒。PT延长见于先天或后天性凝血因子异常；PT缩短主要见于血液高凝状态。

PPP（3P）　血浆鱼精蛋白副凝试验参考值阴性。PPP值阳性见于DIC的早、中期。假阳性见于恶性肿瘤、大出血、败血症、创伤、大手术。阴性见于正常人、晚期DIC和原发性纤溶。

成熟红细胞与有核红细胞的比例（G/E） G/E比值正常人约为3∶1（红细胞的发育规律是胞体由大到小，胞核由大到小，核仁由清楚到消失）。

※骨髓增生度分级（确定骨髓增生程度主要根据：成熟红细胞/有核细胞，即G/E）

增生程度	G/E	有核细胞百分比%	常见病因
极度活跃	1∶1	>50	各型白血病，特别为慢性粒细胞白血病
明显活跃	10∶1	10~50	增生性贫血、白血病、骨髓增殖性疾病
活跃（正常）	20∶1	1~10	正常骨髓，某些贫血
减低	50∶1	0.5~1	非重型再生障碍性贫血，粒细胞减少或缺乏
极度减低	200∶1	<0.5	重型再生障碍性贫血，骨髓坏死

缺铁性贫血的骨髓象特点（其血液学主要特征是红细胞呈低色素性改变） ①增生明显活跃；②粒红比值减低；③红细胞系明显增生，以中、晚幼红细胞为主，幼红细胞体积小，边缘不规则，胞核小而致密，胞浆量少；成熟红细胞体积小，中心淡染区扩大，严重时可呈环状红细胞；④骨髓铁染色阴性；⑤海洋性贫血常见靶形细胞增多。

急性再生障碍性贫血（重型再障）的血液学特点 ①全血细胞减少；②增生减低或重度减低；③淋巴细胞增多；④粒细胞中以成熟粒细胞多见；⑤红细胞中以成熟红细胞多见；⑥巨核细胞明显减少；⑦非造血细胞增多，如浆细胞等。

▲白血病 白血病是造血系统的一种恶性肿瘤，其病理特征为造血组织中某一类血细胞过度增生，并可浸润或破坏其他组织。骨髓和周围血中常有血细胞质和量的异常。临床表现有贫血，出血，感染，以及肝、脾、淋巴结肿大，骨痛等（急慢性白血病主要区别是：骨髓白血病细胞所处的阶段）。

各类型白血病的区分如下

区别		骨髓白血病细胞及所处阶段	血常规	骨髓检查
急性白血病	急性淋巴细胞白血病	原始及幼稚淋巴细胞	①白细胞计数不定，多增高，可达100×10^9/L，分类以原始及幼稚淋巴细胞为主，粒细胞明显减少 ②血红蛋白、红细胞、血小板减少	①增生明显活跃或极度活跃 ②淋巴细胞系过度增生，原始及幼稚淋巴细胞为主 ③粒细胞系受抑制 ④巨核细胞系受抑制
	急性非淋巴细胞白血病	粒系原粒细胞	①白细胞计数不定，分类以原粒细胞为主 ②血红蛋白、红细胞、血小板明显减少	①增生极度活跃或明显活跃，粒红比值明显升高 ②粒细胞系过度增生，以原粒细胞为主 ③红细胞系受抑制 ④巨核细胞减少或缺如
		原始及幼稚单核细胞	①白细胞计数多增高，分类以原始、幼稚单核细胞为主 ②血红蛋白、红细胞、血小板明显减少	①增生极度活跃或明显活跃 ②单核细胞系过度增生，以原始和幼稚单核细胞为主 ③粒、红两系均受抑制 ④巨核细胞系受抑制

续表

区别		骨髓白血病细胞及所处阶段	血常规	骨髓检查
慢性白血病	慢性粒细胞白血病	中、晚期粒细胞	①白细胞显著增高为突出表现，分类以中性中幼粒以下各阶段细胞为主，嗜碱性和嗜酸性粒细胞同时增多 ②血红蛋白、红细胞、血小板早期正常，晚期减少	①增生极度活跃或明显活跃，粒红细胞比值显著增高 ②粒细胞系极度增生，以中性中幼粒、晚幼粒增多为主；嗜碱性和嗜酸性粒细胞同时增多 ③红细胞系受抑制 ④巨核细胞及血小板早期正常或增多，晚期减少
	慢性淋巴细胞白血病	B淋巴细胞	①白细胞计数增高，分类以成熟小淋巴细胞为主 ②血红蛋白、红细胞、血小板晚期减少	①增生明显活跃或极度活跃 ②淋巴细胞系高度增生，以成熟小淋巴细胞为主，占有核的50%以上 ③粒系及红系细胞明显减少 ④巨核细胞减少或缺如

尿量　正常尿量1000~2000ml/24h；超过2500ml/24h为多尿；少于400ml/24h为少尿；少于100ml/24h为无尿或尿闭。

血尿　指尿液呈淡红色、洗肉水样或混有血凝块。见于泌尿系统炎症、结核、结石、肿瘤及出血性疾病等。

等张尿　尿比重固定在1.010左右，称为等张尿，见于肾实质严重损害。

蛋白尿的概念　当尿液用常规定性方法检查蛋白呈阳性或定量检查超过120mg/24h者，称为蛋白尿。三种蛋白尿的区分如下。

（1）肾小球性蛋白尿，炎症等因素导致肾小球滤过膜受损以致孔径增大，或静电屏障作用减弱，血浆蛋白特别是白蛋白大量进入肾小囊，超过肾小管重吸收能力所形成的蛋白尿。肾小球蛋白尿特征为其白蛋白大量增多，肾功正常，见于原发性肾小球疾病。

（2）肾小管性蛋白尿，炎症或中毒使肾近曲小管受损而对低分子量蛋白质重吸收的功能减退所产生的蛋白尿。常见于肾盂肾炎、间质性肾炎、中毒性肾病、肾移植术等。

（3）溢出性蛋白尿，可见于多发性骨髓瘤、巨球蛋白血症、大面积心肌梗死、严重骨骼创伤和急性血管内溶血等。

糖尿　当血糖升高超过肾糖阈8.89mmol/L或血糖正常而肾糖阈值降低时，尿糖定性检测呈阳性，称为糖尿。

酮体阳性　糖尿病酮症酸中毒或妊娠剧烈呕吐、重症不能食等导致脂肪分解加强的情况。

白细胞尿、脓尿的意义　见于泌尿系统感染，如肾盂肾炎、膀胱炎、尿道炎及肾结核等。

管型尿的意义（大量管型尿最能反映肾小球滤过功能的程度）　①透明管型提示肾实质病变。②细胞管型表示肾脏病变在急性期。红细胞管型见于肾小球疾病；白细胞管型提示肾实质有活动性感染病变，见于肾盂肾炎、间质性肾炎；肾小管上皮细胞管型表示肾小管病变，是肾小管上皮细胞脱落指征，见于急性肾小管坏死、肾病综合征等。③颗粒管型见于慢性肾小球肾炎或急性肾小球肾炎后期。④脂肪管型常见于肾病综合征，慢性肾小球肾炎急性发作、中毒性肾病等。⑤蜡样管型说明肾小管病变严重，预后较差，见于慢性肾小球肾炎晚期、慢性肾衰竭及肾淀粉样变性。⑥肾衰竭管型见于肾衰竭。

肾小球滤过功能 ①内生肌肝清除率Ccr测定，判断肾小球损害的敏感指标，较早反映肾小球滤过功能，其正常值为80~120ml/min，当其下降到70~51ml/min时，为早期肾功能不全。②血清肌酐Cr测定。③血清尿素氮（BUN）测定，BUN升高见于各种肾病晚期，有效肾单位损害达60%~70%。④血清尿酸测定，血清尿酸增高是诊断痛风的主要依据。

浓缩稀释试验的意义 原发性肾小球疾病、肾小管病变。

肾小球滤过分数 为18%~22%。增加见于高血压病或心功不全；减少见于急慢性肾小球肾炎。

泌尿系统常见疾病尿液特点（诊断泌尿系统疾病首选的检查项目是尿常规检查）

病名	颜色	比重	蛋白定性	红细胞	白细胞	管型	蛋白尿性质
急性肾小球肾炎	较深，黄色或洗肉水样	1.020~1.030	+~++	多量，变形，红细胞为主	少量	透明管型及颗粒管型为主，也可见红细胞及肾上皮细胞	肾小球蛋白尿
慢性肾小球肾炎	淡黄	1.010~1.020	++~+++	少量，变形红细胞为主	少量	细、粗颗粒管型，偶见脂肪管型，蜡样管型	混合性蛋白尿
肾病综合征	淡黄	1.020~1.040	+++~++++	少量	少量	脂肪管型，细、粗颗粒管型	肾小球蛋白尿
急性肾盂肾炎	淡黄或血色	1.010~1.020	+~+	少量或多量	多量	白细胞管型	肾小管蛋白尿
慢性肾盂肾炎	淡黄	1.010~1.020	+~++	少量	多量	较多，可见白细胞管型，粗颗粒管型	肾小管蛋白尿，晚期为混合性蛋白尿
急性膀胱炎	淡黄或血色	1.015~1.025	+	少量或多量	多量	无	偶然性蛋白尿

OB试验的意义 OBT即胃肠隐血试验，正常人为阴性。阳性常见于消化性溃疡的活动期、胃癌、钩虫病以及消化道炎症、出血性疾病。消化性溃疡OBT呈间断性阳性，消化道癌（如胃癌）呈持续阳性。故本试验对消化道出血的诊断及消化道肿瘤的普查、初筛和检测有重要意义。

痰的颜色 血性痰见于肺结核、支气管扩张、肺癌等；大量痰液见于支气管扩张；粉红色泡沫样痰见于急性左心衰竭而致的肺水肿；铁锈色丝痰见于肺梗死。

▲漏出液与渗出液的鉴别要点

鉴别要点	漏出液	渗出液
原因	非炎症所致	炎症、肿瘤、化学或物理刺激

续表

鉴别要点	漏出液	渗出液
外观	淡黄，浆液性	可为血性、脓性、乳糜性等
透明度	透明或微浑	多浑浊
比重	低于1.018	高于1.018
凝固	不自凝	能自凝
黏蛋白定性	阴性	阳性
蛋白定量	少于25g/L	大于25g/L
蛋白数量葡萄糖定量	与血糖相近	常低于血糖水平
细胞计数	常小于 100×10^6/L	500×10^6/L
细胞分类	以淋巴、间皮细胞为主	不同病因，分别以中性或淋巴为主
细菌检查	-	+
细胞学检查	-	+

腹水为漏出液，见于肝硬化腹水，胃液呈咖啡残渣样，外观见于胃溃疡。

▲几种常见脑膜炎的脑脊液的特点

鉴别	压力（mmH_2O）	外观	细胞数及分类	蛋白质定性	蛋白质定量（g/L）	葡萄糖（mmol/L）	氯化物（mmol/L）	细菌
正常	侧卧位70~180	无色透明	0~8个，多为淋巴细胞	阴性	1.15~0.45	2.5~4.5	119~129	无
化脓性脑膜炎	显著增高	浑浊，脓性，可有脓块	显著增加，数千，中性粒细胞为主	++以上	显著增加	明显减少或消失	稍低	可发现致病菌
结核性脑膜炎	增高	浑浊，毛玻璃样，静置后有纤细网膜形成	增加，数十或数百，早期以中性粒细胞为主，其后以淋巴细胞为主	阳性++	增加	减少	明显减少	抗酸染色可找到结核杆菌（阳性）
病毒性脑炎或脑膜炎	稍增高	清晰或微浊	增加，数十或数百，早期以中性粒细胞增多，后期以淋巴细胞为主	阳性+	轻度增加	正常	正常	无
脑脓肿（未破裂）	增高	无色或黄色微浊	稍增加，以淋巴细胞为主	阳性+	轻度增加	正常	正常	有或无
脑肿瘤	增高	无色或黄色	正常，或稍增加，以淋巴细胞为主	+~+	轻度增加	正常	正常	无
蛛网膜下腔出血	稍增高	血性为主	增加，以红细胞为主	+~++	轻度增加	正常	正常	无

肝功能检查项目 ①蛋白质代谢检查，如血清总蛋白和白蛋白A/球蛋白G比值测定；②胆红素代谢检查，如结合胆红素和总胆红素、尿胆原；③肝脏病常用的血清酶及同工酶检查，如丙氨酸氨基转移酶（AST）和天门冬氨酸氨基转移酶（ALT），反映胰腺疾病的酶是淀粉酶；④肝纤维化常用标志物测定；⑤病毒性肝炎标志物检测，如乙肝五项。

低蛋白血症 血清总蛋白低于60g/L或白蛋白减少到25g/L以下，称为低蛋白血症。低蛋白血症易出现腹水。A/G比值倒置（A/G<1）见于肝功能严重损害，如重度慢性肝炎、肝硬化。

血氨升高 是诊断肝性脑病，即肝性昏迷的依据。

▲健康人及3种黄疸实验室检查鉴别表

鉴别	血清胆红素定量（μmol/L）			尿液		粪便	
	总胆红素	非结合胆红素	结合胆红素	尿胆原	尿胆红素	颜色	粪胆原
健康人	3.4~17.1	1.7~10.2	0~6.8	1：20（－）	－	黄褐色	正常
溶血性黄疸			轻度或正常	强+	－	加深	增加
阻塞性黄疸		轻度或正常		－	+	变浅或灰白色	减少或消失
肝细胞性黄疸				+或－	+	变浅或正常	减少或正常

（尿胆原增多见于重症肝炎）

急性病毒性肝炎和慢性肝病时肝功能变化 ①急性病毒性肝炎时，ALT与AST均显著升高。②慢性肝病，如肝炎、肝硬化、肝癌等慢性肝病常出现白蛋白减少，球蛋白增加，A/G比值减低，并可随病情加重而愈见明显。慢性病毒性肝炎，转氨酶轻度上升或正常。③谷丙转氨酶对病毒性肝炎的诊断最具意义。

胆－酶分离 指急性重症肝炎时，肝坏死严重，线粒体大量破坏，AST明显升高，但在病情恶化时，黄疸进行性加深，酶活性反而降低，即出现“胆－酶分离”现象。

AFP、ALP、γ－GT的临床意义 ①AFP阴性的肝癌其阳性率达86.4%。②ALP可见于生理性增加，胆道阻塞或阻塞性黄疸时ALP明显升高。③γ－GT持续升高提示病变活动或恶化。急性肝炎γ－GT呈中等度升高；急慢性酒精性肝炎、药物性肝炎，γ－GT可呈明显或中等以上升高。

乳酸脱氢酶（LDH）升高意义 ①肝脏疾病如肝硬化、阻塞性黄疸、急性肝炎和中度慢性肝炎、肝癌尤其是转移性肝癌时，LDH显著增高。②急性心肌梗死。③其他疾病，如溶血性疾病、恶性肿瘤、白血病等。

HBV标志物检测与分析

HBsAg	抗－HBs	HBeAg	抗－HBe	抗－HBc	HBV－DNA	临床意义
+	－	+	－	+	+	急性或慢性乙肝，传染性强（俗称”大三阳”）
+	－	－	－	+	+	急慢性乙肝，或慢性HbsAg携带者
+	－	－	+	+	+	急性乙肝恢复期，或慢性乙肝，传染性低
－	+	－	－	+	－	急性乙肝感染恢复期，或既往感染乙肝，有免疫性

续表

HBsAg	抗-HBs	HBeAg	抗-HBe	抗-HBc	HBV-DNA	临床意义
-	-	-	+	+	+	乙肝恢复期，传染性低
-	-	-	-	+	+	急性乙肝感染诊断空白期，或乙肝平静携带期
-	+	-	-	-	-	既往感染或接种过疫苗
-	+	-	+	+	+	急性乙肝恢复中，正在产生免疫性
-	-	-	-	-	-	排除乙型肝炎

常出现在乙肝的恢复期表明患者感染过HBV，病毒多被清除的指标为抗-HBs。

HCV-RNA的阳性 提示HCV复制活跃，传染性强，治愈后很快消失。

糖尿病诊断依据 ①空腹血糖≥7.0mmol/L；②服糖后两小时血糖≥11.1mmol/L；③糖尿病症状加上随机血糖浓度≥11.1mmol/L。

血清钾增减的意义 （1）血清钾增加见于①肾脏排钾减少，如急慢性肾功不全及肾上腺皮质功能减退；②摄入或注射过量钾盐；③严重溶血或组织创伤；④组织缺氧或代谢性酸中毒。（2）血清钾降低见于①钾盐摄入不足，如长期低钾饮食、禁食或厌食；②钾丢失过多，如严重呕吐、腹泻或应用排钾利尿剂；③钾在体内分布异常。

血清钠增减意义 ①血清钠增高见于肾上腺皮质功能亢进症等。②血清钠降低见于胃肠道失钠、尿钠排除增多、皮肤失钠、抗利尿激素过多。

血清氯化物 增高见于高血氯性代谢性酸中毒、呼吸性碱中毒等。

淀粉酶（AMY）升高 见于急性胰腺炎。

血清肌酸激酶（CK） 在急性心肌梗死（AMI）后12~36小时达高峰。

诊断心肌缺血和坏死的标志物 是心肌蛋白和酶；肌钙蛋白Ⅰ（Tn-I）是诊断AMI的特异性标志物，临界值>1.5 μg/L。

异常白带 滴虫及化脓性阴道炎，白带多呈黄色或黄绿色，有臭味；念珠菌性阴道炎时，白带呈豆腐渣或凝乳状小碎块。

血沉及抗“O”试验 有助于风湿病活动期的诊断。

口服葡萄糖耐量试验 反应垂体内分泌功能。

DIC筛选试验 ①血小板计数；②血浆纤维蛋白原含量；③血浆凝血酶原及时间；④3p试验阳性或血浆FDP含量。

肢体导联 包括标准导联Ⅰ、Ⅱ、Ⅲ及加压单极肢体导联aVR、aVL、aVF。

标准导联 为双极肢体导联，反映其中两个肢体之间电位差变化。

加压单极肢体 导联属单极导联，基本上代表检测部位电位变化。

胸导联属单极导联 包括V_1~V_6导联。检测之正电极应安放于胸壁固定的部位，另将肢体导联三个电极各串一5K电阻，然后将三者连接起来，构成“无干电极”或称中心电端。如此连接可使该处电位接近零电位且较稳定，故设为导联的负极。

胸导联检测电极具体安放的位置 V_1位于胸骨右缘第4肋间；V_2位于胸骨左缘第4肋

间；V_3位于V_2与V_4两点连线的中点；V_4位于左锁骨中线与第5肋间相交处；V_5位于左腋前线V_4水平处；V_6位于左腋中线V_4水平处。

平均心电轴临床意义 正常心电轴的范围为−30°~+90°。

心电轴右偏 电轴从+90°顺钟向转动至+180°范围为心电轴右偏。

心电轴左偏 电轴从−30°逆钟向转动至−90°范围为心电轴左偏。

不确定电轴 −90°~−180°之间为电轴极度右偏或称为“不确定电轴”。心电轴的偏移，一般受心脏在胸腔内的解剖位置、两侧心室的质量比例、心室内传导系统的功能、激动在室内传导状态以及年龄、体型等因素影响。左心室肥大、左前分支阻滞等可使心电轴左偏；而右心室肥大、左后分支阻滞等可使心电轴右偏。

常规导联 aVR导联反映右心室的电位变化，余肢导反映左心室。V_1、V_2反映右心室的电位变化。V_3、V_4反映室间隔及其附近的左、右心室的电位变化。V_5、V_6反映左心室的电位变化。

心电轴 正常心电轴0°~+90°之间。心电轴轻中度右偏见于婴儿、垂位心、肺气肿、轻度右室肥大。心电轴显著右偏见于右室肥大、左束支后分支传导阻滞。电轴轻中度左偏见于妊娠、肥胖、腹水、横位心、轻度左室肥大。电轴显著左偏见于左室肥大、左束支前分支传导阻滞。

心电图各部分的正常范围及其变化的主要意义

1. P波

①若P波在aVR导联直立，Ⅱ、Ⅲ、aVF导联倒置，称为逆行P波，表示激动起源于房室交界区。

②时间：正常P波时间≤0.11秒。异常P波时间>0.11秒，且切迹双峰间距≥0.04秒，表示左心房肥大或心房内传导阻滞。

③电压：正常肢体导联P波电压<0.25mV，胸导联<0.20mV。异常P波电压在肢导联≥0.25mV，胸导联≥0.20mV，提示右心房肥大。

2. P-R间期 激动从心房传到心室的时间。

①从P波开始到R波（实际是Q波）开始=P波＋PR段。

②正常0.12~0.20秒。

3. QRS波群

①V_1、V_2导联多呈rS型，R/S<1，R_{V1}<1.0mV，超过提示右心室肥大。

②V_5、V_6导联以R波为主，R/S>1，R_{V5}<2.5mV，超过提示左心室肥大。

③R_{aVR}<0.5mV，超过提示右心室肥大。

④R_{aVL}<1.2mV，R_{aVF}<2.0mV，超过提示左心室肥大。

4. Q波

①Q波的振幅不得超过同导联R波的1/4，时间不得超过0.04秒。

②异常Q波，见于心肌梗死。

5. ST段

（1）正常ST段为一等电位线。ST段下移不超过0.05mV。

（2）ST段上抬在V_1~V_3导联不超过0.3mV，其他导联均不超过0.1mV。

（3）ST段异常的情况：①ST段下移超过正常范围是心肌损害的征象，也可见于低血钾、洋地黄作用、心室肥厚及室内传导阻滞等。②ST段上抬超过正常范围且弓背向上见于急性心肌梗死。③ST段上抬超过正常范围且弓背向下见于急性心包炎。④ST段上抬亦可见于变异型心绞痛、室壁膨胀瘤。

6. T波

（1）正常情况下，T波的方向与QRS波群的主波方向一致，振幅＞R（同导）/10。

（2）T波的异常情况：①低平、双向或倒置——心肌缺血、心肌损害、低血钾或洋地黄作用、心室肥厚及束支传导阻滞等。②显著增高——急性心肌梗死早期、高血钾。

7. Q–T间期

（1）从Q波开始到T波结束，代表心室除极与复极所需要的总时间。正常：0.32~0.44秒。

（2）心率越快，Q–T间期越短，反之则越长。

（3）Q–T间期延长：心肌缺血、心肌损害、心室肥大、心室内传导阻滞、低血钙、低血钾及胺碘酮、奎尼丁等药物影响。

8. u波明显u波升高见于血钾过低。

心房肥大　记忆关键：心电图上反映心房的是P波，时间反映左心房，振幅反映右心房。

1.右心房肥大　高尖P。P波高尖，电压>0.25mV，Ⅱ、Ⅲ、aVF突出。

2.左心房肥大　增宽P。P波增宽，时间>0.11秒，双峰间距≥0.04秒，Ⅰ、Ⅱ、aVL明显。

3.双房肥大P波　异常高大、明显增宽呈的双峰型。

心室肥大　记忆关键：心室在心电图上主要表现为R波，V_1在右，V_5在左。

1.左心室肥大

（1）左室电压增高的表现：①R_{V5}>2.5mV；②$R_{V5}+S_{V1}$>3.5mV（女性）~4.0mV（男性）。

（2）以R波为主的导联，ST段下移>0.05mV，T波低平、双向或倒置。

2.右心室肥大

（1）QRS波群电压改变：①R_{V1}>1.0mV；②$R_{V1}+S_{V5}$>1.2mV；③R_{aVR}>0.5mV。

（2）右胸导联ST段下移>0.05mV，T波低平、双向或倒置。

心肌梗死

▲心肌梗死基本图形　记忆关键：心肌供血主要靠冠状动脉，冠脉充盈在舒张期，而心电图上反映舒张期改变的是ST段和T波。

1.缺血型T波改变　“冠状T波”，两支对称的尖深倒置T波。

2.损伤型ST段移位　呈弓背向上的ST段抬高，明显时可形成单向曲线。

3.坏死型Q波改变　梗死区的导联上Q波异常加深、增宽（宽度>0.04秒，深度≥R/4）。

心肌缺血

1.心绞痛

（1）典型心绞痛　ST段水平型或下垂型压低≥0.1mV，T波倒置、低平或双向。

（2）变异型心绞痛　ST段抬高，常伴T波高耸（只在发作时出现，与心肌梗死鉴别）。

2.慢性冠状动脉供血不足

（1）ST段压低。

（2）T波低平、双向或倒置。

心律失常

1.过早搏动

（1）室性过早搏动　室性与QRS有关。

①提早出现的QRS–T波群，其前无提早出现的异位P′波。

②QRS波群形态宽大畸形，QRS≥0.12秒。

（2）房性过早搏动　与P波和P–R间期有关，与QRS绝对无关。

①提早出现的房性P′波，形态与窦性P波不同。

②P′–R间期≥0.12秒。

③正常形态的QRS波群。

（3）交界性过早搏动　与QRS基本无关，逆行P′波。

①提早出现的QRS波群，形态基本正常。

②提早出现的QRS波群之前或之后可有逆行P′波，也可见不到逆行P′波。若逆行P′波在QRS波群之前，P′–R间期<0.12秒；若逆行P′波在QRS波群之后，R–P′间期<0.20秒。

③常有完全性代偿间歇。

（4）阵发性室上性心动过速　只是心率增快，与QRS无关。

①频率150~250次/分钟，节律绝对规则。

②QRS波群形态基本正常。

（5）室性心动过速　一定与QRS有关。

①连续3个或3个以上室性早搏。

②频率150~200次/分钟。

③QRS波群畸形、增宽，时间≥0.12秒，T波方向与QRS主波方向相反。

2.心房颤动　一定与P波有关，心律绝对不齐。

（1）P波消失，代之以一系列大小不等、间距不均、形态各异的心房颤动波（f波），其频率为350~600次/分钟。

（2）R–R间距绝对不匀齐。

（3）QRS波群形态一般正常。

3.心室扑动　一定与QRS波有关。

QRS–T波群消失，代之以连续、快速而相对规则的大振幅的心室扑动波（正弦波）。频率为180~250次/分钟。

4.心室颤动　QRS-T波群完全消失代之以形状不一、大小不等、极不规则的心室颤动波。频率为250~500次/分钟。

5.房室传导阻滞　一定与P-R间期有关。

P-R间期正常值是0.12~0.20s。

5.1　I度房室传导阻滞　PR固定的延长，但没有影响QRS（没有脱漏）。

（1）窦性P波之后均伴随有QRS波群。

（2）P-R间期固定的延长：≥0.21s。

5.2　Ⅱ度房室传导阻滞　部分P波后，QRS波脱漏。

（1）Ⅱ度I型又称莫氏I型　进行性延长。

文氏现象：P-R间期呈进行性延长（而R-R间距则进行性缩短），直至出现一次心室漏搏，其后室传导的文氏现象。

（2）Ⅱ度Ⅱ型又称莫氏Ⅱ型　恒定。

P-R间期恒定（正常或延长）。QRS波群成比例地脱漏。

（3）Ⅲ度房室传导阻滞　各自为政。

①P波与QRS波群无固定关系，P-P与R-R间距各有其固定的规律性。

②心房率>心室率。

③QRS波群形态正常或宽大畸形。

参考文献

[1] 高凤敏，曹颖平.诊断学［M］.北京：中国医药科技出版社，2016.

[2] 万学红，卢雪峰.诊断学［M］.9版.北京：人民卫生出版社，2018.

[3] 曹聪云，徐宛玲.诊断学［M］.西安：第四军医大学出版社，2015.

[4] 尚红，王兰兰.实验诊断学［M］.3版.北京：人民卫生出版社，2015.

[5] 王秀华，丁萍.健康评估［M］.北京：中国医药科技出版社，2016.

[6] 吴钟琪.医学临床“三基”训练：医技分册［M］.5版.长沙：湖南科学技术出版社，2017.